国家社科基金资助项目
受国家社科基金资助出版

编委会名单（以笔画为序）：

王挺之　朱龙华　朱孝远　刘明翰　庞卓恒

欧洲文艺复兴史

文学卷

刘明翰 主编

崔莉 著

A History of the Renaissance

人民出版社

责任编辑：杨美艳

装帧设计：曹　春

责任校对：王　惠

图书在版编目（CIP)数据

欧洲文艺复兴史·文学卷／刘明翰主编　崔　莉著
　－北京：人民出版社,2010.11
　ISBN 978-7-01-008219-6

Ⅰ.①欧...　Ⅱ.①刘...②崔...　Ⅲ.①文艺复兴－历史－欧洲②文学史－欧洲－
　中世纪　Ⅳ.① K503　I500.93

中国版本图书馆 CIP 数据核字（2009）第 162307 号

书　　　名	欧洲文艺复兴史·文学卷 OUZHOU WENYI FUXING SHI WENXUE JUAN
著 译 者	刘明翰主编 崔 莉 著
出版发行	人民出版社
	（北京朝阳门内大街 166 号　邮编　100706)
邮购地址	100706 北京朝阳门内大街 166 号人民东方图书销售中心
邮购电话	(010)65250042　65289539
经　　销	各地新华书店
印　　刷	环球印刷（北京）有限公司
版　　次	2010 年 11 月第 1 版　2010 年 11 月北京第 1 次印刷
开　　本	710 毫米×1000 毫米 1/16　印张 30.5
字　　数	451 千字
印　　数	1—4,000 册
书　　号	ISBN 978-7-01-008219-6
定　　价	59.80 元

欧洲文艺复兴史

宋健

目　录

总　序

　　历史长河，波涛起伏，滚滚向前。世界历史的画卷，纵横数万里，上下几千年。它既有暴风骤雨、电闪雷鸣的惊天动地时刻，又有漩涡险滩、曲折逆流的暂时倒退场面，还有那熠熠生辉、异彩纷呈的璀璨图景。多元景观和七色珠玑的文艺复兴，一如那异彩纷呈的图景，人们播撒着新的价值和理性精神的种子，破除迷信，解放思想，创建了独特的新观念和文明内涵，唱响出一首迈向新时代的高歌。

　　现在呈献给读者们的多卷本《欧洲文艺复兴史》，是国家社会科学规划的一个研究项目。它是我国首次系统地梳理和全方位地阐析欧洲文艺复兴思想精华的一次尝试，也是多层面地探究文艺复兴成果和历史经验的纵深耕耘。

一

　　欧洲文艺复兴运动一直以其思想和文化的恢弘灿烂而备受世人瞩目。文艺复兴发生在欧洲从中世纪向近代转型的过渡时代，是欧洲在意识形态层面开启的一场与封建文明决裂，在知识、科技、人文和社会诸领域中展开的一场新思想和精英文化的运动。它是以反封建、反天主教会、反对神学蒙昧主义为主要内容的伟大的思想解放运动。中世纪晚期欧洲面临着总体危机。"阿维农之囚"后，教权下降，封建生产方式逐渐解体。人们由于信仰的失落和价值符号的错位，在时代转型的风云中，直面生存深渊，渴望走出蒙昧的漫漫黑夜。学之染人，甚于丹青。欧洲文艺复兴画卷，充分揭示了先进文化和先进知识分子在历史关键时刻的启蒙作用。先进文化代表了人类社会前进的方向，是人类社会发展的灵魂，是促使社会进步的导向和动力之一，它发挥着震古烁今、振聋发聩的精神解放的作用。直接将新兴资产阶级推上了欧洲经济政治和文化平台的中央。

自14世纪初至17世纪30年代共三百余年的文艺复兴时代，先进知识分子的思想体系和精神象征是人文主义。人文主义是一个历史范畴的特定概念，其主要标志是以人为中心，反对以神为中心，提倡人性，反对神性。文艺复兴并非古代希腊、罗马奴隶制文化的复活，而是利用古典文学艺术作品中的现实主义成分，自然科学和哲学中的唯物主义因素，去反对封建的神学体系和经院哲学。人文主义在哲学观上表现为人本主义，政治思想上体现出民族主义，在伦理思想上集中表现为反禁欲主义，文学艺术上展现了现实主义。人文主义思想的主要特征是：强调以人为中心，主张发展人的个性、才智和自我奋斗，赞扬英雄史观；肯定现实世界和现世生活，向往享受、功利和致富，反对禁欲、悲观和遁世；否定对罗马教皇和天主教会绝对服从，嘲笑僧侣的愚昧，蔑视贵族的世家出身，反对封建特权和等级制；提倡理性，追求知识和技术，重视科学实验，反对先验论，主张探索自然，欣赏资产阶级新文化的语言符号系统和各种表现形态。

文艺复兴时代，人文主义的核心是"以人为本"，把人看做一切事物的前提、最终的本质和根源。"以人为本"就是反对人被边缘化，强调人在宇宙中心的主体性，肯定人在社会发展中的主体地位和作用；它同时是一种价值功能取向，尊重人的价值，肯定人是权利和责任的主体，描述人内心的丰富、刚毅和身体美；它也是一种思维方式，否定封建文化和神学的主导地位，提倡人的个性，树立人的自主意识。"以人为本"的提出，发挥了积极进步的历史作用。然而，社会的积壳层岩永远不是一朝所能凿穿的，疏浚如导壅，发明如烛暗，人文主义思潮随历史的发展，其体系也是逐渐丰满的。

欧洲文艺复兴如怒海波涛，"教会的精神独裁被摧毁了"（恩格斯语）。它敲响封建制的丧钟，改变了"万马齐喑"的局面，加速了民族国家的形成，展示了近代曙光初露的黎明；留学意大利热潮中群贤荟萃，创造了精英文化；现实主义的文学艺术获得了空前的繁荣；难以企及的佳作荣膺世界不朽名著之列；空想社会主义先驱者思想的萌育；近代自然科学和新人文科学迎着暴风雨诞生。文艺复兴史的经验证明，必须同反动势力渊薮和落后传统坚持长期斗争，不畏强暴，殚精竭虑，艰苦实践，才能与时代同步，结硕果，出巨人。

二

一个半世纪之前（1860年），瑞士史学家布克哈特的名著《意大利文艺复兴时期的文化》问世，他集前人研究之大成，又加以综合与发展，对文艺复兴给予充分的肯定和总结，把它作为一个文明整体加以阐述。这部巨著，是文艺复兴研究的奠基性著作，流传甚广，成为西方史学中关于文艺复兴史正统理论的基础。布氏摆脱了欧洲传统史学只限于政治、军事和外交史的传统，对先进文化加以颂扬，评析了人文主义，开始把政治同文化联系起来，在结构和体系上进行创新。但书中把中世纪视为黑暗时期，是当时史学界的偏见；全书没有艺术的内容，将文化成就主要归功于一小部分君主和统治者乃其缺陷。英国史学家西蒙斯的《意大利文艺复兴》是同布氏观点接近的另一部正统派巨著，此书卷帙有七、内容浩繁丰富。设专章写美术和方言文学，专门论述了罗马教皇和天主教会，将不同城市辟专题加以分析，对但丁、莎士比亚等均列有小传。但全书缺少经济背景，政治事件较多，范围仍窄，是其不足。布克哈特的研究方法和传统持续到20世纪，许多著作，如《剑桥近代史》第一卷《文艺复兴》等，均采纳布氏的观点。

20世纪初，尤其在30年代，西方史学界一度盛行反对和批判布克哈特的史学传统。以德国史家H.索德、法国艺术史家L.孔诺德，特别是美国中世史家C.H.哈斯金斯和L.桑代克等为代表，他们指出，"中世纪并非黑暗和静止"，中世纪文化中有文艺复兴的源流，认为历史发展只是连续的渐进，甚至否认文艺复兴时代的伟大意义。

　　第二次世界大战前后,在文艺复兴研究上传统观点与反传统观点有过激烈论战。但一批学者仍沿着布克哈特的正统的研究道路前进。他们的代表人是汉斯·巴伦、保罗·克瑞斯泰勒和欧金尼奥·加林。他们特别注意文化和政治、社会的结合,将文艺复兴放在更广阔的历史背景之下,从文化社会学、人文学和哲学等不同角度补充和深化了布氏的立论,为全面研讨文艺复兴开辟了道路。

　　20世纪50至60年代,许多史学家在坚持布克哈特的传统的基础上,对布氏的观点和方法进行了修正和补充,进一步拓宽了文艺复兴研究的思路,即:在研究领域上开辟了新的方向;在研究方法上开展跨学科、多学科交叉的比较研究;拓宽史料来源,重视档案、文物典籍的作用;强调以点带面,将佛罗伦萨作为典型,探研经济基础与上层建筑之间的关系和变迁。这一时期有关文艺复兴的成果显著,研究取得重大进展。

　　20世纪80年代后,文艺复兴的研究有了重大转折。西方史学界由于法国年鉴学派和英国马克思主义史学流派的“新史学”运动的影响,在研究方向上更集中地转向社会史领域;研究对象上,逐渐从文化名人转向广大群众;从精英文化转向大众文化。对文艺复兴的概念、性质、时代和社会结构等基本理论性问题的辨析和定性上采取了审慎的态度。同时又广泛重视了史料的更新,对研究领域则进一步拓宽。在第十六届国际历史科学大会(1985年在斯图加特举行)的文艺复兴研究专门委员会的会议上,表现出各国学者对文艺复兴兴趣的明显提高。

　　20世纪末,各国学者对意大利以北各民族国家中文艺复兴的研究成果激增;对文艺复兴时期城市与社会生活,一些教皇对文艺复兴的态度的异同以及文艺复兴时代经济、教育、建筑、妇女等诸多领域的探研均相继展开;特别是重视史料来源的扩大。这些在第十八届国际历史科学大会(1995年在蒙特利尔举行)中有所反映。美国的六卷本《文艺复兴百科全书》(1999年版)对文艺复兴人物、事件分别有新的概述。

　　我国在80年代以前,关于欧洲文艺复兴史的研究基础薄弱,主要是少数学者对文艺复兴的背景、性质和意义作宏观分析,很少进行分门别类的专题研究。80年代后,在改革开放的新形势下,20年来我国世界中世纪史学会组织国内外学者们连续对文艺复兴史展开了一系列研讨，刊出了较多的研究成果，取得了初步的进展。

<h1 style="text-align:center">三</h1>

众所周知，中华文明曾长期居世界前列，中国四大发明的西传有巨大贡献。中国的建筑技术、造船、航海、陶瓷与漆器生产等等许多工艺曾在世界领先。14世纪前，世界重要的科学成就和发明约300项，其中出自中国的约175项，占57%以上。但文艺复兴后期，由于西欧自然科学一系列发现、发明以及政治经济、海外贸易等都有新发展，而在封建围墙内长期徘徊的中国重农抑商、闭关锁国、文化专制，以致从这时起同西欧的差距拉开并逐渐扩大。我们祖国何时开始落后于西方的？落后的根本原因何在？从欧洲文艺复兴前后中西历史的对比落差中最能找到端倪。

思格斯以高屋建瓴的眼界进一步对文艺复兴做出了高度也最正确的评价，他指出"这是一个人类从来未经历过的最伟大的、进步的变革，是一个需要巨人而且产生了巨人——在思维能力、热情和性格方面，在多才多艺和学识渊博方面的巨人的时代。"

目前，我国对欧洲文艺复兴史的研究方兴未艾。全面、多角度地审视欧洲文艺复兴仍是一道难题。迄今，对它主体多层性研究阙如，薄弱和空白环节较多。我国作为一个拥有东方文明、地负万物、海纳百川的悠久古国，炎黄文化的精华博大精深，传承文明和借鉴中外文化精华，历来是中华民族的优良传统。我们必须坚持辩证唯物史观的指导和"国人治史"夏夏独造的胆识，宏观和微观相结合，进一步开拓研究的深度和广度，以思格斯对文艺复兴的正确评价作为这部丛书全面贯彻的指导思想，充分探究先进思想和先进文化在历史进程中的作用。

《欧洲文艺复兴史》分成各有主题而又互有联系的十二卷，即：总论卷、经济卷、政治卷、哲学卷、科学技术卷、文学卷、艺术卷、教育卷、法学卷、宗教卷、史学卷、城市与社会生活卷。这样多卷本的范围和规模，在国内尚属第一次。我们力求恪守严谨、创新的原则，在汲取国内外研究成果的基础上,体现出"自得之见"。"横看成岭侧成峰,远近高低各不同"。全书的基本框架虽统一,但各卷出自众手,写法和文风、笔调不可能也不必千篇一律。我们由衷的愿望是想通过这部书为中华民族的伟大复兴,提供可鉴之镜。

回眸自2001年起,全体作者以求实的学术品格,齐心合力,迎晨霜晓露、伴午夜孤灯,焚膏继晷,辛勤笔耕,其合作态度和钻研精神令人感动。本书的框架、重点、难点及各卷初稿,是在四届审稿会反复切磋和研讨后解决和定下的。每卷的内容和文字都经由编委会成员和主编审定。尤为感人的是本书得到人民出版社领导和历史编辑室主任乔还田编审、责任编辑杨美艳的大力支持、督促和具体指导,特此衷心致谢。尽管我们努力进行创新探讨,但有关欧洲文艺复兴史的系统研究,在我国还起步不久,尚在不断衍化发展之中。我们的学力不逮,限于水平和资料,各卷中不可避免地会有论述欠充分或粗疏漏误之处,渴望得到专家、学界同仁和读者的批评指正!

刘明翰

2007 年 3 月

导　　论

　　文学如灯。在欧洲文艺复兴运动的进程中，文学这盏明灯，从亚平宁半岛照亮了欧洲各国，点燃了人们的思想火焰。在高扬复兴古典文化的旗帜下，文学家以彰显个性的手笔和激情肆意的创作，肯定人的地位，讴歌爱情的价值，勾勒社会的现状。尤其是以锋利的笔端针砭时弊，矛头直指封建神权和陈腐落后的思想文化。同时，文艺复兴时期文学在文学创作和人物形象创作上更是取得了史无前例的辉煌成就，以诗歌、小说、散文和戏剧等多种形式，塑造出无数的艺术形象，其中一些经典人物成为世界文学史的里程碑，迄今为止无人超越。此外，文学对于欧洲各民族语言的发展可谓功不可没。

一、文艺复兴时期文学的辉煌盛典

　　文艺复兴时期的文学借助于欧洲各国先后崛起的城市经济和文明进步，借助于印刷术等科学技术的快速发展，借助于欧洲各国意识形态领域相对宽松的社会环境，取得了辉煌成就。同时，以人文主义思想为标志的文学，以崭新的思想性、杰出的艺术性和广泛的影响性，成为文艺复兴时期思想文化的重要载体和组成部分，为欧洲向近代资本主义社会挺进，起到了推动和先行的作用。从意大利文艺复兴文学"三杰"为发端，到各国风起云涌的文学热潮，从各国书面民族语言的成熟，到文学从形式到内容走向思想和艺术的巅峰，文艺复兴时期的文学无不深刻地折射出欧洲各国从中世纪向新时代的渐变过程，彰显出新兴资产阶级的力量逐渐壮大、与封建势力相抗衡并取而代之的进步意义。

随着文艺复兴运动在欧洲各国的蔓延和影响的扩大，横亘千年神坛的基督教教会失去了往日的威严，意识形态领域里一统天下的格局被打破，接受了人文主义思想教育和熏陶的知识分子，成为思想文化领域里的新生力量，他们刀笔为戎，向日益没落的宗教神权和封建意识形态发出勇敢挑战和抨击，同时，众多的理论家、诗人、小说家和剧作家们，高扬人文主义旗帜，勇于追求人的本性，积极倡导理性的思考，一批又一批激情澎湃、个性张扬、笔力遒健的文学作品问世。令人振奋的是，文学作为承载社会新思想文化的载体之一，逐渐从从属神学下的卑微角落走出来，从宫闱深院里走出来，从寂寥书斋里走出来。文学成为一种潮流和时尚，进入了越来越广泛的社会生活，被越来越多的社会层面所接受，其声势和力量越来越大，其影响和功用越来越广泛和深刻。

文艺复兴时期的文学，以其人文主义思想内涵、对现实社会的镜像反映和多种表现形式，成为文艺复兴运动的伟大成就之一，也是西方近代文学的起点。文艺复兴时期的许多经典作品，树立起世界文坛的一座座光耀青史的丰碑。

这个时期的文学作品以复兴古典文化为出发点，在世俗文学中弘扬人文主义新思想，创新文学题材和体裁，提升文学在意识形态领域中的地位和作用。文艺复兴运动以发掘和复兴古典文化为出发点，这不仅使人们重拾古代文化的精华，还启迪了众多诗人作家的思维，激发了他们的创作灵感，无数杰出的作品开始问世，文学家成为社会承认的独立个体。文艺复兴时期的世俗文学逐渐摆脱了中世纪以来附属于神学的卑微地位，成为彰显社会新生力量并影响日渐巨大的载体。首先，文艺复兴文学顺应了时代的潮流，以肯定和歌颂人的意义为核心，以反映人的思想意愿和现实生活为主题，运用和开创了各种形式，如诗歌、小说、散文和戏剧等，将人文主义思想融入文学作品之中，在社会各个层面上广为传播和影响，被越来越多的人们所接受。其次，文艺复兴时期出现了一大批文学精品和文学大师。在文艺复兴时期，出现了许许多多的皇皇之作和伟岸巨人，文学巨人最早可追溯到意大利的但丁，随后是彼得拉克和薄伽丘，法国则先后出现了七星诗社、拉伯雷和蒙田，西班牙有独树一帜的塞万提斯和维加，德国、俄罗斯以及北欧也在不同时段呈现出独具民族特色的大师。最后，以莎士比亚为代表的英国文学戏剧达到了文艺复兴时期文坛的巅峰。这些偏离宗教神学主体的世俗文学，其思想和艺术成就是前所未有的，堪称世界文坛的精品之作。第三，文学的提升和成就是文艺复兴时期知识剧增、时代巨变的证明。印刷和航海、科学技术领域里的更新，在文学艺术等领域里也体现出来，通过这些新技术和新知识的应用而得到更加丰富的内容和理念，印刷术使文学作品走进更加广泛的平民百姓心中，喜欢诗歌和小说的人，从皇帝贵族一直流行到市井甚至是流浪儿，这些新技术引起了艺术和文学在格式和内容上根本的变化。其形式多样化，其内容也不再是神秘梦幻和骑士爱情的天下，除了讴歌人的善良、纯洁和爱情之外，还出现了人间万象、遥远国度和对理想社会的憧憬。

文艺复兴时期文学作品有着明显的现实意义。讴歌人性的真实，肯定人性的价值。文艺复兴时期的许多文学作品中，歌颂人的伟大，珍视人的生命，追求人生幸福与爱情。肯定人性的意义与价值，是文艺复兴运动的手段与目标。在众多的文学作品中，基督神不再至高至上，人成为诗人和作家笔下的主角，其神采和言行闪耀着高贵的光芒。且看但丁把平民女子安置于天堂的中间；彼得拉克和七星诗社等诗人们浪漫缠绵的诗歌，是献给心中的爱人；莎士比亚的戏剧是在舞台上演绎人生，为生命的价值而大声疾呼；培根和蒙田的《随笔集》，篇篇入情、字字珠玑，将人生与社会参透悟尽……广大民众通过这些文学作品，潜移默化地接受新思想，改变旧观念。

文艺复兴时期文学还如同一把锋利的解剖刀，用各种犀利的手法揭露、抨击封建社会中政治、经济、宗教和文化的各种弊端。欧洲中世纪以来，以基督教教会为首的封建神权，拥有至高无上的绝对权威，实行基督教一统天下的垄断宗教，对世俗文化的施以诸多限制和排斥，教会自身和神职人员也出现了日益腐败和世俗化的倾向。文艺复兴大量涌现出来的反对封建神权的文学作品,将封建神权作为主要的揭露对象。如薄伽丘的《十日谈》、拉伯雷的《巨人传》、伊拉斯谟的《愚人颂》以及胡斯的《论神职的买卖》和《布道录》等等,无论是嬉笑怒骂还是义正词严,都成为刺向腐朽没落的封建社会的锐利武器。曾几何时,中世纪的一潭死水变成了汹涌的江河,它消散了封建神权的阴霾,冲垮了基督教会的神坛。

文学的繁荣促进和完善了各民族语言。语言是文化的载体,是一个民族的"徽记"。世界文化的多样性在很大程度上表现为世界语言的多样性。文艺复兴时期在文学创作、文化教育和基督教教义本土化等方面,推广使用本民族语言成为一大趋势。其中,文学作品在确立、传播和拓展本民族语言方面起到重要的作用。无论是鸿篇巨制,还是蕞尔小品,其功用是一致的。但丁在他的一系列作品中竭力为意大利语正名,推动意大利语成为文学语言和官方语言。法国七星诗社的宗旨之一就是要"保卫和发扬法兰西语"。乔叟和莎士比亚对丰富和完善中古英语更是功不可没。乔叟的《坎特伯雷故事》中的语言,被称之为当时伦敦英语的典范。莎士比亚对英语的贡献之大更令人惊叹,在他的语言库中,伦敦英语、乡村英语和英国各个阶层的男男女女的用语无一不备,据统计,当时由詹姆斯一世所钦定的《圣经》用词有8000有余,而莎士比亚戏剧的用词不低于30000个。这一时期,德语、西班牙语、俄语、波兰语、捷克语和瑞典语等,都随着上乘的文学作品而日臻成熟。各国对本民族语言高度重视,语言理论的研究也顺势而进,不断深入。各民族的语言日渐成为传承文化、汇聚民心、振奋民意的工具。

体裁的丰富与完善也是文学繁荣的标志之一。几种主要的文学体裁在文艺复兴时期得到了长足的发展和创新,如抒情诗歌、悲剧、喜剧和故事等得以完善,新体裁如十四行诗体、小说、散文等也已出现。这一时期的文学创作,在创作手法、人物设计和语言运用方面,逐渐摈弃了中世纪的传统手法,丰富和提升了欧洲文学的现实主义传统,使作品的思想性艺术性有了整体上和实质性的提升。文论在这一时期也不断地深化和扩展,文艺学、哲学、美学等领域中,不乏经典之作和系统的研究。这一切都为近代更加成熟的文学体裁的出现奠定了基础。

二、文艺复兴时期文学的新探索

以王权为代表的高端文化体系的雏形和效应。关于文艺复兴运动的成因，本书提出欧洲各国王权对于文艺复兴运动的支持和扶佑，是文艺复兴盛世出现的客观因素之一。从社会学角度来看，这一现象是社会经济发展到一定水平的结果。欧洲在从中世纪向近代社会的转型过程中，出现了经济实力雄厚且有文化知识的社会高端群体，其中相当一部分开明的君主和达官富贾，用他们的经济实力，积极打造或促进某个文化领域或层面的发展繁荣，构成了一种颇具规模和社会效应的群体行为。虽然当时还谈不上已经形成了一个高端文化体系，但至少这个体系雏形已具备，它是从文艺复兴的意大利美第奇家族肇始，意大利其他城邦国家的统治者、法国弗朗索瓦一世、英国亨利八世以及教皇利奥十世等，以及为数众多的贵族和各地的当权者继而参与共建而形成的。

首先，他们利用手中的权力和丰厚的经济实力，以奖掖、庇护和罗致麾下等各种不同的方式，努力构建以宫廷为主的高雅文化氛围。一些开明君主投入一定的财力来赞助和奖掖那些才华横溢的作家和艺术家们，虽然与自身的靡费相比，这笔花费很有限，或者给一个安身的斗室，或者少量生活费，或者一个虚职，但足以使这部分人不仅可以衣食无虞地进行创作，还能获得一定的社会地位，其作品能够在更大的范围内产生影响，还有机会得到荣誉。例如"桂冠诗人"，这个从古代希腊神话开始出现的荣誉，在经历了中世纪漫长的中断后，在文艺复兴时期得以恢复，意大利最先恢复了这一荣誉称号的授予。1341年4月8日，彼得拉克凭借描写古罗马统帅斯齐皮奥战胜汉尼拔的英雄事迹的长诗《阿非利加》，第一次获得"桂冠诗人"的荣誉称号。1616年，英国国王詹姆斯一世给予诗人本·琼森一笔薪俸，本·琼森即以诗人的身份为国王服务。1668年，此种为皇家服务的职位被确认为出缺即应继补的官职。在1690年至1820年间，英国"桂冠诗人"的主要任务为在国王御前祝贺新年以及朗诵生日颂诗等。开明君主崇拜文化艺术的热情使得欧洲第一流的知识分子、第一流的艺术家罗致在宫廷之中，参与了构建社会新型文化的创造过程，也影响着全城市民一起来崇拜文化艺术，而崇拜艺术的核心是对人的崇拜。所以，文化人、贵族、知识分子的崇拜和行为榜样对于构建理想人文生态的作用不容忽视。

其次，各国王权从不尽相同的目的出发，从宫廷到民间发起文学、戏剧和艺术的热潮，使这些文化生活迅速在社会大众中传播。使文学艺术从宫廷走向民间，走向大众化。他们还通过军事和经济手段，使本国文学艺术文学成就的影响扩展到更广泛的地区和领域，如一些新颖的文学形式：十四行诗歌、小说和散文。英国文艺复兴时期，从国王到大臣都纷纷成立各自的剧团，用自己的权势和金钱供养着专门的剧院、演员和撰写剧本的作家。莎士比亚从一个斯特拉福特小镇的无名之辈到震慑文坛的巨擘，他的成功离不开英国王室的支持和偏爱。伊丽莎白女王亲自出演莎士比亚的戏剧，环球剧院的前身的剧团就是由海军大臣所供养的。

第三，积极支持世俗教育，开办大学、图书馆和博物馆，使整个欧洲的文化教育迅速提升到一个新高度。大学成为各国人文主义学者们思想交流和传播的场所，逐渐成为整个欧洲传承和弘扬文明的重要基地。

第四，开明君主和部分宫廷贵族，本身就是新文化的积极参与者与组织者。例如，意大利美第奇家族就出现了若干位崇尚艺术、热爱诗歌和追求个性的君主，其中洛伦佐·美第奇的诗歌作品数量之丰、风格之新，绝不亚于专职的诗人。法国国王弗朗索瓦一世组织优秀的设计师艺术家建造的一座座宫廷，如卢浮宫、枫丹白露宫等等，不仅成为文化名流聚集之地，其建筑之华美、内藏之丰富，至今为世所罕见。

可以说，文艺复兴运动中的开明君主，没有像中世纪封建王权那样以聚敛金钱为目的，他们把财富金钱作为一种介质、一座桥梁，利用财富的杠杆不仅达到了维护王权、扩大势力的直接目的，还将金钱、权力转化为社会精神文明的产物，推动了社会的进步，以期达到更大的社会增益。因此,欧洲一些开明君主和王权在整个文艺复兴运动中起到了不可或缺的重要作用。

文艺复兴时期女性作家和作品的社会进步意义。作为一种尝试,本书将文艺复兴时期的女性作家和作品独立成章。女性文学,从广义上讲,泛指女性作家创作的文学;但从严格意义上讲,则是指以改变男女不平等为宗旨、具有鲜明女性意识、表现女性真实自我、并从女性视角观察社会的文学。女性文学的起始时间目前尚没有一致的定论,一般以女权主义的出现和发展为起点。女权主义阶段,表现出公开反对传统标准和价值观,要求自治权。当代西方女性文学,作为女权主义运动的产物,是从20世纪六七十年代兴起的。本卷所以将女性文学单列一章,初衷有二:一是女性文学是整个文学发展史的组成之一,应给予足够的重视。而以往的关注和研究多停留在近现代,本卷试图将女性文学之渊源追溯到文艺复兴时期,尽力廓清这一时期女性文学的成就,力图将这部分融入到西方文学发展史之中。二是文艺复兴运动的标志之一就是开始人的个性解放,不容忽视的是在这个激情肆意的时代,女性精英同样站在了时代的前锋。其中包括思想解放、才华横溢的女性作家。虽然作为一个女性作家群体,她们处于弱势,但她们在文艺复兴时期出现并存在着,本身就是这场革命运动的闪亮之处。

本卷在第八章着重介绍了文学领域中女性作家和作品。文艺复兴时期,随着世俗教育的相对宽松,女性在受教育方面也有了越来越多的机会。一些著名的人文主义者更是提倡女性应当受教育。在初等教育中,女性学习的比例有很大提高,她们终于有机会学习识字、纺织、剪裁、料理家务,培养与本阶级相适应的道德品行等,还有少部分有幸进入中等以上的学校,继续学习文法、地理、数学和宗教理论等。在此基础上,女性中的佼佼者脱颖而出,良好的教育加上对文学的热爱,女性作家终于打破诸多禁锢,开始执笔写作,创作出具有女性特点、表达女性心声的文学作品。

法国女作家克里斯蒂娜·皮桑1405年完成的《妇女城》,从女性角度构建了一个理想和自由的"乌托邦",以反抗社会对女性的歧视和偏见,呼唤女性独立意识的觉醒。此后,意大利的女学者伊索塔·诺加罗拉和费拉拉城的"姊妹花"伊莎贝拉和贝娅特丽斯,法国宫廷女杰玛格丽特·迪纳瓦拉和天才女诗人路易斯·拉贝，英国女王伊丽莎白一世和西班牙修女圣特雷萨·德·赫苏斯等，她们虽然身份不同，有宫廷女性、上流社会贵族女性和修女，甚至还有一些高级妓女，但她们有一点是共同的，那就是她们在文艺复兴时期，勇敢地涉足男性为主的文坛，用充满个性的思想和温柔的笔触，在文学领域作出应有的建树。她们成为文艺复兴时期优秀的艺术家、作家和学者，甚至还成为支持人文主义者的庇护人。

皮桑等八位女性作家和作品，在文艺复兴时期能够享有盛誉，不仅是作为女性的代表，她们的作品的思想性和艺术性都达到了较高的水准。尤其是在人文主义思想的影响下，她们在作品中对爱情做了热烈和细腻的描绘。应当说，文艺复兴文学作品中描写爱情悲欢的非常多，但女性作家从自身体会来表达心声，表达对爱情的渴求，对人生境遇的悲喜情怀，却有着独特的社会意义与文学价值。虽然作品数量有限，在影响力、思想高度和作品的数量上难以与男性抗衡，但他们不让须眉、独具特色的个性和胆识，她们对于未来的美好理想和不懈追求，成为文艺复兴运动中一抹靓丽的风景，文学大观园中的一朵奇葩。

马克思曾经说过，社会的进步可以用女性的社会地位来精确地衡量。中外历史上的女性所经历的命运大同小异，都存在一个从"人"到"女人"的自我认识过程。这个过程迄今尚未完成，文艺复兴时期更不能说已经形成了女性学者群体，她们的作品在整个文艺复兴时代是凤毛麟角，而作为女性文学更相距遥远，只能算是依附在男性为主的文学领域的边缘化产物，如果说，女性文学在19世纪才逐渐成为独立于世的文本文学，那么，文艺复兴时代充其量只能算作萌芽阶段。

第一章
文艺复兴文学兴起的历史背景

《旧约·传道书》中有这样的话："已有的事，后必再有；已行的事，后必再行。"古希腊、古罗马文化，并没有随着古代国家的灭亡，像流入沙漠的清泉一样消失，它潜入地下，慢慢地滋养着另一片土地，在希腊、罗马的废墟上，滋生起新的绿芽。它带着母亲的遗传，更带着新的生命。欧洲文艺复兴运动在复兴古典文化的浪潮中，如同涅槃的凤凰，展示出重生的光辉，古典文学的灵魂和精华，滋润了枯萎已久的精神世界。在中世纪基督教文学和世俗文学基础之上，在一批开明君主营造出相对宽松的社会氛围中，一个又一个、一批又一批手执鹅毛笔的站在时代潮头的旗手和歌者，成为文艺复兴舞台上的主角。

第一节 欧洲中世纪的基督教文学

一

统领欧洲中世纪主流的基督教文化

恩格斯说过:"中世纪把意识形态的其他一切形式——哲学、政治、法学,都合并到神学中,使它们成为神学中的科目。"[①]在中世纪这一历史阶段的社会意识形态领域,基督教以绝对的权威,占据着社会精神生活的主流地位,并统领着社会生活的各个层面。在很有限的教育和文化生活中,基督教以其经典、教义、传道文字等诸多相关内容构成基督教文化的重要部分,由于这些文字具有较强的文学色彩和意义,故将其归于文学范畴。基督教文化改变了古代世界的多元化使之成为一元化。基督教文化问世一二百年后,逐渐成为铸就社会正统思想和价值观念、统领社会意识形态倾向的强势文化。基督教文化的触角延伸至几乎所有领域,其中以圣经为首的基督教文学作品类型齐备,功能各异,数量浩繁。还囊括哲学、数学、修辞学、教育学、美学、建筑、雕塑、绘画等各个领域,达到了无所不在的程度。基督教文化随着基督教向整个西方世界乃至整个世界的传播而流传开来。

中世纪欧洲社会文化发展中,基督教文化取代了古希腊罗马文化。对于基督教文化在中世纪欧洲社会的功与罪、褒与贬,向来是争论的焦点。基督教文化长时期的"独领风骚",尤其是对非基督教文化所持有的排斥和消灭的态度,是导致它千百年来背负着摧毁古代文化、引发复古复兴恶名的最主要的原因。

注释 ① 恩格斯:《路德维希·费尔巴哈和德国古典哲学的终结》,《马克思恩格斯选集》第四卷,人民出版社 1995 年版,第 255 页。

1860年，瑞士文化史、艺术史学家雅各布·布克哈特（Jacob Burckhardt，1818—1897年），在他的《意大利文艺复兴时期的文化》一书中，首次全面研究意大利的文艺复兴运动，奠定了近代西方历史学关于这个问题的正统理论。他认为，文艺复兴以前的"中世纪文化"属于教会文化，基督教使社会文化发展处于一种相对停滞的状态，尤其对于人的智慧才能的发挥更是一个禁锢的枷锁。

其后在相当长的时期，西方史学界对于基督教盛行的中世纪社会的观点基本是一致的，英国历史学家汤因比（Arnold Joseph Toynbee，1889—1975年）和美国历史学家威尔·杜兰(Will Durant，1885—1981年)等，无不对欧洲中世纪基督教一统天下的文化现象悲愤不已，统称为"黑暗的千年"。尤其是早期基督教教会对于古典文化采取的是完全拒绝的态度，他们烧毁古代书籍，擦掉羊皮纸上古典作家的宝贵文字，而写上基督教"圣书"。教皇视无知为当然，教皇格列高里一世（Gregory I，1590—1604年在位）竟然以自己不会拼写拉丁文为荣，并且下令烧毁掉了罗马巴拉泰山的丰富藏书室，捣毁了许多宝贵的雕塑，他的所谓四卷本的《对话录》中充满了荒谬和粗制滥造的故事。[①]

然而，随着对中世纪历史研究的逐步深入和全面开展，人们开始重新审视和认识这段历史，从科学性、客观性和整体性来评介基督教文化价值以及它在中世纪的地位和影响和它与文艺复兴文化的渊源。事实上，文艺复兴所引发的新思想文化运动，并非人类文明发展过程中的一次偶然，无论从文化的延续性，还是文艺复兴文化内涵方面来看，文艺复兴都与基督教文化有血脉相承的关系。换言之，基督教文学从某种意义上开启了文艺复兴时代，乃至近现代学人和作家的眼界和灵感。在基督教文学的土壤中孕育出文艺复兴的绚烂文学花朵和新资产阶级文学思想。

社会转型期常常是文学创作的最佳时期和新思维的源泉，没有极端的否定或肯定，便不能激发人的新思想的萌芽。基督教文学的诸多内容和形

注释　① 科斯敏斯基·斯卡斯金著，朱庆永等译：《中世纪史》第一卷，生活·读书·新知三联书店1957年版，第76页。

式对后人都具有启迪性和借鉴性，其本身也具有融合性和兼容性。这就可以解释这样一个事实：无论是文艺复兴时期的还是今天的最前卫的文学家，其众多的作品里，仍然有基督教文学深刻的灵感与印痕，文艺复兴时代最精彩的作品里也包含着基督教的元素。这是作者和受众信仰基督教的结果。

首先，中世纪基督教文学达到了中世纪欧洲文化的最高水准。西方学者公认当基督教文化入主中世纪社会时，它并没有多少历史文化遗产可以继承或否定。事实上，基督教文化兴起于中世纪早期巨大社会动荡造成的"文化空白"之中，公元4世纪西罗马帝国消亡，日耳曼人南进到西欧等地，斯拉夫各部迁徙到当今南欧的大片地域。公元7世纪，随着伊斯兰势力的崛起，地中海地区也被分割，大量人员的迁徙和扩展，导致战事频繁，贸易中断，生产倒退，经济衰落。古代文化传统在不同的区域、不同的民族和不同的经济层面中被分割、撕裂和遗失。事实上，整个中世纪各个国家外侵和内乱始终没有停止，国家政权和宗教势力的较量也此消彼长。欧洲社会在这种危机四伏的文化环境中，要建立一种共同的文明非常困难，但封建统治者共同的利益，促使他们找到了一种能够依托和凝聚人心的文化指向，基督教文化的被认可和被宣扬是在其情理之中的。

基督教以拉丁语为通行语言，围绕着传播基督教理论、教诲和圣徒的事迹，以教义、赞美诗、祷告词和宗教戏剧等样式，成功地构建出至高无上和无所不包的基督教精神世界。这些宣扬基督教的文学在其种类、表现手法和语言风格上独树一帜，不乏经典作品和思想艺术之集大成者，这些在今天仍是被认同和研究的重要对象。

随着《圣经》的传播，越来越多的证据表明：用民族俗语写成的基督教诗歌，实际上都是拉丁文诗歌（如举行圣餐等仪式时所唱的诗歌）的翻译或转述。[①]《圣经》翻译本在中世纪的千余年里从未间断，公元328年罗马主教达马索一世委托经学家哲罗姆（Jerome，约347—420年）修订了《通俗拉丁文译本》（又称《哲罗姆译本》），经过二十多年时间才完成。

注释

① Thomas Wright, *Early Mysteries and Other Latin Poems of the 12th and 13th Centuries*, London, 1838, p.175.

这个版本着重意译，文字优雅，但一直到16世纪才被天主教会正式宣布为法定译本。以后随着基督教向欧洲传播，《圣经》被逐渐翻译成各国的文字，在英国，从公元735年开始，不断有新的英译版本出现，到文艺复兴时期，标准的英译版本诞生，成为以后圣经其他版本的依据。另外，在德国，16世纪初已有八种德语译本，这也是马丁·路德（Martin Luther，1483—1546年）宗教改革中的一部分，其目的是用民族语言代替拉丁语，使人们按照自己的信仰而并非教会的信条来获得上帝的拯救。

其次，中世纪著名的思想家和著作与文艺复兴时代的作品有着极为密切的血缘和继承关系。中世纪著名学者如奥古斯丁、托马斯·阿奎那以及但丁等，其作品皆具有深刻的理性思想和文学修养，无论从哪个角度讲其学术价值都是世界级大师的水平。中世纪鼎盛期的欧洲，基督教的发展达到了巅峰阶段，基督教文化包括文学可以说是空前地发展起来，以至于几乎涵盖了所有的上层建筑领域。基督教文化对于古典文化，或者具体说希腊文化和罗马文化，确实有选择的继承和延续，并非简单地与古代文化一刀两断。事实上，文艺复兴尽管是打着"复兴古代文化"的旗帜，但这种"复兴"更多的含有借题发挥之意。

中世纪文化并不是荒芜的沙漠，基督教文化不仅在中世纪担负了社会文化的缔造者和传播者的功能，作为社会写照的基督教文学也决不乏精彩之作，当基督教教会在登上欧洲封建政治和封建经济舞台成为主角之后，便竭尽全力地在意识形态领域传播基督教的教义与信条。这些思想内容以文学形式和不同的体裁，并以拉丁语为主，构成基督教文学鲜明的思想和时代特点，历经千年不断完善发展，终于使基督教这个特殊的文化主角在中世纪欧洲社会舞台上被无可争议地定格了。

最后，基督教文学从正、反两方面都为日后的文艺复兴铺垫了文学创作的基石。文艺复兴文学根植于中世纪基督教文化的土壤之中。近年来，学术界在这方面从不同层面研究中世纪的宗教文化的多元性及其取得的成就。基督教文学之所以被世俗社会广泛接受，也并非一般意义上接受宗教的信仰和律条，而是接受其关于人类存在和人类行为的探讨和关注人类命运的宗教精神，体现了从远古以来就开始的人们对人类终极命运和终极目的的关注。基督教文学、文艺复兴文学具有共同的一大特点，就是具有模仿人生、再现历史的叙事性传统。只是当基督教思想渗入广泛的文化领域，并且以文学的形式出现时，它在一定程度上减轻了人们面对无数痛苦灾难所产生的无助感，进而较少产生改变命运的渴望，同时更是满足了统治者麻痹人民思想意志、奴役人民心灵的目的。

二

基督教文化的重要组成部分——基督教文学

基督教文学的种类和形式很多，按照内容可分为《圣经》、圣经文学和教会文学；按照文学体裁可分为诗歌、散文、小品文、书信、传记和戏剧等。我们且按前一种分类论述：

《圣经》《圣经》是基督教的经典，在整个基督教精神世界具有绝对的权威地位。同时，从文学角度看，《圣经》也是基督教这一宗教文化孕育出的第一枝绚烂的文学之花。迄今为止，《圣经》是世界上印数最多、发行最广、翻译文种最多的书籍，被联合国公认为是对人类影响最大最深的一本书。

《圣经》并非基督教原创的经典。公元前586年，犹太人开始编撰宗教典籍，到公元前444年时，完成了"摩西五经"。整个《旧约》的完成是在公元前167年，前后历经400余年。《旧约》包括了神话、传说、史诗、史传文学、先知文学、抒情诗和智慧文学等。基督教作为犹太教的"女儿教"，完全承袭了犹太教的基本信条和教义。因此，基督教将犹太教的《旧约》称之为"记载旧时代神人之约的书"。公元之初的一二百年中，最早的基督教作家写出了在此基础上的《新约》，意为"记载新时代神人之约的书"，新旧两书的合并统称为《圣经》。

《圣经》的内容，在《旧约》中东正教承认48卷；天主教承认46卷；新教承认39卷；犹太教的《圣经》由于把多个章节较少的书卷合成一卷，总数只有24卷。《新约全书》的数量比较一致，都是27卷。新、旧约合计1189章，31173节，约100万字。

《圣经》对欧洲文学的影响非常大，历代文学作品中取材于《圣经》的不胜枚举。《圣经》被翻译成几十种文字，几乎是欧洲每一种民族语言的第一个范本。它不仅是一部重要的文学著作，也是美术、建筑、音乐等艺术门类创作素材的源泉。《圣经》对西方社会的精神信仰和行为方式影响至深至巨，可以与希腊神话同称为打开西方精神世界的钥匙。

《圣经》出现之后，与之相匹配的各种传记、书信、启示录等不断出现，以宣扬殉道士壮举的殉道文学和为基督教信仰辩护的护教文学也纷纷问世，到公元4世纪之前，基督教特有的文学形式已初具雏形，其主要形式大抵包括神话、传说、史诗、诗歌、书信等。

在《圣经》前后出现的基督教文学作品体现了极为鲜明的宗教指向和贯彻始终的基督教基本精神，即以救赎全人类为己任的世界主义。《圣经》等作品为我们刻画出一系列形象鲜活、极富特色的神祇形象。正如前苏联学者所说："哲学和神学关于唯一的、无形体的和不可知的神的纯粹抽象的概念，不能作为宗教信仰来掌握人的意识。宗教信仰要有形象性。"[①]所谓形象性，当然最佳选择就是以文学形象来表现，《圣经》的文学形象成功地将不可知的神的纯粹概念化为生动可以感知的形象，并且使其深入人心。

《圣经》文学是围绕着《圣经》内容产生的一系列表现手法的文学作品。这些作品世代流传，极大地影响了西方诸多文学和艺术种类的发展。归纳起来，应有以下几种类型：

赞美诗 赞美诗最早出自于犹太教诗歌，在希腊语里意思是指用弦乐伴唱的诗歌。在基督教被罗马帝国接纳为国教直到文艺复兴的15世纪，赞美诗呈现出辉煌的发展阶段，从内容的文学性到社会的影响力都超过以往作品。赞美诗是基督徒在公众礼拜仪式上或个人灵修活动中赞美上帝的诗歌，其歌颂赞美的内容涉及广泛，而且可以配乐吟唱。这种近乎口头文学的形式不仅节奏韵律感很强，而且充满着激情和感染力，在很多历史活动中都能够看到这种诗歌的精神鼓舞和欢庆胜利的表达方式，以至于像莎士

① 约·阿·克雷维列夫著，乐峰等译：《宗教史》，中国社会科学出版社1981年版，第56页。

比亚、马丁·路德等人也都有非常精彩的此类诗篇,如莎士比亚的历史剧《亨利五世》,马丁·路德的诗歌《坚固保障歌》,圣伯尔那的《爱心之乐歌》等。其中《爱心之乐歌》写道:

> 我灵望主,十分恳切,
> 苦海浮沉,悠悠我心;
> 睹主慈容,我便喜乐,
> 因信近主,我便欢欣。
> 求主为我,永恒依靠,
> 使我时刻,平安辉煌。
> 恳求驱除,罪恶之夜,
> 恳求焕发,圣洁之光。

13世纪,意大利出现了大量的赞美诗,从耶稣诞生、受难到复活显灵,从圣母到圣徒们的生活都是赞美的对象,其代表人物是雅科波内·达·托迪(Jacopone da Todi,1236—1306年)。雅科波内的赞美诗主要是宣扬基督的受难,斥责教会的腐化。诗中描绘出灵魂与肉体间的矛盾,以及神间、人间的诸多悲哀与无奈。尽管说教味道浓厚,但仍不乏艺术的感召力。在《圣母为爱子基督——耶稣受难的痛哭》一诗中,圣母对儿子的爱是自然的真情流露,儿子耶稣依靠神明的指引来摆脱人间的痛苦。

西班牙诗人贡萨洛·德·贝尔塞奥(Gonzalo de Berceo,1197—1264年)是赞美诗的又一杰出代表人物。他也是西班牙第一位有姓名可考的学士诗创始人,他创作的诗歌均采用四行同韵格律,这是中世纪欧洲常用的一种格律。在他的9部作品中,最受称道的当属圣母赞歌《圣母显圣记》。这部诗作共有25首诗歌,在他的诗中,圣母被比喻成一块可爱、静谧和繁茂的芳草地。圣母的一系列显圣的"奇迹"都表达了一个中心思想:当崇尚圣母的信徒需要帮助时,不管是他们生前或者死后,都会得到圣母慷慨仁慈的帮助。例如,有一个天真淳朴但迟钝笨拙的修士,别人认为他不可造就,欲加辞退。这位修士惶恐之中只好求助于圣母,结果圣母果然显灵,不仅保留了这位修士的职位,还让他死后荣耀地升入天堂。

贝尔塞奥的文风极其简约,没有任何雕琢做作之词,为了能够使平民百姓接受，甚至还模仿行吟诗人作品的说唱风格。如："为了上帝的仁慈，先生朋友们，请听另一桩感人的显灵真迹。"①正是由于《圣母显圣记》具有独特的个人风格，它亲切、简明、热情，使这部作品既反映了当时浓厚的宗教氛围，也体现出当时社会下层民众的接受能力和内心世界。从文学研究的角度，文学接受是文学传承的重要环节之一，它对于作品的价值和确立具有至关重要的作用。这部作品通俗易懂，其中那些简明扼要的吟唱，更加贴近农民、教士、士兵和贵族的内心世界，难怪这部作品能够在中世纪欧洲诸国广为流传，成为赞美诗文学中的代表作之一。

宗教作为一种外部力量，通过虔诚地宣传和倡导，融入到作家的心灵深处，就连最具个性的文艺复兴作家也难以摆脱其影响，尽管他们是那个时代最无拘束的先锋。对于上帝的崇拜信仰的顶峰是在中世纪，无数歌者都是这个时代具有智慧和才华的人。他们如此狂热和动情并不完全出于自身的信仰，应当说是出自于对这个时代的态度，在社会政治动荡、国家内外矛盾交织的背景下，人们不能改变现实社会，但可以在心底涌动美好的意愿，这意愿常常表现为超越现实的幻想。因此，文学作品当然是用最真诚和最美好的语言编织着精神的家园。赞美诗的大量涌现，在狂热赞美上帝的背后，隐藏着现实中难以言表的痛苦悲哀和对未来的憧憬……

灵修文学　以注重内心的自省，以基督信徒修身养性为宗旨的文学作品被称为灵修文学。它包括个人沉思默想、祈祷、忏悔和每日辅助学习的小品文。一些基督徒敞开心扉，袒露心灵体验，写出了激情四溢、韵律完美和感人至深的文章，以至成为教化信徒的经典范例。灵修文学一般分为默想诗文、祈祷诗文、忏悔诗文和读经日课。其中，忏悔诗文是重要的组成部分，它表现出一种强烈的宗教情感，以自我审视、自责、悔恨和祈求为核心内容。忏悔起源于基督教信奉的原罪说，这种自我审视与古罗马的自我放纵相比具有约束人性的层面，而自我责罚却表现了基督教使人进入

注释　① 李赋宁主编：《欧洲文学史》第一卷，商务印书馆 1999 年版，第 93 页。

一种痴迷的幻觉之中。信徒们在上帝面前承认自己的罪过，袒露全部身心，祈求上帝的宽恕和解脱等等，包含了多重意思。例如，《圣经》中《约伯记》借用约伯和上帝的对话，体现了人类对于自身罪恶的消极无奈，约伯说道：

> 你（指上帝）严厉地迫害我，
> 要我承认幼年所犯的过失。
> 你用铁链锁住我的脚，
> 监视我所走的每一步路，
> 连我的脚印也查看了。
> 你使我像一块朽烂的木头，
> 像一件虫蛀的衣服。
> 我们生来软弱，过着短暂、患难的生活。
> 我们像花草一样生长，凋谢；
> 像影儿一样悄然逝去……
> 你毁灭了人的希望。
> 你制服了人，把他永远送走；
> 你扭歪了他的面孔，使他死状难睹。
> 他的儿子们得了荣誉，他不知道；
> 他蒙羞，他也不晓得。
> 他只感觉身上的痛苦，
> 只能为自己的身世悲叹！ ①

圣经文学作为基督教文化的杰作和经典，为欧洲文学提供了滋养的沃土。西方大多数诗人都或多或少地受到了圣经文学的影响，从但丁、弥尔顿、歌德、雪莱、艾略特、叶芝，直到高尔基，都对其极为推崇，声称《圣经》以其"瑰丽的诗境"，融进了他们的作品之中。

教会文学 教会文学是基督教逐渐渗入整个欧洲中世纪社会集体意识之后，大量产生的传播基督教、探讨人生哲学、历史和宇宙奥秘的文学作品。其作者非常广泛，既有闻名遐迩的大人物，更有那些默默无闻的牧师、

注释

① 梁工：《圣经诗歌》，百花文艺出版社1998年版，第302页。

传教士甚至普通的基督徒们，他们口传笔耕，以特有的宗教情感展现出独特的思想和艺术魅力。这些文学作品传达出人类对很多重大问题的思考和探求，从手法到思想内涵都独具特色，在文学史中占有一席之地。

教会文学种类较多，大致可分十类：

第一类："新约外传"。

"新约外传"是指继《圣经》后历经300多年，陆续完成和筛选后确定下来的经典之作。它包括各种"福音书外传"、"使徒外传"和"启示录外传"等，能够保留下来的文献价值颇高，得到后世的传承。其中，福音书外传大多是假托耶稣或者他的门徒演绎出来的一些故事，以称颂耶稣、圣母和门徒的善良、贞洁和智慧，最长的一部福音书外传《多马福音》，有1300行之多。这些故事循循善诱、娓娓道来，其影响一直持续至今天。此外，还有"使徒外传"和"启示录外传"。

第二类：殉道文学。

基督教的发展在早期并非一帆风顺，遭受了无数次打击和摧残。据载，仅在公元64年到公元313年间，基督教会就遭到罗马政权十次大迫害，每次迫害除了拆毁教堂、焚烧《圣经》和没收财产以外，都有数百甚至上千基督徒背负种种罪名惨遭杀害，他们或被烧死或被钉死在十字架上，无数信徒的鲜血洒在了传教的坎坷征途上。这些为了心中的神圣信仰而献身的殉道者的故事，被以文学的手法记载下来，构成基督教文学中悲壮惨烈的一幕。

殉道文学的名著之一是《查斯丁殉道记》。由于早期基督教传播屡遭迫害举步维艰，"异教徒"的恶名使无数基督信徒惨遭杀害，为了维护信念而做出的流血牺牲，是基督教最为悲壮的一段历史，在教会史家尤西比乌（Eusebius of Caesarea，约263—339年）所著的《基督教教会史》等著作里，他从不同的角度真实记录了基督教早期的历史文献，其中有一位名叫波利卡普的主教殉道的经历令人欷歔。波利卡普是一位白发苍苍的老者，罗马的总督用各种手段企图使他放弃信仰，甚至在将他执行火刑之际，他大声呼喊："全能的主上帝，感谢你赐给我这一时刻，叫我配与殉道的众圣徒同列，把自己献上。"刽子手又用利斧砍他的身体，鲜血如同喷泉一样涌出，竟把火焰都熄灭了……这篇不足3000字的故事，让我们仿佛看到那位殉道老者英勇不屈、壮烈献身的场景。

第三类：忏悔文学。

以贬责自我、披露自己罪行和弱点为主的自传。是以宗教信仰和道德伦理的和谐一致为最终的归宿。在基督教文学中忏悔文学仅有奥古斯丁（Augustine，354—430年）的《忏悔录》一部，但其影响深远。

奥古斯丁被奉为"西方拉丁语神学之父"，奥古斯丁的作品吸引了异教徒与基督徒、哲学家和神学家们。"他们认同他的思路与人格，他还拥有一种较受限制并断断续续的持久影响，形成了西部教会中意识到或未意识到的传统，并通过教会而影响到一般文化传统……奥古斯丁是个天才，这种骄傲的头衔在所有教父中只有他才配得到。"①

奥古斯丁

奥古斯丁在很年轻的时候就成为雄辩术的教授，后来到罗马和米兰教书，后半生，与以前相比有了脱胎换骨的改变，他曾经很轻浮恣意，中年后他抛弃了世俗的一切，过了35年严格、纯粹的神甫生活，古典世界的崩溃和基督教的全面推进，不断引发着他心灵深处强烈的震撼和反思。公元400年写出《忏悔录》，作者以真诚的情感和明晰的文笔，对自己从青少年直到晚年、从肉体到心灵的迷途之路深刻而痛苦地忏悔，并记叙心灵感悟过程。

《忏悔录》更精确的理解应为"信仰的表白"，②他通过内心的体验和审美的愉悦而非一味的说教来阐述。他的自传形式与现代自传不同，他是以与上帝对话的形式，生动地描写了自身觉醒和获救的过程，例如，当他读到《新约·罗马书》第十三章中说道："不可耽于酒食，不可溺于淫荡，不可争竞嫉妒，应被服主耶稣基督，勿使纵恣于肉体的嗜欲"时"顿觉有

注
释
① H. von Campenhasuen, *The Fathers of the Church*, Hendrickson Publishing Compamy, 1999. p.151.
② 李赋宁主编:《欧洲文学史》第一卷，商务印书馆1999年版，第91页。

一道恬静的光射到心中,刚才那阴霾笼罩的疑阵都溃散了。"①尽管奥古斯丁不愿意承认文学有多大的价值,但他花费心血最终成为基督教文学之翘楚,他熟练的拉丁语修辞更增添了其著作的魅力。继他之后又有卢梭等人忏悔文学的诞生,即便是若干年后当人们不再为上帝感动的时候,依然为这份诚挚所感动……

基督教的忏悔走入极端时已经成为自我虐待和自我责罚,有的基督徒赎罪行为达到了令人发指的程度,如披粗麻片为衣,鞭挞身体和禁欲等,更有甚者是那些充斥在大小教堂里形容枯槁、遍体鳞伤的基督徒塑像和各类圣徒悲苦的画像。诚然,在殉道和忏悔类作品中,既有真实的,也有虚构的,从某种意义上说类似现代社会的隐私文学和写真文学作品。

第四类:护教文学。

所谓护教文学是从公元2世纪起,基督徒为了使罗马政权正确地对待基督教,为了推翻外界对基督教施加的种种恶名,创作了许多深刻鲜明地阐述基督教神学的著作,这些著作既有严谨的学术性,又有鲜活的文学色彩。这类作品在中世纪早期起着重要的作用,到基督教立稳脚跟时就逐渐失去了存在的必要。

第五类:教父文学。

教父文学是基督教文学史中重要的一页。教父文学产生的年代是公元2世纪到12世纪期间,主要作者有德尔图良(Tertullianus,约160—225年)、奥利金(Origenes Adamantius,约185—254年)、尤西比乌、亚大纳西(Athanasius,约296—373年)、意大利米兰的安布罗斯(Ambrose,约339—397年)和奥古斯丁等。应当说,基督教的主要教义和神学理论,如三位一体、嫉妒论、创世说、恩宠说、原罪说、救赎说、末世论等,是经过教父文学的反复研讨论证才最终确立的。从文学的角度看,教父文学是圣经文学之后出自经院哲学家的具有散文特点的一种过渡性的文学形式。

第六:《圣经》翻译。

① 奥古斯丁著:《忏悔录》,向云常译,华文出版社2003年版,第185页。

注释

将《圣经》翻译成各国语言是基督教得以广泛传播的重要渠道。一方面，没有《圣经》的翻译，就没有基督教遍及欧亚大陆的拓展；另一方面，《圣经》的传播，促进了欧洲各民族语言文字和文学的迅速成熟和发展。公元4至5世纪的欧洲，古代日耳曼等民族拥有自己的本土宗教信仰和文字，所谓文学不过是耳听口传的神话和祈祷咒语等，在盎格鲁—撒克逊人中信仰的是弱肉强食、武力等于正义的动物哲学，和基督教的博爱、福音、救赎等比较，显然属于落后文化之声。

《圣经》在公元2世纪最早被翻译成古叙利亚文，据说此译本至今还被亚洲部分国家使用。前面已经提到"拉丁教父"哲罗姆的《通俗拉丁文译本》是最重要的版本之一，由于有罗马主教的授命，故成为欧洲各国教会的通用版本，16世纪中叶被罗马教皇钦定为法定版本。

随着基督教在欧洲的不断发扬光大，《圣经》的翻译作品日益增多，先后被翻译成英文、德文、意大利文、捷克文、荷兰文和西班牙文等诸多译本。随着1456年德国的古登堡用活字印《古登堡圣经》，产生了欧洲第一部活字印刷品，宣告了手抄本历史开始走向没落。

印刷工场

16世纪初的宗教改革，初始原因是马丁·路德否定了天主教会《通俗拉丁文译本》的绝对权威，以德国本地语言翻译并出版了《圣经》，引发了宗教改革运动。应当说，《圣经》的翻译已经超越了其自身的意义，实际上成为一场新、旧思想文化的抗衡。

第七类：宗教诗文。

基督教从圣经诗文开始，出现了大量的宗教诗文，其内容不外乎扬善抑恶的劝导，歌颂圣徒的业绩，以及用迷幻的梦境、神秘的隐喻手法进行信仰的引导和道德的训诫。这些诗文和圣经诗文一同构成了基督教文学的一个庞大的"家族"。

公元7世纪，英国出现第一个基督教诗人凯德蒙。法国在公元9世纪开始在修道院出现歌颂圣徒的诗歌。意大利最负盛名的当属圣·方济各（San Francesco，1182—1226 年），他创作了很多诗歌，其中用俗语创作的自由体诗歌《太阳兄弟之歌》，感情真挚、笃信虔诚，诗句长短不一，用词朴实押韵。从此，这类宗教诗文在意大利北部不断发展，还形成了以佳考米诺·达·维罗纳（Giacomino da Verona，生卒年代不详）和博·维欣·达拉·里瓦（Bonvesin da la Riva，1240—1313 年）为代表的宗教道德训世诗类别。

佳考米诺·达·维罗纳的代表作是训世短诗《天上的耶路撒冷》和《地狱之城——巴比伦》。这两首诗歌，一篇是描绘天国的美丽世界：街道用金银铺就，到处是奇珍异宝，鲜花与百鸟辉映，泉水与河水齐鸣，天国里的圣人们更是个个圣洁美德。另一篇则同样发挥出诗人的想象力，把地狱刻画得恐怖阴森，鬼魂们受到难以想象的痛苦。其中有这样一个场面：魔鬼贝尔采布抓起一个鬼魂，用铁叉叉起来，放在火上像烤猪一样用火烤，然后放上盐、醋、毒液等各种调料，成为"美味佳肴"，送给地狱之王撒旦品尝，撒旦认为火候不够，又命他重新熏烤。这样的情景令读者不寒而栗。

博维欣·达拉·里瓦的作品更富有文采和使用了多种艺术手法。他用俗语写的《对比》、《月的对话》、《三书》较为出色。博维欣的语言清新流畅，采用十二音节的诗韵，便于说教，比前人有了进步。但后人对他的诗评价总体是呆板、生硬，缺少诗意。

总的看来，宗教诗文作为一个文学类别组成，缺少诗歌应有的艺术性、独立性和个性，无法与其他历史阶段的诗作相比。宗教诗文还受到一些因素的制约。首先宗教诗文实质是宗教而非诗歌。由于宗教经验和诗意的经验之间存在的某种根本上的差别而阻碍了宗教诗人获得诗歌的全部力量，或者是因为宗教本身不具有诗意，很难把它转变成诗歌。因此，即便是最虔诚的信徒，也不得不承认"对于热爱诗歌的绝大多数人来说，'宗教诗歌'是种次要的诗歌"（艾略特语）。这种感情与表达能力之间的差异，导致最虔诚的信徒不一定能写出最感人的诗篇。其次，在客观上，基督教的本质要求在与上帝交流时，是最不具有诗意的灵魂之交，此时诗歌未免有取悦和媚俗之嫌。西方有学者认为，在宗教诗歌中，"诗失去了它的光泽和力量，因为它被用来装饰比其自身更为卓越的某种事物。宗教诗歌所能做到的，只是帮助记忆和取悦于耳……它对心灵并没有提供任何东西。"[①]英国学者海伦·加德纳有一个形象的比喻，他说宗教诗歌的特殊意味和特殊魅力，恰恰在于作为宗教信仰者的诗人是戴着镣铐进行写作的这一事实。因此，宗教诗盛行的中世纪，人们没有把诗歌当做艺术来对待，而是要求它具有帮助人们认识感知那些大众没有感知和知道的东西的功能。人们对于宗教诗歌的不感兴趣，说明人们是从文学角度而非宗教感情本身出发的。有强烈宗教感情的诗人并不一定同时具有表达它的天赋才能，也很少有诗人能够像感受世俗情感那样感受宗教。与宗教价值相比较，宗教诗文的文学价值自然就要退居其次，既有崇高的宗教情感，又表达得淋漓尽致、感人至深的佳作为数极少。

第八类：圣徒传。

圣徒传是中世纪教会文学的又一重要构成。传记始于罗马时代，中世纪时圣徒传记数量大增，成为一种新的历史撰述类型。新的历史撰述类型——圣徒传形成。古罗马传记和基督教传有一定的差别，首先是古代传记不管是帝王还是哲人，都遵循自然规律，以死做结；基督教的圣徒传则打破生死界限，人死了以后还可以复活。其次是古代传记记述人的自然德行，如勇敢、荣誉、智能等，基督教圣徒传是记述凡人德行。

在法国现存的50多部圣徒传中，有的赞美主人公不恋人间美色和亲情，追寻信仰，侍奉上帝，救助穷人，最后灵魂升入天堂的境界；有的歌颂骁勇善战的圣徒，如广泛流传的圣乔治战胜恶龙的故事。圣徒传也记载了像圣·方济各、圣保罗和托马斯·阿奎那（Thomas Aquinas，1225—1274年）的事迹。此外，传记还大量记载信徒、主教、修女、殉道者、烈女等人的生平，包括他们的人生境遇、婚姻等状况。

第九类：哲学散文。

哲学散文属于中世纪特有的经院哲学的一种文体。随着基督教的发展，

注释 ① 海伦·加德纳：《宗教与文学》，四川人民出版社1998年版，第136页。

神学院的建立，仅仅解释和阐述，已满足不了需求，社会需要不断发展神学理论，包括提出问题、辨析、推理，这就要依靠逻辑的手段。9世纪和11到12世纪曾经出现过对古代文化的复兴潮流，教会借助了古代语法、逻辑、修辞等，和神学紧密结合，使宗教教义成为具有哲学内涵的宗教思想体系。尽管其研究的内容有些属于无稽荒诞之谈，而且文风也颇为蹩脚，但毕竟从思维方式上继承了古希腊罗马的优良传统，并演绎出一个庞大的哲学体系。13世纪著名的经院哲学大家托马斯·阿奎那就被推为魁首，应当说经院哲学家们的著作，文学色彩并不鲜明，但其中探讨了纯文学的美学理论。在阿奎那的《神学大全》中多处论及美学问题，虽然他们把美归结为上帝的属性之一，但关于美本身以及审美等美学基本要素都有比较精彩的论断，比如《神学大全》第2编第41题第4文中这样写道：

> "狮子看到或听到一头鹿时感到欣喜，是因为它预示了食物。但是人还通过其他一些感官体验愉悦，不仅为了食物，而且还为感官印象的和谐。由于源于其他一些感官的感觉印象因其和谐而给人以快感，比方说，人在和谐有序的声音中得到欣悦，所以这一快感同他维持生计并无联系。"

第十类：宗教戏剧。

据考证，直到公元8到9世纪，鲜有古代宗教戏剧对中世纪戏剧发展创作有影响，只有塞内加的悲剧在9到10世纪为人所知。到公元10世纪，古希腊的喜剧和悲剧已经被欧洲人完全遗忘。[1]但戏剧与宗教似乎有着天然的血缘关系，因为几乎所有古老的戏剧都起源于古老的宗教。中世纪基督教的戏剧由教堂的仪式演变而来，主要包括奇迹剧、神秘剧、圣母剧和道德剧等。关于宗教戏剧的分类，国内外的学者向来有歧义，宗教戏剧的主要内容都基本雷同，主要表现的都是圣经故事以及圣徒的事迹，都充满着神秘和超乎寻常的色彩，目的是赞美歌颂和道德说教。对于基督教各种艺术形式而言，宗教戏剧是唯一对于大众具有娱乐作用的种类。宗教戏剧

注释

[1] Karl Young, *The Drama of Medieval Church*, Oxford, 1933. Vol. I. p.1-2 .

是一门综合性的艺术，它不仅产生了规模庞大的戏剧演出，产生了剧本、演员、舞台和道具等，其对民众产生的影响，是建筑、美术、城市文化等门类不能替代的。

从奇迹剧的发展脉络看，最早的戏剧雏形是教堂的仪式，公元10—11世纪，教堂礼拜仪式中穿插一段朗诵对话的内容，为的是使教徒们更容易理解教义。人们看到了这样的情景：教堂的圣坛上设计一个墓穴，用一块帐幕遮盖着，一位身穿白袍、面色凝重的教士坐在墓旁，另外还有三个教士手持缭绕的香火，他们扮演的分别是天使和玛利亚，他们用对白的形式表现基督耶稣的复活等内容。这种将宗教仪式与戏剧混合的表现形式，因为保守教士们的反对而逐渐被赶出教堂，先是在教堂门口，后来又移到城镇的广场上演出。由于观众越来越多，表演的用语也由拉丁语逐渐改为本地的通俗语言。

到了14世纪，尤其在英国，令基督教会没想到的是宗教仪式最终被戏剧所取代，宗教仅仅成为一种剧情表现出来。与宗教的说教相比，人们更喜欢欣赏那些具有象征意义的漂亮演出服、生动的场景和与之相配的音乐效果，这种感官上的享受和刺激与戏剧带来的宗教情绪一样成为人们的精神大餐。1311年，教会正式确定基督圣体节（Corpus Christi），规定在此期间放假数日，全体百姓观看或参加戏剧演出，据说曾出现因看戏而万人空巷的情景。14世纪时随着城市的发展，各个行业的行会开始组织演出剧团，演出与本行业有关的圣经内容，比如面包行会演出"最后的晚餐"，木匠行会或造船行会演出"诺亚方舟"。当演到诺亚得知洪水将至，他这样表达自己的心情："上帝啊，我要尽快回家，看看妻子作何回答，恐怕我们夫妻之间，又免不了吵吵打打，因为她脾气暴躁，常常为小事吵闹；如果出点什么差错，她就会脾气大发。"这哪里是空灵的神界，分明是民间夫妻常见的场面，世俗的场景加上布景和音乐烘托，戏剧的艺术性、观赏性大大提高，这正是宗教戏剧能够向职业戏剧发展的原因之一。

基督教文学与文艺复兴文学渊源

　　基督教文学在西方文学史乃至整个西方文明史中占有相当重要的地位。基督教文学所贯穿的文化价值，在于它开启、融合和总结了人类以往的文明，在此基础上形成一整套观念，而这些观念并没有仅限于宗教范畴内，而是凝聚着整个西方文化各个源流的精髓，中世纪的基督教文学最突出的特点是人类思维上升到了更加严谨理性的阶段，这当然是在宗教神学基础上的理性哲学。因此，基督教文学给文艺复兴奠定的不仅仅是宗教教义和信条，而且囊括了中世纪的文化精华。

中世纪手抄本福音书

　　如果说基督教文学并没有从古希腊罗马文化中汲取太多的营养，那么文艺复兴运动则不然，在声势浩大的复兴古典文化的旗帜下，古典文化给予但丁、彼得拉克、薄伽丘，甚至莎士比亚等大师们的不仅是古典文化的精华，更多的是精神上的鼓舞与思想上的引导。人文主义实际上在中世纪思想体系中就已经或多或少地存在着，是文艺复兴运动将她作为新时代的旗帜，将"人性"放大成为新时代的标志，在那熠熠生辉的文学锦缎中，新兴的资产阶级人文主义思想是鲜艳的花朵，而衬托花朵的底色则是中世纪基督教文学。

　　第一，基督教文学与文艺复兴探讨的核心问题密切相关。

基督教的核心问题是人的本质、人的处境以及人的归宿问题，同样是文学尤其是西方文学所极为关注的问题。文艺复兴阶段的文学与中世纪文学从时间上是无间隔的延续，因而具有递进性和相近性。以《圣经》为例，这部经典将人置于一个相互矛盾的悖论当中，上帝以自己的形象塑造出人类，上帝说："我从天涯海角把你带回来，从遥远的地方呼唤着你。我对你说，你是我的仆人。我没有遗弃你，我拣选了你。不要怕，我与你同在；我是你的上帝，你无所畏惧。"可是，人类很快就因为自己的"罪恶"而遭到上帝的惩罚。人类的归宿是"从土而出"又"归于尘土"，然而人类又无时不受到上帝所指引的天国的诱惑，这种诱惑使人最终厌弃人世。这种"创世"和"救赎"的悖论，成为文艺复兴时期文学创作最富有挑战性和戏剧性的思路与题目，在众多的文学作品中都蕴涵着厚重的哲学和宗教精神，即极强的忧患意识和对于自由的渴望，以及对人本性的责问。

基督教文学在其总的思想框架下，主要的理论基础即神的神秘主义。从普洛丁（Plotinus，约205—270年）到奥古斯丁，再到托马斯·阿奎那形成了美学理论体系。由于总的前提是神来代替理性和真理，在这样的限制下文学理论无法形成系统，最终的结论是文学和艺术仍然是神学的"婢女"。在这一点上基督教文学理论落后于古希腊罗马文学，也为文艺复兴作家们在思想上所扬弃。但是，基督教文学理论在一些具体观点上具有辩证进步意义，如强调"感官"的因素，重视"心灵"的提升和回归，统一的审美观念等。文艺复兴作家则抛开神权的绝对钳制，大胆地将文学提高到与神学相等的地位，赋予人的感官和心灵以及自然等新的解释。如但丁、薄伽丘和锡德尼等从提升诗人的地位来提升人的价值，重新演绎成人文主义思想下的文学理论。

基督教核心思想中对人的诸多方面探讨，形成了西方文学以人为主题的创作传统，这一传统使基督教的核心问题渗入到文学当中，以文学的形式出现。文艺复兴的文学作品积极探索人性的矛盾、复杂和变幻莫测，其内容更加宽泛和现实。西方文学总体上遵循着基督教的精神脉络，这种对于人的主题探讨，是西方文学几百年来的特色和优势，也是中国古典文学所未曾深涉的部分。

第二，基督教文学素材和文体为文艺复兴文学接受和借鉴。

基督教文学以其独特性为14—15世纪的作家们所借鉴和汲取。从文学自身发展趋势来看，最受欢迎的应当是圣经文学，它在世界文学史上的地位是独一无二的。其中的神话具有无穷的文学魅力，传说更充满着世俗和人性，如同一部气势恢弘的史诗。圣经还独创了先知、启示、纪事和福音书等文学体裁，其影响遍及世界各地。另外，圣经和其他教会文学中的诗歌散文类、戏剧类和带有文学色彩的哲学论著类作品，都固定成为成熟的模式。文艺复兴从但丁开始，作家没有彻底地抛弃这些类型。只有文艺复兴中的小说文体是由中世纪骑士文学开创的雏形。基督教文学描写的丰富手法，无疑深深影响了文艺复兴文学，圣经文学的优美、抒情和崇高的风格，赞美诗所拥有的教化民众的神奇功能，灵修文学、布道文学和书信文学中的虔诚、忏悔、感悟和通俗等诸多表达方式，更使文艺复兴的作家诗人们受益无穷。例如，寓意的手法是基督教文学中特殊的形象思维和表现手法，作者通过假托梦境或者幻想来表达思想和反映现实，把理性的思维转化成感性的，使其更人性化，既易于接受，又形象生动。基督教文学还将自然界的日月星辰和各类生物赋予神的意志和形象，其目的自然是通过这一切来证明神的神秘莫测和无所不能，尽管那些"人间的天堂"、"世界的玫瑰"，那些"眼泪为墨汁、喉咙做纸张"的描述耸人听闻，令人难以置信。但是，用寓意的手法以物喻人则是非常成功的，如狡猾的狐狸、带刺的玫瑰、高贵的妇人等都成为人民大众耳熟能详的比喻，这种写作手法符合社会各个阶层的接受习惯和理解能力。

13世纪，在古典文献积累到相当程度的基础上，以托马斯·阿奎那为代表的文学批评成为族群独立的理论。研究的主要对象为语言的隐喻意义、文学的道德功能、艺术创造和神学中的神秘论等。1256年的《阿维洛伊派评亚里士多德〈诗学〉》，是这一时期的重要文学批评文献，阿奎那的《神学大全》可视为经院主义神学对文学领域的涉足。

诚然，基督教文学最大的缺憾是没有体现文学最基本的职能，即对现实社会和人的真实写照。基督教文学所有的内容都脱离不开其说教的宗旨，修辞和表达语言的目的是要显得神秘莫测，在过分严谨的同时缺少鲜活性和真实性，中世纪盛期，经院主义哲学更是大行其道。因此，基督教文学和其他形式的基督教文化成就一样，大都无从查证其作者。追其缘由是那个时代作为创作个体，其文学才能和艺术才能不仅没有得到来自社会的足够重视，就连作者本身也没有意识到个人成就的价值，所有的个性意识几乎被宗教热情所湮没。

第三，基督教文学的语言成就为文艺复兴文学继承。

基督教文学被文艺复兴作家借鉴和发展的重要部分是语言，对于语言的深入研究是基督教文学为后世提供的文学理论中"惊人的深化"成果。由于中世纪神学家们出于神学辩论以及其他宗教上的需要，重拾起古罗马晚期没有被重视的"修辞学"和"语言哲学"，把语言本身提到了一个非常的高度。语言被当做一种神秘的象征体系，得到系统的哲学解释，从而发展出一套宗教性质的"隐喻解经"学说。[①]这一理论原本出自古希腊罗马时代，在中世纪被基督教完全用于神学领域。但是，这种纯宗教的理论被文艺复兴的第一位作家但丁运用到了纯文学的领域，但丁将它作用于诗学领域，赋予了其新鲜的含义。

从语言学角度来看，基督教文学在语言方面有独到之处，基督教在拉丁语文字和文学语言方面有较大的创造之功绩，基督教继承了罗马时代的"修辞学"和"语言哲学"，随着基督教的传播，拉丁语被传播到欧洲各个地方，拉丁语成为欧洲中世纪统一的语言，在促进欧洲文明方面具有重大意义。拉丁语在中世纪已经形成独有的思辨语法（speculative grammar）。随着对古典文化源头史籍的研究，出现了希伯来语和阿拉伯语与拉丁语共存的局面。文艺复兴时代，拉丁语依然是人文主义作家广泛使用的语言。但同时，他们在将拉丁语《圣经》翻译成各个国家语言的过程中，在尝试用本国和地方方言进行小说、诗歌和戏剧的创作过程中，欧洲各国逐渐在拉丁语的基础上慢慢向民族语言发展，形成自己本国的文学语言和官方语言，并呈现出不同民族语言的风格、流派。从 14 — 15 世纪开始，语言学

注释 ① 董学文主编：《西方文学理论史》，北京大学出版社 2005 年版，第 55 页。

的研究范围迅速扩大，人们开始探讨欧洲当时使用的一切语言，出现了新的语言学思想。

可以说，无数文艺复兴时期作品都从基督教文库中征引典故、选取素材、推演主题和汲取灵感。正如法国沙特尔修道院的南窗上有这样一幅玻璃画：一个侏儒骑在巨人的肩上，院长老伯纳德的解释在当时就引起轰动：

我们是站在巨人们肩膀上的侏儒。我们的视野比他们更宽广和更远大，并非因为我们目光更尖锐和身材更高大，而是因为他们把我们举了起来，并抬到同他们一样的巨大高度。[1]

这句名言，从文艺复兴时期至今一直在被反复引用。

第四，基督教文学的创作者为文艺复兴文学提供了人力资源的基础和文化氛围。

基督教文学的代表——教士，构成了中世纪知识分子群体。教士既指神甫也指学者，中世纪后期越发偏重其学者的含义。12 世纪，随着城市商业和手工业经济的复苏繁荣，原本脑力与体力劳动不分的社会有了专业分工，修道院的教士修士们可以专注于神职。一个以写作和教学为职业的人，即专门的知识分子阶层得以出现。

在加洛林文艺复兴时代，其最突出的特征就是知识化运动。在此之前，书籍是奢侈品，仅仅是教会的财富，不是供人阅读的。查理大帝为了布施，卖掉了自己一部分漂亮的手抄本，书籍受到的待遇与名贵的瓷器等同。12 世纪的高等学府是修道院，可以想象，在中世纪初期大多数人们还目不识丁，就在连皇帝也以不会读写为荣的年代，有一批批虔诚睿智的教士在幽暗的屋子里，用刚刚发明的鹅毛笔，在羊皮纸上誊写文稿，他们所代表的绝不是单纯的教会，而是一种时代文明。可以说，正是由于基督徒中的文学精英所创造的基督教文化，使人类的精神生活走向了一条特殊的道路。他们的地位也因此而上升。据统计，在 900 年至 1500 年间受封的七十一名基督教圣徒中，原为国王或王后的有九人，出身皇族的四人，出身贵族的

注释　① 雅克·勒戈夫著，张弘译：《中世纪的知识分子》，商务印书馆 1996 年版，第 10 页。

三十四人，出身自耕农或资产者家庭的十五人，出身无产者家庭的九人；其中后两种人基本上是生活在11世纪以后。①这是基督教文学独立、语言成熟的结果。

中世纪欧洲基督教能够广泛传播，大量的僧侣和修女们功不可没。那时修道院在欧洲多到不可胜数，僧侣和修女的大部分工作便是抄录书籍，而一本书常常要花费一年的时间才能抄录完。修道院里有专门的僧侣做这样的抄写工作，修道院有专门的房间做缮写室，抄写在羊皮纸上的宗教书籍昂贵又稀少，抄写者被赋予神圣的职能，他们认为抄写工作会使人精神上大大受益，甚至说所写的每一个词都是对恶魔的一击。

专业抄书员

14世纪时出现了一个职业——专业抄书员。抄书员在书写店里昏暗的灯下，用一支羽毛笔夜以继日地埋头抄写，有的人还带上了刚刚发明出来的眼镜……辛苦的劳作终于使一本本有着漂亮花边和彩色插图的书籍问世。当然专业抄录员抄录的范围不仅是宗教，文艺复兴时期乔叟、但丁和薄伽丘的书也是这样展现在如饥似渴的读者眼前。当然，这样费时费力，装潢讲究的书籍自然价钱不菲。15世纪，欧洲社会整体经济迅速发展，科学技术开始有更多的突破，印刷科学技术的发展促进了基督教文学的传播。

由传统的羊皮纸手抄本到印刷术的进步，书籍的传播从数量到质量，从出版时间到价格都有了突破性的进展，欧洲基督教化终成现实。基督徒中的知识分子的另一个重大功绩是翻译古典作品，使人们开始真正认识和"复兴"古代文化。古典文化的出现得益于经济的发展步伐，12世纪以后，西方的城市国家从东方的拜占廷、大马士革和巴格达等运进的大量的物品中，

注释

① A. Murray, *Reason and Society in the Middle Ages*, Oxford, 1978, p.405-411.

就有珍贵的希腊经典著作手抄本。古希腊的文明一部分随着罗马帝国的迁移到了拜占廷，那些古代文明标志的典籍随着阿拉伯人又登上西方文明的海岸。据法国中世纪研究专家雅克·勒戈夫记载，12世纪时，开始有很专业化的翻译团体，如著名的克吕尼修道院的翻译小组，其院长叫彼埃尔·维尼拉比利，虽然他的初衷是要通过翻译古兰经，匡正人们认为伊斯兰教是邪教的错误思想，从而停止消灭古兰经。当时，威尼斯的雅各布、比萨的布昆狄奥、贝加莫的摩西以及意大利西西里岛和西班牙克雷莫纳的格哈德等，都陆续出现了这类的翻译家，这些翻译家们最终翻译的并非古兰经，而是各国取舍的古希腊和阿拉伯的文献，如哲学、数学、天文学、医学和物理学等。当时布卢瓦一个叫彼得的甚至发出这样的誓言：只有在怀着越来越强烈的爱慕，一遍又一遍地读古代人著作的时候，人们才能摆脱愚昧无知，走向科学的光明。让狗去狂吠，猪去咕咕吧！我依旧是古代人的盟友。我要把自己全部的认真劲儿都倾注在他们身上，并且每天都在研读他们的著作中迎接朝霞。没有翻译，古代文献即便摆在中世纪人面前，他们也如同盲人一样无法识别。正因为如此，文艺复兴的作者们才领略了维吉尔、奥古斯丁和柏拉图等古代巨人的风采。

在中世纪，教士保留、传播古代文化的作用不可低估，随着中世纪教会与世俗政治经济的日益融合，教士们的职能逐渐转作为宗教而否定古典文化，狂热地追求极端的精神崇拜。

第五，基督教文学与整个西方文化的传承。

基督教文学自诞生以来就成为西方主流文化的内容之一，这种历史性的延续有着深刻的人文背景。与东方人不同，西方人对世界的探究从古代就侧重于人性自身，基督教的出现从神学角度对这个问题进行了漫长不懈地探寻，这本身就是一个活生生的根植于社会和人心并不断发展的过程。

德裔美国宗教思想家保罗·蒂里希（Paul Tillich，1886—1965年）认为"宗教是一种被'终极关怀'（Ultimate Concern，又译为'终极关切'）所紧紧抓住的(being grasped)存在状态"。基督教文学所追求和关注的是探索人的精神与自然和宇宙的和谐一致。基督教的思想框架是在神学理念下的人生观、世界观和救赎理论，它通过"创世"、"启示"、"人的存在"、"罪"、

"拯救"、"天国"、"上帝"等一系列概念体系，试图引导人类走向道德的完善和终极的幸福，基督教的理论深度体现出人类精神世界不断向上攀升的过程。

欧洲中世纪的基督教文学正处在上升阶段，是丰富多彩的文学手段将基督教教义的内容加以充分的展示，它对于人类自身不断深刻地领悟和深省，但它的创新手法和表现特色却没被人们正视，千年以来被蒙上了厚厚的一层纱幕，其文学和历史价值难以得到认可。

事实上，当人们面对生活的无可奈何时，面对撕心裂肺的悲痛时，宗教信仰给予的精神慰藉和期冀是其他东西不能取代的。文艺复兴时期作家开始重新审视神与人的关系，将人的位置大大前移，为人性大声疾呼，唱响了最嘹亮的人的赞美诗，上帝头上的光焰因此而骤降。

近现代以来，基督教文学仍然是西方文化的构成之一，随着社会的进步，基督教的宗教理论体系在不变的框架下也发生种种变化，对于自然科学采取了不排斥态度，并吸取了西方哲学的思想方法和批判精神。基督教文学体现出更加多元化的态势。

17世纪的古典主义文学摆脱了基督教文学脱离自然、歌颂神的取材背景。但很多作家作为虔诚的基督徒，仍然在作品中表现出本能的宗教意识，如英国约翰·弥尔顿（John Milton，1608—1674年）在他的诗歌、散文创作中，以非凡的笔力描绘出心中神圣的殿堂，他的三大史诗——《失乐园》、《复乐园》和《力士参孙》，就是以圣经为内容。其中以《失乐园》最为人们称道。他借用亚当之口证明：失去了伊甸园后，人依然可以凭着内心的信仰，拥有一个更加快乐的乐园。

18世纪法国兴起的启蒙运动，延续了文艺复兴反封建、反教会的斗争，标志着以世俗性文化为主要特征的思潮的兴起，启蒙主义将理性哲学推到了终极真理的高度。文学在这场社会变革中不再孤独存在，成为批判社会弊端的犀利武器，而批判的首要对象就是宗教神学。法国著名作家伏尔泰（Voltaire，1694—1778年）在将近60年的时间里，以各种文学形式为手段，无情揭露宗教神权的罪恶、荒谬和封建制度下的种种无耻行径。他痛心疾首地说："人类因基督教而损失了一千七百余万生灵，这就是说，每一世纪就有一百万人被处死刑。"①他一生的文学创作体裁涵盖广泛，其中相当多的作品锋芒直指教会，在叙事史诗《奥尔良的处女》和史学著作《风俗论》中，伏尔泰揭露教会对英法战争中的女英雄贞德的虚伪态度：神学家开始判贞德率军抗击英国侵略者有罪，而贞德战死后教会为了自己的荣誉封贞德为圣者。这种伪善之举既扭曲了贞德的英雄行为，也暴露了教会利用贞德迷惑人心的目的。他把贞德称作"在宗教裁判者和学者们胆怯的残酷行为下被处火刑的刚强少女"。另一位法国文豪让·雅克·卢梭（Jean-Jacques Rousseau，1712—1778年），作为激进的政治暴力革命论者，他不屑对上帝进行理性论证，独信"情感"、"良心"的力量。他在《忏悔录》中，承袭了奥古斯丁的风骨，在他12卷的自传体作品中，他不再是与上帝对话，而是用满腔的热血和激愤，用催人泪下的文笔，在上帝面前自辩。

19世纪以后，经过了浪漫主义文学阶段和现实主义文学阶段，文学对于社会罪恶的展示更加全面，弃去了浓厚的宗教遗风。但基督教的罪恶观仍然是文学家们道德评价的支撑，以基督教为题材的创作依然不断出现。从人道主义角度理解基督教，是批判现实主义文学作家们的创作出发点。以巴尔扎克（Honore de Balzac，1799—1850年）为例，当时，法国新兴资产阶级和封建势力斗争呈胶着状态，巴尔扎克在他的《人间喜剧》中将这个时期法国社会，特别是上流社会的发迹、罪恶、衰落、贪婪等社会现状逐一勾画出来。马克思非常推崇巴尔扎克，认为他"对现实关系具有深刻理解"，②在他的作品《无神论者做弥撒》和《乡村教堂神父》中塑造了具有理想光彩的人物。巴尔扎克十分清醒地认识到宗教的工具作用，他说"基督教告诉穷人容忍富人，告诉富人减轻穷人的困难。对于我，这寥寥数语是一切神的和人的法律需要"。③

然而，这些抨击和揭露宗教神权的文学作品，从不同的角度破解现存宗教神权对人的思想辖制，关注社会变革的困惑，寻求人类精神的自我完

注释

① 梁工：《基督教文学》，宗教文化出版社2001年版，第199页。
② 马克思：《资本论》第三卷，人民出版社1995年版，第47页。
③ 巴尔扎克著，李健吾译：《社会解答》，引自《巴尔扎克论文选》，上海新文艺出版社1958年版，第91页。

善。从而也因此成为世界文坛上的经典。

20世纪以来，科学技术的进步更加深刻地改变了人们的思想观念，基督教文学对整个西方文学的影响依然存在，表现在宗教精神已经深入到作家们创作的潜意识中，《圣经》仍然被广泛地引用，它的基本框架和理念不断为现代人所重新构合，当然也包括被怀疑和讽刺。但事实上，我们所见到的更多的是作家们借用《圣经》中的典故而改写、续写和二度创作的作品。《圣经》中"天堂"、"创世纪"、"亚当与夏娃"、"伊甸园"、"圣母"、"犹大"等等典故和故事，不断地被加以文学的演绎。其中较多出现的题材有"死而复生"、"伊甸园重建"、"寻找圣父"等。西方作家认为哲学和宗教能够为灵魂寻找一个安身之所，特别是宗教。它们的区别在于宗教所庇护的是痴迷的灵魂，哲学庇护的是清醒的灵魂。基督教文学之所以不曾间断，源远流长，是因为它不间断地和不同程度地发挥着庇护心灵的作用。人人都有心灵无助的时候，每个时代都有悲欢离合，为众生寻找心灵的庇护之所成为一种必然的需求。因此，基督教文学伴随着时代变迁而薪火相传，成为西方人精神世界的一部分。

马克思曾经说过："整体，当它在头脑中作为被思维的整体而出现时，是思维着的头脑的产物，这个头脑用它所专有的方式掌握世界，而这种方式是不同于对世界的艺术的、宗教的、实践—精神的掌握的。"[1]基督教文学作为人们认识世界的一种特殊形式，它是中世纪这个历史阶段的产物，和一般性文学不同之处是，它不是用显示生活中的形象来反映客观社会，基督教文学是用一种超越人间的神的形象来反映中世纪神权至上的状况，描绘出一幅幅充满神学思想意识和精神世界的画卷。如果我们掀开那层宗教的纱幕，用一般文学理论来分析基督教文学的手法和技巧，我们仍然可以得出结论，基督教文学具备文学基本规律和表现手法，其内容与形式完全相适合，基督教有相对固定的基本内容，采用的是比较完美成熟的表现体裁，如诗歌、散文和故事等。在题材和主题方面也完全统一协调，围绕

注释 ① 马克思：《〈政治经济学批判〉导言》，引自《马克思恩格斯选集》第二卷，人民出版社1999年版，第19页。

着基督教的基本教义和延伸的内容,基督教文学只有一个不可更改的主题,那就是全力歌颂上帝的神圣与伟大,赞美基督和圣徒们的圣迹和献身精神,教导人们皈依基督教,按照神的旨意终其一生。基督教文学的情节安排颇有创意,在不违背宗教教义的前提下,创造出很多精彩的情节设计,如源自圣经的基督被出卖、圣徒献身,以及在梦幻中升入天堂的刹那感受等,加之在其他艺术领域(如绘画、雕刻)的共同演绎,基督教中的耶稣、圣母和上帝从抽象的神明变成从形象到心灵都具有可读性、可视性和可感性的实实在在的人。

从文学创作的角度看,基督教文学在以各种形式歌颂神明的同时,也创造了典型的文学艺术形象。这些头上戴着光环来自于天国的如耶稣、圣母玛利亚、亚当、夏娃、犹大等早已深入人心、栩栩如生。虽然他们的背后曾是真实的历史,但其身份早已被升到了虚无缥缈的神界。随着人类认识程度的提高,他们被看做那个时代的代表人物。去掉他们头上的光环,就是那个时代不同阶层人生的精彩浓缩,如此富有生命力的艺术形象,被后世不断地再现、演绎和推陈出新,无疑是基督教文学生命的延续。

第二节 欧洲中世纪各国的世俗文学

中世纪世俗文学相对基督教宗教文学而言,按照时间的顺序应包括英雄史诗、骑士文学和城市文学。按照文学体裁来划分,有诗歌、散文、戏剧和故事。世俗文学有两个特点:一是来自于民间的世俗文学相对有限,大都属于口头吟唱传诵,能够流传下来的并不很多。随着城市的兴起,市民文化的出现,世俗文学才有了丰饶的生存土壤。12世以后陆续出现各个民族语言的作品,世俗文学中还包括用民族语言翻译过来的拉丁语作品。二是中世纪绝大多数作品都或多或少带有宗教色彩,即便是世俗文学作品,也大多出自教士之手。在基督教文化所给予的有限空间里,想完全摆脱基督教巨大的宗教意识之网是不可能的，因此，世俗文学的园地很难蓬勃旺盛，其间有着诸多信仰、追随宗教的印迹。

一

英雄史诗——战神光环下的"英雄"

英雄史诗在中世纪曾经盛行一时，最初的诗歌来自于民间的农民诗人，那时的吟游诗人们刚刚可以脱离土地，他们目不识丁，弹着竖琴，身披斗篷到处游走，自编自唱歌谣来歌颂英雄，抒发内心的情感，以博得人们的欢笑和感动，并把这种民间文化带到各个地方……其实他们中不乏优秀的艺人，但他们绝少留下自己的名字，更没有人把他们载入史册。但他们为以后诗歌的发展奠定了最初的基础，功不可没。

目前发现的属于英雄史诗的数量仅有100部左右。它的来源是古代拉丁诗、宗教诗和民歌，英雄史诗是以民间说唱为表现形式，属于长篇叙事诗的一种，最短的也有一千行，有的达到几万行之多。这类诗歌是由十音节诗组成，押谐音，即押最后一个音节元音的韵，与中国古代韵律诗歌的押韵规则有些相似。中国古典诗歌是在一个段落中一、二、四句押韵，或者是二、四句押韵；英雄史诗的每句音节长短不一，不同于中国古代格律诗有固定句式和字数的要求，要求诗歌的段落和字数长短一致。

英雄史诗具体起源有两种：一种起源于古代原始氏族部落，歌颂那些部族的贵族英雄，类似于《荷马史诗》，其中以日耳曼人创作的英雄史诗居多，其代表性作品有《希尔德布兰特之歌》和《贝奥武甫》等。《贝奥武甫》则是形成于公元8世纪英格兰，这部作品最大的特点就是体现了过渡时期日耳曼和基督教两种不同文化的交汇与撞击。贝奥武甫是一个比较奇特的人物，他是身兼异教和基督教两种性格特点的英雄，在与魔怪恶龙争斗的过程中，他既有强烈的家庭归属观念，又有皈依于上帝意志的愿望，在忠诚与勇敢中体现出独有的英雄气概。该诗歌在语言上有特色，它采用古英语惯用的重音在字首第一个音节上的方式，例如对"W"的连续运用使得诗歌读起来朗朗上口。

英雄史诗的另一起源自封建制度发展的产物。这个阶段所歌颂的英雄人物已经超出原始部落的狭隘范围，他们为保卫国家而战斗，中心主题是爱国主义，一般以历史事实为基础，经过民间传说和传唱，经过文人的加工整理，他们身上常常既有人民大众理想中的英雄色彩，又掺杂着贵族和封建的思想，带有一定的复杂性。这类英雄史诗的代表有法国的《罗兰之歌》、德国的《尼贝龙根之歌》、西班牙的《希德之歌》和古罗马的《伊戈尔远征记》等。最具代表性的英雄史诗是法国12世纪初诞生的《罗兰之歌》，这首长诗首次公开出版是在牛津，其手稿写于1170年左右，全诗由4002行十音节诗句组成，共分291个长短不齐的诗节，使用的语言为盎格鲁—诺曼底方言，文字十分古老，有些字句尚不能确定其含义。从题材来看，它应归入法国民族诗歌的最早形式"武功歌"之列，位列于流传至今的近百篇武功诗歌之首。

《罗兰之歌》取材于公元8世纪一个并不重大的历史事件：778年春，年轻的查理大帝和阿拉伯人结盟，越过比利牛斯山脉，围困信奉伊斯兰教的萨拉戈萨国，后因种种缘故放弃，在返回法兰西的途中，遭到伏击而重创，死亡者中就有罗兰伯爵。

这场战事仅有数天，但歌颂罗兰的作品却有很多，其中《罗兰之歌》广为流传，而

《罗兰之歌》插图

且与史实相距甚远。诗中将那场战斗演化成历时七年的大战，成为法兰西参加十字军东征圣战的一次战争。在这场圣战中，上帝显灵，天使下凡，查理大帝变成年高200岁的圣徒神仙，而罗兰摇身变成了查理大帝的亲戚和最倚重的战将，在十字军东征的过程中，为了维护法兰西国家的统治地位和基督教的传播，罗兰显示出无比的忠诚和献身精神，他效忠查理，为上帝而战，不惜牺牲生命，直到临死的一刻，还能用军号通知查理大帝，还念念不忘美丽的法兰西。他对民族、家族和信仰的荣誉感和虔诚精神，构成了这部英雄史诗的灵魂。罗兰的英雄形象的塑造体现了当时社会人们对

优秀骑士的期望，法国编年史中也记载了路易九世率军东征时一些骑士以罗兰英雄行为激励自己的情景。

这部史诗结构简明，情节发展有序，主题突出，对于罗兰、查理大帝等不同性格的英雄人物的描写不流于俗套，采用了对比的手法，如忠君爱国和变节投降、德高望重和自私卑鄙、骁勇善战和厌战怯懦等等，使读者身临其境。诗中有的情节，如查理大帝见罗兰全军覆灭，请求上帝让太阳暂停落下，以便奋力追赶阿拉伯人的情节，直接脱胎于《旧约》中《约书亚记》类似的描写。

《罗兰之歌》的写作技巧也值得肯定，它运用的重叠法和对比法，既强化了主人公的心理活动，也符合诗歌艺术性的需要。诗中描写战争场面的重复平淡以及前后自相矛盾之处，反映了民间文学普遍存在的弊端。

德国《尼卜龙根之歌》产生于1200年，全书共分两部分：上部为"西格弗里之死"，下部为"克琳希德的复仇"，共有9516行。这部英雄史诗所描写的是民族大迁徙的后期的情况，由神话和历史传说汇集而成。其中，故事的地点涉及德国、冰岛、挪威、尼德兰和莱茵河畔等广阔地域。它所塑造的主要人物曾经在民间流传数百年，性格几经变化，最后才在这个文本中定型。

《尼卜龙根之歌》插图

《尼卜龙根之歌》虽然由许多神话和传说构成，但它所描写的是12世纪德国封建社会上层的真实生活，宫廷中的各种仪式、上流社会的日常生活，夫妻之间、君臣之间以及财富与感情之间的复杂关系。其中以争夺财富和情爱恩仇为主线，刻画出形形色色的人物，勾勒出一幅封建社会盛期财富、权势、爱情、道德的全景画。塑造了西格弗里的英雄形象，他拥有大量财宝，性情豪爽，勇敢顽强，并全力忠实于爱情，但终被其妻兄等人暗害而死。他的妻子为丈夫报仇不惜卧薪尝胆，假意屈从嫁给匈奴王，几十年后，终于在一场杀戮血战中俘获并杀死亲兄。但她也被别人所不容，最后难逃被杀死的命运，整部史诗在浴血厮杀中结束。

《尼贝龙根之歌》是德国中世纪的宝贵文学财富，无论是战场上的铁马金戈，宫廷贵妇们的豪华奢侈，还是勇猛豪爽的骑士精神，都描绘得翔实细腻，不同性格刻画得入木三分。该诗体裁也自成一派，便于民间诗人朗诵，每节四行，每行中间有一停顿，每两行一韵，一、二行和三、四行同韵，这种诗体被称为尼贝龙根诗体，影响颇深。如：

> 武士们的荣华都已经在死亡中葬送，
> 大家都替他们感到烦恼和悲恸。
> 国王的盛宴就此以痛苦收场，
> 世界上的快乐，到后来总是变成忧伤。①

二
骑士文学——信仰与爱情的勇者之歌

骑士出现于西欧封建制度的初期，连绵不断的战争使骑兵成为一个特殊的阶层。从11世纪起，骑士皈依了基督教，逐渐成为"基督的战士"，教会为骑士授予神圣的身份和地位，骑士为了基督教征服异教徒而进行了"十字军东征"。13世纪之后，骑士在军事活动中不再占有主要地位，逐渐进入上流社会的骑士由战士转向为绅士，"骑士精神"遂形成。骑士文学所代表的时代信息和特定含义，构成了中世纪文学中一道别致的风景线。

骑士文学最早出现于11世纪的法国，在南方和北方地区的抒情诗歌中，骑士的浪漫爱情与忠诚精神成为被讴歌的主要内容。随着骑士制度的风靡一时，骑士文学也日益流行，在欧洲各个国家都有不同的作品问世。

骑士文学的类型分为骑士抒情诗和骑士传奇两类作品，其中抒情诗是

注释 ①《尼贝龙根之歌》，钱春绮译，人民文学出版社1994年版，第474页。

主要形式。它主要流传于德法、西班牙国家，骑士抒情诗在法国南部普罗
旺斯地区曾经相当的繁荣发达，据记载，有数百诗人的名字留存下来，他
们中包括封建主、骑士、教士和市民等各类身份。随着骑士抒情诗的日渐
流行，其宗教信仰的主题逐渐淡化。接近世俗生活的爱情诗日益成为骑士
文学的主题。

"情歌"是中世纪法国抒情诗的一种，一般为一男一女问答对话形式，
但其中真正与女性的对白很少，更多的是一种独白，传达出很特殊、很耐
人寻味的爱情取向。如阿尔诺·德·马勒尔（Arnaut de Mareuil）的《大
傻瓜》：

> 因为我爱你，夫人，
>
> 如此隐秘，除却我和爱无人知晓，甚至是你，
>
> 我如此恐惧，不敢向你敞开心扉；
>
> 我好害怕，夫人，
>
> 怕你会生气烦我，只因我为你祝福，
>
> 既然不敢下言一语，至少我可以在歌里向你倾诉。[1]

还有一种爱情诗就是恩格斯给予高度评价的"破晓歌"。恩格斯在研究
人类爱情发展的历史时这样谈到：

> "……而第一个出现的性爱形式，那种中世纪的骑士之爱，就
> 根本不是夫妇之爱。恰好相反，古典方式的，普罗旺斯人的骑士之
> 爱，正是极力要破坏夫妻的忠实，而诗人们又加以歌颂。'Albas'
> 用德文来说就是破晓歌，成了普罗旺斯爱情诗的精华。它用热烈的
> 笔调描写骑士怎样睡在他的情人——别人的妻子——的床上，门外
> 站着侍卫，一见晨曦初上，便通知骑士，使他悄悄溜走，而不被人
> 发觉，别离的场面是歌中最精彩的地方了。"[2]

恩格斯提到的"破晓歌"就是法国南部的情歌类型，还有法国北部的
《骑士传奇》、英国《高温爵士和绿衣骑士》等。法国南部普罗旺斯的行吟
诗人吉罗·德·波尔奈勒在他的《光荣的国王》中这样唱道：

注
释
[1] 琼斯顿(C.Johnston)编：《行吟诗人阿尔诺·德·马勒尔抒情诗集》，巴黎，1966年。
[2] 恩格斯：《家庭、私有制和国家的起源》，引自《马克思恩格斯选集》第四卷，人民出版社
1995年版，第68页。

光荣的国王，真理灿烂的光，
万能的上帝，主啊，请你
认真帮一帮我的朋友。
入夜后我再没有见到他；
马上就要破晓！
好朋友，你睡着还是醒着？
别再睡了，赶紧起床来，
东方的启明星烨烨放光，
报知白昼将临。我可知道：
马上就要破晓！
好朋友，我的歌在呼唤你：
别再睡了，我听得见鸟儿在唱，
树林里边它搜寻着天明。
当心嫉妒的丈夫抓住你。
马上就要破晓！
亲爱的好友，我好幸福，
愿破晓和白昼永不降临。
因为古今最可爱的女人
在我怀里，我不怕
嫉妒的丈夫和破晓。①

　　这些诙谐幽默的诗歌，字里行间里祖露出无所顾忌的爱情。虽然这些作品的爱情是描写骑士与贵妇人之间，也就是婚姻以外的爱情，但它的意义在于强调爱情应以感情为基础，它的魅力，也不在于分手的难舍之情，而在于它道出了人们对爱情的执著和真诚。如果说情歌表达的是不求回报、精神爱恋的境界，那么"破晓歌"，则表现为现实中真实爱情的追求。近代瓦格纳歌剧中伊格尔的咏叹调，就直接继承了中世纪的"破晓歌"。它亦象征着黑暗已经过去，曙光即将降临，新生活要重新开始的寓意。由此，我们可以理解为什么"破晓歌"深受欢迎超越时空到今天，甚至连无产阶级

注释　　① 陆扬：《欧洲中世纪诗学》，上海社会科学出版社2000年版，第163—165页。

领袖恩格斯都抱着赞赏态度。

骑士抒情诗的主要代表者还有德国的瓦尔特·封·德尔·福格威德 (Walther von der Vogelweide，约1170—1230年)，他流传下来的作品有170余首，代表作是《我坐在岩石上》。西班牙的骑士抒情诗也相当繁荣，其特点是继承了但丁作品的遗风，大量运用了喻义的手法。主要代表人为胡安王朝的桑地亚纳侯爵 (Inigo Lopez de Mendoza，1398—1458年)。桑地亚那侯爵非常喜欢但丁和彼得拉克，他的诗歌深受人文主义思想影响，代表作为《菲诺霍萨山歌》，讲的是骑士如何向女人求爱。还有一位叫胡安·德·梅纳 (Juan de Menage，1411—1456年)，他的作品是叙事诗《命运的迷宫》，是模仿但丁和维吉尔的讽喻诗。

《帕尔齐伐尔》插图

在骑士传奇类别中，英国、法国、西班牙和德国都出现一些传奇名篇。其主题依然是骑士为了爱情、荣誉或宗教而冒险游侠的经历。主要作品有德国沃尔夫拉姆·封·埃森巴赫 (Wolfram von Eschenbanch，1170—1220年) 的《帕尔齐伐尔》。该作品主人公帕尔齐伐尔是一个骑士的儿子，他不听母亲的阻拦，去闯世界，为亚瑟王宫廷建立了功勋，但却因言语不慎犯了错误，最后他在隐士特莱佛里的帮助下，认识到自己的错误，并达到了"至善"的境地，并赢得了美人的爱情。西班牙骑士传奇的典范是《阿马迪斯·德·高拉》，阿马迪斯的故事颇具浪漫色彩，他本来是一个国王的私生子，被母亲装在一个小箱子里投进河里任其漂流，后来被人捡到收养，阿马迪斯成人后成为骁勇善战的骑士，忠实于爱情，终于被亲生父亲承认并与心上人结为连理。这部小说的影响超乎巨大，主人公成为读者们崇拜的偶像，该书甚至成为培养骑士的教科书。

15世纪后期，英国骑士文学的代表作当属《亚瑟王之死》，作者是托马斯·马洛里（Thomas Malory，？—1471年）。这部书取材于亚瑟王和圆桌骑士的传说，包括八个故事，主线讲亚瑟王胜利后和他的骑士们之间的故事，其中围绕着寻求圣杯的使命，出现爱情、忠诚、叛乱、内战等，其语言流畅、诗韵和谐，对后世产生了深远的影响，19世纪英国诗人阿尔弗雷德·丁尼生（Alfred Tennyson,1809—1892年）也以同样题材写长诗，但无法超越马洛里，可见这部作品的艺术地位之高。

由此可见，骑士精神主要包括两个方面：一是忠诚勇敢，除暴安良，二是浪漫爱情。而第二方面最能体现骑士精神的实质，骑士爱情的最高境界，莫过于以出生入死地建立战功来赢得爱情。而骑士的爱慕对象常常是那些有夫之妇，他们把这种爱情称之为"典雅爱情"，即更多的是精神上的爱恋，这种浪漫情怀在中世纪欧洲社会生活中是有生活原型的。

三

城市文学——弥漫着世俗之风的活剧

中世纪的城市文学，与市民阶级的发展有着密切的关系。中世纪中叶，城市随着工商业而兴起，尤其是与东方贸易有联系的沿海地区，城市更是星罗棋布，很多城市人口超过5万，市民作为城市的主体，尽管就其整体而言还未达到主流地位，但一部分受到教育、有经济实力和思想开放的市民阶层，已经在政治、经济和文化等各个领域里产生日益扩大的影响，而纯粹的市民文学的产生，恰恰证明了他们作为社会新生力量的声音。城市文学本身反映的是城市市民这个欣欣向荣的阶层的精神面貌。12世纪以后，城市发展的一个突出特点是以城市市民教育为目的而建立的非教会学校，一些学者在学校里进行宗教以外的学术研究，与教会的垄断教育下死气沉沉的宗教氛围相比，令人耳目一新，他们在城市文化生活中掀起了不小的涟漪，人们更加希望摆脱沉寂，感受轻松娱乐的生活。此时的市民还没有真正意识到作为一种社会力量在政治经济舞台上的位置，更多地体现在个体自身的需求，这种需求和真正资产阶级人文主义比较，还相当模糊和感性。因此，这个阶段的城市文学最突出的特点是含蓄地体现了市民阶层的呼声和要求。

城市文学的代表作是法国的《列那狐传奇》和《玫瑰传奇》。所谓"传奇"是指用罗曼语这种世俗语言，而不是用拉丁语写的韵文体或散文体小说，为区别以后的小说，统一翻译成传奇。《列那狐传奇》来源于12世纪的民间口头传说，在此后大约一个世纪的时间里，逐渐形成了几部以拉丁语记述的关于列那狐的传奇诗歌，其中首推《列那狐传奇》。但遗憾的是，仅有两位作者的名字流传下来，他们是皮埃尔·德·圣克卢和里查·德·利松。这部描述动物的诗歌的分量相当可观，一般分为27组，3万多行。

《列那狐的故事》插图

《列那狐传奇》的主角是列那狐和伊桑格兰狼，其目的无疑是以兽喻人。在这个奇妙的寓言故事中，各种动物们构成了相互对立的两大势力，在不断的斗争中，处于比较特殊层面的列那狐，既不甘心受狮子、狼和熊所代表的上层社会的欺压，敢于反抗它们的压迫；又要在那些鸡、兔子、羊和山雀所代表的下层百姓面前恃强凌弱，列那狐以自己的聪明智慧和双重人格，成为这个动物世界的佼佼者。

列那狐这个形象在世界文学史中属于另类，它很难套用划分人群的标准，因为它既贪婪、凶恶，又怯懦、狡猾的特性，似乎只能在动物身上淋漓尽致地描绘出来，作者不必像刻画人类那样进行或薄或厚的遮掩，才使得人真正的本性彰显得更加露骨。有人说它的地位代表了中世纪的市民阶层。其实并非如此，列那狐的背后寄托着市民心灵深处的希望，那就是既不再受制于上层统治者，摆脱低下屈弱的感觉，又能够凌驾在下层百姓之上，体味到欺压他人的乐趣。为了达到这个目的，列那狐的聪明智慧最终表现为谋取个人利益而不择手段，这对于市民阶层而言是最为受用和赏识的实质内容。

《列那狐传奇》的语言也别具风味，列那狐与它的外甥谈处世之道，讲到它曾经与伊桑格兰狼同行，其间见一红马带着小黑驹，狼很饿，就让列那狐问红马可否卖它的小马驹，红马告诉狐狸说给现钱就卖，问什么价？红马说"价钱写在我的后足上，如果你认得字，并能看得出，就来看吧。"列那狐转告狼，狼自恃通晓法、英、拉丁文等，就跑到红马后面看，结果被踢倒在地，流血不止。列那狐问："你吃够了小马驹的肉了么？……那马足上写的什么字？是韵文还是散文？"狼说："我看字的时候，被马踢了，头上有六处伤。这样的文字我将永远不想再读了。"列那狐说："最好的文人，不必是最聪明的人。"列那狐对于强权的憎恶与显见的狡黠可窥一斑。作者描写列那狐复杂的性格和心理状态，借以揭示人的内心世界，尤其是作品中渗透出来的现实生活中的悲凉和孤独，体现了市民阶层复杂的心态和处境，也是这部作品的独到之处。

《列那狐传奇》因列那狐狸的形象而知名，"列那"一词因而成为普通的狐狸名词，代替了法文中原来的狐狸单词。这部作品流传甚广，除法文本外，还陆续有德、英、意等译著和模仿本问世。18世纪90年代，德国的歌德根据这部作品写成叙事诗《列那狐》，由此改编的故事成为儿童们喜欢的读物之一。

《玫瑰传奇》是另一部著名的法国城市文学，其作者有两位，第一位是诗人吉约姆·德·洛里（Guillaume de Lorris，？—1238年），他创作了约4700行诗，尚未完成就不幸辞世。另一位是让·德·墨恩（Jean de Meun，1250—1305年），他时隔三十多年后继续完成了这部作品，全诗22817行。因此，诗歌创作时间较长，应从13世纪到14世纪。《玫瑰传奇》虽名为传奇，实际上并无传奇色彩，相反，却有浓厚的说教意味。主要内容是讲述一名年轻的贵族骑士的爱情故事，其中各个角色的名字都用不同的动词、形容词替代。主人公在一个梦境中，发现了一座花园，其中央生长着一株娇艳无比的"玫瑰"，这个年轻人不由自主地爱上了"玫瑰"，但花园被"嫉妒"率人严密看守，而且"玫瑰"对于他也是充满疑虑，一些好心的人如"典雅爱情"、"殷勤接待"、"直爽"热心相助，而"危险"、"羞耻心"和"恐惧"等又从中作梗，整个的恋爱过程充满了坎坷曲折。但在第二个诗人续写的部分中，年轻人终于克服了各种障碍，终于赢得美人芳心。故事在一个美满的结局中收笔。

这部作品的精粹在于它就爱情、道德等问题阐述了许多富有哲理性的观点，特别是自然是艺术美的源泉这一论断，在那时可谓是曲高和寡，直到文艺复兴时期才得到真正的回应。《玫瑰传奇》中运用比喻的手法，并巧妙地以梦境的形式表现出来，两种表现手法起到相得益彰之效。

中世纪时期，城市文学处于萌芽起步的状态，没有留下多少杰出的作品。当欧洲社会新生资产阶级的力量逐渐强大之时，代表他们心声的文学作品才得以问世。中世纪城市文学在一定程度上体现了崇尚自由、蔑视权贵、讴歌爱情的人文主义思想萌芽，如轻风细雨，慢慢滋润着欧洲这片禁锢人性已久的土壤。

第三节　古代希腊罗马文学对文艺复兴文学的启迪

文艺复兴运动之所以在欧洲兴起，商品经济发达和民主政治思想的萌芽是决定性因素，还有一个特定的社会文化因素就是它对古典文化的发掘和重新认识，而古典文化应当是这场声势浩大的文化革命的思想源泉。古典文化源头应为古希腊文化、古罗马文化和希伯来文化，希伯来文化即为早期基督教文化。文艺复兴的文学家们通过不同层面解读古典文化尤其是文学作品，找到了认识和价值观念上的共鸣，并在此基础上实现新的创作思想的突破，在更加广泛的社会意义上实现"自由意识的进步"。

一

从中世纪知识分子到文艺复兴运动先驱者

如果不深入到古代文化的核心，文艺复兴运动的精英们就难以萌生出革故鼎新的精神，发掘古典文化也就不会成为一场振聋发聩的社会革命。

然而，革命的序幕应始于中世纪阶段，是中世纪中后期的知识分子有意或无意掀开了古典文化的帷幕，肇始者应是公元10世纪开始逐渐产生的知识分子群体。

知识分子作为一个社会阶层在中世纪出现，从文化社会学角度可以这样理解：随着物质文化的创造及生产的发展，人类社会经历了社会大分化。由于社会分工，逐渐造成城市与农村的分离，形成了一个不从事具体物质生产而依靠文化生产来生存的阶层。在这种社会分工完全固定下来后，文化的阶级或者阶层性实质是文化的支配问题，即哪个阶级或者阶层支配文化的生产和分配的问题。这不仅是社会分工的进步，更是一种文化意识的觉醒，社会不再以血缘来界定自己的社会环境，而是以自己在社会中不同的身份、地位、利益等寻求自己的社会认同和社会归属。这种文化意识不是自发产生的，而是通过教育从外界灌输的结果。因此，教育无意中造成了一种文化环境，通过个人的参与过程，培养和造就出一个有共同意识、相对集中的群体。①

按照法国雅克·勒戈夫（Jacques Le Goff，1924—？）的说法，中世纪有一个"知识分子"的特定群体，是指随着城市的发展而从事精神劳动、以教学为职业的教士。中世纪早期查理大帝的重臣阿尔琴（Alcuin，约735—804年），作为一名专职的基督教文化传播者，他在语言学、修辞学和神学方面都有深入的研究，他的数百封遗札具有史料价值。

公元8—9世纪时，拜占廷使用希腊语和研究希腊文著作时，阿拉伯人早已经着手将大批的希腊文科学论著翻译成阿拉伯文并继续推动它的发展。而古希腊文化对于西方仅剩下稀少的类似于百科全书式的内容。据史料记载，教皇西尔维斯特二世（Silvester Ⅱ，999—1003年在位）利用与西班牙北部教会接触的机会获得了一些阿拉伯文献的拉丁文译本后，开始学习珠算，并在教会中教授七艺等。一些教会学校在11—12世纪相继成立科学研究的学术中心。例如，现在法国、荷兰、比利时和德国境内的里

注释

① 司马云杰：《文化社会学》，中国社会科学出版社2001年版，第226—231页。

昂、奥塞尔、沙特尔、康布雷、科隆、乌特勒支等教会学校在大学出现之前一直占据着学术中心的地位。而教会学校最重要的工作之一就是翻译，即将希腊文和阿拉伯文翻译成拉丁文，这个翻译的热潮从10世纪中叶开始一直持续到13世纪，被西方称之为"翻译时代"。诚然，这个阶段翻译的文献主要集中在科学和哲学著作，以至于人文著作和文学著作几乎绝迹。翻译实际上很随意，决定是否翻译的因素常常是是否容易操作和文字是否简洁，真正的学术价值却被忽略，而次要的平庸的著作却被翻译过来。

真正从希腊文直接翻译成拉丁文的重要著作很少，最负盛名的翻译家是意大利杰拉德·克雷莫纳（Gerard of Cremona，1114—1187年），仅他一人翻译的著作就有亚里士多德的《物理学》、《论天》、《论生灭》、《气象学》以及《分析前篇和后篇》，欧几里得的《原理》，阿尔·花拉兹米的《代数》，阿维森纳的《医典》等等，涵盖当时科学领域的各类权威著作。可以说，这些著作足以改变整个西方科学的进程。此外，还有其他翻译家翻译的柏拉图的《美诺篇》、《斐多篇》，托勒密的《天文学大成》和欧几里得的《光学》、《反射学》和《资料》等等。[1]

按照西方人的统计，翻译工作集中在意大利、英国、奥地利和西班牙等国家。比较有名的翻译者有意大利的杰拉德、亨里克斯·亚里斯提卜、埃米尔·尤金、詹姆士、布公图和摩西。在英国，巴斯的阿德拉德·罗伯特，奥地利卡林西亚的赫尔曼以及西班牙塞维利亚的约翰等，有姓有名的仅有数十人，也就是说只有一个小分队在从事着具有向西方传播古代文化使命的工作。事实上，翻译工作并非易事，在西班牙的翻译中心托莱多，有的希腊原著要经过多个语言翻译最后才能转成拉丁文，经过多次转译后不可避免地会出现曲解。在翻译文学作品中还有一个难点，公元5世纪以后，古希腊的文学研究除修辞学外已经基本废弃，并且荷马时代的语言无论对哪个时代而言都过于枯涩。正是由于翻译的出现，才使中世纪思想领域接受到古代文化的思想精髓。古希腊哲学思想和亚里士多德的世界观，终于打

注
释

[1] 爱德华·格兰特著，郝刘祥译：《剑桥科学史丛书》之《中世纪的物理科学思想》，复旦大学出版社2000年版，第16—19页。

破了基督教统治精神世界的主宰地位。在人们眼前，一个苍劲辉煌的古代世界重新发出耀眼的光芒，这光芒给中世纪人们麻木已久的心灵开启了一扇窗，激发了人们对于古代文化的新兴趣，唤醒了中世纪知识分子。

文艺复兴在文学领域之所以成就辉煌，是有其原因的，没有包括基督教教士们、阿拉伯人和一批批寻求、翻译古典文化的知识分子的薪火传递，没有在社会中形成一种对古典文化的首肯、模仿和追求，没有四百多年来文学精英用情感和心血创造出无数经典文学形象，记录下来欧洲历史巨大的转变，就难以汇聚成文艺复兴运动的群星璀璨，难以筑成这座恢弘无比、至今仍难以超越的文学圣殿。

二

从手写本的字里行间开启文艺复兴新思维之门

可以说，文艺复兴运动是从意大利大规模的搜寻、研究古典文化的工作开始的复兴古典文化的运动。这些学者出身并非高贵，但受到过正统的教育，对古典文化有近乎狂热的热情。他们在古典文化的启迪下，剜除了中世纪文坛的沉疴，站在新的立场上指点江山，激扬文字，从另类到主流，成为人文主义的执旗手。

手写本是指中世纪时发现并保存下来的极其稀少、弥足珍贵的古代书籍。而中世纪阶段出现的书籍为手抄本，指抄录古代书籍或者更改内容后写成的书籍，其收录的当然以基督教内容为主。赋予文艺复兴运动思想启迪的是古代手写本，而非中世纪那些漂亮的手抄本。应当说，寻找和抄录古代书籍在中世纪早期就开始出现，它主要是源于基督教被奉为国教后，作为宫廷御用神职人员和教会修士修女们对于以往历史遗存进行的搜寻工作。这项工作的进行，国家政权和宗教机构起到了决定作用。在法兰克国家的兴盛时期，国王查理曼虽然自己目不识丁，但他试图再现神圣罗马帝国的恢弘，这种对古代盛世的热情导致他对发掘古代遗存有着空前的热情，他命令宫廷和各个教会成立学校，教育开始普及到贵族阶层，寻找和抄写古代书籍成为一项人手稀缺而时髦的工作。

比利时根特大学图书馆保存的圣经残片

　　寻找古代书籍是一项极其艰巨的工作，两千多年前，古希腊时代的维吉尔或者荷马的诗集是写在一种干燥的植物叶子上，公元2世纪的希腊文"新旧约圣经"也是抄写在这种称之为蒲纸之上的，由于这种纸张极易破碎，加上基督教初期处于非法状态，据说手抄本的圣经现在仅仅存约50块零碎的残片。

　　与纸草同时，羊皮纸也开始出现，这种羊皮卷抄本保存下来的较多，几乎全部的古希腊和拉丁文学遗产都是用一种羊皮纸书写而成，这种羊皮纸的有限和反复使用使早期文稿的保存十分困难。直到13世纪，南欧小城杜布罗夫尼克才生产出仿羊皮纸，由于使用棉织品而非纸浆纤维素的制作工艺，这种纸能保存长久，今日这座被英国文豪萧伯纳称之为"地上天堂"的小城里Sponza的宫殿内，还保留着数千件清晰可读的历史文献。

　　令人遗憾的是，从公元3—4世纪开始，修道院里的修士和修女们花费了大量的精力和时间做的抄写工作，却加速了古典文化的毁损速度。尽管当时羊皮卷取代了蒲纸，但价格昂贵，因此他们将那些原来写有文字的古代羊皮卷用浮石擦掉或者用刀刮除，然后重新写上所需要的著作，希腊文Palimpsestos的意思就是擦去原来文字另抄上其他文字的羊皮卷抄本，也称之为重叠抄本。这种做法盛行于7—12世纪，教会更多的是把不中意的古代著作擦去而抄上基督教作品，很多古代著作就这样永远的消失了。

文艺复兴时期曾经有人研究尝试用化学方法恢复原来的文字,直到18世纪时才获得成功,古希腊戏剧就是在那时才得以重见天日。但经化学处理后的羊皮卷也遭到了极大的损害。

公元9世纪,在所谓"加洛林文艺复兴"时期,就出现了由专人从事寻找古代书籍和制作手抄本的工作。这种根据古代书籍抄录的手抄本有几个特点:一是装潢精美,如同一件艺术品,它在扉页上的字头为大写,配有色彩鲜艳的插图,这些插图一般为各种人物、花卉图案,极具装饰性;二是字体规范,由于采取统一的拉丁文抄写,形成了优美、均匀的小书写体,这种写本被称为"加洛林写本",为现代笔体奠定了基础,有些语法还明显地表现出现代因素,如在《马太福音》的手抄本中,ampersand用来表示"和"的意思et,还有缩写用法,表示"主"或"上帝"的dominus缩写为ds;三是内容比较丰富,包含了宗教、医学、天文学和法学等类别。因此,在当时是以一种新的文化载体引起了社会广泛的关注。

然而,这种手抄本的问世并非出自于研究和学习之用,而是从传播基督教的角度加以取舍或更改,最终目的是为神学服务,为神学的至高无上做注释。中世纪教会的神职人员极少研究这些古典文献,他们对于辛辛苦苦抄录的书籍内容兴趣不大,"对他们来说重要的是在抄写中激发出的热诚、打发的光阴和消耗的精力。这一切都是赎罪,他们以此为天国效劳。"①手抄本最大的"功绩"就是将古代文化以一种支离破碎的状态推将出来。据统计,由于全凭手工抄写,错误难免,仅圣经的数以千计的抄本中,文字上的差异竟然出现25万处之多。加之基督教教会一统天下,对于古代文化持基本否定的态度,因此中世纪的手抄本对社会文明进步没有起到应有的促进作用。从中世纪起,拉丁语的古籍和古希腊时代的大量杰作就为人所知,但遗憾的是,古希腊诗歌却不加理会,它们被"遗忘"在角落里,对于握有那些珍贵的手抄本和手写本的人,将这些书籍当成一笔物质财富看待,流通非常缓慢。只是在一些布施活动中,漂亮的手抄本作为商品被卖

注释

① 雅克·勒戈夫著,张弘译:《中世纪的知识分子》,商务印书馆1999年版,第7页。

掉，这里书与瓷器等物品完全等同。在教育不普及和知识贫乏的时代，书籍无论怎样珍贵，只不过是一种稀少的商品，可以用来炫耀和展示。

手抄本的出现营造出一种对古典文化感兴趣的社会氛围，对于文艺复兴运动而言可以说是一个前奏。真正将古典文化的真实面貌重见天日的是摆脱封建神权束缚的人文主义者。在意大利则当属彼得拉克、薄伽丘和波焦（Poggio，1380—1459年）等学者们，他们在参观一些古老寺院甚至是在污秽的地窖时，才偶然发现这些"被野蛮狱卒囚禁的文雅犯人"，这些珍本在尘土中面临腐朽，有的被改写为祷文或护符，杰·梅西在他的书中讲述了路易斯·亨利·摩尔根（Lewis Henry Morgan，1818—1881年）在参观一座著名的寺院的书库时，发现一些文学稿本遭到破坏，僧侣们把它们撕成碎片，当做魔力咒符卖给迷信的人们。因此，摩尔根花费了重金购买了中世纪的一些文学原稿，使那些无名的书记员和被埋没的文学家的声名得以重见天日。15世纪时，大部分保留下来的古罗马文学的作品都被收集起来，有的人以收集手抄本为主业，商人尼克洛·尼古里收集了大量的手抄本，数量之多足以成立一个图书馆，他付出破产的代价将这个图书馆献给了佛罗伦萨。

意大利诗人彼得拉克利用一份教堂秘书的工作，游历了意大利、法国、德国、比利时等欧洲各国。他出行的主要的目的就是钻进这些国家各地修道院封尘已久的图书馆里，搜集古希腊和罗马的古籍手抄本，在搜集过程中，他发现了西塞罗等人失传的珍贵书信和著作，以至彼得拉克成为第一个运用人文主义思想研究古典文化的学者。然而，他虽藏有这些珍贵的古代著作的手抄本，并视为瑰宝，但他对希腊文却知之甚少，因此他无奈地抱怨说："荷马在他身边依然闭口无言"。

薄伽丘也是古代手抄本的不倦收集者，他走遍了意大利的古老寺院的图书馆，他发现这些羊皮纸的书籍因被疏忽而散乱着，上面覆盖了岁月的尘土，有的羊皮纸书籍被撕扯掉页。薄伽丘从很早就对诗文，尤其是古典作品感兴趣，据说他是第一个能够用希腊文阅读荷马作品的意大利人。

波焦也是寻找古代书籍最活跃的人士之一，他几乎一生都为罗马教廷服务，但他屡屡脱离本职，巧妙地利用他虽卑微但特殊的教会秘书身份，轻易进入圣高尔（St.Gall）、郎格里斯（Langres）、温家汀（Weingarten）和赖查奴（Retchenau）等被守卫森严或无人关注的图书馆，寻找各种古籍以及古钱币、碑铭和雕像，他的收获颇丰，被其他人文主义者誉为划时代的收获。他还撰写了很多文章、辩论条文以及历史著作，他非凡的才能，熟悉各种艺术和精通拉丁语，甚至与人对骂的文章都被称之为"佳作"。波焦去世后，人们为他塑了雕像。

此外，随着拜占廷帝国的灭亡，很多在拜占庭的意大利人逃离出来，并把古代希腊文手抄本带到自己的国家来，有人甚至带了有数百卷之多。此外，君士坦丁堡的陷落，也吸引了无数人去寻找那里的丰富宝藏，在意大利曾经有 12 位有名的人文主义者到希腊读书或旅行，他们此行收获颇丰，带回了希腊诸位文学家诗人的作品，其中有埃斯库罗斯、索福克勒斯、修昔底德、波里阿比、希罗多德、欧里庇得斯等人的诸多戏剧和教本，当他们满载而归时，受到了意大利人的热烈欢迎，简直像凯旋的将军一样。①恩格斯在《自然辩证法》导言中生动地描绘出这样一个时刻："拜占庭灭亡时抢救出来的手抄本，罗马废墟中发掘出来的古代雕像，在惊讶的西方面前展示了一个新世界——希腊的古代；在它的光辉的形象面前，中世纪的幽灵消逝了。"②正是这些将复兴古代文化作为一面旗帜高扬的一代新文化人，他们厌弃烦琐的拉丁文，从翻译到模仿古希腊罗马时期作家的写作风格，对于恢复古典文化传统，甚至达到了迷恋的程度。从宗教转向哲学文学，从天堂转向地上，他们倾心于人的自身，自身的美，自身的痛。苦与欢乐，自身的尊严与理性……

三

从"模仿"中获得"再生"之源

文艺复兴文学创作吸取了古代文化的灵魂，创造出新的价值观念。古

注释

① 威尔·杜兰著，台湾幼狮文化公司译：《文艺复兴》，东方出版社 2003 年版，第 105—106 页。
② 恩格斯：《〈自然辩证法〉导言》，《马克思恩格斯全集》第 20 卷，人民出版社 1999 年版，第 360—361 页。

希腊的文化,尤其是文学,为后世提供了非常经典的艺术门类和创作理念,在相当的程度上滋养了西方文学的生长壮大,没有复兴古典文化的契机,就难以成就资产阶级整体文化的迅速成长和繁荣。古希腊罗马文化作为"再生"之源是如此的宝贵和难得,因为古希腊罗马文化本身生长在一块经济贫瘠的土地上,它的文学成就远远高出于它所存在的社会经济条件,但是它即便在经济发达、文明进步的今天依然能够傲立于世,光彩依旧。这基于三个方面的因素:

养料一:人的智慧与哲学思想。

关注人的本质、人的处境以及人的命运等主题在西方文学中有很深的渊源,与其根植于西方文化、自古注重人性的土壤息息相关。从古希腊罗马文学到17世纪古典文学、现实主义等近现代文学,这都是最受关注的核心问题。可以说,这是文艺复兴文学家们所获得的最宝贵的灵感之源。

古希腊人文明的精华之一是对于人的赞美和肯定。拉法格对古代诗歌的精髓的评价是:"人民灵魂的忠实、率真和自然的表现形式……也是人民的科学、宗教和天文知识的备忘录……保留着史学家们所不知道的过去时代的风俗"[1]的精神世界。

古希腊的诗歌体现出人类童年时代的话语,从某种意义上和中国古代的《诗经》有异曲同工之妙,体现了一种人类最初的精神面貌,与中世纪基督教会的对人本身的否定与情感压抑相比,古典文学帮助人们找回了自己,找回了自己"忠实的灵魂"。文艺复兴的作家在古希腊诗歌面前,一下子就找到了精神上的突破口,像古希腊人那样表达"灵魂的忠实",是文艺复兴开创的新人文主义文学之路,古希腊人的灵魂在文艺复兴中得到了"新生"。文艺复兴时期的作家们对古代哲学思想也有较深的研究,有无数人以"认识你自己"为至理名言。1514—1515年意大利古典作品学者兼出版商阿尔杜斯·曼努提乌(Aldus Manutius,1450—1515年)在给其人文主义者友人信中就说道:"我知道我说的乃是事实,况且你也早已从自己

注
释
　① 拉法格著,罗大冈译:《拉法格文学论文集》,人民出版社1979年版,第53页。
　② 李瑜译:《文艺复兴书信集》,学林出版社2002年版,第8页。

的经历中明白了'认识你自己'这句名言是多么的恰当，它不仅可以帮助我们减少傲慢自大，而且能让我们意识到自己的幸福所在。不提别人，希腊人和罗马人过去都常常做这件事情。"②古典文学是古代哲学理论的一种演化，古典文学是以艺术的形式再现古典哲学的思想，亚里士多德、柏拉图、苏格拉底和伊壁鸠鲁等先哲们的精神世界经过文学的点染作用，以艺术性、田园诗、抒情诗般的形式走到人们面前，走到了舞台的前面。

首先，文艺复兴的文学通过古希腊的"模仿学"理论，自觉认同了古希腊的知识论模式。亚里士多德等人认为，人具有模仿的本性，而由此而来的文学创作是对客观世界的认知过程，文学通过对自然、对动物、对行动以及对于理性主义的模仿，来实现把握事物的能力。文学的价值是它能够反映更广泛也更真实的社会现实。亚里士多德称诗与历史的区别在于"一个叙述已发生的事，一个描述可能发生的事。因此，写诗这种活动比写历史更具有哲学意味，更被严肃的对待；因为诗所描述的事更带有普遍性，历史则陈述特殊的事。"①亚里士多德的观点被认为是代表古希腊以"模仿学"为核心的文学观念的最高水平，也成为文艺复兴以及其后几百年间文化思想的源头活水。文艺复兴大量的文学作品都不同程度地体现和丰富了古希腊的基本知识论模式，即人可以认知和按照自己的意愿改造这个世界。这种强调自然人的伟大与智慧，以及赋予人真实的感觉，如"愤怒"、"灵感"、"热情"等，是完全忠实和接近于现实生活的。可以说，从自然主义出发来认识人的本质，是文艺复兴时期文学家吸收的古典文化最根本的营养物质。

文艺复兴运动摆脱了上帝——罪孽——拯救这种辩证法，认为人具有自然的创造力的智慧，不需要什么超越理性的东西，完全出于自然本能就可以释放自身的能力，去追求人的荣誉、自由和自主，而这正是柏拉图理想国的美好图画。

其次，与神灵相平等的乐观人生哲学。在基督教笼罩下的中世纪欧洲，

注释

① 亚里士多德著，罗念生译：《诗学》，人民文学出版社 1988 年版，第 29 页。

最大的精神桎梏是对于神的敬畏，因此而出现种种悲观人生。尽管文艺复兴没有完全打破这种人神较量的格局，但他们从古希腊文学中汲取了人类最初的乐观情绪，即人与神之间的平等原则和角色的互换。荷马史诗中的人具有同神灵共有的强大与力量，而真正被这种生命的理想所驱动却相当的艰难。在这个过程中，意大利的但丁在文艺复兴未到来之前以自己的身心去感知、去尝试，他以无比的勇气，以自己的思想、理论支撑和驱动，在暗夜中从地狱、炼狱走向天堂，但丁那生命的激情在《神曲》的字里行间跳跃和闪动。文学作为"一定的社会生活在人类头脑中的反映的产物"，文艺复兴时期这种乐观的人生哲学并非是古希腊罗马文化的简单接受，而是当资本主义的萌芽在中世纪的欧洲出现时，当封建社会最顽固的基督教教会的特权大厦终于受到摇撼时，反映在文学艺术方面，必定是一部分先知先觉的人为此而欢呼，他们以乐观的心态迎接旧时代的离去、新时代的到来。

第三，扩大的语言研究范围。语言的艺术即文学，文艺复兴文学的功绩除了它产生了众多的鸿篇巨制外，不仅将古希腊语和拉丁语的研究更加深入，将语言研究的范围扩大到希伯来和阿拉伯语，还遍及欧洲本土使用的一切方言的研究中，出现了新的语言学思想，并推动文学创作高潮的到来。中世纪教会的官方语言是拉丁语，文艺复兴学者开始接触希伯来语和阿拉伯语，这一点非常重要，因为《圣经》的原文是希伯来语。

文艺复兴时期的文学作品从古希腊文化的诸多因素中汲取了思想和艺术的精髓。就语言而言，很多文学巨匠是从翻译古代作品入手，例如但丁、彼得拉克和薄伽丘等，他们对古代作品非常热爱和痴迷，在翻译研究古代作品阶段，才形成了他们创作的语言特征与风格。可以说，中世纪的基督教文学与古代文化基本上属于割袍断袖的关系，而文艺复兴早期，最突出的特征，是由研究《圣经》原文和传播《圣经》引起的对那些被遗忘和被忽视的各种语言的极大热情。意大利、法国的众多作家们，在大量翻译古希腊时代作品中学到了那些似乎已经消亡的语言，重新发掘出来，并与现存的社会文化之间找到了一个契合点，那就是用被忽视、贬低的诗歌语言及形式来表达自己的心声。

养料二：关于戏剧创作的理念。

戏剧兴于古希腊，是其文化的重要组成部分。亚里士多德指出，戏剧的意义是使观众的情感得到"净化、陶冶和宣泄"。古希腊戏剧还体现出当时的民主精神，无论是悲剧、撒特剧还是喜剧，从剧场到演出内容，从演员到观众，都是在一种自由的氛围之中，具有广泛的大众性。古希腊戏剧的创作特点包括著名的"三一律"和剧场"六大元素"等，尽管并非所有戏剧都遵循了这些规律。古希腊戏剧理念中尤其强调天才、激情和独创性，其创作方法如"虚构性"、"创造性"和"想象性"等，深刻地体现出个体生命意义的价值取向。其中独创性的意义超越了模仿性的意义。古希腊戏剧出现的三大悲剧家和一大喜剧家，为后世留下了经典的作品和戏剧理论。古代罗马继承和延续了古希腊戏剧，也出现了开创多种戏剧风格的喜剧家普劳图斯（Titus Maccius Plautus 约公元前 254 —前 184 年）和悲剧家阿克齐乌斯（Lucius Accius，约公元前 170 —约前 85 年)等著名戏剧家。

古希腊罗马戏剧的成就远远超出它的社会发展层面，对整个戏剧发展具有深远的意义。但据考证，它对中世纪时期基督教戏剧创作的影响甚微，除了语言障碍外，基督教以弥撒、圣餐仪式发展起来的宗教戏剧与古代戏剧并无直接关联。到公元 10 世纪时，古希腊戏剧已被西欧人全然忘记，[①]直到文艺复兴时期，人们逐渐发现并保存起部分古代的戏剧剧本，重新开始认识和研究古代戏剧。事实上，在文艺复兴时期，大多数国家和地区的戏剧的主要题材，仍然延续着中世纪的宗教题材。由于古代罗马喜剧作家的一些作品被发现，古老的戏剧思想加上中古时期一些地方性的滑稽表演，逐渐融合演变成世俗的戏剧，古代悲剧的成果虽然意义更加深刻，但并没有真正影响到文艺复兴时期的悲剧创作。在文艺复兴时期，新文化逐步取代传统宗教文化的过程中，戏剧家们是以一种乐观人生为出发点，而古希腊罗马戏剧中的喜剧恰好符合了他们的主观信念，人文主义文学在不同程度上都体现出一种色彩和精神，那就是狂欢，喜剧最能体现出这种娱乐的

注释

① Karl Young, *The Drama of the Medieval Church*, Oxford, 1933, Vol. I, p.1-2.

功能。

莎士比亚早期共有十部喜剧，一般学者认为他"沿袭了由李雷和格林发展的喜剧传统。这一传统与中古时期的季节性仪式戏剧有传统的姻亲关系。"①按照弗莱的观点，莎士比亚的浪漫喜剧如同"绿色世界的戏剧"，因为他在作品中展示的是充满生命力的"绿色世界"。这种"绿色世界"突出的表现，一是大自然的森林里无拘无束的生活，如《维洛那二绅士》和《仲夏夜之梦》；二是没有尘世喧嚣、到处充满宽恕、欢乐、自由，如《皆大欢喜》；三是没有金钱主宰的爱的世界，如《威尼斯商人》、《无事生非》、《第十二夜》等。这个"绿色世界"所包含的狂欢精神并非无源之水，古希腊时代的狂欢仪式和酒神精神，应该是其源头。而悲剧是随着文艺复兴向纵深发展后，人文主义者意识到单纯的复古与现实的社会距离越来越大，而绝对的自我解放意识也只是袖里乾坤，面对这个难以摆脱的误区，这种资产阶级无法疏解的结局，在文艺复兴走向顶峰并逐渐衰落时期，英国的莎士比亚终于深刻地领悟出它悲剧性的命运，他笔下的悲剧真正道出了人文主义者无奈悲哀的心曲。

文艺复兴戏剧延续了古希腊文学的一贯精神：面对感性世界做理性的思考。戏剧表现形式多种多样，最终体现的仍然是人的本性。

养料三：文学创作的激情。

德国文学理论家格罗塞说过："倘若没有诗人的力量，人们的心情，会比在日光照射不到的地方的种子还要迷睡不醒。文学好像是人类的一位相知的老朋友，默默地陪伴在我们的身边，给予我们温馨。"②文学给人类提供了一种生存方式——诗意的生存，文学也是人类表现情感最恰当的方式。

文学创作的激情来自于何方？来自于自身的追求和认识的觉醒，这应该是文艺复兴文学乃至一切领域开启人智的切入点。古希腊罗马文学，将古希腊罗马人那种强烈的感性色彩和原始的生命意识，以一种冲动、张扬和宣泄般的形式创作出来，正如亚里士多德所说："诗的艺术与其说是疯狂

注释
① 弗莱著，陈慧等译：《批评的剖析》，百花文艺出版社1998年版，第219页。
② 格罗塞著，蔡幕晖译：《艺术的起源》，商务印书馆1996年版，第7页。

人的事业，毋宁说是天才人的事业。"因此，当人文主义者再次发现它们的遗存时，显得无比的兴奋和惊讶，也更迸发出创作的激情。

激情是文艺复兴文学创作的源泉之一，资产阶级作为一个新生的、充满活力的阶级，需要用这种"伟大的激情"来表现自我和感动他人。没有个性张扬的激情，就没有巨人的诞生。综观文艺复兴诸多文学家的创作生涯，凸显的个性与奔放的激情贯穿于他们的生命，流淌在他们的笔端。但丁、彼得拉克和法国七星诗社等如果没有对恋人忠贞不渝的爱情，绝对写不出感人肺腑的诗篇；拉伯雷、蒙田和莫尔等没有对社会怀有美好理想和改变现状的欲望，就不可能冒着被囚禁甚至生命危险撰写出如此犀利和深刻的著作；塞万提斯没有对骑士文学的深恶痛绝，绝对不可能有这种笔力来终结骑士文学；莎士比亚没有出身底层的生活经历，就不可能用欢乐和眼泪诠释人生的真谛。

第四节　文艺复兴文学的社会背景
——各国开明君主的支持与庇护

如果说，文艺复兴文学是复兴古典文化孕育出一株稚嫩的幼苗，萌发在这一片暗淡贫瘠的土地上。这株幼苗要茁壮成长，绽放出鲜艳的花朵，还需要更多的阳光雨露，需要有全力支持文学艺术创造的护花使者。这阳光就是欧洲社会经济的迅速发展给社会带来的经济繁荣；这雨露就是国家对文化的重视和所给予的宽松环境；这护花使者就是欧洲各国的开明君主。

一

欧洲各城市国家经济和教育的昌盛

13世纪以来，西欧一些国家通过商业贸易和农业进步，经济上已经发展起来，其中突出的特点就是城市的发展，城市市民成为一个新兴的阶层。这时教育得到了长足的发展。文学的繁荣依赖于文字社会的建设程度和人们的阅读能力，而阅读能力取决于教育的普及程度，教育的发展，归根结底还赖于经济实力的增长为意识形态领域开辟出的发展空间的大小。除了教会学校以外，世界上第一所大学已经问世，其他地方的学校也纷纷建立，大学成为知识聚集和最富有朝气的地方，很多当时的建筑保留至今仍然完好，从另一个方面证明了学校在当时很受重视，校舍得到妥善的维护。随着学校教育的发展，西欧才进入真正的文字社会。当然，有权利学习阅读的仅仅是上流贵族和文人。文学虽然早已超越手写羊皮卷和口头吟唱的阶段，但真正能够阅读和欣赏文学作品的人仍然很有限。

在这期间，连年的战乱和可怕的黑死病等天灾人祸，给人们精神、肉体上带来的痛苦和悲哀，如同一个巨大的阴影笼罩在欧洲大地上。一些个性独立、眼光敏锐的知识分子，积极寻求解脱痛苦悲哀的济世良方。而此时，通过种种渠道而寻来的古代希腊罗马书籍和艺术品中，那充满人性智慧的哲理，那淳朴向上的人生态度，那乐观自然的艺术风格……使无数的知识分子敏感的神经受到强烈的刺激和震动，终于汇聚成春风化雨般、开启心灵的复兴古典文化的浪潮。

不可否认的是，推动这场恢弘运动的还有欧洲各国的开明君主的力量。意大利在一个早上就突然傲立于世界之巅，究其原因，除了经济文化的因素以外，还有一双双执掌政权的巨手，也在积极地推动这场声势浩大的运动，在他们的努力下，在他们的势力范围之内，人文主义思想得到支持与传播，大量的人文主义文学艺术作品迅速诞生。

文艺复兴时期，的确出现了若干个巨掌托起了欧洲文艺复兴明朗、蔚蓝的天空。由权势、爱好和金钱构成的巨掌的支持，是文艺复兴时代的独有现象。在各国一些开明的君主、诸侯、主教和教皇的庇护下，众多的人文主义学者和作家们被奉为上宾，得到宠爱，在精神上的鼓励和金钱的支持下，基督教教会严格禁锢下压抑已久的热情才得以焕发出来，他们可以全力投入古典文化的研究和个性化创作之中，将自己的理想和意愿用文学和艺术的手段完美地表现出来，这既是文学家、艺术家的心血凝结，也最大程度地装饰了王权的门面……

应当说，王权对文化的偏爱支持虽然未曾在经济上发挥其效益，却为文艺复兴这场革命助了一臂之力。伊拉斯谟在1517年2月26日写给一位传道牧师的信，表现出这种状况所引发的振奋。他写道："我预见到一个黄金时代正在到来，我们可以清楚地洞见君主的想法，如同突然被神灵启示改变了一般，他们倾其全力寻求和平。因此，当我看到欧洲至高无上的君主们——法王弗朗西斯、天主教国王查理、英王亨利和德皇马克西米利安——都如我所愿取消了所有战备行动，并在最坚实的基础上重建和平时，我的希望就更加深信不疑了：我相信，不仅道德规范和基督教的虔诚会带来新生和辉煌，更纯粹的真正意义的文学也能如此；尤其是当世界上不同地区的人都以同样的热情追寻着这个目标——教皇利奥在罗马；红衣主教托莱多在西班牙；亨利陛下（即亨利八世）在英国，他本人于文学相当娴熟；在我们这儿是年轻的查理国王；在法国是弗朗西斯国王，他似乎就是为此而生的，为此他邀请并吸引了所有国家的贤能而博学的人才。在德国人当中，许多杰出的诸侯和主教们也孜孜不倦于这个目标，尤其是马克西米利安皇帝，他年事已高，厌倦了连绵战事，决心用和平来寻求安宁，这是个合适于他年纪的决定，对整个基督教世界来说也是幸事一桩。正是由于这些君主们的虔诚，我们看到：就像得到了信号一般，各地杰出的人才风云般涌现，并聚集起来重建最优秀的文学。"①

二

意大利美第奇家族的倾力支持与庇护

文艺复兴时期，亚平宁半岛上出现了一个个熠熠生辉的城邦国家，如佛罗伦萨、威尼斯、曼图亚、乌尔比诺和米兰等等，它们以人文主义新思想和新文化引领了西欧乃至整个欧洲的历史潮流。在这些城邦小国中，各

注释　① 李瑜译：《文艺复兴书信集》，学林出版社2002年版，第11页。

個执政的家族不仅在内外战乱和商业竞争中各显其能,不断书写出卓尔不群的业绩。更可贵的是那些个人魅力超群者,以支持庇护人文主义者为己任,并与之为伍,用权力之掌托起文艺复兴的"巨人时代"闪亮登场。著名的执政家族有佛罗伦萨的美第奇家族,乌尔比诺的蒙特费尔特罗家族,曼图亚的贡扎加家族,米兰的维斯康提家族以及费拉拉的埃斯特家族等等,他们中间都有很多当权者,如贡扎加一世、费拉拉的埃科雷一世、尼科罗三世、乌尔比诺的费德里歌等人,他们热情支持人文主义思想,建立新型的图书馆和学校,倾力赞助文学家和艺术家,提倡使用本地方言,热爱各类艺术,对古典文化有浓厚的兴趣。意大利文艺复兴的滚滚潮流,有这一双双权力的巨掌在有力地舞动,才搅起这天地间的万千变化。由于篇幅所限,我们仅以佛罗伦萨的美第奇家族为例。

从14世纪起,佛罗伦萨等城市国家中开始实行君主制度,统治家族通过贸易交流、开设银行、兴办实业,甚至出租军队积累了财富,在政治上形成影响。而且,各个家族之间不仅通过军事合作达成协议,还通过婚姻建立一种密切的联姻关系,到15世纪晚期,意大利城市国家的第一家族,都通过联姻构成错综复杂的关系网,彼此在政治经济上也相互依赖。欧洲这种以通婚形式达到彼此密切关系的风气直到近代依然保持着,成为传统交往方式。从1435年开始,美第奇家族走上统治舞台,他实行的是专制的僭主政治,在其专制政治的同时,美第奇家族在文化领域积极扶持,大力复兴古典文化,在业已繁荣的商业经济基础上搭建起文学艺术的新殿堂,在扶持古典艺术、兴办教育和支持人文主义学者方面这个家族有过人之处,且形成一贯的传统。最负盛名的当属洛伦佐·美第奇(Lorenzo de' Medici,1449—1492年)和身居教皇高位的利奥十世(Leo X,1513—1521年在位)和克莱门七世(Clement Ⅶ,1519—1574年)等。在此期间,佛罗伦萨这个城邦小国上演了一幕幕精彩的文艺复兴活剧,佛罗伦萨因此而成为照亮整个西方文艺复兴运动的启明星。

美第奇家族绝大多数掌权者是人文主义文学艺术的鼎力支持者和直接参与者,洛伦佐·美第奇无愧其中的佼佼者,他自幼接受的就是人文主义教育,酷爱文学艺术,还具有很多方面的天赋,如研究柏拉图、演奏竖琴

甚至绘制建筑图纸，他20岁继承其父柯西莫
的王位，很快在政治上显露出运筹帷幄的才
干，尤其是在外交方面的睿智，使整个意大
利半岛上呈现均衡的政治局面，因此他有
"意大利政治的天平"之称。

洛伦佐·美第奇画像

　　令他青史留名的是在其执政的20多年
间，他对于文学艺术的热衷和对于人文主义
学者的庇护支持，被公认为是意大利最有威
望的文艺保护者。由于他的支持庇护，佛罗
伦萨的人文主义学者、作家和艺术家们有较高的社会地位和宽松的创作环
境，杰出的文学家和艺术家们甚至成为宫廷的贵客和社会的宠儿，洛伦佐
还经常邀请作家和学者到宫廷以外的别墅，任其自由地、口无遮拦地研讨
古典作品和哲学奥秘。佛罗伦萨也因此成为人文主义文学和艺术的诞生地，
人文主义学者因此身价倍增而受到其他人的艳羡，如米开朗基罗和达·芬
奇，都是从年轻时就被这个城市的氛围吸引而来，这个城市的确给予了他
们艺术生命中不可或缺的营养。佛罗伦萨宫廷搜罗和任用了一批又一批充
满活力和新思想的文人墨客，其中有诗人路易·浦尔契（Luigi Pulci，1432
—1484年）和波利齐亚诺（Poliziano，1454—1494年），画家波提切利
（Botticelli，1445—1510年）和米开朗基罗等等。洛伦佐甚至还在宫廷中
办了一所雕塑学校。由于他对建筑、音乐、绘画和诗歌较高的欣赏品位，因
而被冠以"意大利首要的艺术鉴赏家"之誉。他还以派遣艺术家到其他国
家工作为相当奏效的外交手段。也许洛伦佐·美第奇的这一切都是为了粉
饰专制政治，达到其家族长治久安的手段，在国内战事不断、内讧不已的
情况下，从最高权力上给予文学艺术以相当的自由和宽松的发展空间，顺
应了以城市市民利益为核心的世俗化政治体制，显示出以文学和艺术作为
这个城邦国家凸现的"闲逸生活"的特征。彼得拉克曾对这种宽松自由的
"闲逸生活"给予积极的倡导和欢迎。这种新的社会生活理念打破了中世纪
社会基督教压抑下的文化窘境，为更多的佛罗伦萨人学习知识和文学艺术
创作提供了良好的空间。

洛伦佐本人能文能武、多才多艺，同时代的人曾这样描述：就是在诗歌创作、游戏比赛和体育活动方面他也不想找到对手或被其他人模仿，否则他就会迁怒于人。那时他还不到30岁，但其鲜明个性、多种才华和人文主义倾向已经成了典型的文艺复兴时期的人物。当然，洛伦佐·美第奇也有看走眼的时候，文艺复兴的第一"巨人"达·芬奇就没有受到他应有的庇护而浪迹他乡，后被法国弗朗索瓦一世招至麾下。

教皇利奥十世是美第奇家族洛伦佐的次子，在其父思想的熏陶下，从小生活在人文主义学者、诗人和政治家的环境中，对古典文化艺术耳濡目染，毕其一生沉醉其中，他从1513年起任教皇，也成为教皇中热衷复兴古典和多才多艺的后继者之一。后人对利奥十世的评价褒贬不一，很多学者认为他是欧洲文艺复兴时代的重要人物之一。他在教皇的位置上对古典文化的复兴和对人文主义文学创作等方面都有广泛支持。利奥十世对于研究古典文化功绩卓著，他对于古代文物和作品情有独钟，无论在任枢机主教还是教皇期间，他都积极致力于搜寻古典作品和古代作家手稿，为达此目的，他采取了花费重金购买等各种手段，甚至是盗窃（因为珍贵文物有时用金钱也无法得到）。

利奥十世在1515年的一份手谕中说道：

"朕在早年就已常常想到，造物主赐予人类的，再没有比这些典籍的研究更美好更有用的了。如果我将她本身的知识和真正的崇拜除外，对这些典籍的研究，不但使我们获得人生的点缀和指引，而且适用于每种特殊的际遇，使我们在逆境中获得慰藉，在顺遂时益增愉悦与荣耀。因此，没有了它们，我们就要被剥夺人生的雅致和社交的润饰。……至于典籍的罗致，朕诚感激上帝之恩，因目前亦获良机，得以造益人类。"①

他在1513年11月5日颁布敕令，将梵蒂冈学院扩大改组为罗马大学，除了他本人给予的赞助外，他还招募了大批学者，使之成为意大利最负盛名的大学。利奥十世在罗马大学开设了研究希伯来文的专门机构，并开设

注释　① 杰·鲁·哈尔：《佛罗伦萨与美第奇家族》，1977年英文版，p.103。

希伯来文和希腊文讲座，还通过赞助将《圣经·旧约》从希伯来文翻译成拉丁文，德国著名人文主义学者伊拉斯谟翻译了希腊语《圣经·新约》后，经过利奥十世获准出版。圣经的译本出版，对传播和研究古代文化思想体系意义重大。为了恢复对古希腊文字和作品的研究，他重金聘请著名学者约翰·拉斯卡利斯到罗马，成立专门的希腊学术研究院，有很多品格良好、知识渊博的人在这里潜心研究希腊文和古希腊作品。利奥十世的鼓励政策，使罗马城研究古代语言和文化之风蔚然兴起。①

利奥十世对于文学艺术的天赋与热爱来自家庭熏陶，他对诗歌有浓厚的兴趣，而且对诗人常格外慷慨馈赠，有的干脆收至麾下，成为教皇宫廷的官员和亲信，如诗人吉安纳托尼、雷拉米尼奥的儿子玛坎尼欧等，这也导致有些人为了取悦教皇而加入到诗歌的创作行列中来，罗马城一时吟诗成风。利奥十世对艺术家也格外关照，他与米开朗基罗、拉斐尔（Raffaello Sanzio da Urbino，1483—1520年）的关系很融洽，拉斐尔在西斯廷教堂、圣彼得大教堂的改建设计中的天才设计和绘画，得到了利奥十世的嘉许。由于他的努力，罗马一直保持了欧洲文艺复兴的中心地位，成为充满着艺术气氛、很有吸引力的西方文明中心。西方学者在描述利奥十世时代时这样说道："对于古代文化的销售和一切其他享受一起使得罗马生活具有一种独特的神圣化的特征。梵蒂冈飘扬着歌声和乐声，它们的回音响彻全城，像是在唤起人们的欢欣和喜悦……"②

开明君主的麾下起用了一批新人，他们在各国的宫廷中担任秘书官、大使等官吏，有的还在大学任教。1375年，该市任命第一个人文主义者科鲁乔·萨琉塔蒂为共和国文书长，他们运用自己手中的权力和羽毛笔，决定新的风格和与以前决然不同的内容。正如一位当时的人所记载的那样："从罗马共和国到今天，在意大利没有任何一个共和国或人民的国家，如像佛罗伦萨城市那样拥有如此多的优秀作家，他们写他们自己的历史，例如利奥那多和波焦先生。这些历史，再也不像过去那样被写得

注释　① 刘明翰：《罗马教皇列传》，东方出版社1995年版，第131—135页。
② 丹尼斯·哈伊著，李玉成译：《意大利文艺复兴的历史背景》，生活·读书·新知三联书店1992年版，第153页。

晦涩难懂。"①

佛罗伦萨最吸引眼球的自然是精美的哥特式建筑、充满人性魅力的绘画和雕塑艺术，这些成就的背后是无数人文主义者在宫廷中占有重要的地位。克莱门七世也是从美第奇家族出来的教皇之一，他在位期间历时30年，修建了罗马最后一座巴洛克风格的喷泉——幸福喷泉（也叫许愿池），在这座池中有一座巨大的海神塑像，它驾驭着马车，四周环绕着诸神，雕塑和喷泉在一起相映生辉、美仑美奂。人文主义者介入政坛，使佛罗伦萨这个城市出台了很多新的政策，除了任命政府官员和大学教授以外，还将城市建设中的重要建筑工程交与专门的人才负责，给在各方面成就斐然的人以免税特权，对这个城市出生但离开和已故的杰出人物，重新给予高贵的礼遇。如但丁、彼得拉克和薄伽丘等，他们生前并没有得到多少赞誉和承认，但若干年后，佛罗伦萨长老院通过法律，将这几位客死异国的文学家遗体迎回家乡，穿上高贵的丝制衣服，安葬在佛罗伦萨当时最高贵的教堂里。

三

法王弗朗索瓦一世揭开法国文艺复兴的序幕

有一种观点认为文艺复兴结束于法国，但也开始于法国。其原因在于12世纪末和13世纪初的法国给意大利文学家带来的灵感和新思想的萌芽。但丁对艺术的领悟起源于巴黎，薄伽丘的故事借鉴于法国古老的寓言，普罗旺斯地区骑士浪漫爱情的诗歌更有着古典主义复兴的种子……这些天才的创造力与法国似乎有着血缘的联系。但是，意大利文艺复兴的人文主义思想对法国也起到了相当深刻的影响，如彼得拉克在法国就曾风靡一时。应该看到，法国由于长期的封建割据和百年战争的破坏，资本主义还不够发达，新兴市民阶级羽翼还尚未丰满，再加上拉丁语在法国地区始终占据相当大的势力。因此，法国文艺复兴应从16世纪开始，而其发端是以法语

注释 ① 刘润清：《西方语言学流派》，外语教学与研究出版社1999年版，第30页。

取代拉丁语，决定这一重大改变并由此揭开法国文艺复兴序幕的就是法国国王弗朗索瓦一世（François I，1494—1547年）。

法王弗朗索瓦一世画像

弗朗索瓦一世是林息尔美简豪家族的第19位继承人，继位之前，他曾在意大利米兰做了10年的国王，亲眼目睹意大利轰轰烈烈的文艺复兴运动，那些精美的雕塑、绘画和雄伟的宫殿给这个年轻人留下极其深刻的印象。他在回国登基后，立志要改变沉闷禁锢的生活，将意大利的人文主义文化热潮引到法国。弗朗索瓦一世在登基之日就宣布保护人文主义者，此时法国的基督教教会势力仍很强大，对于人文主义者的迫害遍及西欧，一方面弗朗索瓦一世上任伊始需要新兴的资产阶级支持，另一方面他本人也是古典文化的钟情者，与人文主义者不谋而合，变幻的时代造就英雄，他本人也以超凡的魄力抓住了机遇，是名留青史的一位贤明君主。他在位期间曾经多次发动对意大利的战争，并乘机掠夺了大批意大利文艺复兴时期的书籍和艺术品，这些东西虽然沾满了掠夺者的血腥味，但毕竟使法国从上至下耳目一新，促进了人文主义思想在法国的传播。弗朗索瓦一世在1539年颁布敕令，以法语代替拉丁语为官方语言，使以民族语言为契机的法国文艺复兴运动兴盛蓬勃。

语言的使用变化是各国文艺复兴标志性成果之一，法国的语言学家在研究中发现，其实法语、意大利语和拉丁语在历史上都发生过联系，是从拉丁语中派生出来的独立合法的语言，不应再把拉丁语强加于其他语言之上。当时著名的学者帕拉梅（Petrus Ramus，1515—1572年）有多部语法著作，他强调古典语言要以名家著作为准，现代语言要以本民族语言的用法为准。弗朗索瓦一世在1530年建立了法兰西学院，其中重要的内容就是搜罗专门人才研究语言，人文主义者在这里专心致力于古希腊罗马作品的研究，在其中发现了崭新的思想领域，也为自己的个性发展找到了用武之地。法国最早的人文主义者毕代（Guillaume Bude，1467—1540年）在筹建法兰西学院的过程中发挥了重要作用。法兰西学院在法国社会开启了一代自由之风气，像拉伯雷《巨人传》等崇尚开放自由的文学作品应运而生。

枫丹白露，一个充满诗情画意之地，1539年建立起一座图书馆，它是弗朗索瓦一世专门用来收藏图书的文化殿堂。这里收藏有3000册珍贵的图书，这些图书对法国和其他国家的学者一律开放，供学者们阅读和研究。除此以外，这里还收藏有古希腊的手抄本、油画、雕塑、奖牌、挂毯和化石等。值得一提的是弗朗索瓦一世本人就是个油画家，他极为看中达·芬奇的绘画天才，甚至在1514年他登基之前就力邀达·芬奇移居法国。达·芬奇在法国度过了人生的最后几年，据说达·芬奇是在弗朗索瓦一世的怀里去世的，弗朗索瓦一世在他死后购买下《蒙娜丽莎》这幅名画。不久，在枫丹白露首次向世人展示该画。也正是由于弗朗索瓦一世的雅量，文艺复兴时期的很多杰出的作品，最终都保存在了法国。

弗朗索瓦一世对于修建卢浮宫也可谓是功勋卓著，卢浮宫在中世纪时仅仅是一个要塞。1527年，弗朗索瓦一世决定拆除旧的建筑，建造一座正方形的皇家宅邸。因此，他组织了艺术家、建筑家进行设计，尽管卢浮宫直到他去世前一年才开始兴建，但在他的思想指导下，继任者亨利二世（Henri II，1519—1559年），继承了其父亲弗朗索瓦一世的骑士风度，在任期间任用著名的建筑家勒斯科和同样著名的雕刻艺术家让·古戎（Jean Goujon，约1510—1565年）负责这项工程。在他们的共同努力下，卢浮宫方型庭院式建筑成为法国文艺复兴时期建筑的代表作，让·古戎在卢浮宫的雕塑也永远地留在这座艺术的圣殿之中。正是由于弗朗索瓦一世的创意，经历了几个世纪的修建，卢浮宫终于成为一座举世瞩目的艺术殿堂。在弗朗索瓦一世的诚邀下，一些著名的意大利人文主义者和艺术家进入到了法国国王的宫殿之中，成为座上宾。他被人文主义者称为"文艺之父"。

四

英国历时二百年开明君主的文化扶佑

这幅画作（见第63页）出自于15世纪早期的一本叫做《特罗伊鲁斯

乔叟为英王理查二世读书

与克莱西德》（Troilus and Criseyde）手抄本的插图，画面比较模糊，画的是作家乔叟站立在一座户外的讲坛上，对着一群领主和女士们朗读，翻开的书本摆在面前，旁边是国王理查二世（Richard II，1367—1400年）和皇后安妮。这本珍贵的书籍现收藏于剑桥大学的"基督圣体学院"。虽然理查二世曾直接镇压英国农民起义，但从支持庇护人文主义者方面，仍不失为一位明君。

理查二世十几岁就继承王位，却英年早逝。他在位期间，接受了一些人文主义思想的影响，对人文主义文学家给予了应有的支持。据史料记载，理查二世曾先后庇护过乔叟和另一位诗人约翰·高尔（John Gower，1330—1408年），这两个人在英国早期文艺复兴运动中作出了卓越的贡献。尤其是前者。前面提到的插画应当是真实记录了其中的一个片段：理查二世夫妇站在人群之中，从笔直的身姿可以想象他们还保持着皇家的高贵身份，不像其他人采取各自认为舒服的坐姿，国王夫妇如此专注地聆听诗人在朗读自己的作品，在当时的社会中应不属常见，因为公开朗读在中世纪是一种适宜大众传播文化的形式。从古希腊时代就开始以公开朗读的形式传播作者的作品，因为能够真正阅读书籍的人实在是太稀少了，很多诗人既是作者，又是读者。这个"读"是读给他人听的"读"，乔叟的朗读风格很独特精彩，其中不乏惹人发笑的俏皮话，这幅插画中除了理查二世夫妇，周围还有许多听众就足以为佐证。即使在今天，我们每每看他的《坎特伯雷故事集》，仍会产生愉悦之感。理查二世在位期间国内外可谓是危机四伏，矛盾重重，他能够有闲暇和心情被乔叟的才情吸引，实属难得。

英国文艺复兴时期的王朝更迭，不同国王在位期间的执政水平因个人差异而不同。但就接受支持人文主义思想倾向这一点上，却循序渐进，日益重视。在促进本民族语言成熟方面也有较大的进步，英国官方原本使用法语，各个地区使用本地方言，其中一些很是难懂。

英国确定英语的绝对地位用了一百年左右的时间，大约从14世纪末开始，英国谙熟法语的人日益减少，英语与法语逐渐成为地位上相并列的官方语言。已知最早一次用英语讨论的书面记录是在1376年，坎特伯雷宗教会议也常常用英语主持，国王亨利四世（Henry IV，1367—1413年）在继位之初用英语向议会讲话被仔细地记录下来。这些潜移默化的变革，原因是多方面的，其中一条是王权的作用，包括使用行政手段推广英语，如确定伦敦为固定首都，并以伦敦英语为标准语，在通信和书面用语等方面广为推行；国王和贵族在使用英语方面也起到了率先垂范的促进作用。

亨利八世画像

英国文艺复兴运动的高潮出现在16世纪左右，其中亨利八世（Henry VIII，1491—1547年）和爱德华六世（Edward VI，1537—1553年）在位期间热心支持人文主义者，宫廷内外新文化氛围宽松，王权和贵族都以不同形式庇护扶持复兴古典文化的人文主义运动，终于出现以莎士比亚为巅峰的文学戏剧盛世。

亨利八世是都铎王朝第二位国王，都铎王朝被英国称之为"黄金时代"。英国在这一时期出现了强大的政治经济格局，出现了震惊世界的以莎士比亚为代表的戏剧，出现了气势恢弘的威斯敏斯特教堂等所谓的都铎式建筑，这一切都将英国推到了一个近乎神话的年代，并在不久之后为整个世界推开了近代资本主义的大门。

亨利八世是公认的属于文艺复兴时代的国王。亨利八世从骨子里继承了父亲的艺术天赋，亨利七世执政期间以擅长权术著称，他对建筑艺术也情有独钟，亲自设计了威斯敏斯特教堂的一系列基座雕像，恢弘气派。他还将教堂旁边的几百亩地开辟为皇家公园，也就是今天的海德公园。他甚至在遗嘱中钦点要聘请佛罗伦萨的雕塑家到英国来负责他们夫妇和其母亲的陵墓。亨利八世继位时年仅十七八岁，但他从小受到了良好的全面教育，而"完人"教育正是文艺复兴时代的特点之一。史料记载，亨利八世具有希腊神般健美的身材，不仅体格健壮，善骑射，喜比武，而且懂得拉丁语，说一口流利的法语，自幼对神学和伊拉斯谟的学术问题感兴趣，他对各种乐器也有一定的鉴赏力。抛开他的执政功过，亨利八世是英国文艺复兴的名人却是不争的事实。

亨利八世在英国历史上是个举足轻重的人物，他的君主理论和他与众不同的个性常引起史学家的重视。也许从个性角度，更可以了解亨利八世的作为，他对政治以外的事情向来很有兴趣，如打猎、跳舞、嬉戏和吹笛等，他青年时期有一些诗作和歌曲保留下来。

亨利八世一个明智之举是对于英文本《圣经》的翻译和推广阅读，这是英国人文主义解读古典文化的一个契机。对当时英国国民而言，对基督教的理解主要是通过一些宗教礼节和义务，教会实际上反对教徒自己阅读《圣经》，生怕由此而产生自己的观点进而形成异端。但人们要想真正从中获得宗教体验，阅读《圣经》是唯一的途径。以往的《圣经》都是拉丁文版本，而且数量极少。人文主义提倡理智和简单地笃信基督教，摈弃烦琐的礼仪，更主要的是要人们自发地接受基督教。这方面荷兰学者伊拉斯谟作为亨利八世的朋友起到了重要的作用，他曾经三次访问英国，在剑桥他编写了希腊文的《新约全书》和修订拉丁文的《圣经》。1503 年，伊拉斯谟《基督教骑士手册》吹响了人文主义号角，1514 年又出版了《愚人颂》的经典文章，伊拉斯谟关于宗教方面的论著强调人们应在圣经中注意吸收历史典故，相信基督是为人类赎罪的真实存在，伊拉斯谟宣告教会特权是不合理的，他还无情地讽刺和批判了经院哲学的烦琐、教会空洞的礼仪和种种弊端，包括教皇丑恶的不道德行为……引起了社会的轰动和改革教会的呼声。伊拉斯谟一生不屑什么固定的职务或地位，甚至他不认为自己隶属于哪个国家，在走过欧洲许多国家后，伊拉斯谟对亨利八世在位的英国发生了浓厚的兴趣，他认为此时的英国充满科学和艺术的自由，他的才华得到赏识，亨利八世也慕名特意接见了他这个小小的牧师，并给予他很舒适的生活交往环境。他曾经对朋友说：

　　"君问我是否喜欢英格兰？若相信我，请听我说来：我从未度过如此美好的时光。此间气候宜人，有益于身心健康；其文化与知识渊博亦与此有相似之处，但绝非烦琐空洞之物，乃是深厚广博，严谨精确，遵循包括拉丁、希腊在内之观点源流。故我虽对意大利几处景物仍有观赏之意，但此刻返回之心尚不迫切。聆听吾友科利特之言，犹如直接受教于柏拉图；托马斯·莫尔之友善、温和、可人，大自然所造就万物之灵中，又有何人能与之比拟？"①

　　此时的英国正处在一个相对和平宽松的环境，英语在国内普及渐兴，印刷术传入后，亨利八世明智地同意在英国出版英文《圣经》，因此英国人文主义革命从复兴古希腊文化、推广《圣经》开始。亨利八世对人文主义者的重用也是其比较突出的优点，对伊拉斯谟的欣赏使英语迅速在国内拓展了应用范围，确立了其民族语言的地位。他还器重托马斯·莫尔和托马斯·克伦威尔，由于他在婚姻中几次出现棘手问题，亨利八世开始抗拒教皇意旨，他撤换了来自于罗马教廷的使节沃尔西，任命著名的人文主义代表托马斯·莫尔为大法官，尽管后来他又亲自把托马斯·莫尔送上了断头台。从1531年到1534年间，亨利八世组织制定了一系列法令，使英国教会摆脱罗马教廷，纯粹成为英国国教，在英国历史上第一次宣布英国不再效忠罗马，亨利八世为英国最高主宰，教会的最高统治者也不再是教皇。凡不承认亨利八世王权的都判为叛国罪，亨利八世成为英国名副其实的最高统治者，他以他至高无上的权力，使自己一步步走向可怕的深渊。反对教会的力量日渐强烈，王权借此全面控制教会的寺院，但1536年左右爆发的寺院叛乱，使亨利八世决定封闭寺院。这一次所产生的影响极大，不仅王权失去了大量财源，而且精美的建筑物被毁坏，古代的金属制品被熔化，珠宝被变卖，图书馆遭抢劫，整个英国出现了前所未有的破坏文化艺术的恶行。尽管亨利八世曾经一心要将他的宫廷变成艺术和人文主义研究的中心，但他确实狠狠地破坏了他所承诺保护的对象。

　　爱德华六世是在剑桥人文学者理查德·考斯克的负责下受到了全面人

注释　①斯·茨威格著，姜瑞璋、廖绵胜译：《一个古老的梦——伊拉斯谟传》，辽宁教育出版社1998年版，第26页。

文主义教育的君主。而这种"完人"式的教育，也正是文艺复兴时期教育成果之一。从意大利开始的"完人"教育，主要针对传统教育中课程设置和教育思想的弊端，不仅学习语法、修辞，还接受包括道德培养、才艺知识、体格健壮等全面教育。15世纪以后众多的人文主义者早年都受到过这种新型的教育，据说这种人文课程至今在西方初级教育中仍占支配地位。爱德华六世继位时还不足10岁，但从小所受的教育对他短暂的一生产生了不可磨灭的影响。

他很早就接受了新教的思想，在其父亲亨利八世与教廷对抗的前提下进行了宗教改革，对以往的宗教建筑、壁画、雕塑采取完全毁坏的态度，早期基督教的痕迹荡然无存，使英格兰无可争议地成为新教的国家。

1550年，爱德华六世继位三年后才12岁，但他这个"王室顽童"，却专心攻读亚里士多德的希腊文版的《伦理学》，并把西塞罗的《哲学》从拉丁文译成希腊文。可惜的是他身体羸弱，年仅16岁就早逝，在王位上始终没有真正一展身手，把他的知识和智慧用于从政之中。但他踵继先贤、风骨直追古人的特性，还是在文艺复兴长廊中留下一个清晰的身影。

五

瑞典开明国王古斯塔夫一世及其后代

1523年，古斯塔夫·瓦萨（Gustav Eriksson Vasa，1496—1560年）登上了国王的王位，瑞典逐渐摆脱了丹麦的统治，建立了瓦萨王朝。由此，瑞典国力逐渐强盛起来。17世纪中叶，文化领域的强盛成为其特点之一。古斯塔夫·瓦萨本人就是一位思想开放、博学多才的开明君主，他本人29卷之多的书信集是研究16世纪瑞典历史的重要资料。这些信笺和演说词等充分印证他的

瑞典国王古斯塔夫一世

个性高傲自信、易于激动和幽默刻薄的性格。他建立的一个又一个王宫里充满着文学和艺术的气氛，是比较典型的文艺复兴时期的宫廷贵胄文化，

瓦萨的子女们也都深受影响，各个爱好广泛、能歌善赋。

古斯塔夫一世在位期间最主要的成就当属在宗教改革方面。他为了仿效德国宗教改革的思路和形式，亲自邀请留学德国、经历过路德宗教改革的奥劳斯·彼特里来瑞典。1541年出版了用瑞典语翻译的《圣经》，不仅将基督教与瑞典国情相联系，而且在瑞典书面语言标准化方面起到了重要的作用。他还翻译和改编了很多德国关于宗教方面的作品。1526年，奥劳斯·彼特里还主编出版了《瑞典歌曲和民歌》，传播了瑞典本民族的文化，教育性、艺术性也很强。

除此以外，瑞典在编年史、整理民间谣曲和民歌等方面也取得不凡的成就，出现了奥劳斯·马格努斯、约翰尼斯·麦塞尼乌斯、大主教佩德·斯瓦特以及诗人拉斯·维瓦里乌斯等人，他们经历各不相同，但思维敏捷、才华横溢是共同的特点。

17世纪中叶是瑞典所谓的强国时期，此时，经过三十年战争，瑞典进入欧洲大国行列，瑞典的文化也随之发展。国外的科学、文学和艺术的成果推动了瑞典国家的文化进程。此外，瑞典民族的自信心也随之增强。在这个阶段，多而帕特、奥博和隆德等都建立了新的大学，很多外国学者被吸引到瑞典大学任教，其中最主要的是乌普萨拉大学，无论从图书馆的存书量还是神学、人文学和自然科学等都在瑞典占有绝对的优势。在克里斯蒂娜执政期间，学校教育中充满着人文主义的内容，除了学习拉丁语、希腊语和希伯来语，包括学习自然科学、社会学和法律。但是，瑞典的贵族子弟并不去这种学校，他们学习知识和修行的渠道是在家庭中个别学习和到国外留学，这些特殊身份的人群通过直接接受国外教育，构成了一个有别于国内学校教育，有较高文化层次的群体。他们思想意识明显带有国外的色彩而非瑞典本土特色。他们学会了各国的语言，包括法语、荷兰语和意大利语。受到这些语言的影响，在文学方面出现追随古典诗人和文艺复兴风格创作的作品。

同样，在这个时期，处在上升阶段的资产阶级经济政治实力快速增长，短短几十年，斯德哥尔摩就建成了王宫、议会和各种机构，人口也达到4万左右。这样的环境促成了瑞典文学新的亮点——诗歌与戏剧。古斯塔夫一世以后，他的子孙继承了瓦萨王朝，历史记载，瓦萨家族的历代国王大多智商很高但是寿命不长，其中古斯塔夫二世（Gustavus Ⅱ Adolphus，1594—1632年）尤为突出。他从小被誉为神童，一生精通8国语言，爱好历史和文学，他创作的诗歌到今天还被瑞典人传唱。

迄今为止，瑞典国王已经传袭了74代，王室为瑞典的发展和对外影响做着不懈的努力。1786年4月5日，瑞典国王古斯塔夫三世仿照法兰西学院的模式，在首都斯德哥尔摩设立了"瑞典学院"。后来发展为"瑞典文学院"，其基本任务其实并不限于文学，最初的重点甚至不在文学而在语言，主要是为了瑞典语言的"纯洁、活力和庄严"。瑞典文学院限定由18名终身院士组成，最初都是由国王古斯塔夫三世直接聘任。

1896年诺贝尔奖设立之后，瑞典文学院接受了颁发诺贝尔文学奖的任务。从1901—2007年，瑞典皇家文学院共评选出98位诺贝尔文学奖获得者。如今，诺贝尔奖已载誉全球。每年的12月10日，古老庄严的斯德哥尔摩市政厅一楼大厅成为见证诺贝尔文学奖的圣殿，由国王古斯塔夫家族的后代延续古老传统形式宣布获奖得主，随后，二楼金碧辉煌的大厅里，热烈的庆祝宴会将荣誉与欢乐的氛围推向更高潮。此时，这里成为全世界瞩目的焦点。

六

教皇中的人文主义者

作为基督教至高无上的领袖，教皇无疑是基督教思想的集大成者。在文艺复兴时期，却有若干位教皇，受到人文主义者的影响，在执政期间采取了一些有利于时代发展的措施。除了前面提到的利奥十世，还有尼古拉五世（Nicholas V，1447—1455年在位）、尤里乌斯二世（Julius II.，1503—1513年在位）以及乌尔班八世（Urban VIII，1623—1644年在位）等。他们支持人文主义、搜寻文化遗产的善举是值得称道的。

尼古拉五世原名普伦图切利，1397年出生于意大利一个贫苦家庭，在父母的引领下对文学有格外的兴趣，并在18岁就获得文学硕士学位。之后他慕名来到佛罗伦萨，接触到人文主义者的圈子，开始研究古典文化和广泛涉猎文科领域。他在任神职20多年间，整理了古希腊罗马作家的著作，是当时颇有名气的大学者。1447年被选为教皇后，在教皇权力削弱、经济窘迫的情况下，依然热衷于对人文主义文学艺术的研究和赞助，一批又一批文学、历史、建筑和绘画领域的知名学者云集罗马，一些古希腊的著作在此期间被资助翻译出版，如古希腊《地理》、《荷马史诗》、《圣经》和亚里士多德的作品等。还有一些新著，如《论建筑》等也不断问世。尼古拉五世还竭力充实梵蒂冈等地方的图书馆，每到一地，都要想方设法收集手稿、图书，甚至他本人也亲自抄写手稿，他身边带有一支专门的抄写员队伍，在他的努力下，很多战乱中的珍贵古典遗存被保护了下来。

教皇身上的世俗成分在文艺复兴时期不断增加，追求古典文化与追求财富的欲望同样强烈。尼古拉五世留在世上的一个杰作应该是罗马城的建筑，尤其是1450年开始重建扩大的圣彼得大教堂，这座大教堂成为罗马举世瞩目、气势恢弘的建筑。

尤里乌斯二世也是一位文武兼备、热爱艺术的教皇。在位的十几年中，为印证罗马教皇国的辉煌，为保持罗马城悠久的文化魅力，尤里乌斯二世花费了很大的精力，旨在把罗马建成整个意大利的艺术中心。为此，他上台伊始就批准修建罗马圣彼得大教堂的计划，并罗致众多的建筑艺术大师，如建筑师朱利亚诺·桑力洛和布拉曼特，雕塑家米开朗基罗，画家拉斐尔等等，为他在教皇的宫廷里长期服务。尤其是1505年，米开朗基罗在教皇的邀请下，为西斯廷小教堂完成了著名的天顶画《创世记》以及尤里乌斯二世的墓前雕塑等。1508年，年轻的拉斐尔也来到尤里乌斯的宫廷内，一直工作了12年。这期间是他艺术创作最辉煌的阶段，壁画《教义争议论》、《雅典学派》等等，都是他这个时期的杰作。

由于尤里乌斯二世的努力，罗马在16世纪30年代终于取代了佛罗伦萨，成为当时艺术家的圣地。

乌尔班八世出身豪门，接受的是良好的教育。他也是一位对艺术有着浓厚兴趣的教皇。他继位之初，就广邀意大利的艺术家到罗马，用各种雕塑、绘画来美化罗马的教堂、陵墓和祭坛等。其中，他邀请并保护了著名的雕塑家、画家济安·贝尔尼尼（Gianlorenzo Bernini，1598—1680年），在他的重金奖掖下，贝尔尼尼贡献出杰出的艺术才华。从1624年到1646年，他陆续为圣彼得大教堂设计建造了巨型青铜镀金华盖、环绕广场的柱廊和圣彼得宝座等等，成为圣彼得大教堂最震撼的标志性建筑。

但值得注意的是，尽管这位乌尔班八世过去曾与著名物理学兼天文学家伽利略（Galileo Galilei，1564—1642年）结为朋友，但当他登上教皇宝座后，伽利略的学说就成为不能容忍的"异端"和"邪说"。教皇不顾友情，把他的书籍列为禁书，还将年迈的伽里略押送异端法庭判终身囚禁，伽里略饱受折磨和失明的痛苦后悄然离世。这位喜欢用古典艺术装潢门面的教皇，在躯壳里却藏着一个蔑视真理、冷酷无情的灵魂。

综观文艺复兴舞台上活跃的这些重权在握之人，以庇护或支持人文主义者的新思想和文学艺术创作为荣耀或癖好的行为，其动机和狂热程度似乎令人费解，事实上这一切的一切都离不开两个字——"政治"。

在文艺复兴时期，一些开明君主以及教皇对人文主义学者、作家和艺术家的庇护，的确为文艺复兴运动的辉煌成就提供了不可低估的物质基础和发展空间。但是，这种庇护和支持行为的背后，有着深刻的社会政治因素和经济发展的大背景。

首先，美丽外衣下包含的政治目的。由于西方个人主义思想的兴起，政治往往变成了个人的艺术。意大利、法国、英国等开明君主对于人文主义者的支持，对于复兴古典文化的热情，在王权的内容中披上了一件纯个性化的美丽外衣，因此在独自表演的舞台上政治演化成为个人的艺术。从另一个角度说，这些国王贵胄之所以竞相向人文主义思想靠拢并纷纷在其中占有一席之地，是被蔓延于整个欧洲的复兴古典文化和吸收新知识的潮流吸引所致，在中世纪长期的宗教精神压抑后，第一次对自己的行为，尤其是艺术行为产生自信心。洛伦佐·美第奇是这一潮流的先驱，他的家族之所以在意大利历史乃至整个文艺复兴历史上占有相当重要的地位，就是缘于这个家族与众不同的禀性和传统，尤其是文学艺术方面的天赋。因此，他们大胆利用手中的权力做自己兴趣所致的事情，并罗致一批文学家和艺术家，来为自己的爱好服务，来装潢自己的宫殿和城市。甚至不惜采取血腥残酷的军事手段，来实现追求高雅艺术情趣的目的。法国弗朗索瓦一世数次举兵入侵意大利，劫掠的大量书籍艺术品，竟为此打开了法国文艺复兴的大门，得到人文主义者的欢呼雀跃。因此不能不说这种个性化的政治成为文艺复兴运动中的一大亮点。从政治角度理解艺术，体现出作为一国君主，从个人爱好出发，接受了新的思想观念，并积极宣传、扩大其影响，促使整个国家的社会文化层面都发生改变，在教会力量还很强大的中世纪，这需要个人的勇气和智慧，才能打破千年来封建传统政治思想的坚冰。

其次，王权利用了艺术与政治的相互作用。由于王权的促进和操作，艺术也可以变成政治。运用文学艺术的手段，使用文学艺术为政治目的服务。文艺复兴时期，某些君主已经将此发挥到了极致。对于支持、庇护甚至供养人文主义者的政策，既是他们个人的兴致所致，更是他们高明的政治手段。在封建社会日益式微、资本主义萌芽兴起之际，作为社会转型期的各国君主，需要新兴的力量给予支持，需要经济上有足够的实力，没有背后社会经济实力的推动，王权不会无缘无故地热衷于文人们的浅酌低唱和对于古典艺术的附庸风雅。把艺术家派到国外作为外交手段，是佛罗伦萨城邦小国的首创，但却给整个世界政治外交深刻的影响。现如今，以独具民族特点的文化艺术进行国际交流的手段已被普遍使用。

文艺复兴时期，很多诗人和作家甘愿跪着把自己的作品献给君主，比如伊拉斯莫把《基督教君主的教育》献给查理五世，马基雅维里把《君主论》献给洛伦佐·美第奇，这正是国王们鼓励的结果。马基雅维里很清楚这样做对于君主的政治功利性，他认为这是获取名声的方式之一，对于君主来说，就是要表现出崇尚道德，庇护有德行的人，并通过艺术作品表彰他们之中的优秀人士。[1]关于政治与艺术的转换角色，根本还取决于王权的需要，当王权伊始需要稳定支持时，庇护人文主义者就是庇护王权自身，人文主义者自然成为坚定的拥戴阶层；当王权已经稳定强盛时，文学艺术可以作为点缀政治的花边，人文主义的思想并不能得到真正的支持，他们

注释　① 欧金尼奥·加林主编，李玉成译：《文艺复兴时期的人》，生活·读书·新知三联书店 2003 年版，第 137 页。

在利益和目标上是南辕北辙的,这也就是为什么文艺复兴时期王权庇护支持人文主义常常是有限和短暂的根本原因。

最后,欧洲社会的发展进步是根本原因。社会经济的发展、宽松的社会氛围是文艺复兴发展的真正良机。尽管在意大利、法国和英国等地,一些开明的君主积极地支持和庇护了人文主义者,用权力的巨掌将本国文艺复兴运动推向前进。但文艺复兴绝不是一种个人或少数人的行为,作为整个欧洲的一场革命运动,它需要的是整个社会行动起来,与封建思想和制度抗衡。在这个渐进的过程中,局部社会经济的雄厚实力,加上宽松社会氛围才是至关重要的条件。所有文艺复兴时期资产阶级思想政治和经济理论、所有人文主义思想的文学艺术作品的出现,都有赖于这种社会环境。王权的进步性不仅在于它庇护了许多作家和艺术家,而在于统治者在位的时期社会呈现出来的可以没有后顾之忧进行文学艺术创造的大环境,可以自由创作和自由表现的空间。相反,王权的庇护也是扼杀人文主义新思想的软刀子,宫廷里衣食无忧,创作上难免锐气减少,容易演化为宫廷的御用文人。即便是天才也极易阴柔化,翻开法国七星诗社的诗作,看看拉斐尔的画作,明显可以感受到在宫廷的贵胄痕迹。关在笼中的金丝雀,哪里还能成为时代的歌者和斗士?!

诚然,并非所有欧洲各国在文艺复兴期间都有王权的支持和庇护。例如,西班牙、德国的人文主义者就始终处于被压制和打击的地位,文艺复兴是更纯粹的市民运动。

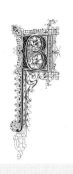

第二章
意大利文艺复兴的文学

　　意大利作为欧洲文艺复兴运动滥觞之地，在文学领域取得了卓然成就。但丁、彼得拉克、薄伽丘等杰出的诗人和文学家，成为意大利乃至欧洲文艺复兴文坛的领军人物，在传播新思想和新文化方面立下了卓越的功绩。人文主义文学的"火花"，以燎原之势从亚平宁半岛向整个欧洲蔓延，绽放出绚烂的辉煌。

第一节　从中世纪过渡到文艺复兴时期的伟大诗人——但丁

　　佛罗伦萨——被恺撒命名的"注定繁荣"之地，13—14世纪时，金融、商业和手工业经济堪称发达，银行业掌管着几乎整个西欧的商业命脉。同时，追寻古风、崇尚艺术使佛罗伦萨很快成为意大利精英荟萃、领衔潮流的文化重镇之一。1265年的仲春时节，但丁·阿里吉耶里（Dante Alighieri，1265—1321年）出生在这里的一个小贵族之家。

但丁画像

但丁从小受到了当时平民所能接受的最好的教育，幼年时就开始学习语法、数学、音乐和修辞学等。青年时期到博洛尼亚求学，并广泛阅读和领悟古希腊罗马和当代著名学者的作品，对修辞学进一步深造。修辞学在当时的佛罗伦萨是从事政治活动必备的一门学问，也可以说是人文主义最早的渊源，但丁正是从修辞学走向人文主义，成为人文主义的先驱。①

但丁非凡的诗歌天赋很早就体现出来，早在波罗尼亚求学时就已是一个颇受青睐、声名鹊起的诗人。他的诗才和学识受到关注，他写的诗歌经常被人传抄。青年但丁的作品以爱情诗为主，一段邂逅而产生的无法实现的恋情，给诗人的一生刻印了难以磨灭的伤痕，诗人在创作诗歌中常常包含着对这位女友的无限的仰慕与思恋。

同时，但丁从青年时代就积极投身于佛罗伦萨的政治活动中，他认为，作为城市公民的首务就是积极投入政治斗争和关心现实生活。他从政的经历对但丁的性格和思想的形成起到了非常关键的作用。他于1289年参加党派之间的战役，其中一派获胜后，建立了资产阶级城市共和国政权，1300年，但丁以知识分子身份被选为市最高会议中7个行政长官之一。两年后，内部分化为黑白党与派系的争斗，但丁被判终身流放，20年里浪迹天涯，屡遭挫折，但其政治理想未泯。流亡生活的辛酸苦难，使诗人倍加思念家乡，但随着1313年亨利七世的病亡，重返故园的希望彻底落空。1316年，黑党提出但丁只要缴纳罚金和服罪即可回国，但丁愤然不从。为了维护共和国的独立，再也没有回到他的家乡，直到1321年客死拉文那。

《神曲》是但丁的代表作，也是意大利乃至整个欧洲中古文学史继往开来、开启新时代的巨著，但丁也因此当之无愧地登上文艺复兴文学圣殿之首座。

注释

① 朱龙华：《意大利文艺复兴的起源与模式》，人民出版社2004年版，第150页。

中世纪诗歌、诗学与但丁诗学理论

　　中世纪时期的诗歌是以颂扬、赞美上帝和耶稣的基督教诗文为主，各地区的世俗诗歌很不景气，只有意大利和法国尚可圈点。当时意大利在坊间流传，以通俗拉丁语为基础的"俗语"诗歌，大致可分为六种：

　　一是抒情民歌。意大利早期民歌是农民在庆祝丰收或节日时载歌载舞的抒情之歌，没有人专门创作，现有的抒情民歌则是由那些出身低下的吟游诗人保存下来的。他们吸取了民间和宫廷生活的各种有趣的内容，如母女之间的对话、少女对有情人的爱恋、禁锢家中的怨妇、各种亲戚之间的争吵等都可以入诗，大量诗歌得以传播，随着游吟诗人浪迹天涯到处演唱。

　　二是西西里诗派。西西里诗歌最大程度上秉承了法国普罗旺斯抒情诗的风格，但因此而缺少了自己的特色，其诗歌过于追求语言的纯正高雅、语法的严谨韵律，尽管西西里诗人为数不少，甚至国王腓特烈二世（Friedrich Ⅱ，1194—1250年）也是该诗派的热心作者之一。

　　三是圭托内诗派。圭托内诗派也同样是模仿普罗旺斯抒情诗的韵律和写作技巧，只不过更加呆板机械，还加进去一些方言，圭托内诗派在某种程度上推广了意大利"俗语"文学。

　　四是"温柔的新体"诗派。这是意大利自己创建的艺术派别，诞生于博洛尼亚城，但丁是这个诗派的重要成员，且因但丁在《神曲》中谈到该诗派的写作风格时，称之为"温柔的新体"而得名。这一派别具有意大利民族的风格，其影响一直延续到彼得拉克之后的15世纪中叶。特别是在1280—1310年间，这场新的诗歌运动正在酝酿，也就是所谓的意大利"新体"，是一种全新地表现和诠释爱情的诗歌流派。该诗派以佛罗伦萨文学语言为主，综合其他意大利语言的优点，创造出"优美、纯洁、完善、文雅"的语言，对于意大利民族语言的形成作出了巨大的贡献。

　　五是城市市民诗歌。这是与"温柔的新体"同时存在的另一文学潮流，两种诗派的特点截然相反,现实主义市民诗歌主要取材于市民的现实生活,语言诙谐幽默,甚至辛辣尖刻,表现出市民阶层惯用的语言,虽不免有些粗俗,但生动形象,表现力极强。

六是"俗语"散文。在但丁之前,意大利没有高水准的"俗语"散文,一般只是根据拉丁语和法语作品改写而成,没有受到重视。

在以基督教神学为主的意识形态领域,世俗诗歌的地位很低下,与神学、哲学和诗歌存在着这样的关系:

诗歌是一切科学中地位最低微的,它隶属于文法,而文法仅仅是为学习哲学所做的预备;哲学主要是指经院哲学,才是真正具有价值的科学;哲学从属于神学,是神学的婢女。对于诗歌本身,则持有这样的观点:第一,诗歌不说真话,其内容是诗人虚构而成;其次,诗歌没有实用意义,文法修辞可以帮助人们获得用语言表达思想的自由,而诗的用语缺乏应用价值;第三,诗歌只是一种制作技艺,属于感性,而中世纪基督教教会强调的是理性,因此人们很难把握诗的语言。

基督教教会根据神学的需要,对古罗马的拉丁语进行了深入研究和增删,成为传播基督教所统一使用的官方语言。他们还将原本被忽视的古代修辞学和语言哲学结合了起来,把语言提到一个特殊的高度,作为一种神秘的象征体系,形成系统的哲学解释,这就是"隐喻解经"(Allegorical exegesis)学说。该学说将词语看成是象征符号,它包含多重意思,其权威奥古斯丁在此基础上构建出语言符号体系以及更加庞大的象征体系。简单解释语言符号的四层意义即:"文字告诉你情节;隐喻点拨你信仰;道德指导你行为;神秘留给你希望。"[1]中世纪著名学者托马斯·阿奎那完善了这个体系。他在《神学大全》一书中认为,文字分为精神义和字面义,精神义又分成隐喻义、道德义和神秘义。并以《圣经》和世俗诗歌相比较,认为《圣经》作为神圣的文字具有精神义,而世俗的诗没有精神义可言。虽然阿奎那本人也曾写过诗歌,但他始终认为诗的隐喻义从来不能超越字面

注释

[1] 董学文主编:《西方文学理论史》,北京大学出版社2005年版,第57页。

义，除了服务于神学的神圣的诗，一般的诗的指意功能，只能满足于字面义。

时光流转，40年后，诗学理论到了但丁时代。但丁通过多年潜心研究古代希腊和阿奎那的诗学理论，在不否定阿奎那理论前提下，不完全自觉地提出了肯定世俗诗歌地位的诗学理论。他与阿奎那的这个观点被称为"象征主义诗学"。[①]但丁明确提出：世俗的诗歌并非空洞、无意义的语言堆砌，它同样具有深刻的理论内涵和较高的精神价值。其主要观点见诸《飨宴》和《论俗语》，以及以《致斯加拉大亲王书》为代表的书信。

在《飨宴》一书中，但丁将阿奎那的基本观点几乎原封不动地移植到他的诗学论点之中，他认为世俗的诗学与《圣经》文字一样，也具有字面、隐喻、道德和神秘四种意义。但丁还将诗的意义上升四种源自于《圣经》的意义，认为举凡一切文字均可根据四种意义来理解。

首先是字面意义，但丁用《神曲》来解释字面意义，认为《神曲》不外是"灵魂在死后的情况"，因为整个作品都是围绕着这一点来展开。

其次是隐喻义，同样，他认为《神曲》从隐喻意义来说，表现了灵魂死后的情况，完全是按照作者个人意愿来安排，表现的是善恶有报的主题。但丁肯定了在文字下包裹了深刻的真理，而如何能够将"不真实"和"无用"的诗变成对社会有用的学问，关键在于蕴涵其中的智慧和理性。但丁认为这一条很重要，以往最受贬低的就是有观点认为诗歌不仅言之无物，还不真实。但丁明确地指出诗与神学的文字同样是有定义、有分析、有证明，有反驳和有举例的。虽然他在后来也有过与此相矛盾的观点来评价《神曲》，认为《神曲》是诗的、虚构的、描述的、东拉西扯的、无所不及的。这正反映了作者难以彻底跳出中世纪的固有思维方式和价值观念，这种认识和观念呈相互矛盾性，被公认为是与时代相符合的正常现象。

第三是道德义，这种意义在隐喻解经说的理论中是这样解释的：圣经的言说方式超越了每一种科学，因为在同一个句子中，它于描述一个事实

注释

① 陆扬：《西方美学通史》第二卷，上海文艺出版社1999年版，第285页。

的同时又揭示了一种真理。阿奎那也指明，由于上帝不仅用人类的语言指示他的意义，也通过事物本身指意，就基督所为，或者说所以指示的事物是我们的表率而言，乃有道德义。但丁同样认为诗的语言本身有道德的指向意义，从诗中人们能知晓它所蕴涵的可以遵循的行动准则。他还举例：耶稣登山变形，在12个门徒中，耶稣只带了彼得、雅各和约翰，从道德义看，是预示最秘密的事只能有少数人参与。但丁认为《圣经》与诗歌在教化和表率方面具有同等功能，而且诗的通俗性使其道德意义可以被更多的下层民众所接受。事实上，人民大众能够直接接受和理解知识、道德等，是具有极其重要的进步意义的。在中世纪，诗歌是不登大雅之堂的大众化娱乐形式，是但丁提升了其向善向美、净化心灵的道德功用，为日后文艺复兴时期诗歌的兴盛奠定了理论基石。

第四是神秘义，任何成熟的语言从功能上讲，具有以物寓物之功能，理解语言的含义同样是见仁见智的问题，并且随着时代的发展而发展。但在基督教神权主宰的时代，基督教的"神圣语言"是不允许被芸芸众生轻易理解的，必须要造成一种不可感知的神秘感，神学语言的神秘义即在此。但丁身处基督教精神世界的核心地带意大利，他对此深信不疑，并给予了最高的评价。他在《飨宴》中认为神学语言"即令是字面义中，所指示的事物，也表现出了属于永恒光辉的更高层次的东西，如《旧约》中以色列人出埃及，犹大成为神圣之地的诗句所示。"遗憾的是他颇有新意的诗学理论还相对比较粗浅和含混，没能真正摆脱神学而独立架构出来。

但是，尽管从形式上看但丁的诗学理论几乎是阿奎那隐喻说的翻版，然而他最后的结论不是把《圣经》归于神学，而是哲学伦理。用薄伽丘《但丁传》的话说，诗与神学就其表现同一主题而言，足可被人一视同仁，甚至进而论之，神学不过就是上帝的诗了。这种将宗教与文学横向比较在中世纪时期具有特殊的进步意义，但丁是将高不可攀的神学与难登大雅之堂的世俗诗学比肩而论，在当时的基督教特权称霸的如晦岁月里，这不啻惊世骇俗之论，令人感受到新时代的气息。

二

诗人的心曲——《神曲》

《神曲》，原文直译为"神圣的喜剧"，为但丁的代表作。这部巨著不仅在文艺复兴文学史上非同寻常，它还被认为是对整个世界产生影响的文学著作之一。《神曲》的核心在于作者依托中世纪的文学形式，表现出新旧思想和文化的交替。因此，但丁被恩格斯称为"是中世纪最后一位诗人，同时又是新时代的最初一位诗人"。

《神曲》这部长篇史诗创作于1307年，完成于1321年，历时14年之久。此时正是诗人在流亡期间，目睹意大利周遭地区的兵荒马乱和世态炎凉，当他把自己的全部情感和精神理想都溶进这部皇皇巨著之后，诗人的生命之烛也随之燃到了尽头。

《神曲》分三个部分，每部分各有33篇，加上全书的序曲部分共有100篇。各篇长度上大致相等，《地狱》篇4720行，《净界》篇（亦称《炼狱》）4755行，《天堂》篇4758行。这种匀称的结构是建立在当时数字的神秘意义和象征性概念上的，在神学中"三"是"三位一体"，"十"是表示"完全"，"一百"为"完全中的完全"。

在《神曲》里，诗人以第一人称自述的方式，讲述在梦境中上天入地的不凡游历，最后达到了至高境界，从题材来看沿袭的是中世纪常用的梦幻文学手法。

《神曲》的梗概：

第一篇《地狱篇》，被认为是整个作品中最精彩和最惊心动魄的一篇，它饱含着诗人心中无限的爱憎情怀。该篇缘起诗人35岁那年，他无意中迷失在黑暗的森林里（这是第一次有人把中世纪比喻为黑暗的森林）。森林里的各种凶残的动物正虎视眈眈，正当诗人进退维谷之际，出现了古罗马诗人——维吉尔，但丁在"人智"的带领下，慢慢地走下九层地狱。在地狱里，诗人见到了各类罪人，这些罪人的标准完全按照作者的是非观点，罪的划分大概分成3大类和24小类。

《神曲》地狱篇插图

在地狱边缘有骑墙派和异教徒，以下九层地狱里，分别安置着：

A. 不能节制：贪色、贪食、吝啬及浪费、愤怒、邪教徒；

B. 强暴：同类相残、自杀、侮辱上帝及自然；

C. 欺诈：在普通关系类分为：淫奸及诱奸者、阿谀者、圣职买卖者、预言者、贪官污吏、伪君子、窃贼、劝人为恶者、离间者、伪造者；特别关系类分为：谋杀亲族、卖国、暗算宾客和出卖恩主。

各类罪人所受到的刑罚是作者浓墨重彩之笔，由于作者丰富、大胆的创造力，给读者的感受非常的震撼。如恋爱者在暴风中飘荡，吝啬者推着重物（以示做了金钱的奴隶），暴君在血沟中，伪君子穿着镀金的铅大衣行走等等，这完全是根据他们生前的罪行有针对性的惩处。但丁还创造出很多不曾有过的刑罚，如臭雨、倒插地缝、淹没在粪便里等等。根据罪恶的不同，但丁设计出不同的场景和刑罚，魔鬼与罪人露着同样丑鄙的表情，阴森的风与恐怖的夜交织，血腥的味道与凄惨的哀嚎似乎近在咫尺……在作家的笔下，地狱就这样活生生地伫立在眼前。

但丁的文字如同他锐利的目光，在地狱第七篇"第四圈，贪婪者和浪费者。命运的弄人"中，他形容狱卒普鲁托受到了维吉尔的斥责后崩溃了，这时的他"好比风吹桅杆，帆布落地一样，那个可怕的魔鬼倒在地上了。"[1] 还有，但丁形容当灵魂受到惩罚时的情形是：方形的石棺，在那默默无声的慢慢燃烧着的厅中，每一个里边的灵魂均受折磨；盖子摆在那里，棺材是开着的；它们在"最后审判日"才盖起，永远盖起。可以想象这是何等

注释

① 但丁著，王维克译：《神曲》，人民文学出版社 2000 年版，第 29、159 页。

的精神拷问！

没有那种无比沉痛和悲怆的心灵，就不能构思出这惊心动魄的黑暗世界。而随着在地狱里层层下降，诗人的整个身心也在同时经受着煎熬和挣扎，他的爱恨情感是一波未平，一波又起，仿佛坠入万劫不复的深渊，他似乎只有在这黑色的涡流中，在精神肉体的煎熬中，才能思想、才能说话，才能飞升……

第二篇《净界》，有人认为，"净界"一篇最能展示但丁的精神世界，表达出他要改变世界和拯救灵魂的本意。从基督教意义上讲，"净界山"是中世纪精神世界中最高贵的地方。地狱之严酷，罪恶之深重，只有忏悔才能够将它洗涤干净，"忏悔"是基督教的一种伟大行为。

走出地狱的但丁，怀着一颗渴望和敬畏之心达到了净界。他这样写道："当我离开陈腐的幽窟（那里既刺我目，更伤我心），我的眼光就和苍穹的东方的蓝玉色相接触，透明凉爽的空气直达第一重天，使我感着愉快。"①

《净界》作为忏悔修行之处，究竟在哪里？中国古代没有专门的地方，西方一般认为在世俗社会里完成这一行为，并没有地狱与天堂之间的过渡地带。是但丁创造性地发明了这个境地，以至于翻译家们只好采取折中的意思，在这两者之间依据佛家"净土"意思译为"净界"，至于是否完全准确，读者能明白是取其二者过渡之地足矣。

《净界》也分为三部分，由净界外部、净界本部和净界顶部组成。鉴于各类灵魂忏悔的时间和程度不同，进入净界的资格在净界外部开始划分，或早或晚地进入净界本部。净界本部为环行山腰的七层圆路，愈在上层的直径愈小，从下层到上层有阶梯。在每一层圆路上洗炼七大罪恶之一。但丁在进入净界大门时，有天使在他额角上刻上七个"P"字，它代表骄、妒、怒、惰、贪财、贪食和贪色共七大罪恶。有这七种罪恶的灵魂在净界里仍是用各种痛苦的方式来脱离罪恶，净界山上但丁听到了很多沉默的灵魂终于开口述说，如在《净界》十四篇中，那个妒忌的灵魂说道："我的血管充

注释　① 但丁著，王维克译：《神曲》，人民文学出版社 2000 年版，第 29 页、159 页。

满着妒火，假使我看见一个人在欢乐，我的面色便会发青发白。我下了那般的种，所以收了这般的果。人类呀！为什么把你的心放在与你无分的东西里面去呢？……那里的居民竟至不能辨别真伪，丧失掉仪侠之气；四境之内，只是长着恶草，现在根深蒂固难于除了！"①

　　这个灵魂最后只能用哭泣结束谈话。正是一番番沉痛的血泪忏悔，但丁眼中的魂灵们变得越发的"可爱"，因为这正是他们艰难的脱离苦海，向"地上乐园"缓缓攀升的过程。

　　第三篇《天堂》，尽管后人对于该篇的思想和艺术性的评价有所保留，但没有《天堂》，就无法显现出《地狱》和《净界》，三者必然是相撑相依的。因此，在中世纪基督教的"来世"里，地狱与天堂在本质上永远是真实的。所谓天堂是超越物质、引导灵魂的上升之地，但丁对天堂的描写，同样是诗人非凡的天赋的表现。在这个高尚灵魂的居所里，但丁设计出一个光芒四射、层叠分明、各有所依的天界。他借用了托勒密的天体系统学说，将天堂分为月球天、水星天、金星天、滩羊天、火星天、木星天、土星天，加上恒星天和水晶天，共计九重天，九重天外再加上一个天府，就合成了"十"这个完整的数字。对天堂的人物安排同样是依照诗人自己的衡量标准，根据每个人不同的善行，安排在"七行星"上不同的位置。月球天是未能坚持信誓者；水星天是行善的灵魂；金星天为多情的灵魂；而太阳天则是哲学家和神学家栖身之地；火星天是为信仰而战死者；木星天是政治聪明的君主；土星天是隐逸寡欲者；恒星天是胜利的灵魂，如基督、圣母和那些圣徒们；水晶天是九种天使；在十重天府里，是那些保持着人类面目，却闪着圣洁光芒的灵魂，他们团团坐在一个大而无边的圆形剧场中，组成一幅巨大的"幸福者的玫瑰"，他们在这里仰望着上帝，并湮灭在上帝的光和爱之中。

　　引领诗人游历天堂的是但丁心中的女神——贝雅特丽齐，这个普通的世俗女子先是以上帝使者的身份引领诗人在天堂里游历并渐次上升，并一

　　① 但丁著，王维克译：《神曲》，人民文学出版社 2000 年版，第 224 页。

注
释

一解答了但丁的疑问与困惑。贝雅特丽齐置身于一个非常高贵的位置，与上帝如此贴近。在高高的天堂之巅，在上帝那高光之深沉灿烂的本体之中，诗人彻底地陶醉其间，身心得到巨大的满足和愉悦。

《神曲》的创作时代，正值意大利新兴的资产阶级登上社会舞台的时候，金钱的力量促使从世俗到教会无不更加为物质的欲望所支配。教会的"伤风败俗"和与世俗权力出现激烈的争斗，人们的思想观念处在更迭之中。但丁描绘出佛罗伦萨从封建关系到资本主义关系过渡的社会和政治变化。《神曲》的进步意义还在于揭露了当时的现实，贪婪于金钱的"社会堕落"现象，封建统治的专横残暴，尤其是对于教会的抨击最为尖锐激烈。同时，在人文主义思想还没有形成的时期，但丁谴责教会的堕落、教皇的腐败和僧侣的虚伪；极力赞美希腊罗马的英雄和智者，赞美人的勇敢、智慧；大胆追求美丽浪漫的爱情。《神曲》中两位陪伴但丁游历的人物意义非凡，他们同但丁构成完整三界中的精神枢纽。他们与但丁的思想脉络紧密相关。第一位陪伴游历地狱和净界的古代罗马著名诗人维吉尔，他对于但丁来说几乎算得上精神之父，但丁也曾明确地说"维吉尔是我最亲爱的父亲"，他作为世间学识的化身，但丁依靠他的睿智与清醒才能够在地狱和净界里不断攀缘上升，达到"地上的乐园"。可以说，在但丁的精神世界里，维吉尔更是在现实的"黑暗时代"引导他前行的唯一导师。另一位贝雅特丽齐，在《神曲》中，贝雅特丽齐一出场就如此的动人：

在地上花园里，天明时分，"东方全是玫瑰色，其余的天空是碧海一般"，在天使们抛洒的花朵雨中，一位贵妇人蒙着代表信仰的白纱，上面有个橄榄树叶编的花冠，披着代表希望的绿色披肩，穿着代表慈爱的火红长袍。当她走近但丁时，诗人感到的是震荡和恐怖，不敢正视。此时的双方角色已经转化，贝雅特丽齐如一个母亲对待孩子一样慈祥，像先哲对待浪子一样宽容。她站在高端俯视着但丁。贝雅特丽齐作为一介民女，在《神曲》中有如此的高贵神圣，是作者爱情的力量使然。也正是以人为本的思想在《神曲》中最浪漫的诠释。

《神曲》的表现手法虽然属于传统形式，但三界的设计描绘却是极具创造力和想象力。所有对于现实的揭露都是通过人物形象的塑造来进行，这些著名的历史和现实中的人物,性格鲜明,人鬼相谐。充满着正义与丑恶、悲壮与猥琐,阴柔与激情的撞击与对比。在这个以作者为主角的想象帝国中,但丁用自己全部的想象力最大程度、最高距离和最宽范围,勾画出地狱、净界和天堂三个令人震撼的世界。在这个世界里,一切都依靠诗人已有的思想和经验幻化而成,因此,当你随同诗人一道同行,其所见、所闻、所爱、所恨、所悲、所喜,自然展现出一幅佛罗伦萨现实社会的全景图。

《神曲》之所以高居时代之巅,是因为在那基督教犹如浓云迷雾般笼罩、控制整个社会之际,变革的社会、流亡的生活和新思想的精灵,在诗人心中萌芽生长,最终结出丰硕的果实。以宗教梦幻为题材的《神曲》,却表现出诗人如火的激情、活跃的个性和鲜明的爱憎,《神曲》之神奇,因为它是跨越时代之曲,而且是旧时代的安魂曲与新时代的奏鸣曲。

三

但丁其他诗歌和散文作品

1293 年,但丁第一部文学作品《新生》结集问世。这是诗人献给那个偶然相识的女孩贝雅特丽斯的,虽然他们两个人都各自结婚,但但丁对她的倾慕达到了痴迷的程度,他曾经对朋友说过:"我是踏上了一段没有回头希望的人生之路上了。"[1]以后贝雅特丽齐的出嫁、早丧都一次次给诗人打击,他只有寄情于文字,用诗歌记述那相遇、相识却不能相爱的心路。诗集取名"新生",是基督教传统用语,意思是脱离世俗,实现宗教理想的精神转变。但丁对贝雅特丽齐的仰慕越来越向宗教感情发展,将她的形象理想化、神圣化,成为精神世界的圣母。

《新生》汇集了但丁 1283 年前至大约 1292 — 1293 年期间的诗作。主要共 31 首抒情诗,其中十四行诗 25 首,民谣 1 首,均是用意大利语写作。这部诗集既有诗歌,也有散文和评注,使各自独立的诗组成一个叙述完整

注释

[1] 卡莱尔著,何欣译:《英雄与英雄崇拜》,辽宁教育出版社 1998 年版,第 502 页。

的爱情之歌。《新生》按照诗人对贝雅特丽齐的爱情发展分成三个部分，第
一部分是两次见面的美好回忆；诗人永久地留住了心中天使的完美和陷入
爱情的激动。第二部分记叙了爱人对他的冷淡态度以及后来早逝，表达了
诗人从绝望逐渐产生出向着天国寻觅已然成为圣女的恋人。第三部分讲述
贝雅特丽齐死后一周年，但丁对她的爱恋已经升华成对这位天国圣女的赞
美和崇拜，男女之间的世俗情感被神圣的宗教意识所取代。如第19首诗这
样写道：

> 有一佳人兮仪态倾城而绝伦，
> 灵光照耀兮自下界以达帝阍。
> 天堂虽包罗万有兮乃独缺此婵娟，
> 诸神乃求于天帝欲与彼姝为缘。
> 嗟彼姝之所居兮在不可接攀之云霄，
> 余謇謇而哓舌兮缘醉于美人之崇高：
> 余敢言世间仕女兮苟欲使令德之不黣，
> 须钦慕彼姝之风范兮并孜孜花年以追随。
> ……
> 善人能一望彼姝之容光兮德誉更见发扬，
> 恶人则举目以凝睇娥眉兮将自羞而溘亡。[①]

　　尽管早期文言文翻译略显拗口，但可以明显感觉到在诗人眼里，贝雅
特丽齐俨然是天堂中的集美貌美德于一身的神女，他仰视并渴望能成为其
追随者。从这个意义上讲，《新生》当属《神曲》的序篇。

　　《新生》在艺术风格上属于创作早期，诗句略显粗糙和晦涩。但在当时
被浓重的宗教情绪压抑下的意大利社会，情感世界备受禁锢，连婚姻也几
乎无爱可言，《新生》用诗的语言来表达对爱人的思念之情，使用的又是本
民族通俗语言，在当时引起社会的巨大反响和共鸣，可以说这是人们被诗
人人性的率真唤醒，《新生》也因此成为但丁的重要作品之一。

　　《飨宴》大约写于1304—1307年，是用意大利语写成，该书有4卷（含

---

① 但丁著，王独清译：《新生》，上海光明书局1947年版，第37页。

序言），属于未完稿之列。此时的但丁正漂泊四方，感受颇深，他渴望回家，渴望自己的学识和造诣，能使佛罗伦萨接纳和承认他这个异乡的游子。《飨宴》的体裁与《新生》相似，通过诗人与一位代表哲学的女性的对话，但丁试图以百科全书式的"知识宴席"，以通俗的方式向广大的读者介绍。前面提到但丁在诗学领域里革故鼎新的观点就出自于该书。

《飨宴》的主要内容一是开宗明义地阐述意大利俗语的重要性，在序言里他援引了亚里士多德的话"求知是人类的天性"，人们如果要得到知识，首先就要使用自己懂的语言，他认为："拉丁语只给少数人以利益，俗语其实是为多数人服务"；"俗语能给人以有用的知识，拉丁语就做不到了。"[①]但丁花了很多笔墨来证明用俗语写作的好处，最大的好处就是在大众中普及和推广文化知识。俗语作为意大利的地区方言，绝非是单纯语言问题，但丁是为建立意大利自己的民族语言而大声疾呼，这体现了他的政治思想和爱国热忱。此时随着但丁政治和哲学思想观念的日益成熟，他第一次热烈地捍卫罗马帝国的传统，并提出帝国直接授命于天，而非教皇，帝国的发展取决于天命。他的一些至理名言已经带有鲜明的人文主义色彩，例如他对于"高贵"的见解，但丁否认高贵是建立在财富和出身高贵的基础上，他从亚里士多德《伦理论》中找到了有平等思想的观点，指出高贵应该是"上帝在新月的灵魂中撒下的幸福之种"，高贵是人天生的美德，是与生俱来的，上帝的善注入其中。认为高贵在产生之前就存在是荒谬的。在《神曲》天堂篇中，他也强调"不是家族使人高贵，而是个人使家族高贵"。这一思想在当时的意大利无疑起到了积极的作用。《飨宴》是整个欧洲中世纪第一部用本民族语言写的学术著作，也奠定了日后欧洲学术性散文的基础。

《论俗语》是《飨宴》的姊妹篇，也是一部未完成之作。它与《飨宴》几乎同时成书，保存至今的只有第一卷和第二卷，有趣的是这部研究俗语的著作却是用拉丁语写作。《论俗语》其宗旨是论证意大利俗语的起源，并

① 杨慧林、黄晋凯：《欧洲中世纪文学史》，译林出版社 2001 年版，第 274 页。

提出创造意大利全民族"光辉的语言"的主张。他认为语言分为俗语和文言两种，俗语是自然的，文言是人为的，应提倡使用自然、生动和为人民大众所接受的语言，即俗语。但丁提出要将俗语和文言统一起来，兼顾双方的优点，形成"光辉的语言"。所谓"光辉的语言"要符合"光辉的、基本的、宫廷的和法庭的"四个标准。"光辉"是指降格中俗语经过筛选、精练而建立的新的文学语言；"基本"是指统一标准，没有方言土语的局限；"宫廷"是指国家统一后使用的统一语言；"法庭"是指语言具有高度的正确性，合乎逻辑规律，可用于学术研究。

此外，但丁还认为这种语言要符合音乐性和诗歌体的要求，能够表现高尚严肃的悲剧风格。《论俗语》还有一部分内容是讨论诗歌的理论问题，包括诗歌的定义、诗人的界定以及诗歌的"悲剧、喜剧和挽歌"三种主要体裁。他认为光辉的意大利俗语非常适合诗歌的创作，也同样适合于散文。他在该书第二卷第二章中明确指出：那些最伟大的主题，……应该用最伟大的俗语加以处理。

但丁在意大利民族语言形成方面的功绩毋庸置疑，他的关于意大利俗语和诗歌的理论得到了普遍重视。但丁从政治角度来认识神学与诗学的悬殊地位，他认为意大利国家陷入混乱，人们信仰出现偏差，基督教教会贪图世俗权势，就无法将欲望引向高尚的精神典范，是社会的症结所在。因此应当改变现状，力促国家的发展，维护国家的权威。这也反映出但丁政治思想和哲学思想的成熟。

《帝制论》是但丁在1313年左右写出的最具有政治性和论战性的论文。1309年7月，卢森堡的亨利伯爵被选为罗马皇帝，并被加冕为神圣罗马帝国皇帝，但丁将希望寄托于这位贤明的亨利七世，但教皇克雷芒五世却转而反对亨利七世，这使但丁因希望破灭而怒火中烧，他的《帝制论》锋芒对准了教皇，反对教皇的权力大于帝国的皇帝和皇帝的权利来源于教皇的传统体制。应当说《帝制论》是发展了《飨宴》里的观点，他在《帝制论》的结束语中写道："罗马政府完全不应该服从罗马教廷，因为在某些方面我们追求尘世生活的幸福就是为了得到不朽的幸福。"《帝制论》结构严谨、逻辑性强，是不可多得的伟大篇章。该论文反映出但丁的政治理论充满着理想主义色彩，他幻想着某个贤明君主能改变一切，因此，当亨利七世攻打意大利佛罗伦萨，"出师未捷身先死"时，但丁的希望终于破灭，他只好在《神曲》的天堂里为亨利七世留个好位置罢了。

但丁用自己的生命点燃了新时代的"火花"，为意大利人文主义文学揭开了序幕，为整个文艺复兴拨云现日、革故鼎新迈出了艰难的第一步。《神曲》作为新旧时代交替的代表作，具有特殊的积极意义，被称作"深化人类精神理念和文学理解力的符号表征"。一个世纪后，星星之火燃遍了整个欧洲大地。在21世纪的今天，但丁依然是意大利人民的骄傲，在意大利发行的2元欧元硬币上，拉斐尔那幅经典的但丁侧面肖像赫然而立，意大利的骄傲伟大的但丁，深深地镌刻在人们心中……

作为新旧时代之交的诗人，但丁身上的矛盾性更加明显，他既是一位思想深刻、清醒冷峻的哲人，对于基督教有着虔诚的信仰，又是或如烈焰疾恶如仇，或似涟漪愁肠百转的性情中人。《神曲》中描绘的地狱与天堂、美好与丑陋、专情与淫荡、绚烂与恐怖，无不形成巨大的反差。这种矛盾复杂的内心世界，是包括但丁以及其他文艺复兴时期思想解放、行为激进的人文主义者共同存在的特点和症结。

第二节　文艺复兴文学第一人——诗坛巨匠彼得拉克

在文艺复兴时期文坛上，第一个高扬起人文主义旗帜的是意大利诗人弗朗西斯科·彼得拉克（Francesco Petrarca，1304—1374年），人们说到彼得拉克往往是愉悦的，如同是沐浴一缕朝晖，感受一场春雨和聆听一个新生儿的啼哭。因为他给这个世界带来了完全清新的内容，那就是倾其一生所寻找和精心打造的"人学"。

1304年7月20日，彼得拉克出生在佛罗伦萨附近的小城阿雷措，他的父亲是一个公证人，与但丁同时期放逐离开佛罗伦萨，在法国阿维尼翁，彼得拉克大学的专业是法律，但他毕生没有操其业，而是或找一份轻松的教堂工作，或干脆傍一位爵爷，40岁之前生活在法国阿维尼翁，其后开始漂泊不定，始终以一个文化人的身份立足于世。彼得拉克虽然被誉为佛罗伦萨的骄傲，但他一生中漂泊不定，并非一直活跃在佛罗伦萨的文化圈子中间。但彼得拉克与佛罗伦萨又息息相关，佛罗伦萨的文化氛围对他来说如同强大的磁场，将他吸引，他的精神世界里佛罗伦萨是一座圣殿，而他虔诚地拜倒在它脚下，像一株小草受其雨露滋润而蓬勃生长，终于成为家乡佛罗伦萨的骄傲。如果说但丁是冲破基督教神学桎梏的凤凰，那彼得拉克就是第一个为人文主义啼血的杜鹃。

彼得拉克70岁逝世，据说他死时手里还握着一支笔……

一

"人文主义之父"——彼得拉克

彼得拉克之所以被冠以"人文主义第一人"，其重要的原因就是他本人的文学作品被称为"人的文学"。在文艺复兴之初，人文主义的文字特指古典作家用希腊语和拉丁语写的著作，但丁、彼得拉克等在寻找和研究古典文化的作品方面功勋卓越，但随着人文主义逐渐成为新一代文化人的精神支柱后，他们的作品也被列入人文主义文字之列，而且开始使用自己国家地区的语言。彼得拉克以自己的亲身感受写出来的充满个性的作品，温柔哀婉的抒情诗，体现出人文主义思想最本质

彼得拉克画像

的核心——以人为本。随之而来的是，以人为中心的文学在意大利、法国、欧洲迅速蔓延并大行其道。彼得拉克以其"人的文学"著称于世，其好古、世俗、个性和创新构成他的代表性标志，使他稳坐文艺复兴文学第一把交椅。

彼得拉克好古。13世纪意大利复兴古典文化的热潮开始，彼得拉克便热情地参与其中，其家学渊源是重要原因。彼得拉克的曾祖父、祖父到父亲三代都是佛罗伦萨的著名律师和公证人，知书达礼，更注重语言修辞，作为城市主流文化的代表，自然有理由有条件在复兴古典文化和提高本阶级地位方面亲历亲为。如今，在米兰安布罗齐图书馆里，仍保存着彼得拉克父亲以不菲的价格请人抄写的一部维吉尔诗集，而这还不是唯一的一部手抄书，据彼得拉克给别人的信中提到，他父亲曾经烧毁一部古典诗歌手抄本，为的是让他把精力用在所修的法律专业而不是痴迷于那些手抄本。在寻找和恢复古典文化的热潮中，将古典著作以手抄书形式加以收藏需要极大的热忱与充足的金钱，两者缺一不可，这在当时无疑是属于少数人的一种奢侈品。

启蒙教师的影响。托斯卡纳的修辞学家康文尼沃内，这位教师对彼得拉克的影响终其一生，被他称为"我一辈子再也没有遇到过的最好的老师"，在这位本身就视古典文化为圭臬的学者热情感召下，彼得拉克从孩提开始就将拉丁古文的声韵音节视为美妙的天籁之音。

无虞的生活给彼得拉克能够在寻找古代文化遗迹中思考、创作提供了必不可少的物质条件。和很多人的坎坷不同，他一生的境遇风平浪静，没有大起大落的政治波折，也没有卷入宗教派别的纷争，因此能够静下心来与古典文化的思想相通相息，将古典文化的精髓融进自己的灵魂之中。对古典文化痴迷的他在1333年从朋友那里得到奥古斯丁的《忏悔录》，如获至宝，随身研读。这里我们可以从他的后人尼科洛·马基雅维利的描述中找到同样的感觉："夜降临了，我回到住所。我进了图书馆，在穿过入口时，我脱掉了日常穿的沾满污物、泥土的衣服，换上了上朝的礼服……如此的着衣打扮之后，我进入了古人之古朴的庭院。他们热情地欢迎我，我饱食着生来属于我的美食佳肴。我与他们交谈丝毫不感到不安，并询问了他们行为的动机。他们从其人道出发，耐心地解答了我的问题。"①奥古斯丁的《忏悔录》虽然是他面对上帝所做的心路剖析，但那些真实的、发自内心的忏悔，作者的良知与反思，不仅是宗教的虔诚，还有与古希腊哲学的完美融合，这给年轻的彼得拉克精神上的突围和智慧的开启，无疑是根深蒂固的。研究表明，彼得拉克受奥古斯丁影响，在追求世俗幸福和宗教情感上始终存在着冲突，他写的《我心中的隐秘》就是以自己和奥古斯丁对话的形式，表达他的内心情感，其中对于矛盾心理的揭示与剖析，旁证了《忏悔录》对他的影响之深和与之心灵相通。彼得拉克之所以被称为人文主义第一人，是他从古老的卷帙中感受到的并非简单的模仿复制，而是从中体验出来的古人独立于世的性格与思维，转化在自己的诗歌散文中成为自我认识的载体，其目标是进一步塑造自己，渐臻完善。

彼得拉克还有世俗的一面。彼得拉克以对于个人名利和对于爱情的大胆追求著称于世。1341年，彼得拉克在罗马被加冕象征最高荣誉的"桂冠诗人"。在彼得拉克看来，罗马代表着古典文化，这个橄榄叶编织的桂冠是古希腊罗马文化的延续，彼得拉克以此为荣；同时，罗马也代表着意大利，祖国给予的荣誉对彼得拉克说来更是意义非凡。彼得拉克以学者诗人的身份得到最高荣誉，是他的过人才华，更是他的个性使然，能获此殊荣是他一生的终极目标。

1327年，在法国阿维尼翁的一个教堂里，诗人见到了在他眼中"品德超群"、魅力无比的女子——劳拉，他被她那抑制的妩媚所感染，暂短的相遇引发无限的思念，真诚的情感激发起诗人的才华，他在诗作中将自己暗恋的情愫用最优美的文字娓娓道出，《歌集》中几百首充满柔情爱意的抒情诗问世，这种鲜明的将世俗的爱用诗句表达出来的创举，迥然不同于以爱上帝为至高境界的基督教精神，诗人首先冲出了千百年来似乎已牢牢锁住的身心欲望之门，成为引领文艺复兴时尚的先锋。在中世纪的灰暗色调中，世俗的彼得拉克绘出一抹鲜亮的色彩。据记载，劳拉的确美丽娇艳，嫁给

注释　① 费尔南·布罗代尔著，肖昶等译：《文明史纲》，广西师范大学出版社2003年版，第320页。

了一个伯爵,生了12个孩子,她对彼得拉克的爱慕是一种默许的接受。劳拉在彼得拉克的笔下臻于完美,以至于连他的朋友都误以为是他杜撰出来的女人。说到诗人对劳拉"品德超群"的评介,事实上彼得拉克或许不曾了解劳拉的品行如何,这里存在着当时意大利社会流行的一种观念,即认为女性优雅的仪容,象征了内在崇高的美德。

彼得拉克是一个非常有个性的作家。彼得拉克的一个鲜明特点是他敢于剖析自我,直率地揭示自己心灵深处的矛盾,特别是追求个人幸福与宗教感情的矛盾,他难以疏解的是为自己心爱的女子劳拉倾其所爱,以至无法以同样的虔诚面对上帝,他因此而犹豫、痛苦。其中1343年前后写成的《我心中的隐秘》,被视为欧洲第一部尚未写成历史的内省分析文献。书中虚构了诗人和奥古斯丁连续三天的对话,就死亡、宗教与世俗幸福的冲突、禁欲主义和肉体爱情的矛盾等一系列问题展开了坦率、诚挚的讨论。当时他的弟弟决意摒弃世间浮华,献身上帝崇高的事业,进入卡尔特教团成为修道士,对他震动很大,一方面为弟弟的决定而难过,欲随之而去;另一方面又难以割舍功名的引诱和情爱的缠绻。在这部书中,彼得拉克第一次运用文学手段,对自己进行了深刻挖掘和剖析,在这部忏悔录式的作品中,他毫无保留地敞开自己的心灵,露出那名利背后的痛楚、无人知晓的秘密、未能如愿的情愫,字字如泣如诉、句句优美感人,描写内心世界情感细腻真挚,这在14世纪的意大利文学领域,彼得拉克是第一人。在蒙昧落后的中世纪社会,彼得拉克在大量诗文书信中表现出来的强烈的自我意识,尽管仅仅是小"人"的情感记述,但却凸显出大"人"在社会中的形象,终于跨越出中世纪基督教精神统治下的禁锢,建构出文艺复兴人文主义文学的基石,因此具有开拓性的意义。

彼得拉克还具有很强的创新精神。彼得拉克在文学上的创新应包括劳拉的文学形象、独特的写作风格和诗学理论。彼得拉克精心打造了劳拉这个完美的女性形象,在彼得拉克的笔下,劳拉从外表到心灵,从生前到死后,其心灵淳朴高尚,其容貌妩媚动人,其情感更是真实可见。劳拉是文艺复兴文坛上第一位有血有肉的女性形象,不仅在中世纪基督教大传统下的意大利极为罕见,直到今日依然是欧洲文学史上众人爱慕的女性形象。用威尔·杜兰的话说，以前从来也没有人用这样多变化而丰富的内容，或用如此苦心的技巧，来详细说明爱的情绪。彼得拉克塑造的劳拉形象，可以说是文艺复兴提高人的地位，尤其是提高女性地位之先声。随着 15 世纪以后文学艺术领域开始兴盛的女性题材作品，女性肖像画开始出现，在审美观念上，姣好的面容、端庄的姿态和华丽的衣饰，构成文艺复兴时期流行的新理念。女性肖像画亦成为文艺复兴时期最高水平的精品之作。从这个意义上说，劳拉因彼得拉克而不朽，彼得拉克因劳拉而辉煌。

彼得拉克的写作风格很有创意，他在世俗爱情和遁世主义之间的徘徊，使他在写作时也彷徨在现实与幻想之中，无论是描写恋人劳拉，还是周围的风景，他都不是完全的现实主义写法。作者对劳拉的描绘反映出作者压抑的思想情绪，风景的变幻是诗人心里动荡的反映，宜人的山水意味着对美好爱情的渴望，压抑的山谷对应的是诗人内心的不安与恐惧。这种诗句的创作增加了彼得拉克的艺术魅力。彼得拉克还有自己独特的诗句创意，例如逆喻（Oxymoron）的手法，有人称之为"彼得拉克式的巧思"，如在《歌集》第 134 首中写道：

> 我燃烧着我冻结着，
> 我在天堂里飞翔我蜷伏在泥土上，
> 我拥抱着世界却两手空空。①

还有《歌集》的最后第二首诗歌也有类似的逆喻味道：

> 我哭泣过去虚度的曙光，
> 耗费在喜爱世俗之物上，
> 生双翼我不能飞入天堂，
> 却只能在人间留下榜样。②

虽然彼得拉克的某些作品过于细腻，在一定程度上影响了作品的效果，但他意大利语抒情诗达到了当时的最高成就。因此，他的诗歌被称为"彼

注
释
① *Letters of Petrarch*, Bloomington, 1970, Vol. 29, The first Letter.
② 王军、徐秀云：《意大利文学史——中世纪和文艺复兴时期》，外语教学与研究出版社1997年版，第 96 页。

得拉克主义"派，他的风格和语言，被越来越多的文学家学习模仿，并越过国界，影响到其他欧洲国家的文学发展，对西班牙、法国和英国影响更大。

二

彼得拉克在诗学领域的建树

彼得拉克在诗学领域里的建树也是成就他的重要文学地位的因素。首先，他大力倾向复兴古典诗学传统，在复兴古典文化方面的建树是彼得拉克对文艺复兴的功绩之一。他第一个发现中世纪的拉丁语和古代的标准相差甚远，他对于古典文化的感悟和精通程度在当时是无人可敌，他曾殚精竭虑地研究古代诗人的作品，将维吉尔、西塞罗、塞内加、柏拉图等都视为朋友，用写信的方式与之神交。并以模仿古代罗马的拉丁文风而扬名，但他认为这种模仿是真正的神似，他在1359年给好朋友薄伽丘的信中做了心灵的袒露，彼得拉克说，他读维吉尔、李维、西塞罗，不止是一遍而是读了几千遍，不是浏览而是与他们对答，用竭了他的全部心智来鉴赏他们。他是一大早就吃完一天的饭食，是孩子吞下了成年人方能消化的食量，不但是存于记忆，而且是深入了骨髓，以使这些文字成了他自己的一个部分，即便再也不去阅读它们，也永世留驻心底。而与此同时，他又忘记了这些作者，这是因为长时间使用和占有的缘故，他们已经成了我自己的东西，而且由于他们铺天盖地，数量如此之巨，我已忘了它们谁是谁的，甚至它们是别人的作品。[①]姑且不说他是否会真的如此，就这一番表白足见他对古代诗人的深情厚爱。

彼得拉克的散文逐渐摆脱了经院式的刻板晦涩，慢慢地具有更多的文学性，如散文著作《我心中的隐秘》、《论名人》、史诗《阿非利加》以及12首拉丁语的田园诗等。彼得拉克对古典拉丁语有很深入的研究，他的拉丁

注
释　①陆扬：《欧洲中世纪诗学》，上海社会科学出版社2000年版，第256页。

语作品也有较高的思想艺术价值。在《我心中的隐秘》中，他从西塞罗和维吉尔使用的语言中寻找细腻的表达方式和描写心理状态的技巧，因此《我心中的隐秘》成为一部优美的拉丁语文学作品。

《阿非利加》是彼得拉克获得诗人桂冠的主要作品，这部史诗以古罗马英雄西庇阿的故事为题材，彼得拉克对这位英雄格外青睐，他试图模仿古典作品并超越它，在史诗中既有古罗马战斗的场面，还有爱情故事，虽然初衷很是明确，但他毕竟不擅长此项，最终没有完成。那12首田园诗歌，是对维吉尔的模仿，诗中涉及内容广泛，有他对罗马现状的不满，有他得到桂冠和劳拉的死等等。

彼得拉克从柏拉图和奥古斯丁的诗学思想受到启发，他对诗歌的重要观点在其大量的书信之中，其中，彼得拉克谈到关于诗的性质，他认为，如同基督神学对基督的称谓时常改变一样，如果用比喻来把话说得生动，就应该称之为诗。这也就是通常所说的隐喻。他特别指出神学家用崇高的语言表达神性，编织祈祷文，用优雅的节律、新颖的方式，也应当归于诗人之列。这种把神学家列入诗人行列的诗辩，并非将诗人概念扩大，而是在论证神学也是诗，诗就是神学。他的朋友薄伽丘日后也同样论证了这一点。其次，他认为诗人的职责在于用充满魅力的虚构来表现平凡、自然和一切事物的真理。唯其如此，诗歌的深刻内涵才更容易被轻松的表面快感所遮掩，令人难以发现。彼得拉克最早指出大自然对人的感受是重要的，而更为关键的是对自我的认识，这一点在他的作品中得到了充分的展示，而且也成为他的作品易于与现代人沟通的原因。

彼得拉克晚年还对诗歌与哲学的地位提出自己的见解，在中世纪神学至上的时代，哲学是为神学服务的，而诗歌特别是世俗的诗歌与哲学又降次一等，两者地位不可同日而语。尽管彼得拉克还在神学的供养之下，却坚定地站在诗歌的一边。他以"快乐"和"理性"的对话，来证明诗人的认识胜于哲学家的认识。以"美"为例，彼得拉克极为认可维吉尔所说"德从美的躯体中出更显魅力"，他认为这魅力之说最为准确，因为这并非发自于事物本身，而是观者的判断，彼得拉克称美为德的装饰，而且认为美应当在精神世界里得到充实。他在另一封信中，谈到了自己对于美的深刻感受。他在信中说：

　　"在我年轻时，就渴望将诗的美辑一本书出来，虽然那时候我
对其他作家还鲜有所知。那些时日的卷章而今依在，页边还有一些
段落的注解，清楚地表明我是多么早熟，聒噪地思考起我现今以及
将来的命运。我写下的不是辞藻的华丽，而是思想的真实：这人生
的苦闷，它转瞬即逝，跌跌撞撞迅速掠过，她的陷阱，时不再来，
生命之花匆匆凋零，玫瑰姿容美不常在，青春倏忽去而不返，偷偷
暮年将至。最后，皱纹爬上眉梢，疾病、悲哀、折磨，终而是呜呼
哀哉，死亡不期而至。"①

　　他对但丁研究甚深，对于但丁的诗学思想十分赞成并仿效其进行创作。
例如，他虽然极力恢复拉丁文的地位，但也用俗语写了《歌集》。他在给朋
友的信中这样写道：

　　"您会相信我的庄重保证，即我对此人（但丁）的才力和著作
总是满心欢喜的，我每提及它，必是赞不绝口。有时候我还开导了
一些人，这些人尖锐地责问我，说他并不是总是与自身相配，即他
在写诗文作文中，在俗语上要比拉丁文上成就更为显贵。这一点你
是不会否认的，在有明智判断的人的心中，同样也无损于他的光彩
和荣名。因为谁能在万事万物上都是大师呢。"②

　　彼得拉克诗歌中主要采用十四行诗体，十四行诗是在中世纪欧洲流行
于民间的用于歌唱的一种短小诗歌。意大利文艺复兴时期，由于这种诗体
短小、音韵优美和易于抒情，因此被诗人们广泛采用，其中彼得拉克是最
成功者，也被称之为"彼得拉克诗体"。自彼得拉克用这种诗体创作无数优
美抒情的诗歌之后，这种诗体迅速传播开来，成为文艺复兴时代诗坛上常
用的一种诗体，十四行诗几乎成为文艺复兴诗歌的代名词。彼得拉克一生
写下了375首十四行诗，成为最具代表性的诗作。彼得拉克运用十四行诗
体，创作出直抒胸臆、清新自然和韵律优雅的诗作，达到了他那个时代的
艺术之巅。可以说，这种诗体经过彼得拉克的创新，其功用发挥到了极致：

注
释

　　① 陆扬：《欧洲中世纪诗学》，上海社会科学出版社 2000 年版，第 259 页。
　　② *Letters of petrarch*, Bloomington, Vol. 21, p.15.

整齐性方面,彼得拉克的十四行诗格式规范齐整,他将每首诗分为两部分,前部分由两段四行诗组成,后部分由两段三行诗组成,即按照四、四、三、三的排列。其押韵格式为ABBA、ABBA、CDE、CDE或者是ABBA、ABBA、CDC、CDC。诗句每行十一个音节,通常是抑扬格。抒情性方面,彼得拉克对恋人劳拉情深意切,他用十四行诗的诗体,是将自己对劳拉的爱恋以最恰当的形式淋漓尽致地表达出来。他也因如此美丽动人的诗作而为人称道。自彼得拉克成功运用了十四行诗的形式,意大利诗人们便纷纷仿效,将彼得拉克的诗体视为十四行诗的典范。16世纪初流传到英国,很快便风靡一时,到16世纪末已经成为英国最流行的诗体。还产生了一些赫赫有名的诗人,如锡德尼、斯宾塞等,莎士比亚也是十四行诗忠实的信奉者,他一生写了154首十四行诗,并将意大利式的格式加以修改,变成四、四、四、二的排列方式,其押韵格式为ABAB、CDCD、EFEF、GG。每行诗句变成十个音节。英国近代的优秀作家弥尔顿、雪莱和济慈等也都创作出不少十四行诗的完美之作。

三

优美抒情的经典之作——《歌集》

彼得拉克在散文和诗歌方面都达到了同时代的高峰,随着意大利文艺复兴在欧洲的传播影响,越来越多的人知道和喜爱他的《歌集》,这是他始料未及的。

《歌集》,原名叫《桂冠诗人佛朗西斯科·彼得拉克的支离破碎的俗语诗》。它不仅是诗人艺术和心灵最闪光之处,同时是彼得拉克在文艺复兴中另一个非凡功绩。《歌集》的思想性表现为在意大利,乃至整个欧洲中世纪诗歌史上,第一次将爱情描写为现实生活中的真实情感,诗人以自己的爱情心路袒露于世,而无须神灵在这里指手画脚。因此,它不仅最早在文学领域体现出文艺复兴弘扬个性的主题,更与现实生活的真实情感相吻合,其实并非只有彼得拉克意识到,而是诗人敢于用真实的文字道出大众的心声。

《歌集》的艺术性表现为他的抒情诗的赋诗法,彼得拉克精于古典文献的研究,吸取拉丁诗人和意大利诗歌的长处,还有一个很重要的因素是他对法国南方普罗旺斯文化的汲取。彼得拉克久居法国的阿维尼翁,普罗旺斯地区独特的自然风光和本身就带有浓厚的浪漫气质极大地感染着诗人,宁静的河谷到处弥漫着淡紫色熏衣草的芳香,高低的丘陵覆盖着浓密的橄榄树,那石桥、小路和甘甜的井水,那带着蕾丝花边白色小帽的姑娘们在阳光下那健康红润的脸庞,更有那世代流传、温柔似水的抒情诗歌……彼得拉克在这被画家誉为"光线和色彩的天堂"里,长期的耳濡目染必然深得真味。

1327年,23岁的彼得拉克与劳拉的偶然邂逅,使年轻的诗人心中激起了无穷的创作灵感,对于劳拉的爱恋,使诗人走上了爱的不归路。尽管诗人自己也娶妻生子,在很长时间又滥情不羁,但对于劳拉的痴情却始终不渝。《歌集》是由 366 首十四行抒情诗组成的诗体日记,写作时间长达 21年之久。它只有一个主题,那就是诗人对个人幸福的渴望和对钟情女子的爱慕。《歌集》基本按照时间顺序和诗人思想变化分为两个部分,第一部分为"活着的劳拉",因为劳拉毕竟是别人之妻,而且活着,因此,诗中感情的描述是掩饰和隐喻的,但表达的完全是有血有肉的人间之爱,甚至还有表达情欲冲动的诗句。第二部分是"死后的劳拉",由于劳拉已经不在人世,诗人可以尽情书写对劳拉的爱慕情怀,因此,比第一部分更加生动感人,更加具有浪漫色彩。

《歌集》中有207首是完全以劳拉为题材的,在诗中他细致入微地描写了纤细优美的劳拉,据说在佛罗伦萨城的一个图书馆里,至今还保存着一幅劳拉的画像。她有着金色的头发、忧郁的眼睛、挺直的鼻子和精致的嘴唇,彼得拉克"在其诗里,写诗欲念的巧妙想象和一阵阵的爱情火焰,神奇般地修剪成为有律、有韵的诗章:尔后,纵使铁石心肠者,见吾诗后,任其冷酷无情,亦在叹息中燃烧而化为灰烬!"①

① [美]威尔·杜兰,台湾幼师文化公司译:《文艺复兴》,东方出版社2003年版,第7页。

劳拉画像

　　《歌集》最优美的诗篇是诗人将对自然美景和劳拉的美丽结合起来的一首，叫做"清澈、凉爽、甜蜜的水"，该诗被文艺复兴时期的诗人奉为抒情诗的经典，至今仍备受喜爱。诗中写道：

　　　　美丽的四肢浸泡在

　　　　清澈、凉爽、甜蜜的水中

　　　　只有她才配得上"女子"的美称；

　　　　妖娆的身躯，

　　　　"爱"的明亮眼睛射入我的心中。

　　　　喜欢将热情的树干作为支撑，

　　　　（忆往事我不免发出叹息之声）

　　　　艳丽的裙衫，

　　　　天使的腹胸，

　　　　覆盖着鲜花草丛；

　　　　在这神圣、宁静的地方。①

　　彼得拉克用一首首浪漫的爱情诗，将他对诗歌的爱与对劳拉的爱结合得完美无瑕。在《歌集》第228首中，诗人写道：

　　　　爱神以她的右手打开我胸膛的左侧，

　　　　在我的心中种下了一棵绿色月桂树，

　　　　它的色泽将使每一块绿宝石黯然失色。②

　　对于劳拉的死充满悲伤，他在诗中期待着劳拉的"复活"，而复活的劳拉更加迷人可爱，在另一首经典抒情诗《思念带我到她居住的地方》中，诗人与劳拉相逢的梦想在那里如愿以偿：

　　　　寻遍人世间，不能如愿以偿，

　　　　系念带我到她居住的地方；

　　　　三重天上生活的人群之中，

　　　　我见她更加美丽，更加端庄。

注释
① Mark Musa, *Selections from the Canzoniere and Other Works*, Oxford Univ. Press, 1985.
② Ibid.

> 她拉住我的手，亲切把话讲：
> "是我早早中断了年轻的生命，
> 给你带来许多忧愁和悲伤；
> 但愿你与我同住在这天上。
> 凡人岂能知我迫切的愿望：
> 期待着你和你喜爱之物——
> 我遗留在人间的美丽衣裳。"
> 她为何不再说话，将手放松？
> 听罢她那纯朴的肺腑衷肠，
> 我几乎留在爱神的天上。①

　　这一段似乎使人联想起《神曲》中但丁与贝亚特丽齐在天堂里相见的情景，贝亚特丽齐是天上的女神，她高居于但丁之上，指引、教导着但丁前行，而彼得拉克与劳拉在天堂里的见面，却完全是人间的再现，是爱的倾诉和彼此的难以割舍。但丁与彼得拉克都是文艺复兴的文坛巨人，同样都有一段凄美无望的情爱史，但在自我意识和对待恋人方面，他俩则有着明显的分野。但丁心目中的贝亚特丽齐与彼得拉克心中的劳拉都是几近完美的女性，然而但丁将贝亚特丽齐视为与圣母等同的女神，对她的爱是圣洁崇高的，但丁压抑了肉体之爱，自觉地将这种爱深藏于宗教情感之中。而彼得拉克却强烈地感受到爱的渴求、愉悦与悲伤，他对劳拉的眷恋是炽热的，甚至是难以抑制的情欲之火，他将真实的感受表现出来。劳拉在他的精神世界占有的位置毋庸置疑，但他在更加强大的上帝面前，仍然为自己的情欲而感到惴惴不安，这种爱与上帝的两难之选，让诗人痛苦悲伤，沉浸在自责中。在《歌集》里，还有一部分是对人生的感叹，在诗集的最后，他写道：

> 诗句零散记载着我少年的倥偬，
> 蕴涵着我心底的凄楚，
> 初涉人生，

注释

① Mark Musa, *Selections from the Canzoniere and Other Works*, Oxford Univ. Press, 1985.

竟将花前月下的欢愉误作爱情醇厚的甘露，

蹉跎岁月，

只留下一片惆怅哀愁，

却毫无半点怜悯宽恕。

而今的我成了身孚众望的名士，

负疚人自知羞与为伍，

世俗浮华，

宛若一瞬即逝的光束。①

　　愈到晚年，彼得拉克的内心愈充满着矛盾和忧虑，他一生都没有找到实现个人理想的途径，他意识到个性的重要，但做不到像莎士比亚那样为人性而高声呐喊。《歌集》给彼得拉克带来的荣誉是后人给予的，他生前更注重和多产的是拉丁语作品，并无意于意大利俗语的创作，对于意大利俗语写作始终认为是"小玩意儿"，看成是"青年时代犯下的罪过"，在诗人晚年甚至为此而倍感耻辱和悔恨，以至于想将俗语作品付之一炬。这其中有时代原因，彼得拉克作为人文主义的先导者，他的思想也是相当一批代表者的普遍思想，主要以恢复发掘和研究古典文化为己任，人文主义者以拉丁语和阿拉伯语的著作为真正高雅文化，相反他们都鄙视民众的"俗语"文化，认为俗语文化是粗俗无聊，仅仅为下等人开心取乐而已。这种单纯强调古典文化的一个后果，使新兴资产阶级文化在较长时间内没有更多的发展空间。另外，作为一个中世纪的天主教徒，他始终有一种忧虑和恐慌，世俗的情欲是一种罪恶，到了晚年更试图抹掉这种深藏已久的情感。这种自相矛盾的思想正反映出文艺复兴时期人文主义思想的发展脉络，在整个文艺复兴运动中，宗教意识始终或深或浅地刻印在一代代文学家的创作中，彼得拉克与一个世纪前的但丁相比前进了一大步，敢于用优美的俗语抒情诗表达自己的爱情，然而在晚年却为此而自悔自惭。

　　尽管如此，彼得拉克在朋友的鼓励要求下，经过精心修改、挑选、润

注释

① Mark Musa, *Selections from the Canzoniere and Other Works,* Oxford Univ. Press, 1985.

色和整理的《歌集》，表现出彼得拉克独特的、高雅、优美的艺术风格，诗人对爱情的倾情诠释，使《歌集》因以人为本的思想曙色而价值倍增。如果说但丁是悲愤的政治家，爱情是他精神上的支柱，那么彼得拉克应该是文人中的性情中人，他对爱情的感受更加强烈和真实，而这种爱的感受力促使他踏进了一个崭新的精神境界。

彼得拉克为追寻自己的爱情啼血而鸣，意大利听到这美妙的声音而醒悟，法国和英国撩开眼前的纱幕，西班牙东海岸现出黎明的曙色……世界就是这样改变了。

第三节　开创现实主义文学的巨匠——薄伽丘

西方部分学者认为乔万尼·薄伽丘（Giovanni Boccaccio，1313—1375年）算不上一个完美的人文主义者，但是一个优秀的现实主义者和散文巨匠。这是认为他没有受到过正规的教育，而且有些玩世不恭。的确，薄伽丘具有强烈的反叛意识和独特的个性，曲折坎坷的一生为他提供了丰富多彩的创作背景，他的作品敢于针砭时弊、大胆出新，作为一位多产的作家，其文学建树在《十日谈》扬名之前，就已经因编辑拉丁语和传记著作而声名鹊起。[1]当然，薄伽丘是以《十日谈》奠定了文学巨人的地位，在《十日谈》一书中，作者构建起一个以人的自然天性为尺度的道德哲学，在张扬人性、反映现实和开创小说文体方面都有杰出的贡献。与彼得拉克唯古典主义至上相比，薄伽丘的思想观念更具现实主义，这种现实主义突出地表现为他站在人的自然天性角度，高声赞美人性是美丽的，无论是肉体的和精神的爱情都是美丽的。他对基督教教会

注释　① 雅各布·布克哈特著，何新译:《意大利文艺复兴时期的文化》，商务印书馆1979年版，第201页。

在禁欲主义理论下的丑恶现状进行
了淋漓尽致的批驳和揭露，他一生
勤于笔耕，用一部部充满活力和张
扬人性的作品，唤起人类自身意识
的觉醒，将人性的本质具体化。薄
伽丘因此成为第三位意大利文艺复
兴文学的代表人物。

薄伽丘

　　薄伽丘 1313 年出生于佛罗伦
萨，父亲凯利诺是银行界的富商，
母亲是法国人，很早就去世。薄伽
丘在严父后母的环境下度过幼年时
代。也许自由浪漫的出身和失怙后缺少温暖，薄伽丘从骨子里就有一种与
社会格格不入的叛逆。当小薄伽丘 14 岁的时候，他随父亲到了繁华的那不
勒斯居住，并奉命学习经商之道。可是薄伽丘从小对经商兴趣淡漠，唯一
让他兴奋的是那些年代久远的古典书籍，他尤其喜爱拉丁语和法语写的诗
文，几年后父亲又劝他改学法律，但没能奏效，薄伽丘仍沉迷于古典文学
的海洋里，他曾经在自传中回忆那段时光：我快要成年，有独立的能力，不
需要他人推我走路；父亲执拗地反对我钻研罗马古典文学作品，可我不同
意他的看法，独自贪婪地以为就懂得了不多的赋诗法，尽力领悟诗歌的内
在含义。事实上，薄伽丘成为佛罗伦萨第一个通晓希腊语的人文主义者。
他的文学创作始于 1338 年。

　　1340 年，薄伽丘回到佛罗伦萨，不再闲散，而是积极投身到城市政治
斗争之中。薄伽丘坚定地站在共和政权一边，并参加了行会，在共和政权
中担任掌管财政的职务，为此，他曾 7 次出访意大利的其他城市和法国，其
中包括 1351 年，去帕度亚邀请被放逐的彼得拉克回到佛罗伦萨。薄伽丘在
一年前结识了志同道合的彼得拉克，两个人一见如故，他对彼得拉克的崇
拜增进了他们的友谊，在以后的交往中，他们多次互访和传递书信，两人
在一起愉快地讨论前辈但丁的文学作品。与彼得拉克的交往，使薄伽丘对
古代人文科学有了浓厚的兴趣，他更加坚定了人文主义思想，对文学创作

的热情也大大增加。

1362年后，薄伽丘鲜有新文学作品问世，转而潜心研究古代人文科学，为公众讲解《神曲》。1375年12月21日是个阴冷的日子，贫病潦倒的薄伽丘悄然离世。

一

始创欧洲短篇小说文体

文学对于传统西方，一般意义上其中心是在抒情诗、史诗和戏剧领域，作为一个"虚幻的世界"，它所表现的"我"是虚构、戏剧性的，它是作者借此来发表自己的思想的工具。小说是在这之后发展起来的一种体裁，它相对更加接近现实生活，是综合运用了语言艺术的各个表现方法，来塑造人物形象、反映社会生活。小说的产生与日益纷繁的社会生活密切相关，它多方面揭示人物性格，通过描写环境、人物和事情的叙述，展示出复杂的社会生活，曲折的故事情节，更能表现人的深刻思想。在西方，在文艺复兴时期出现小说的文学形式，也正是适应了社会生活的需要。

薄伽丘和彼得拉克同处一个时代，他在那不勒斯和佛罗伦萨等多个城市生活过，在这些富庶而世俗的城市里，教会俨然成为握有大量土地和财富的封建贵族，而且还贪得无厌，千方百计地巧取豪夺。同时，商业和手工业的繁荣，使这些城市的财富滚滚而来，伴随财富而来的是弥漫其中的追求物质享受和恣意欢娱的诱惑。薄伽丘作为一个商人之子，是难以进入主流社会的，他既不是贵胄，也不是贫民。一方面，他能够感受来自主流文化的强势信号，商业发达带给城市的奢华，薄伽丘曾经出入过宫廷，目睹贵族的气派和排场。他了解基督教教会的腐败现象，对此鄙视痛恨。他又能从社会角落里接受到那些微弱信号，随着家道中落，更体会到平民百姓的酸甜苦辣。正是这种接触广泛、阅人无数的独特视野，才历练出他刻画人物和描写社会入木三分的本领。同很多作家一样，爱情是创作灵感的"发动机"，一段无果之爱使薄伽丘的创作欲望喷薄而出，他一生创作了七部小说和三首长诗，完全是用意大利俗语写成。由于并非衣食无虞，为生活和为艺术同样是薄伽丘创作的动力，他终其一生都在辛苦工作。

1336—1346年是薄伽丘早期文学创作阶段，其作品很多，他的写作风格没有他的前辈但丁和彼得拉克深邃的思想哲理性，也没有因宗教信仰引发的内心矛盾，这些作品主要是以爱情为主，有明显的自传性，是薄伽丘青年时期多情风流生活的写照。

薄伽丘的早期作品其内容以爱情为主。其中第一部小说《菲洛可洛》大概写于1336—1338年，是散文体长篇小说，小说梗概是一位基督教徒，在朝圣路上，被西班牙一个小王国的人杀害，他的妻子成为他们的俘虏，不久生下遗腹女白花。白花与王子长大后产生纯真的爱情，可是这对仇人之间的爱被极力阻止而被强行分开，王子无奈化名"菲洛可洛"，到天涯海角去寻找白花，最后这对恋人经过了无数磨难最终被美神维纳斯相助，有情人终成眷属，王子也皈依基督教，不久王子继位，这个小国也随之成为基督教王国。小说取材于民间传说，虽然有故事情节，但原来的版本语言粗俗，情节单调。经过薄伽丘神来之笔将故事演绎成为一段凄美感人的爱情传奇。他在创作中强化了语言的优美和声韵的和谐，对于人物的内心刻画也非常准确，细节真实动人，尤其是年轻人在美丽的花园中讨论爱情的场面，使读者似乎走进了《十日谈》十位妙龄男女所在的乡村幽静的场景中。

1340年前后，薄伽丘用意大利语创作了《爱情十三问》（原名《辨异书》），讲述几个贵族青年航海途中，被风暴吹到一座古城，在羁留的数日里，遇到该城的几名贵族男女，他们在一起选出菲娅美达做女王，每天轮流提出有关爱情的疑难问题，请她做答。在众人的辩论中，菲娅美达的见解精辟生动。本书的篇幅不长，与《十日谈》采用了同样的结构框架，使人很容易看到八年后作者创作《十日谈》思想和艺术的发展脉络。

1336年在那不勒斯期间，薄伽丘爱上了美丽的玛利亚，玛利亚开始被薄伽丘的彬彬有礼和潇洒外貌所吸引，彼此相爱，但这一见钟情的爱并未长久，玛利亚很快又投入其他男士的怀抱，将这段情缘彻底斩断。薄伽丘在痛苦和绝望中写了不少诗歌小说来倾诉情感。在这部书中，27岁的作者借书中人表达了对他的恋人的爱慕之情，如在第七问中有这样的诗：

> 在三重的高天上，是那亲切神圣的女王，
>
> 我对她爱慕无比，她迷住了我的目光。
>
> 我若是凡胎肉体，必会为她死去。
>
> 我在枝叶间穿梭，享受我的快乐，
>
> 看她的秀发正翻卷着层层金波。
>
> 我将自己点燃，这样我便能用这
>
> 火焰显示我这些神镖的力量，
>
> 让每个被射中的人，都用赞美的目光
>
> 凝望她那双眼睛，忘却时间的流淌。
>
> 倘若会使她快活，我便要在那里降落，
>
> 因为这女王的美名，已在我的王国远播。①

《爱情十三问》尤其将女人对爱情的渴望、困惑和追求刻画得淋漓尽致，鼓励女人积极表达出心中的爱，让爱的花朵绽放而不要让它在心里就枯萎。该书从各个角度对爱情进行了深刻的心理分析和道德评判，显露出人文主义思想的萌芽。

1343—1344年的散文体小说《菲娅美达小姐的悲歌》，是作者另一部由自己的爱情经历引发的作品。《菲娅美达小姐的悲歌》被认为是欧洲第一部内心独白式的心理小说，故事的结构与薄伽丘的真实经历相去甚远，他转化角色，描绘了一个女人被男人抛弃的悲剧。小说的女主人公叫菲娅美达，这是个象征性的名字，它的意思为"爱情的火焰"，小说以第一人称来讲述自己的爱情故事。居住在那不勒斯的菲亚美达原本过着安分守己的日子，邂逅并爱上了来自佛罗伦萨城的英俊青年潘菲洛，她无法克制自己的爱恋，尽管无数道德和传统的羁绊阻止着她，但菲亚美达终被爱情的火焰驱使，成为潘菲洛的情人。但事与愿违，这个花花公子不久回到家乡，并且杳无音信，菲亚美达无意中得知潘菲洛又与另一女子相爱即将成婚，她肝肠寸断，痛不欲生，她在绝望中还想去佛罗伦萨寻找她的情人，在征得

---

① 薄伽丘著，肖津译：《爱情十三问　爱的摧残》，中国社会科学出版社2003年版，第78页。

丈夫应允准备出发之前，忽然又听说潘菲洛回到那不勒斯，她心中稍许安慰，但很快就得知并非她的情人，而是同名的另一个人。经过几番情感煎熬，菲亚美达早已身心交瘁，但这个痴情女子依然向往着佛罗伦萨，渴望着有一天能够有奇迹出现。故事结尾时，菲亚美达仍沉浸在悲伤与期望之中。

薄伽丘以成熟和细腻的笔调，使菲娅美达以其敢爱敢恨的鲜明个性成为意大利文学史上的又一位女性形象。尽管薄伽丘刚刚经历了一场爱情悲剧，但他以理智战胜了情绪，站在客观的角度上，洞察菲亚美达内心剧烈起伏的情感波澜，对菲亚美达寄予无限的同情和关爱。此时的薄伽丘已经摆脱了写作以自我为中心、平铺直叙的阶段。当然，《菲亚美达小姐的悲歌》也存在语言过于华丽，心理分析过于重复累赘等欠缺，但它仍不失为薄伽丘小说创作的一枚硕果。此外，从薄伽丘早期作品中，可以看出作者着重描绘的不是一般性故事情节，而是怀着深厚的情感来创作人物，尤其是用高于生活的笔触塑造充满个性和敢于追寻爱情的艺术形象，如菲亚美达，尽管这是一个婚外情的故事，但字里行间都透露出女主人公对爱情的渴望，对恋人的一往情深，让人心动的是婚外情竟是如此的情有可原、有血有肉。

1346 年，薄伽丘完成了田园叙事诗《菲耶索莱仙女的故事》，这是他另一部早期佳作。以八行诗体写成，全诗共七歌。诗歌取材于一个古老的民间传说，月亮女神素以禁欲著称于世，一位年轻的牧民大胆地爱上了一个她的随从仙女，在禁欲的束缚下，随从仙女不敢接受这份爱，几番周折，在爱神维纳斯的帮助下，他们终于如愿以偿，月亮女神得知后大怒，将他们俩变成了小河，这涓涓小河美丽而哀婉。此事被希腊神话中的一巨神得知并深受感动，他彻底废除了月亮女神的禁欲戒律，将那些仙女们遣散人间，他们在人间重新建立起自己的家园并永久生活着，这个地方就是佛罗伦萨城。薄伽丘在这部作品里除了歌颂真诚的爱情外，还讴歌了人间的淳朴的人伦情感，接近自然的田园恬静，其语言优美，有维吉尔之风格。这是薄伽丘主动从民间文学中汲取营养和日益脱离个人视野局限的过程，他逐渐走上了创作巅峰。随着这些作品的不断完成,薄伽丘为整个欧洲文坛的小说体裁奠定了首创基石,小说作为最能刻画人物和叙述情节的文学体裁在欧洲大为风行,成为日益精彩的文学皇冠。

在14世纪的意大利,无论是封建政治制度还是在思想意识形态里占统治地位的教会,对于薄伽丘笔下的类似于菲亚美达这样的人物一直是被排斥和抨击的对象,禁欲主义更是难以僭越的戒律。虽然个人的情感经历对薄伽丘影响很深,但逐渐成熟的他对整个社会已经有越来越清晰的认识,他在文学领域不仅以洞察女性的情感世界之细微而著称,他还敢于大胆的对于男女肉体之爱加以展示和肯定,充分显示出其不畏权势的勇气和魄力。

1348年一场可怕的鼠疫遍及欧洲许多国家,佛罗伦萨一时间成为死亡与恐惧之谷,劫后余生的人们对生活的感受有了更深刻的反思,同样,这场特殊的灾难赋予薄伽丘创作的思想灵感,三年后,小说《十日谈》问世。

二

"人曲"——《十日谈》

> 满纸荒唐言,一把辛酸泪,
> 都云作者痴,谁解其中味?

《红楼梦》的作者曹雪芹堪与《十日谈》作者薄伽丘相比,他们两人的作品和命运确多有相似之处,作品屡屡查禁,背负罪名。薄伽丘完成《十日谈》后,随即就受到迫害和打击,时常被教会派来的人咒骂和威胁,他也曾怀疑《十日谈》的价值,满腹"辛酸泪",难解"其中味",愤怒之至,甚至想把《十日谈》和所有作品烧毁。幸好他的好友彼特拉克苦心相劝,这部名著才幸免于难。薄伽丘逝世不久,他的坟墓就被教会掘开,墓碑被推倒,《十日谈》多次被列为禁书。1497年,天主教会将很多珍贵的版本烧毁,1573年,罗马教皇钦定了删节后的《十日谈》,而删掉部分都是揭露教会丑陋行为的内容。今天我们仍然无法找到薄伽丘的亲笔手本,但现存有三本从 15 世纪流传下来的抄本。①

《十日谈》这部小说的背景取材于欧洲那场突如其来的鼠疫灾难。主人公是十位幸免于难的青年男女,他们在一个教堂偶然邂逅,为了躲避灾难,一起逃到了乡村。在绿草如茵的花园和歌舞欢宴的愉悦中,他们暂时忘却了死亡的阴影,讲故事成为消遣的主要内容。在这十几天里,他们十个人共讲了整整一百个或悲或喜、或俗或雅的故事。

《十日谈》的结构非常鲜明,用一个讲故事的框架,将有内在关联的故事归类在一个单元(即一天),这些故事的来源并非如作者所说都是"真人真事",其中包括了佛罗伦萨的真实事件、市井传言,法国和意大利的民间故事和传说等等,甚至来自于东方。在十天中将若干个小主题串在一起,这些看似轻松、娓娓道来的故事,为世人勾画出一幅描绘意大利城市市民生活的精彩绝伦的"清明上河图"。

这十天的主题分别是:

第一天:人类的罪行,尤其是上流社会人们的罪行;

第二天:无论何人,无论男女都被命运的力量所支配和主宰;

第三天:人类的意志和努力可以战胜命运,而其中爱情起到了重要的作用;

第四天:不幸的爱情给人们带来的各种痛苦;

第五天:经过波折考验最终获得美满结局的爱情;

第六天:智慧在人生中的重要性,它能够使人摆脱尴尬局面而渡过难关;

第七天:男人和女人之间互相捉弄引发的各种聪明或愚蠢的事例;

第八天:同上;

第九天:无主题;

第十天:宣扬人类应有的德行,即宽容和忍耐等等。

注释

① The first edition was not printed until 1470 in Venice, and since then numerous editions have appeared, but there is as yet no critical edition. Of the modern editions P. Fanfani's is convenient (2 vols., reprinted Florence, 1890). An excellent school edition of selected novelle with notes is that of R. Fornaciari (Florence, 1890).

《十日谈》这些故事的主人公各不相同，有高贵的公主国王，有卑贱的马夫仆人，有情窦初开的人，也有情场老手，有痴情女郎，也有放荡公子，有的美貌若仙，也有的丑陋猥琐，各式人物可谓是"你方唱罢我登场"，演绎出一幕幕人间悲喜情景剧。

赞美爱情、重视尘世的欢娱是《十日谈》最突出的特点。薄伽丘本人曾经为爱所困扰和痛苦，他在书的开篇中就写道：从青春时代直到目前，我心里异乎寻常地燃烧着一种极其高洁的情爱；这种爱情已经超越了个人的情感，他深感在现实生活中，人们很难大胆去追求自己的爱情和幸福，无数人在教会的禁欲主义压抑下倍受煎熬。尤其是女人，正像他在序言里

《十日谈》插图

说的，"女人们因为胆怯、害羞，只好把爱情的火焰埋藏在自己柔弱的心房里，这一股力量比公开的爱情还要猛烈得多，凡有切身体验的人，对此都一清二楚。此外，她们又得听从父母、兄长、丈夫的意志，顺从他们的心，受他们的管教。"①薄伽丘无比同情这些无辜女性，这部书的目的是写给她们看，她们最喜欢看什么呢？当然是爱情的悲欢离合，爱情在古代希腊罗马时期就是文学的主题，经过近千年之后，却成为同一片土地上打开人们心扉的启蒙之作。从淳朴的爱情到被扭曲的人性，从愚昧到醒悟，类似的情景常常在世界的各个角落轮番上演着。

薄伽丘笔下的爱情故事千姿百态，各具特色。第五天的第二个故事里，美丽的戈丝坦扎爱上了英俊但穷苦的马尔图乔·戈米托，小伙子因穷苦而自惭，为了赢得姑娘的爱，他当起了海盗，虽然有了钱，却一时不慎被抓住打入了突尼斯的大牢。姑娘闻听哭个不停，在一个夜晚，她悄悄地找到一条小船向大海划去，风浪将她送到了她的情

① 薄伽丘著，钱鸿嘉译：《十日谈》，译林出版社1993年版，第2页。

人所在的突尼斯，在好心人的帮助下，姑娘在突尼斯默默地住了下来。在牢里的小伙子，利用一次机会，为突尼斯国王立下战功，得到了国王器重在王宫任职，身价倍增。姑娘得知他的心上人还活着，便想尽办法见到了他，两个人见面后喜极而泣，互述衷情。国王知道他们的爱情后也为其感动，特准许他们回到自己的国家，并为两人都备了重礼相送，这一对恋人旋而回到自己的家乡结为连理，恩爱一生。

有的故事以跨越年龄、身份和门第的障碍，去争取自己的爱情为主题。《十日谈》的故事常常是经过各种波折，不管最终是圆满结局还是以悲剧告终，都能够震撼人心。第四天第一个故事，亲王在女儿吉斯梦达的丈夫不幸死后，一直想为女儿再找个体面的丈夫，可他却偶然发现他高贵的女儿和宫廷里出身低微的侍臣相爱并悄悄约会，亲王怒不可遏，杀死了这个年轻的侍臣，并痛心疾首地教训女儿，不该找这样出身下贱的男人。吉斯梦达面无畏惧，向父亲吐露心扉：

> "……你该知道，你养的女儿也是血肉之躯，而非铁石。……所以，我情不自禁，私下爱上了一个男人。我做出这事来，虽说是由于自然的冲动，可我也想方设法，免得让你我蒙受羞辱呀。……我找到圭斯卡尔多，并非像很多女人那样，随便找一个就行，而是经过深思熟虑，才在许多男人中挑选了他，谨慎地把他引向我的怀里，我们俩海誓山盟，矢志不移，的确也享受了不少乐趣。除了风流罪过之外，你刚才还指责我，说我不该找一个出身卑微的男人发生关系，好像我只有找一个公子王孙做情夫，你才不会生气，这完全是没有道理的世俗之见。在这件事情上，你应该发现，这不是我的错，而是命运不公，它常常把无能之辈提到显赫的高位，却把英才埋没在底层。"[1]

吉斯梦达几近放肆之言，表达了在种种精神压抑下，女人为自己争取的追求爱情的自由和权利。不仅男女均应平等，而且即便女人结过婚，但在失去丈夫这样的特殊情况下，无论什么门第、年纪和容貌，她仍然应按

注释

[1] 薄伽丘：《十日谈》，译林出版社 1993 年版，第 289 页。

照自己的意愿再去大胆地追求异性，而且不必顾及其他。这一大段辩词已成文艺复兴文学中的经典独白。

与皆大欢喜的爱情结局相比，那些被破坏、被摧残以至于无法实现的爱情悲剧，作者倾注了更多情感和剖析。第四天的十个故事每个都催人泪下。这些爱情悲剧的主角几乎都为女性，她们以自己的生命和血泪证明自己纯洁的爱情，然而她们却被误解、陷害和因伤心而亡。破坏恋情的是愚昧家长的干涉、虚伪淫荡的神父、传统礼教的束缚和官吏的以权谋私。薄伽丘想用悲喜交加的故事证明爱是人类的天性，爱是快乐的，人性是美好的，而《十日谈》在看似轻松的背后，却揭示了社会主流思想中禁止人的欲望，封杀纯真爱情所造成的无数人为悲剧，这悲剧在生活中上演就是社会的丑陋和弊病，薄伽丘并没有在书中袒露自己真实的悲哀与愤怒，在嬉笑怒骂背后的是振臂呐喊：谁是扼杀美好爱情、制造人间悲剧的凶手？

最酣畅淋漓、令人叫绝的是《十日谈》中揭露教会"丑陋"行为的精彩故事，约有25则以上，这里所说的"丑陋"是针对中世纪意大利天主教教会的行为规范而言，薄伽丘因直言而触怒宗教权威，但这也是他超前思想的缘故。

禁欲主义由来已久，当基督教在西欧日益发展并一统天下后，禁欲主义从理论到实践同时在欧洲实行。在性即罪的观念下，教会对神职人员以及普通信徒都分别制定了一系列具体的行为规定，它严格地制约人们生理、心理、婚姻、家庭和社交等诸多方面的行为，一切与肉体快乐相关的行为都被视为"有罪"，世俗社会也被禁欲主义所辖治。禁欲主义的影响正如罗素指出的："他的思想的阴影，就像是一种沉重的物质力量，笼罩在西欧人心头1000年。"①从14世纪甚至更早些开始，随着意大利手工业和商业的迅速发展，经济上的富庶、城市的日渐繁荣，教会的经济实力骤增，也成为封建经济的组成部分。神职人员享受的物质生活丝毫不逊于世俗的水平。与此同时，意大利教会内部不断传出关于修道院和教堂里的各种丑闻，教

注
释
① 刘达临：《世界古代性文化》，上海三联书店1998年版，第348页。

士被要求独身，但教民们不同意，因为那些独身的神父常常会通过多种途径来满足自己的欲望，教民们害怕自己的妻女被独身教士所勾引而不安全。一些有权利的主教在修道院里偷偷藏妻纳妾。修道院的修女们本身成分复杂，有些修女出身富家，凡心未泯，与外界有染的状况日益增多。

《十日谈》中有20多个故事矛头直指教会的丑闻恶行。首篇故事就颇具奇效：一个叫夏泼莱托的人，是个品行恶劣的邪恶之徒，一生坏事做绝，然而就因为临死前一次完全编造的假忏悔，就被修士、院长确信无疑，愚蠢地认为他是一位圣洁的正人君子，大加称颂并隆重地葬在教堂中，香火神龛供俸左右，结果这位假圣人竟成为远近人们瞻仰许愿、消灾祈福的"圣夏泼莱托"。读者看到此处，稍加联想，就会对大大小小的教堂里正襟危坐、受人顶礼膜拜的神像发出质疑：这里可还有"圣夏泼莱托"？

第一天的第二个故事是，作者借一个商人来描述他眼中的罗马。从教皇、红衣主教、主教以及其他教廷的人，从上到下无不寡廉鲜耻，犯着贪色的罪恶，甚至不仅是一般的贪色，而且耽溺男风，连一点点顾忌、羞耻之心都没有了，以至于妓女和娈童当道，大事小事全由他们包揽。除此之外，教会神职人员爱钱如命，贪得无厌。任何神圣的东西，都可以作价买卖，连教堂里的职位，祭坛上的神器，教徒奉献的牺牲都可以买卖。交易规模之大，门道之精，绝不是巴黎的许多绸商布贾或者其他行业的商人所能望其项背的。他们借着"委托代理"的美名来盗卖圣职，拿"保养身体"作口实来大吃大喝，仿佛天主也和我们凡人一样，可以用动听的字眼蒙蔽过去，根本不去过问这些字眼的本意，因此他也就跟我们凡人一样，看不透他们的堕落的灵魂和卑劣的居心了。①

《十日谈》由于撕破了基督教教会的假面具，自14世纪出版，即被冠以"淫秽"恶名，几百年间屡屡遭禁，即便出版其译本都多处删改。作者的坟墓也被教会掘挖，墓碑也扔掉，足见教会的深仇大恨。事实上，文艺复兴时期的教会早已不是一块净土，《十日谈》描写的神职人员一桩桩越轨

注释

① 薄伽丘著，钱鸿嘉等译：《十日谈》，译林出版社1993年版，第39页。

丑闻的背后，是整个社会政治经济生活的变化引起的世俗化过程，世俗化的过程反映了社会深层思想观念的转变，即宗教价值观向市民阶层价值观的转变。可以想见，那些僧侣、教士和修女们即便在重重禁欲主义的条框下，仍难以抗拒尘世生活的巨大诱惑，一旦冲破教规限制，其反叛力更甚于世俗之人，从禁欲走向纵欲。揭开宗教的外衣，揭示冷漠肃然背后扭曲的生活和虚伪的精神，正是薄伽丘向以禁欲主义理论为代表的旧世界投掷的一把利刃。

继《十日谈》后，欧洲文坛上又出现类似的作品，虽然成就不如《十日谈》高，但仍属于文艺复兴时期的代表作品，例如，14世纪英国乔叟的《坎特伯雷故事集》、15世纪意大利布拉西奥林尼的《笑话集》，16世纪法国玛格利特·德·纳瓦尔的《七日谈》等等，都或多或少地受了《十日谈》的影响。诚然，禁欲主义的枷锁没有因为文艺复兴而打碎，在16世纪后出现的清教徒，变本加厉地用禁欲主义限制人们的日常生活，直到近代，甚至现代，其幽灵仍在世界很多角落游荡。

《十日谈》之后，薄伽丘还写出了被称为西方第一部女子传记的《西方名女》。尽管该书的名气远不及《十日谈》，但它表现了作者一贯的对女性特有的肯定和赞赏。书中共搜集了66位女子的简单传记，从古代神话的夏娃到意大利西西里岛的女王，各种女性形象跃然纸上，其中还包括了妓女和发明拉丁字母的女性。这部书一经问世，便成为大家闺秀、名门小姐和贵族太太的必读之书，对于后世文学的影响也不可小觑。

第四节　意大利15—16世纪的文学

15世纪中叶到16世纪，是意大利巨人辈出的时代。其中有阿里奥斯托、塔索、浦尔契和班凯洛等诗人作家；有达·芬奇、米开朗基罗、拉斐尔、提善等艺术家；有马基亚维利、布鲁诺、康帕内拉等思想家政治家。我们完全可以开出一串长长的名单，汇聚成群星闪耀的星海，将亚平宁半岛铺衬得熠熠生辉……

14世纪时，佛罗伦萨、威尼斯、那不勒斯、热那亚……意大利的城市文明已经达到了相当高的水准。知识和教育备受重视，受到良好全面教育的市民日益成为社会的主流精英。"他们讲究礼貌，重视言辞，举止娴雅，服装整洁，居住文明舒适，注意教育和体育。他们是欧洲的老师。"[①]

如果说15世纪的前半叶见证了人文主义思想在抽象主义与实用主义两方面的发展，那么，15世纪的后半叶则见证了随着大量故事散文与诗歌文学作品的增加，哲学方面的著作开始出现。这种状况是由多种因素引起的，包括发掘到的古典原文的数量持续增长；王室的更替；各种发明，因此，印刷的作品在普通大众中更容易传播。[②]人文主义思想继续在各个领域里引领在先，在对古典文化研究方面，在佛罗伦萨、米兰、费拉拉等城市中，众多的学者诗人，继续沉浸在发掘、翻译和整理出版的热忱之中，"言必称希腊"这句话应该属于此时的意大利，从宫廷贵族到市民僧侣，无论严谨的哲学政治，还是绘画、雕塑、建筑，到处都弥漫着古典文化的氛围。

一

俗语诗坛群英

1441年，佛罗伦萨举办了一次以"真正的友谊"为命题的俗语诗歌比赛，优胜者可以获得银质桂冠，但丁所提倡的俗语文学进入桂冠诗人的行列。15世纪中叶到16世纪，意大利文坛进入了新的阶段，这里，我们主要介绍其中的代表人物：

路易·浦尔契

浦尔契（Luigi Pulci，1432—1484年），佛罗伦萨诗人。从小喜爱民间文学，收集民间的谐谑语言，与佛罗伦萨的著名诗人洛伦佐·戴依·美

注释

① 雅各布·布克哈特著，何新译：《意大利文艺时期的文化》，商务印书馆1982年版，第381页。
② Paul F.Grendler,*Encyclopedia of the Renaissance*,volume 3,Charles scribner's sons,p.296.

路易·浦尔契

第奇保持了几乎一生的友谊。

浦尔契的代表作是 1460 年完成的滑稽史诗《摩尔干提》（*Morgante*）。起初，他并没有这个写作计划，只是想改写法国 13 世纪流传已久的《罗兰之歌》，结果最终浦尔契将故事情节大胆改造，使整个诗歌充满着新时代的气氛，语言也变成浦尔契式的幽默诙谐。《摩尔干提》为八行诗体，共 28 集，1482 年正式出版。《摩尔干提》的故事梗概依然是法兰克国王查理大帝手下的忠勇骑士罗兰的英雄事迹。但作者在诗中已经不再歌颂骑士的伟大，却从人生角度赞美探索和冒险精神，以及人间美好的爱情。浦尔契在诗中一改中世纪歌颂罗兰的庄重严肃，塑造了很多滑稽风趣的形象和令人发笑的场面，本来肃穆的宗教战争变成冒险家大展身手的乐园，明明是骑士立下的赫赫战功，在这里却成为令人捧腹的玩笑。查理大帝退出舞台的中心，真正的主角却是罗兰的侍从巨人摩尔干提和另一个小人物。浦尔契以轻松诙谐的创作手法描述中世纪的传奇故事，语言是佛罗伦萨市民的用语，诗人将它演化为文学语言，易于平民百姓的接受。《摩尔干提》通篇表达了一种乐观向上的精神，这与文艺复兴时代的思想相吻合，因此《摩尔干提》为这一时期重要的叙事长诗。

马泰奥·马里亚·博亚尔多

博亚尔多（Matteo Maria Boiardo, 1441—1494 年），费拉拉诗人。出身贵族，自幼喜爱文学，曾经在埃斯特宫廷里任职。出于强烈的爱国之心，当1494年法国查理八世举兵进犯意大利时，诗人毅然放下诗歌创作，投身战场，同年逝世。

马泰奥·马里亚·博亚尔多

博亚尔多对古典拉丁语和希腊语有较高的造诣，曾经翻译过希腊罗马的著作，他的诗歌成果颇丰，其中有用"俗语"

写的《帝国史》，剧本《舵》，对后世影响较大的是他的《诗集》和史诗《热恋的奥兰多》。

《诗集》的风格深受古典诗人和彼得拉克诗歌的影响，特点是朴实无华，感情真挚，诗人非常善于利用景物来衬托不同的情绪。以景寓情，正是彼得拉克《诗集》中的特色。

《热恋的奥兰多》是博亚尔多的代表作，该诗也用八行诗体，全诗共三卷，但也是一部未完成之作，诗人从1476年开始创作，写作速度很慢，到1483年第二卷出版开始第三卷的写作，可是恰逢法国进犯意大利，博亚尔多无法再沉浸于个人的诗作，该诗就这样搁置起来，直到诗人去世再也没有将它完成。然而，同其他如《红楼梦》、《坎特伯雷故事集》等伟大的著作一样，未完成之作依然不能减少其文学价值和思想性。这部史诗取材于法兰克查理大帝的宫廷逸事，奥兰多为查理大帝的贴身护卫，在一次赛马盛会上，美丽的东方公主安杰丽嘉因出言不慎引起武士们的相互残杀，公主后悔不迭，仓皇出逃，为了保卫公主的安全，奥兰多和另一个卫士拉那多与公主三个人之间发生许多爱恨转变和被巫术左右的故事，奥兰多表现得既有风度，又不忘本职，是一个食人间烟火，懂世间真情的英雄形象。博亚尔多的成功之处在于他描述的传奇故事已脱离了中世纪骑士的忠诚与精神上的恋爱，完全是真诚的爱情促使英雄的行为，诗人以极大的热情赞颂高尚的骑士与美丽的公主之间世俗的爱情。这种爱的力量在诗里得到足够的渲染。

史诗写到查理大帝欲在战争结束后将公主嫁给他们两人中最英勇的一个，而这个最大的悬念因作者的中断而成为遗憾。但人们念念不忘这位忠诚勇敢的骑士奥兰多，直到16世纪阿里奥斯托续写了英雄史诗《疯狂的奥兰多》，似乎才了结这种"奥兰多情结"。

文艺复兴时期，少数王公贵族也是颇有成就的文学家、诗人，佛罗伦萨的美第奇家族中的洛伦佐·美第奇为其代表。他不仅是这一期间杰出的政治家和文学艺术的护佑者，本人也堪称多才多艺。洛伦佐对于艺术哲学等充满着热情，在许多方面堪称擅长，如柏拉图哲学、园艺、弹奏竖琴，以及农艺等等，他经常与哲学家、艺术家和作家一起讨论古典作品和哲学奥秘。洛伦佐在抒情诗、叙事诗、哲学长诗等方面都有作品问世，如《诗集》、《狂欢节之歌》和《琥珀》等。他的同时代人这样评价："就是在诗歌创作、游戏比赛和体育活动方面他也不想找到对手或被他人模仿，否则他就会迁怒于人。"洛伦佐的性格被认为是文艺复兴时期典型的人物性格：充满生气和热情，不甘示弱、争强好胜，当然还有才华横溢的一面。

《诗集》中收集了洛伦佐为自己心仪的女子所写的爱情诗，共41首，这是模仿但丁的《新生》形式，用散文评注加以连缀起来，属于"温柔的新体"诗派。

彼得罗·本博

《狂欢节之歌》是为狂欢节而作的抒情诗，人们在狂欢节里，抛弃所有束缚，纵情欢愉，洛伦佐也摘掉了往日威严的面孔，尽情地呼吁人们大胆追求人生的幸福快乐，赞颂古希腊神话里酒神和克里特岛国王的女儿之间的爱情，这首诗成为当时脍炙人口的佳篇。

彼得罗·本博

本博（Pietro Bembo，1470—1547年），威尼斯人。他的语言理论著述对意大利语言和16世纪意大利文学的发展起到了重要的作用。本博一生主要从事神职工作，对于古典文化持狂热态度，精通中世纪文化，是后来风行欧洲的"彼得拉克诗派"和意大利文学语言语法的奠基人。他本人著作有《阿索罗人》、《诗集》等，在《诗集》中，他模仿彼得拉克的主题、用词和韵律，虽然他无法真正体现彼得拉克诗体的真谛，但他的模仿在当时却引发了一种时尚，人们纷纷崇敬彼得拉克，不约而同地也开始模仿，这种热情持续了几乎整个16世纪。

1525年，本博出版了《俗语散文》，这是第一部意大利文学语言的语法书，是对意大利文学的重要贡献。本博接续了但丁的《论俗语》的讨论，继续就俗语的一些问题进行广泛和认真的探讨。他在书中明确提出"俗语优胜于拉丁语"的观点，并以辩论的形式将俗语与拉丁语进行深刻的辩论。

但丁、彼得拉克和薄伽丘时代，他们推崇的俗语是佛罗伦萨方言，而本博学习的是托斯卡纳语言，还有一些诗人如前面提到的博亚尔多是用埃米利亚语，浦尔契是用佛罗伦萨语，意大利缺少一种统一的文学语言，究竟怎样达到这一目标，本博的论著揭开了一场旷日持久的讨论。《俗语散文》共有三卷，第一卷讨论意大利俗语的起源，他认为是日尔曼入侵者带来的蛮族语言，使拉丁语演变为俗语，在此期间，佛罗伦萨语言逐渐成为流行语言。第二卷中，本博通过对彼得拉克和薄伽丘作品的语言分析，论述了俗语的文学风格、词汇的选择等规则问题。第三卷篇幅最长，作者用大量的例句，论证意大利语法的重要问题，他认为佛罗伦萨文学语言应当作为意大利文学语言的代表，它应该保持其独立性和特色，并继续完善，才能保持俗语长久不衰的生命力。本博的语言理论顺应了当时意大利对语言规范化的需求，但他注重文学语言，而忽略了日常用语。本博的语言理论影响很大，流传甚广，意大利16世纪的作家们基本都遵循本博的语言规范进行文学创作。

卢道维柯·阿里奥斯托

卢道维柯·阿里奥斯托

阿里奥斯托（Ludovico Ariosto，1474—1533年），意大利文艺复兴杰出诗人之一，以史诗《疯狂的奥兰多》著称于世。阿里奥斯托1474年出生在意大利北部勒佐·埃米利亚的贵族家庭，他的父亲曾担任该城的城堡长官。10岁那年家人迁往费拉拉城，并在父母的安排下学习法律。阿里奥斯托非常喜爱这座文艺复兴时的名城，将费拉拉视做自己的家乡。和很多著名的诗人学者一样，阿里奥斯托从小就显示出不凡的诗才，对法律也同样不感兴趣，但1500年父亲去世，留下五个妹妹四个弟弟需要供养，作为长子的阿里奥斯托只好放弃自己的爱好，在费拉拉城的豪门望族埃斯特家族的宫廷任侍从，以后又几次变动，始终在为他人服务，几十年都在琐碎、紧张地忙碌着，他一直渴望能摆脱这种既不安定又不自由的工作，成为一个自由自在写作的人。事实上，直到1525年，年过半百才在费拉拉购房安顿下来，与自己的家人团聚，有属于自己的天地。

《疯狂的奥兰多》是阿里奥斯托从 1502 年就开始创作的长篇史诗，1516 年时在威尼斯首次出版，当时有 40 首诗，之后，他又根据其他人的建议和意见，重新对长诗进行字斟句酌的修改，这一修改一直持续了 16 年之久，直到他病逝的前一年，即 1532 年才最后定稿，在一位主教的资助下出版。阿里奥斯托从 28 岁动笔，58 岁最后完稿，历时 30 年，终于成就了意大利文艺复兴时期最伟大的诗篇。

《疯狂的奥兰多》共有 4800 多节，3 万多行，共分为 46 首，用八行诗体写成。这部长诗是根据博亚尔多的史诗《热恋的奥兰多》为主题的续篇，博亚尔多并没有完成他的史诗，给后人留的悬念是公主安杰丽嘉被查理大帝许配给战场上最英勇的人为妻，可是结果还没有出现，博亚尔多就放下笔去冲锋陷阵，或许他要亲自去赢得东方公主的芳心了。阿里奥斯托就是以安杰丽嘉在混乱中再次逃离揭开了史诗的序幕，这部史诗一开始就引人入胜：

> 她穿过幽邃可怕的森林，
> 进入人迹罕至的荒野。
> 风在苦栎、榆树、山毛榉树梢上穿行，
> 呼啸作响，
> 带着莫名的恐惧，
> 她沿着阴影斑斑的小路落荒而逃；
> 幽暗的山谷里，
> 随处可见利那尔多的黑影。
> 她宛如出生在丛林里的一头小鹿或小狍，
> 见一头豹的爪子抓住母亲的脖子，
> 正撕裂她的脊背和胸部，
> 她飞速穿越密密的树丛，
> 拼命逃离猛兽的血口，
> 成为豹子口中之物的恐惧，
> 使她吓得浑身哆嗦，
> ……

不远处有一片葱绿的灌木丛，
长满朱红的玫瑰，白色的山楂，
她走至平静如镜的溪水边，
在参天蔽日的栎树底下，
浓荫密布的林中空地，
席地而坐。
那层层叠叠的树叶，
挡住了每一缕灼热的阳光。
茸茸的芳草，
是来客歇息的小床，
美人儿躺在松软的草地上，
渐渐进入甜蜜的梦乡。①

此时，年轻的骑士奥兰多却心急如焚，他不仅是奉命保护公主，更深深地爱着公主，他发现公主逃走后，不顾一切地去追赶寻找，历尽千辛万苦，其中他发现公主和另一位骑士相爱，伤痛欲绝的他终于精神崩溃，从一个翩翩骑士变得粗犷疯狂，甚至赤身裸体，在西班牙、法兰西和阿非利加做出很多疯狂举动，而后，基督教骑士阿斯托弗乘飞马上"伊甸园"，又在圣约翰的引导下，飞上了月球，据说人们在月球上可以找回在人间丢失的一切。他终于找到了奥兰多失去的理智，带回给本人。恢复理智的奥兰多，重新回到战场上勇猛杀敌，成为查理大帝麾下的英雄。在《疯狂的奥兰多》纷繁的头绪中，作者用生动的语言和离奇的情节，讲述了一系列神奇惊险的故事，刻画出一个多情的奥兰多，他不是只眷恋战场上英勇杀敌，为了热恋的女人可以不顾一切地追寻，失恋的奥兰多已经顾不得骑士身份，顾不得宗教信仰，甚至失去了理智而疯狂，这种疯狂追求爱情的故事在中世纪骑士文学中不可能出现，也不允许出现，作者完全抛弃了中世纪骑士文学的模式。阿里奥斯拖笔下的奥兰多，是穿着中世纪骑士的盔甲，装着一副文艺复兴时代的灵魂，上演着一幕时尚疯狂爱情悲喜剧的主角。同时，

注释

① 张世华：《意大利文学史》，上海外语教育出版社2003年版，第180页。

阿里奥斯托还着意描写了其他男女爱情的故事，也同样倾注了诗人真挚的情感与期冀，最后有情人终成眷属就是其印证。

《疯狂的奥兰多》热情歌颂现实世界的美好和爱情的珍贵，极力推崇人的探索和冒险精神。阿里奥斯托的思想观念正是意大利文艺复兴时期最具典型的精神风貌。

阿里奥斯托的语言精美华丽又匠心独具，内容繁多而不紊乱，结构上围绕主线扩展的外延，虽有成百的人物，但层次分明、穿插清晰，显示出作者深厚的文学底蕴和力求完美的创作态度。《疯狂的奥兰多》一经问世，就在意大利社会中引起很大反响和赞扬。一再重印，成为雅俗共赏的文学精品。

托尔夸托·塔索

托尔夸托·塔索（Torquato Tasso，1544—1595年），出生在意大利南方小镇苏连托的一个诗人家庭，父亲贝纳尔多·塔索（1492—1569），是继《疯狂的奥兰多》后在意大利掀起的史诗热潮中涌现出来比较优秀的诗人之一，其代表作史诗《阿玛迪季》在16世纪史诗创作中占有一席之地。

托尔夸托·塔索

塔索从幼年时就对文学和哲学深感兴趣，1557年，父亲进入乌尔比诺城堡做宫廷侍从，少年塔索初次领略了高雅的宫廷文化，此后，又随父亲来到威尼斯，1560年进入帕多瓦大学就读法律，后来改为哲学和文学。在此期间，塔索开始了文学创作，18岁时就发表了第一部史诗《里纳尔多》和一些爱情诗，人们开始关注这个才华出众的年轻人。塔索于1565年来到费拉拉城，为红衣主教和公爵等服务，深受宫廷贵族和文人的喜爱，塔索结交了很多文人雅士为友，彼此切磋诗艺、畅叙衷情，这段美好的日子延续了10年，塔索的诗才得到了激情释放，他一生大约2000

首诗大部分出自于这个阶段。不幸的是，1575年塔索完成代表作不久，因为当时意大利开始"反宗教改革"运动，在"忏悔罪过"的思潮下，塔索的思想与之发生严重冲突，加上在创作中受到一些非议，种种原因使塔索终于精神崩溃，精神失常的塔索开始到处流浪，但在头脑清醒时依然继续他的创作，作品的体裁有诗歌、对话录、书信等。1595年，罗马教皇准备为他加冕为"桂冠诗人"，而塔索没有等到这一天的到来，诗人于4月25日抱病离世。

塔索的代表作是史诗《被解放的耶路撒冷》，它取材于第一次十字军东征，十字军在最高统帅戈弗雷多的率领下，攻占耶路撒冷的英雄事迹。战争的场面固然惊心动魄，不乏壮丽气概，但作者着意刻画的十字军骑士和穆斯林战士的形象更是生动感人、跃然纸上。尤其是兵戎之间又有几位英姿飒爽的女将，仇恨与爱情交织，危险与激情同在，为爱情所承受痛苦，为追寻梦中幸福而叹息。这不仅给肃杀的战场上增添了一抹靓色，更体现出作者所具有的超前浪漫主义文学理念。

塔索刻画的人物性格极为鲜明，英勇的骑士唐克雷蒂面对女"敌人"克罗琳达，却钢铁化作绕指柔，暴烈的里纳尔多骁勇善战，却无力抵挡女巫的诱惑，他为此而悔恨不已。而美貌的女巫阿尔米则极尽迷惑挑唆之能事，使军中混乱，相互猜忌，一个个情感丰富、性格迥异的人物鲜活地站在读者眼前，他们早已成为意大利和欧洲其他国家熟悉和喜爱的人物，塔索的诗句也成为脍炙人口的精华。特别是塔索所处的时期正是意大利"反宗教改革"阶段，他虽然持人文主义观点，但表面上还为"反宗教改革"的天主教正统思想，他的矛盾心理在其作品中时有表现。塔索还有一些杰作，如田园抒情诗剧《阿明达》，写于1537年，是一部优美的寓言故事，充分体现了作者对美好生活的憧憬。诗剧语言经典，画面动人，体现了作者追求精神和肉体快乐的精神状态。田园抒情诗剧是文艺复兴后期兴起的新的文学形式，可以说是歌剧的前身，它迎合了一种宫廷文化生活的需求，很快就获得了意大利上流社会的青睐。

短篇小说新秀

自薄伽丘《十日谈》开创了短篇小说这种新文学形式之后，意大利先后涌现出一大批优秀的短篇小说家，他们虽然没有像薄伽丘那样备受瞩目，但这些作品洋溢着人文主义思想，反映出15到16世纪意大利的世俗社会。

弗朗科·萨凯蒂（Franco Sacchetti，1332—1400年）

钱钟书先生谈到意大利文艺复兴时期的短篇小说时，说过："在读过的薄伽丘的继起者里，我最喜欢萨凯蒂，其次就是班戴洛。"①可见大师对萨凯蒂的欣赏。萨凯蒂出生于佛罗伦萨一个商人家庭，自幼就喜爱文学和音乐，一生做过商人、政府职员等，多次受命出访各地，有丰富的阅历。他的文学创作始于1350年左右，开始侧重于诗歌，有《萨凯蒂诗集》，后转为短篇小说，因短篇小说而成名。

萨凯蒂受到彼得拉克和薄伽丘的影响，其小说更源自于薄伽丘。1385年，他开始构思创作《故事三百篇》，这也是萨凯蒂最重要的作品。这部作品流传下来只有223篇，有些还是残缺的片段。《故事三百篇》的框架与《十日谈》有所不同，各自独立成篇，每篇都比较短小，有的甚至是超短，还不足千字。该书内容来自日常生活或者民间传说，都是作者耳闻目睹或亲身经历的一些趣事与奇遇。故事的主人公都是普通的市民，他们从事着各种工作，虽然出身卑微，但聪明善良且性格各异，衍生出一个个鲜活幽默、爱恨分明的故事。作者在每个故事后做个点评，判断是非，教诲人生。在《花匠代替修道院长》一篇中，米兰国君给修道院长提了四个难题，修道院长无奈之下只好求助于他的下人——一个聪明的磨坊工人，结果他乔装成修道院长，机智地回答了四个问题，令国君心生疑窦，当他明白其中原委后，沉吟片刻说道："好吧，既然你如此出色地装扮了修道院

① 钱钟书：《七缀集》，香港天地图书有限公司1990年版，第179页。

长，你比他显得更有才干，那么，看在天主的分上，从今天起，我就任命你当修道院长，让他到磨坊去当工人；修道院的全部收入归你所有，磨坊的好处都给他。"①随后，还有一个相似的故事，一次，教皇为了惩罚一个犯了过失的修道院长，也出了四个同样的难题，还加上一道：什么是最大的幸运？

修道院长无可奈何之际，将院里所有的人召集起来，请大家出主意，最后，一名花匠勇敢站出来，同样装扮成修道院长去晋见教皇，同样很聪明地回答了所有的问题，他回答最后一道题时，干脆就说最大的幸运就是一个花匠当上了修道院长。结果，教皇果然让他当上了修道院长。反之，修道院长当上了磨坊工人或者花匠。作者将智慧和幸运的天平向普通百姓倾斜，而修道院长则是愚笨和倒霉的代名词。

萨凯蒂还是用诙谐幽默的语调来讲述但丁、乔托等那个时代的杰出代表，其中，《乔托的玩笑》讲述了这个大画家不情愿接受一个粗俗的人要求在一个大盾牌上绘画的订单，还在这个盾牌上用画嘲讽了这个人，这个人恼羞成怒，将乔托告到法官那里，听罢双方的辩词，法官认为乔托的话有道理，订画人不仅要取走画，还要为此付费，这样才算无罪。故事中的画家不仅绘画出类拔萃，还有一副能言善辩的好口才。在《但丁与铁匠、骑士》的故事中，一个骑士是但丁家的邻居，不知为何触犯了刑律，他请求但丁去法官那里替他求情，但丁在去法官那里的路上遇见一位铁匠，铁匠边干活边随意吟唱着但丁的诗歌，并且唱得颠三倒四，很不像样。但丁听了感到是对自己莫大的羞辱，便将铁匠的工具随意拿起丢到路边，两人因此而发生争执，铁匠虽然没有但丁那样犀利的言辞，但从此再也不唱但丁的诗歌了。但丁对此颇有感触。到了法官那里，但丁不仅没有为这个骑士求情，反而又给他加上一条妨碍公共秩序的罪名，因为那个骑士每每在大街上骑马时，叉开的双脚鞋尖朝外，路人为躲避都要给他让路。结果法官听从了但丁的意见，给骑士加倍的处罚。故这个骑士非常憎恨但丁，就连

① 萨凯蒂等著，吕同六等译：《意大利文艺复兴时期短篇小说》，花城出版社 2005 年版，第 18 页。

他的家族也不能原谅他。最后作者认为，就是因为这件事情，不久但丁被遣逐出佛罗伦萨，客死他乡，这件事成为这个城市的羞辱。

不论乔托和但丁的故事有多少真实的成分，至少我们能感受到文艺复兴时代，大画家和大诗人在平凡中生活中显露出来的睿智与正义，这也是同时代人对他们自身成就以外状况的难得的记载。

马苏乔·萨莱尔尼塔诺

马苏乔（Tommaso Guardati，约1415—1474年），他的真名叫托玛索·瓜尔达蒂。马苏乔的生平比较模糊，能够确定的是他曾经担任过萨莱尔尼塔诺城邦大公罗贝尔托的秘书。当时，这位罗贝尔托大公是人文主义学者作家的积极支持和庇护者，他的宫廷也吸引了一批这样的学者和文学家，成为意大利南方传播人文主义的文化中心。马苏乔虽然从事文学创作，但其作品直到他死后才发表。1475年，由马苏乔朋友整理的《短篇小说集》问世。

马苏乔的《短篇小说集》共有50篇，作者以薄伽丘的《十日谈》为楷模，效仿他优美的语言和风格。小说集分为五个部分来展开话题，包括揭露僧侣们的丑陋行为，嘲讽妒忌者，批评女士的缺点，叙述悲伤或欢乐的事情以及歌颂君主的开明豪爽。马苏乔的文风很有点薄伽丘《十日谈》的风格，情节富有戏剧性，语言生动形象。例如在《阿城情殇》中，围绕着一个青年追求一个已婚妇人发生的一连串故事，主人公阿隆索为自己的愚蠢行为付出了金钱和信誉的代价，而为了金钱而出卖自己的妇人也得到了丢掉性命的惩罚。那位丈夫对悔恨不已的阿隆索说："我的孩子，收起你那悲伤的眼神，还有这些错误花掉的钱。记住，从此往后，如此昂贵的货再也不要买了。"[①]在这个故事里，作者嘲讽了轻率对待爱情的青年人，也告诫人们要为自己的所作所为负责，否则很容易酿成无法挽回的悲剧。

尼科洛·马基雅维利

马基雅维利（Niccolo Machiavell，1469—1527年）无疑是位典型的

注
释

① 萨凯蒂等著，吕同六等译：《意大利文艺复兴时期短篇小说》，花城出版社2005年版，第96页。

文艺复兴全才式人物，他知识渊博，在政治学、历史学和军事学方面有相当丰富的研究成果，《君主论》和《论李维乌斯罗马试的前十卷》是其代表作。同时，他对于戏剧、诗歌、小说也有着极大的兴趣。

大约在1518年，马基雅维利创作出《贝尔法哥》。小说讲述了魔鬼长贝尔法哥受地狱中冥王的派遣，携带重金来人间欲迎娶一位妻子，以考察人间女子的品德如何。贝尔法哥在人间娶到了一位美丽而高贵的妻子，但她却骄奢傲慢、颐指气使，而且语言粗俗，金钱至上，美丽容颜的背后是一颗丑恶的灵魂。贝尔法哥因此将所有金钱花光还负债累累，忍无可忍的情况下只能仓皇出逃。在危难之际，他被一位乡民救起，他又与这位乡民为了金钱而发生一连串的故事。人世间因为金钱而不顾其他的现实使贝尔法哥倍感烦恼和厌恶，他最终回到地狱中而不愿在人间。这部小说以魔鬼为主角的题材很新颖，构思也很独特奇妙，魔鬼既是参与者，又是评价现实生活的看官，他眼中的人间没有虚伪和矫饰，凸显出被金钱和物欲扭曲和毁灭的人际关系现状。小说蕴涵着作者对现实社会深刻的认识和见解，剖析了是金钱使人与人之间的爱情和友情都化为乌有。因此，该作品成为这一时期短篇小说中的上乘之作。

拉斯卡

拉斯卡的原名叫安东·佛朗齐斯科·格拉齐尼（Anton Francesco Grazzini，1503—1584年），也是同样来自于佛罗伦萨的作家，并且有与这个城市氛围相融的鲜明个性与独特气质。从拉斯卡的人生轨迹看，他原本是位药剂师，但不知为何被排斥在药剂行会之外，结果反而使拉斯卡没有什么约束，可以完全按照自己的意愿来做事，的确，他做的主要事情都与药剂毫不搭界。1540年，他参与创立"水珠学院"（后更名为佛罗伦萨学院），他在这个学院里为自己取了一个别号，即拉斯卡，这是一种爱吃浮游生物、清洁水面的软口鱼。取名的意义在于表明要为社会清除丑陋恶行的志向。1582年，他还参与筹建了著名的克鲁斯卡学院，克鲁斯卡的意思是"秕糠"，取这个名称表示学院的使命就是要像筛去面粉中的秕糠一样，清除语言中的杂质，以保持意大利本民族语言的纯洁和规范性。事实上，拉斯卡并不熟悉古希腊语，只粗通拉丁语，但他特别热衷于意大利佛罗伦萨地区的民间和口头语言，他花费了很多精力来搜集整理来自于本地的典故、讽刺和幽默，作为一名文学家，这在当时是很少见的。

从拉斯卡的作品看，其范围较广，包括诗歌、戏剧和小说。他的小说集题为《晚餐》，是令作者声名远扬的佳作。《晚餐》依然是沿袭了薄伽丘《十日谈》的主要框架和形式，讲述10个青年男女在佛罗伦萨一个贵夫人的宅邸中，利用晚餐后的时间来讲故事，可惜的是这部著作尚未完成，只完成了22篇。这些故事内容主要是讲述普通人的生活趣事、滑稽可笑的奇闻，以及揭露教会的愚蠢，讽刺旧习俗的落后等等……《晚餐》是一幅浓墨重彩的市井风俗画。

马泰奥·班戴洛

马泰奥·班戴洛（Matteo Bandello，1485—1561年）出生于伦巴底的贵族家庭，在帕多瓦大学学习过哲学、历史和古希腊语言文学。后出家成为多米尼克派僧侣。他先后在曼图亚的宫廷、威尼斯共和国和宗教领域任多个职务，丰富的阅历使他广泛接触社会各个阶层，感受世态炎凉，这对一个作家而言是难得的经历。

马泰奥·班戴洛

班戴洛在16世纪意大利小说领域成就斐然，他从事过多种形式的文学创作，最钟情于小说。他毕生写了214部短篇小说，分为四集。前三集于1554年出版，后一集在他逝世后的1573年才得以问世。班戴洛很推崇薄伽丘，曾经将《十日谈》中的一些故事翻译成拉丁语。但他在小说中并没有受到薄伽丘风格的束缚，班戴洛十分注重小说内容，尤其是注重描写人物感情和曲折情节，他的作品为现代小说勾勒出雏形。

班戴洛的代表作是小说《罗密欧与朱丽叶》，作者讲述了一个哀婉动人的爱情故事。罗密欧在经历了一段被拒绝的单相思后，偶遇朱丽叶，遂惊为天人。两人一见钟情，爱情使他们感到无比兴奋又忐忑不安，他们背着家庭偷偷举行婚礼，但又不能公开夫妻关系。当朱丽叶的父亲要逼她嫁给另一个人时，朱丽叶顾不得贵族少女的矜持，袒露心声。为了能摆脱嫁给别人的命运，朱丽叶战胜了难以想象的恐惧，喝下能暂时致死的毒药。最后，当她苏醒后发现罗密欧已经死在面前时，她彻底绝望了。

班戴洛对女主角朱丽叶的描写最为精彩。朱丽叶秀外慧中，对爱情执著追求，超越传统观念，具有刚强的意志与个性。她为了爱情，敢于违背社会规范，最后她用生命换来了两个世代仇家的和解。小说中朱丽叶对罗密欧这样真情告白：

> "啊，我唯一的亲爱的丈夫，你是我一切思想的最甜蜜的源泉；可是这甜蜜又包含了你的多少痛楚！你在最美丽、最快活的青春年华撒手离开了尘世，竟毫不怜惜人人无比珍视的生命。在别人最乐意生活的时候，你却情愿死去。……你以为她死了，被埋葬了，所以你自觉地来到她的墓前，要安息在她的身边。啊，我亲爱的人，你怎么也不曾料到，我的凄酸的热泪竟会洒落到你身上；你也不曾想到，到了另一个世界，你竟然也不能和我重逢。……请相信吧，没有你作为我的伴侣，我绝不会再在人间逗留；失去了你，我的生命便和残酷无情的、永无尽头的死亡毫无二致，它比最可怕的死亡还要可怕。啊，请等一等，亲爱的丈夫，我要跟你走了，我将永远不再和你分离。倘使随你而去是我最大的幸福，那么，还有谁能够促使我告别这充满苦难的悲惨世界呢？没有，绝对没有了。"①

作者试图证明真挚的爱情能够冲破一切阻碍的束缚，这是文艺复兴时期最扣人心魄和鼓舞精神的力量。班戴洛也因此被誉为薄伽丘后最优秀的人文主义小说家。罗密欧与朱丽叶原本是民间口耳相传的故事，在班戴洛笔下，成为充满时代气息、感天动地的爱情传奇。莎士比亚将这个故事改编成为同名悲剧，其成功的很大成分应归结于原著的精彩动人。莎士比亚另一部喜剧《无事生非》（也译为"白费心力"），则改编自班戴洛于1554年创作的小说《齐木布里奥和菲尼西娅》。

有人曾经指责班戴洛的小说缺少高雅的风格，他这样回答说："任何一个故事，不管它的语言多么粗糙，多么笨拙，只要它是真实的，就能够

注释　① 萨凯蒂等著，吕同六等译：《意大利文艺复兴时期短篇小说》，花城出版社2005年版，第206—207页。

赢得读者的喜爱。我的小说就是这样……它们不是寓言，而是真实的故事。"[1]班戴洛的名气虽然没有像其他文学巨人那么赫然，但他对意大利乃至欧洲文学产生了很大的影响，许多作家是从班戴洛小说中汲取素材和营养，在班戴洛小说的思想文学水准上再创新高。

然而，意大利文艺复兴的发展趋势，并非一直乘势而上。过分沉溺于古典文化，阻碍了思维方式的进步。同时，意大利的天主教会为了对抗宗教改革运动，采取了许多限制文学领域的措施，很多人文主义的作品被压制和禁止出版，人文主义文学由此走向沉寂。从亚平宁半岛燃起的星星之火，逐渐向整个西欧以及欧洲其他区域蔓延，资产阶级新文化革命已经成为不可遏止的燎原之势。

注
释

[1] 王军、徐秀云编著：《意大利文学史——中世纪和文艺复兴时期》，外语教学与研究出版社1997年版，第251页。

第三章
法国的文艺复兴文学

　　法国在中世纪文学领域中是英雄史诗、骑士文学和城市文学的滥觞之地和中心。虽然它不是文艺复兴的发源地，但随着一场对意大利的不义之战，将文艺复兴运动的浪潮迅速地被引到了塞纳河畔，那些重新被发现的古典文化和新人文主义思想，深刻地影响到法国社会文化生活的各个角落，素有深厚底蕴和浪漫激情的法兰西文坛，很快就汇聚起诗文的海洋，涌现出大量的文学新人。一场以反封建反神权为主题的文学，旋即在法兰西的舞台上拉开帷幕，上演更加精彩和高潮迭起的新一幕……

第一节　法国文艺复兴前期诗歌第一人
——弗朗索瓦·维庸

　　15世纪中叶以后，意大利文艺复兴的浪潮随着薄伽丘的逝世而不再是主流，其潮头向西涌动，法国迅速成为文艺复兴新的中心，而其中的因素似乎有点偶然。

加佩王朝时期，法国农业、手工业和商业有所发展，北方的纺织业、兴旺的香槟集市、南方盛产的葡萄酒和大西洋及朗格克多的盐生意，以及与西班牙的海上贸易，这些都为法国带来了源源不断的财富。在交通要道出现很多新兴城市，一些大城市如巴黎、波尔多、图卢兹等，人口迅速增加，巴黎已经有十几万人口的规模。大量农业人口纷纷进入城市寻找新的工作。这一时期的法国依然是以农业为主体的国家，资本主义生产关系的萌芽还很薄弱，在天灾人祸面前依然是束手无策，不堪一击。

然而从 14 世纪起，战争和瘟疫不断地干扰着法国社会前进的脚步。1337 年，加佩王朝男嗣断绝，英国要求继承法国王位，在遭到拒绝后开始了一场旷日持久的百年战争，英军的入侵，给法国一部分地区带来的破坏程度是相当严重的。1453 年战争结束时，法国已是一片废墟，西部和南部许多城池几乎被夷为平地，农村中"葡萄园荒芜了，田地没有人播种和耕种，牧场中再没有牛羊的踪迹。……昔日的绿色牧场，金黄色的田野，如今到处是荒草丛生……"①同时，一场肆虐欧洲的鼠疫灾难也蔓延到法国，首先是在南部，后到达中部，夺走了无数人的性命。战争和瘟疫使国家丧失了无数的劳动力，经济被削弱，物价上涨，货币贬值。到 15 世纪中叶，原本富庶的法国经济被战争和瘟疫耗尽积蓄、大伤元气。

然而此时，在阿尔卑斯山另一侧的近邻意大利，却风景这边独好。在复兴古典文化的热潮推动下，意大利一派踵继先贤。同时，当时法意两国一直在争夺对罗马教廷的控制权，这一切都如同磁石般吸引着法国人对意大利的好奇与觊觎。第一批到过意大利的人已经有意识地努力将意大利丰富的复古文化搬进自己的生活中，如绘画、雕塑，当然还有被称之为人文学者的人，他们对古代罗马和希腊的作品更如醉如痴地热爱，他们从中寻找到了渴望已久的知识和智慧。法国人对意大利越了解，就越觊觎其丰厚的财富，到了 15 世纪末期和 16 世纪初叶，法国对意大利进行的冒险入侵势在必行。

注
释

① 张芝联：《法国通史》，辽宁大学出版社 2000 年版，第 89 页。

法国屡次发动对意大利的战争，劫掠了大批文艺复兴的艺术品和书籍，虽然国内依然满目疮痍，但却打开了法国人的眼界。在法国文艺复兴高峰之前，涌现出像查理·德·奥尔良（Charles d'Orleans，1394—1465年）、吕特博夫（Rutebeuf，1245—1285年）和佛朗索瓦·维庸（Francois Villon，1431—1463年）等代表性诗人，其中维庸以别样的诗作与经历而留名。

一
乱世诗人的斑驳人生

弗朗索瓦·维庸属于最早感受文艺复兴新文化的诗人之一。维庸在诗歌创作上极具个性，激情四溢，他敢于正视丑陋，敢于以讽喻的形式剖白自我，体现出法兰西民族的性格特征，为许多后世作家所仿效，在法国诗歌史上占有相当的位置，有人将他列为中世纪法国最后一个诗人。

维庸生活在"春秋无义战"的乱世之中，人生坎坷，性格独特，尽管他的诗歌可圈可点，可他的人生轨迹却污迹斑驳，也许正是这种另类人生才孕育出诗坛怪才。

弗朗索瓦·维庸

1431年，维庸出生于巴黎市一个贫民家庭。此时的巴黎市正遭受有史以来从未受到的灾难，瘟疫、暴乱和贫穷几乎充斥着每一个角落。维庸原姓蒙戈比埃（Francois de Montcorbier），由于父亲早亡，幼年的维庸是在"芜菁叶和咒骂"这样恶劣的环境中生活，缺少家教的维庸为生活所迫和受周围环境影响，整日混迹酒肆江湖，12岁时被寄养在教士兼巴黎大学神学院教授纪尧姆·德·维庸家里，这一切才开始转变。老维庸发现了在他浪荡的背后有一颗聪慧敏锐的心灵，小维庸在教授如父爱般的关照培养下得到良好的教育，开始走上学习知识之路。他日后写作时便以"维庸"为笔名，其真实姓名反而被人遗忘。维庸能够脱离原本恶劣的境况，有一位领路人，的确是他的幸运。尽管他的恶劣本性难以改变，但他毕竟受到了有益的教育，心灵深处还有善良美好的一半。

1443年（一说1452年），维庸被养父送进巴黎大学的艺术学院注册学习，他顺利地完成学业并获得学士学位。在大学里维庸不仅学到了广博的文学艺术知识，还结识了一些文人雅士，由于维庸在此期间已经显露出对诗歌的情有独钟和才情，他开始进行诗歌创作。在此期间，维庸以其才华还获得了巴黎市市长和夫人的青睐，成为市长家的座上宾。这是我们所能查找到的唯一值得维庸骄傲的一段经历。

然而，维庸在大学里依然没有改变多年恶习，有时候甚至更加严重。1450年，养父老维庸因与巴黎圣母院的教务会冲突而被监禁，没有了约束的维庸在此后的人生中更加劣迹昭著，终于在1455年被巴黎市逐出。从此，维庸开始浪迹天涯，然而令人诧异的是他的流浪之行也是他创作之始，不停地流浪，不时地犯罪，不断地写作，天才诗人与惯偷罪犯合为一体，是因流浪艰辛而被迫偷盗犯罪？还是因犯罪叛逆而产生灵感？已经无从知晓，但这确实是维庸——一位另类诗人的人生之旅。人们这样描述他：此人瘦骨嶙峋、轮廓分明、胸怀激情、紧张不安、狡黠多变、卑劣下流。他的上唇因斗剑而破损，他的眼睛总是朝两边斜视窥探，因为要时刻提防警察……他甚至有巴黎最机灵的小偷之"美誉"。这应该是他心灵中魔鬼的一半。

1463年1月一个清冷的早晨，刚过而立之年的维庸走出家门，从此踏上不归路，再没有人知晓他如何度过最后的时光，是否还有新的诗作或者新的劣迹？维庸给人们留下的只有他的诗歌天地，1489年，《维庸作品集》问世出版，其中包括他的两部主要作品《小遗言集》和《大遗言集》，那应该是他心灵的另一半，即赤子之心与真情。

二

魔鬼与天使的歌者

维庸在法国诗歌史上当属一位复杂的诗人，他的诗歌渗透着一般人无法体验的经历，流露出一般人难以理解的爱恨。或许由于他如此大逆不道的行为背后，还掩盖着另一个痛苦和悲怆的维庸。他用如此叛逆社会的卑劣行为，凸显出他的反叛本质，也孕育出诗歌创作的独特思维。这应该是维庸这个诗歌天才加惯偷浪子却诗坛留名的真正原因。

在维庸的诗歌里，死亡的主题占有突出的地位，他仿佛从开始就感到了死亡的威胁，所以在第一部诗集中就开始立遗嘱。在死亡这个主题上，维庸不愧是一流手笔。

1450年，维庸开始写《小遗言集》，据说时间就在他偷盗纳瓦尔学院金币的那一天。在此之前，维庸爱上了一个叫凯瑟琳·沃塞莱的女子，然而她却只认金钱，不久她就抛弃了维庸而另寻一个更富有的情人，并且当着新情人的面将维庸痛打了一顿。这段经历传出后，在巴黎下层社会引起了嘲讽讥笑，这对维庸是莫大的耻辱，他只能躲出巴黎，并写了象征性的"遗言"留给他的养父和其他人。《小遗言集》共有48首八节八音诗，维庸很喜欢这种八音八行和十音十行诗的格律，八行诗的尾韵为abab, bcbc形式，十行诗的尾韵为abab、bcc、bcc为形式。由于维庸充分运用了音韵技巧，使他的诗既避免了单调重复，又使声音和诗意达到完美和谐，增强了诗的表现能力，这是维庸受到良好教育的佐证。因为此时的维庸欲走他乡，生死未卜，所以他以戏谑的"遗言"相赠：

　　　给养父留下"名声"，因为不忍心因自己的过错而殃及养父；
　　　给曾经拒绝他的姑娘"可怜的心"，因为已经破碎；
　　　给贵人留下"三条或六条狗"；
　　　给理发师留下"头发"；
　　　给补鞋匠留下"破鞋"；
　　　给旧货商留下"破衣服"等等……

他的诗中看似诙谐讥讽、亦真亦假，戏谑中带有真诚，讥讽里不无纯情，维庸并不认为自己已经是个无药可救的罪犯，似乎所做的一切恶行只是一场没有恶意的游戏。在诗的开篇和篇末，他一再强调自己大学生的身份，在篇尾他写道：

　　　"我正倾听着，

　　　　总是在九点敲响的,

　　　　索尔邦（大学）的钟声。"

　　如果维庸没有对于文明和知识的向往,他不会因为大学生的身份而自豪;正因为意识到做下了有违文明身份之举,才在内心深处一遍遍回眸寻觅,寻觅那个真挚的、那个巴黎大学艺术学院引以为傲的青年才俊,但一旦离开这一想法,依然是灵与肉分离的维庸……

　　1457年离开巴黎后,维庸留下了一些谣曲,只言片语地记述他曾经去过的地方,以及遭受刑罚的痛苦。其中一首《于泉边我口渴至极》披露了维庸亦正亦邪、亦悲亦欢的复杂情感:

　　　　"于泉边我口渴至极,

　　　　热似火燎,冷得颤抖把牙咬;

　　　　身在家乡犹如客居远方;

　　　　靠近火盆,热腾腾,仍寒峭;

　　　　赤身似蚕,着装像院长,

　　　　笑出眼泪,期待无望;

　　　　再获帮助,又伤心绝望

　　　　我自娱,兴味索然;

　　　　我强大,无权又无力,

　　　　深受欢迎,也被人抛弃。"①

　　从1457年到1461年,历经流浪偷窃痛苦,饱尝牢狱之苦的维庸,其身体状况日益恶化,他患了终生肺痨,更加形销骨立。在1461年被路易十一大赦后,维庸开始创作《大遗言集》,三年后完成,这成为他诗歌生命中的代表作。全诗共有2000余行,仍为八行的八音节诗。另有几十首谣曲。《大遗言集》开篇是诗人对自己蹉跎的年华表示忏悔,他认为是:

　　　　"贫穷迫使人们走上歧途,

　　　　饥饿驱使豺狼从林间咆哮而出。

　　　　……

注释
① 江伙生:《法语诗歌论》,四川人民出版社2000版,第101页。

即使海伦也死了，帕利斯也死了；

而死亡是不会没有痛苦的……

当死神扼住你的喉管

你的四肢冒出冷汗。

上帝，是什么样的冷汗啊！

没有人能为你解除嫉妒的痛苦；

没有一个子女或姐妹兄弟能代你而死……

死亡使你全身颤栗，

面色灰白，鼻子皱起，血管紧缩，颈项肿胀，肌肉无力，精神

崩溃，关节变形……

哦，女人的身躯，

如此柔软光滑，

如此美好珍贵，

难道你也一定要遭受这可怕的厄运？"①

维庸是在用自己最真切、最痛苦和最伤感的经历道出对人生的悔悟。另一首《往日贵妇的谣曲》是用近乎写实的笔触描绘了一位风尘女子，从当年的倾城美貌到年老时的贫困潦倒，对命运的转变表示出无比的同情，并且诗人透过"她"延伸到"我们"，这个主体称谓的变化表现出维庸关注的是更加广阔的社会，是包括诗人自己的人间，最后，他发出了充满哲理、超越自我的拷问，他写道：

"往日的贵妇现在何方？

去年的雪花如今又在何方？"②

19世纪，法国雕塑家罗丹根据此诗创作了著名的《美丽的欧米哀尔》，将维庸的文字赋予鲜活、立体的生命，维庸笔下那个曾经美丽年轻，却变得衰老、消瘦、丑陋，正慢慢走向死亡的老妪已然成为世界文学艺术领域里不朽的形象。

维庸诗中显示出他的情绪多变，忽而疾恶如仇，忽而温婉如云，忽而狂放不羁，忽而又冷漠如冰，在这看似痴狂的背后，有一颗真诚的心，尤

注释

① 亨利·托马斯、黛娜莉·托马斯著，黄鹂译：《外国名诗人传》，陕西人民出版社1986年版，第48页。

② 同上书，第49页。

其是坦陈了自己那段极其丑陋罪恶的生涯，所有丑陋行为过后，维庸无比诚挚地祈祷能有被解救的时刻：

罗丹雕塑《欧米埃尔》

> "上帝的母亲，
> 天堂的夫人，
> 把我这个可怜的罪人领去和
> 上帝选择的人们一同上路吧。
> 请告诉您自己的儿子，
> 在他饶恕许多著名的大罪人
> 的时候，
> 也有权饶恕我的罪行。"①

此时的诗人，心灵已经飞升起来。与《小遗言集》相比较，《大遗言集》显示了诗人经过灵与肉的挣扎，经过罪与痛的洗礼后的精神风貌。美国人亨利·托马斯形象地比喻，维庸的两部遗言集，其创作手法恰恰相反，如果说《小遗言集》是透过眼泪去笑，那么《大遗言集》是透过笑来哭。《大遗言集》的哀伤是诗人在醒悟后体验的最深刻的哀伤，在哀伤中感悟通往重生的途径，尽管已经无望。

维庸的传世之作当属那首《绞刑犯之歌》，这首诗是后来才收录到《大遗言集》里。1462年11月底，他又一次卷入一场殴斗，被判处绞刑。这是他得知后在监狱里所作。后来维庸上诉，不久被撤销绞刑，改判驱逐巴黎境外十年，结果诗人请假三天，一去无返。《绞刑犯之歌》是诗人以死魂灵的身份与绞刑架下路过之人的讲话，其中有请活人为他祈祷，他自己向耶稣祈祷，更有他脑海中阴森恐怖的想象：

> 雨水将我们淋得湿透和冲洗，
> 晒干和晒黑我们的是太阳；
> 喜鹊、乌鸦啄取我们的眼珠子，
> 把胡须和眉毛也都拔光。

注释　① 亨利·托马斯、黛娜莉·托马斯著，黄鹂译：《外国名诗人传》，陕西人民出版社1986年版，第51页。

《大遗言集》插图

我们任何时候都在摇晃；

风向忽东忽西，随意变化交错，

不停地把我们吹得忽右忽左，

鸟啄食我们就好象戳顶针。①

只有徘徊在地狱门前、生死之间的人，才会有如此深刻的反思。罪恶感使维庸的心灵一刻不得安宁，从诗可以看出他想得最多的是请上帝宽恕自己，这是维庸在监狱中最为强烈和清醒的欲望，情之切切，令人不忍卒读。维庸要完全告别自己过去的一切，这一告别，是决意永远割断他以前的一切，三天后的永远失踪也许正是他酝酿已久的生存方式。

以维庸不端的品行，他难以进入文学大师的行列，但维庸却在法国诗坛上占有一席之地，一方面有法国人胸怀宽容的因素，从历史上看，法国人身上有古希腊的余韵，承认优秀者的光荣，也接受优秀者的缺点；另一方面，从根本上说，是他独特的语言和风格成就了他的文学地位，维庸的作品混淆了现实与小说的界限，频繁地尖酸刻薄并带有戏剧性地提及、讽刺同时代人，"他的作品语言经常是讽刺性的，甚至是带着一些残忍的喜剧……，他的语言是野蛮的、残酷的，同时他决定战胜敌人。当维庸考虑到他自己，也就是那个被自我破坏推动着，同时也遭受着不公正待遇的自己和其他贫穷的受害者时，维庸常常是沉默并冥想着，偶尔，维庸也会表现得很亲切和富有同情心，特别是他将自己最强有力的礼物——他自己的话语遗赠给大家的时候。"②

维庸以勇于剖白自我、认识自我的人格魅力征服了文坛，或者不如说，正是他偷窃的经历激发了他生动无比的写作灵感，他是规章制约外的诗人。作为一个深陷泥沼难以自拔的人，能够用诗歌、用讽刺来自省是极其艰难的，维庸是用蘸满忏悔和血泪的诗句给后人以警示和忠告。这从更深刻的

注
释

① 郑克鲁：《法国文学史教程》，北京大学出版社2008年版，第23页。

② Paul F.Grendler,*Encyclopedia of the Renaissance*,Charles scribner's sons,Volume 5,pp.267-268.

意义上说是法兰西民族的自省精神和独特的思维方式的结果。

从中世纪和文艺复兴后，法国诸多的文学家和思想家都以讽刺的手法深刻地剖析自我而名扬天下，如拉伯雷在《巨人传》中引用了维庸关于幻灭的著名叠句，近代作家卢梭的《忏悔录》、司汤达的《红与黑》、巴尔扎克的《人间喜剧》和罗曼·罗兰的《约翰·克利斯朵夫》，也都有对自我的深刻解剖。一部部真情告白，向世人袒露出法兰西民族的睿智与胸襟……

第二节　孕育浪漫主义文学的沃土——"七星诗社"

一

从意大利"嫁"到法兰西的诗歌女神

如果说弗朗索瓦·维庸时期，法国文艺复兴还只是星星点点的火花，那么，从15世纪末到16世纪中叶，法国和西欧各国相继进入资本主义生产关系逐步取代封建的生产关系的大转折阶段，法国当权者征服意大利的过程也是点燃法国文艺复兴薪火的过程……正如罗丹在谈到法国文艺复兴历史时所说："艺术的独立，心灵的独立，这些便是伟大的新事物，也就是说，要自由地施展才艺，要自由地思考一切。毫无疑问，这两种自由来自扩张精神，而扩张精神的危险是分散；……"[①]

从1494年开始，法国连续四代君主不惜耗费大量人力物力，执意征服意大利。国王查理八世（Rechard VIII，1483—1498年在位）由于他的破产，不满足仅仅在宫廷里接待来自阿尔卑斯山另侧的富邻，他迫不及待地

注释　① 罗丹著，啸声译：《法国大教堂》，上海人民美术出版社1993年版，第139页。

与热那亚人联盟，他要寻找通往金钱的魅力通道，开始实施征服意大利的野心，可惜出师未捷便一命呜呼。他的后继者路易十二、弗朗索瓦一世和亨利二世，对意大利的战争是屡战屡败，屡败屡战，直到1559年所谓的"意大利冒险"才以失败告终。法国再没有一个国王越过阿尔卑斯山脉，但法国依然凭借征伐而成为欧洲陆地的强国。

法国素有悠久的宫廷文化传统，公元8世纪加洛林王朝就有"文化复兴"之说，唯一值得称道的只有娟秀的加洛林楷书。几百年后，法国无论从政治经济文化都进入一个新的阶段，查理八世时期，宫廷里开始出现比较出色的御用画家，还有不少文人在宫廷和大学里专门翻译和研究来自于古典作家的作品。随着意大利战争的进展，意大利的人文主义作品也传到了法国。弗朗索瓦一世虽然武功平平，但其文治却可圈可点，"文艺复兴"一词其原意就是指弗朗索瓦一世在位期间的文学艺术成就。

弗朗索瓦一世当政期间在文化领域所做的一切努力，包括建立专门研究古典文化的学院，接受人文主义思想，广招贤良，在他的宫廷里，各路学者、文人和艺术家成为座上宾，弗朗索瓦一世甚至以每天一壶酒来赏赐文人们创作好的作品。可以说，文艺复兴在法国是从宫廷开始走向全国。受到王室的影响，法国一些大封建主和富有者也将研究古典著作的学者聚在麾下，出资供养和奖掖他们，其中红衣主教让·迪贝莱就曾保护和供养了拉伯雷。

曾几何时，来自意大利文艺复兴的诗歌女神"嫁"到了法兰西的土地上，并开出了明艳的花朵。这鲜花不是移植，而是嫁接，是意大利文艺复兴"新文化"时尚，加之法国中世纪深厚的文化底蕴，成就了法国文学艺术在意大利的辉煌逐渐转向黯淡后日益辉煌，引领风骚几百年。

法国在15世纪中叶从德国引入活字印刷术，书籍的传播使文艺复兴的研究成果迅速地影响到法国各地。1470年，巴黎的一些大学旁边出现了印刷厂，大学的教授开始使用印刷的教材上课，一些人文主义的研究小组活跃起来。到16世纪时，来自意大利的两大思想体系深深地影响了法国文坛，这就是柏拉图的哲学和彼得拉克的诗体，文人学者们无不被希腊罗马的哲学思想和美妙诗歌所吸引。

克莱芒·马罗

出于对古典文化和基督教的尊崇，法国
社会对诗人和诗歌也逐渐予以普遍的认可。
认为诗人是接受了上帝的意旨，通过神赋予
的灵感和自己的辛勤付出，才创作出高尚、神
圣、激动人心的诗歌。因此，法国文坛上最先
兴盛起来的是诗歌，在七星诗社之前，已经出
现一些成就卓然的诗人，如克莱芒·马罗
（Clement Marot，1496—1544 年）和"里昂
诗人"等。

克莱芒·马罗的祖父是在修辞和韵律上颇有造诣的宫廷诗人让·马罗
（Jean Marot），克莱芒·马罗的父亲从幼年时就随父出入宫闱，本应人生顺
畅却多有坎坷，数次因与教会观念相左而被迫流亡或锒铛入狱，最后客死
在异国他乡。难得的是马罗在流亡意大利期间，他对古典文化和意大利风
格的诗体欣然接受，并积极将这种回旋体、讽刺短诗和十四行诗体引入法
国，并形成固定诗体，使原本轻松抒情的法国诗增添了意大利式的优雅和
热情。马罗的诗才深受其父的真传，晚年就跟随弗朗索瓦一世在宫中，他
曾接替父亲在法王的宫廷里做侍从，但始终不得要领，总是为世道所不容。
马罗是法国最早模仿彼得拉克诗体的诗人之一，他翻译的名著很多，如维
吉尔和奥维德的作品，校订、整理过维庸的作品和法国中世纪长诗《玫瑰
传奇》。马罗的诗歌语言活泼、幽默风趣，这里仅介绍两首，其一选自《马
罗青春集》，是马罗 1518 年写给弗朗索瓦一世的短诗：

我欢欢喜喜，挥笔写短诗长诗，

我觅韵之时，伤风流涕是常事；

对我们诗人，这多么失望伤心，

因为您被求诗韵，且多有创新，

如果您高兴，您的诗比我高明。

您财产不少，作诗非欺世盗名：

我除了诗行，家中就只有诗韵，

我囊中空空，当然怨不遇时运。

不久前，有个做诗匠向我询问：

"请过来，马洛。你会作诗写韵文，
你真是认为诗艺能于人有益？"
"这当然不错"，我说，我们有友谊，
"只要是诗人，你会明白这道理，
能把诗栽入自己智慧的园里，
不过，这诗人做诗若毫无进账，
那他提到诗，难免会有些紧张；
而我却认为，我不写素诗雅曲，
我这臭皮囊几天也活不下去，
半天也不成：只要得一句新韵，
我笑出声来，感到无上的幸运。"
因此，恳求您对于这个诗坛新手，
请让他因为写诗把福分领受，
世人可以说，用散文或用诗篇：
"这一位诗人磨炼诗八遍十遍，
所押都成韵，而所写也都成诗，
如今因写诗而得意竟成事实！"①

  青年马罗对诗的无限热爱和对弗朗索瓦意识的敬仰之心溢于言表，其幽默风趣也可见一斑。另一首是回旋曲《纯朴的古代》，发思古之幽情，此诗也因此经久不衰。马罗写道：

  纯朴的古代，人和人相爱，
  城府无机关，辛苦后开怀，
  真心实意地给一个亲吻，
  即把整个世界送给别人：
  只重感情，只求心儿长在。
  如若男女之间含情脉脉，
  你知道，相爱有几年几载？
  二十年，三十年，到翻转乾坤，
  纯朴的古代。

① 程增厚译：《法国诗选》，复旦大学出版社 2004 年版，第 58 页。

现在，爱情丢到九霄云外：
眼泪虚假，情意朝是夕改，
谁指望我去为爱情伤神？
先要把爱情的关系理顺，
让今朝的爱情回到古代，
纯朴的古代。①

马罗还有一首《美乳赞》，倾情赞颂了女性的乳房，为法国诗歌史的一首名作。

"里昂诗人"是地处里昂的一个诗派，他们并没有真正形成团体，主要由于里昂在当时是国际性城市，印刷业非常发达，超过巴黎，人们通过书籍较早地了解到了外界思潮，思想开放，人才荟萃，尤其是里昂市的宽松自由之风气，得到人文主义学者、艺术家们特别的垂青，他们从各个地方聚集到里昂，作诗吟曲，自成一派。里昂诗人的代表有莫里斯·塞夫（Maurice Sceve,约1500—1560年）。他的代表作有《柳眉颂》、《黛丽集》和《柳林集——孤独生活田园诗》等。塞夫在《黛丽集》中，描写了他虽然人到中年，却与少女一见钟情的相思之情。这和但丁、彼得拉克的无果之爱非常相似，塞夫也同样以诗的形式吟唱和寄托这种终生难忘的爱情。这部《黛丽集》深深地影响了日后七星诗社的灵魂人物龙萨的爱情诗，龙萨以塞夫的爱情诗为蓝本，抒写了一系列歌颂爱情的诗歌，成为七星诗社诗歌的重要类型。下面引塞夫《黛丽集》其中的一段：

我自由自在，年纪是四月阳春，
我青春年少，从来是无牵无挂，
而我的眼睛对伤害十分愚钝，
既见到伊人，内心里七上八下，
她高贵文雅，更美得出神入化，
强烈地震撼我的感官和心灵，
把我的自由刹那间化为泡影，
一支支利箭是她炯炯的目光：

① 程增厚译：《法国诗选》，复旦大学出版社2004年版，第64页。

从这一天起，便又是一番光景，
　她的美蕴含我的生命和死亡。①

塞夫虽是人到中年，却描绘出如此纯情真挚的情感，可知在诗人的心中，爱情是不分年龄和阅历的，无论何时出现都美妙无比。塞夫的非凡才华的确令人赞叹。

二

七星诗社中的耀眼七星

七星诗社的文学成就体现出了法国文艺复兴诗歌的最高水平，极富声望。诗学本身较前人有了飞跃式进步，另外，七星诗社的整体作品体现了文艺复兴文学的创作特点，以浪漫主义的手法歌颂人性，英语中 Romantic 一词，就专指中世纪文艺复兴时期文学的总称。

七星诗社在法语中为 La Pleiade，七星在天文学中确指 28 星宿中的昴星团，通常比喻杰出的人物。而西方文学常常和天文学发生关联，从古希腊罗马的神话体系开始，星空一直是诗人创作的灵感源泉。根据托勒密的天文学说，天文世界与人文世界存在着隐喻、转喻的关系。欧洲文艺复兴诗歌关于世界宇宙本源和对于自身的认识，依然仍遵循着这一认识根源。

最早被比喻为七星的是古代希腊神话巨神阿特拉 7 个女儿的故事，还曾喻指公元前三世纪希腊的 7 位诗圣。16 世纪法国文艺复兴时期，以皮埃尔·德·龙萨（Pierre de Ronsard，1524—1585 年）、若阿基姆·杜贝莱（Joachim du Bellay，1522—1560 年）为首的诗坛新秀结成一个社团，开始取名为"旅"，据说是从意大利引进的新词。后龙萨用北斗七星来称呼自己和 6 位伙伴，遂有七星诗社之称，这 7 人包括 6 个青年诗人以及他们的一位老师让·多拉（Jean Dorat，1508—1588 年），这 6 个青年诗人的名字是：龙萨、杜贝莱、艾蒂安·若岱尔（Etienne Jodelle，1532—1573 年）、

注释　① 程增厚译：《法国诗选》，复旦大学出版社 2004 年版，第 65 页。

雷米·贝罗（Remy Belleau，1528—1577年）、让安东纳·德·巴依夫（Jean Antoine de Baif，1532—1589年）、蓬蒂斯·德·蒂亚尔（Pontus de Thyard，1521—1605年）。

关于七星诗社的成员，还有一些不同观点，让·多拉等三个人是否属于七星诗社意见不一。让·多拉是以研究希腊罗马古典文学著称的人文主义作家，他曾在巴黎任一个中学的校长，经常与他的学生龙萨和杜贝莱等出游赋诗，为日后的七星诗社建立奠定基础。他在晚年被授予皇家诗人的称号，为国王歌功颂德。龙萨作为让·多拉的学生，将让·多拉奉为七星诗社成员之一，其实让·多拉的诗作并不被人看好。

七星诗社以崇尚、研究古希腊罗马文学为时尚，深受但丁、彼得拉克和薄伽丘为代表的意大利民族文学的启迪，有志于发扬法兰西民族的文化。青年才俊们之所以集结成社，是有感于法语的贫乏与诗歌的落后，立志以崇高的志向为基石，以创新诗的行为做砖瓦，架新颖的诗体做钢筋，共同建构法兰西民族语言文学的大厦。

龙萨，七星诗社的领军人物，既是七星诗社的魁首，也被誉为法国近代抒情诗的第一人。1524年，龙萨出生于法国卢瓦尔河谷一个叫做旺多姆的地方。卢瓦尔河位于法国南部，属于大普罗旺斯地区，而普罗旺斯是最具法国特色的区域，这里风光旖旎，气候宜人，春天里漫山遍野的熏衣草给它披上淡雅的紫衣，秋季的葡萄酿出法国醉人的醇酒。紫色的花和粉红的酒（该地70%以上的葡萄酒为粉红色），酿成了法兰西民族多情的心性。罗曼·罗兰曾经说过：法国人之所以浪漫，是因为它有普罗旺斯。生于斯长于斯的龙萨，可以说从骨子里就继承了法兰西民族的浪漫情怀。

龙萨的父亲路易·德·龙萨是王室内宫的总管，龙萨从12岁起就作为宫廷侍从在宫中陪伴王子公主。此时的法国宫廷官邸一派尚古之风，在国王弗朗索瓦一世的宫廷里，原本朴实的法式建筑增加了意大利式的豪华装饰，摆上来自于意大利的大理石雕塑，挂上意大利绘画风格的人物肖像，原本庄重的卢浮宫其侧翼也改建成意大利式，枫丹白露等建筑都无不在尽可能地追随这种新颖的风格……常年出入宫廷的龙萨耳濡目染，不自觉地

龙萨画像

接受着古典文化和文艺复兴新文化的熏陶。

　　然而，一场大病使龙萨几乎失聪。1547年，龙萨进入了科克莱学院，带着对古典文化的热爱，他一头扎进古希腊罗马文学的浩淼海洋之中，潜心钻研激发出龙萨的创作灵感，年仅23岁的龙萨被寄予厚望，院长多拉甚至希望他能够成为法国的荷马。在人文主义思想影响下，龙萨早期的诗歌创作带有模仿古希腊诗歌的痕迹，他先后模仿古希腊不同诗人的风格进行创作，如在1550年发表的《颂歌集》就是模仿古希腊诗人品达（Pindaros，前518—前442?年）的风格创作，后又模仿过阿那克里翁（Anacreon，前570—前488年）。龙萨的颂歌诗，绝大部分是歌颂时任国王与宫廷显贵，无论语言还是形式都比较虚假做作，只有小部分表达了他个人对于大自然的热爱和对生活的感受。

　　龙萨以爱情诗歌著称于世，他写了一系列情诗，其中最为美妙动人的当属1552年的《亲爱的，咱们去看玫瑰花》：

　　　　亲爱的，咱们去看看玫瑰花，
　　　　今天早晨是否绽满枝丫
　　　　红裙在艳阳下舒展，
　　　　她在暮色中是否依然保留，
　　　　那红裙的百褶纹路
　　　　她的气色是否与你的面额一样鲜嫩好看。

嘿！请看，多么短暂的时辰，
亲爱的，她的美貌凋零，
可惜呀！就在此地彼时！
啊，大自然真是个后娘魑魅，
如此美丽的花魁，
仅从早上活到暮霭垂至！
所以，亲爱的，如果你相信我，
趁着你美好的年华饰满花朵，
在你青春欲滴的时节，
采撷，采撷你青春的果实吧：
因为就像这鲜艳的花，
衰老会使你美貌憔悴。①

在布卢瓦，21岁的龙萨与一位意大利银行家的女儿，13岁的卡桑得拉偶然相遇，三天之后分别，从此世事两茫茫，没再见面，据说那女孩第二年就嫁做他人妇。这短短三天的相识，给龙萨留下了刻骨铭心的记忆，那些难以尽述的恋情和思念化做了绵延不断的诗行。或许是这个特定的时代和诗化的心灵常常会有相似的情感经历，但丁和彼得拉克等诗人都曾饱尝无望爱情的煎熬，二百多年后，龙萨同样因一段无法实现又难以割舍的情感，引发出诗人笔下含而不露、情深意绵的爱情诗篇，字里行间同样体现出对恋人苦苦思念和细腻的情感变化，可见文艺复兴时代的诗人在情感和诗韵上真可谓是"心有灵犀"。

温柔浪漫使龙萨的诗歌魅力无穷，《亲爱的，咱们去看玫瑰花》这首诗脍炙人口、令人喜爱，甚至还被配乐成曲，成为龙萨爱情诗歌中的代表作，玫瑰花也成为龙萨表达爱情的最佳载体，在其他一些诗中也常常把自己钟爱的女子比喻成玫瑰花，如他家乡的农家少女玛丽·杜班，还有王太后的侍女埃丽娜等。

龙萨在诗中还描绘出新时代人对自我价值的追求，他认为人生短暂，

<hr>

注
释

① 江伙生：《法语诗歌论》，四川人民出版社2000年版，第109—110页。

主张尽情享受生命，但同时又为生命的脆弱而怅然若失，在《我曾有两三年的时候……》这首诗里，他写道：

　　我曾有两三年的时候，
　　来回旺多姆地区走走，
　　飘忽不停的念头不少，
　　内疚频频，而烦恼相侵，
　　我这就向岩石，向树林，
　　向洞穴流水大发牢骚。
　　岩石啊，虽然你的生命，
　　已经有三千岁的高龄，
　　你的形态却不变长存，
　　而我的青春弃我而去，
　　衰老对我是亦步亦趋，
　　把我从少年变成老人。
　　树林啊，虽然每年冬天，
　　你的美发便不复可见，
　　到来年却又密密麻麻，
　　满头飘拂的美发纷披，
　　而我的头上无此奇迹，
　　再也不可能重长新发。
　　……
　　然而，我才不希望也是，
　　一处树林或一块岩石，
　　一座洞穴和流水滔滔，
　　免受飞逝的时光侵袭，
　　这么硬，我就不会爱你！
　　卡桑得拉，你催我衰老。①

　　其实，这首诗写于1555年1月，诗人刚过30岁，风华正茂，他如洞察世事的先哲，站在高端与大自然论理评说，虽然在大自然的长盛不衰面

注释　　① 程曾厚译：《法国诗选》，复旦大学出版社2004年版，第91页。

前无可奈何，但诗人最终珍视的依然是短暂生命中的真实与浪漫，这是龙萨的思想处于矛盾状态的复杂情感所致。可爱的是诗中结尾句，尽管带着矜持与伤感，却道出心底的呼唤——爱是生命的源泉。

龙萨还写了一些描绘大自然和动物的诗篇，如《云雀颂》、《这像是小鹿，当春天已经来临……》、《致贝乐丽泉》和《斥加蒂纳森林的樵夫》等等，这些诗构思独特、激情涌动，表达了他崇尚自然，珍爱生命的思想。诗作情景交融，颇具浪漫情怀，为后世人所欣赏。尤其是在1584年，已沉疴在身的龙萨得知国王为了抵债出卖部分森林，不禁悲愤难平，写下《斥加蒂纳森林的樵夫》一诗。在这首诗中，诗人完全站在大自然一边，以人文主义者的立场痛斥这一"弥天大罪"，诗中写道：

"你听我说，请住手，住手，砍树的樵夫，
被你砍倒在地的可不是一棵棵树，
你没有看见，有血往下滴，不绝如缕，
在坚硬的树皮下住着林中的仙女？
你犯下弥天大罪，窃贼应该被绞死，
其实他偷的财富，价值也不过如此，
而你这坏蛋，竟然杀害一个个女神，
你死有余辜，该受几回鞭挞和火焚？
……

别了，古老的森林，别了，神圣的树冠，
当年树上的彩画和鲜花蔚为壮观，
现在口渴的行人也对你鄙夷不屑，
你的一片绿荫下已不是清凉世界，
夏日的阳光无情，行人都酷热难受，
大骂杀你的凶手，对凶手骂不绝口。
永别了，橡树，你为勇敢者编织花冠，
你是陀陀内的树，为朱庇特所喜欢，
是你最早向人类赐予充饥的果实，
这些忘恩负义的众生竟然不认识
受之予你的财富，愚钝的俗子凡夫，
竟然能下手屠杀自己的生身父母。"（同前书 97 页）

人与自然的和谐关系，一直是人类面临的重要抉择和思考的问题，龙萨当年的严辞诘问，虽历经400年，我们不同样感同身受吗？只是这类诗歌仅仅是偶尔为之，龙萨始终是一个贵族倾向很明显的宫廷诗人，他不屑民间作品，他的诗以"颂"的非凡成就著称于世，除了"颂"作为一种诗体外，他也的确写了大量为王宫贵胄歌功颂德的作品，这应是他的生活环境和地位所决定的。

龙萨三十多年中笔耕不辍，创作出大量抒情诗文，展露出诗人真挚的浪漫情怀，表达了龙萨热爱生命、讴歌爱情的人文主义思想特征，代表了整个七星诗社的创作宗旨。同时，龙萨诗歌中精致的修辞用语和诗韵的流畅舒展，也代表了七星诗社的创作水准。但从1560年到1574年间，龙萨被任命为国王查理九世的指导神甫，成为宫廷供养的"御用诗人"，他的诗作就基本为应景之作，尽管他在晚年曾经想写出一部传世诗篇《法兰西亚特》，但以失败告终。诗人以后再没有惊人之作，龙萨备受疾病的折磨，于1585年12月27日悄然离开人世。葬于圣科姆修道院，一块大约不足3平方米的简陋墓地上，一块石碑静卧绿草丛冢，上面刻着他自己撰写的墓志铭，上面写道：

　　　"过路人，走你的阳关大道，
　　　请不要打搅我，我要入睡。"

曾几何时，龙萨的诗连同他的名字便被人遗忘，直到两百年后浪漫主义文学兴盛起来，人们才又想起埋没已久的以浪漫诗歌著称的这位天才。

杜贝莱——七星诗社另一领袖人物，与龙萨比肩齐名的诗人。杜贝莱的身世和遭遇与龙萨极为相似，他也贵出名门，1522年出生并生活在安茹地区利雷镇的图尔墨利埃城堡，由于父母早亡，其兄根本未尽保护和教育幼弟之职，对杜贝莱人生真正有影响的是他的三位颇有地位和才华的亲戚，一位是外交官、军人、历史学家，另一位是红衣主教，也是大使和拉丁语诗人，再一位是法王弗朗索瓦一世回忆录的撰写者。杜贝莱的这几位亲属还曾保护过拉伯雷。杜贝莱曾有从军愿望，但因身体孱弱，无奈中只好偃武修文，开始时曾修过法律，后结识了一些人文主义者和诗人，从此改变志向，走文学创作之路。

杜贝莱进入科克莱学院不久就与颇有声望的龙萨等人结为诗友，随后跟多拉老师去巴黎，研读希腊和拉丁语文学。在七星诗社中，龙萨以"颂"称雄，杜贝莱则被誉为"十四行诗的巨匠"。1549年，诗社全体人员共同讨论，由杜贝莱执笔发表的诗论作品《保卫和发扬法兰西语言》，被誉为第一篇法国文学宣言，揭开了法语诗歌的一场革命的序幕。也可以说是七星诗社诗歌创作思想的集中体现，其中重要的三个观点是：

其一，提出为达到创建法兰西民族诗歌，首先要有统一的法兰西民族语言，反对以拉丁语和外来语作为法兰西文学创作的工具。针对现存法语词汇的贫乏与浅显，要通过借助完全成熟的希腊和拉丁语的词汇，将旧字改为

杜贝莱画像

新字和新词，如动词名词化，形容词名词化或动词化等，尽力使之丰富、规范和纯洁。在这方面，龙萨和杜贝莱率先垂范，龙萨的爱情诗、杜贝莱的十四行诗充分展示出诗人的爱憎情怀，其风格清新、率直，明白畅达，不仅是七星诗社的经典之作，堪称法国文艺复兴时代的诗歌翘楚。

其二，提出建立民族史诗和民族戏剧，在创作上与古人展开竞争，扬弃宫廷诗社和经院式诗歌。七星诗社的另一位诗人文蒂安·若岱尔在戏剧创作方面敢为人先，他在1553年创作的五幕悲剧《被俘的克雷奥巴特》曾经轰动巴黎，俨然是17世纪古典主义悲剧的先兆。

其三，在诗歌形式上主张音韵和谐，响亮多变。并力倡亚历山大诗体。七星诗社的龙萨、杜贝莱和雷米·贝洛等的诗歌如行云流水，飘逸自如，好几首都被称为千古绝唱。特别是七星诗社高扬"自然足以使作品不朽"的

旗帜，崇尚自然，摈弃虚假，开一代新颖时尚之诗风。七星诗社的诗人们都尽力遵循着这一诗歌表现手法，他们热爱自然，珍惜自然，力图将自己溶入大自然。无论表现的是情感上的悲欢离合，还是宣泄目睹法国宫廷内外丑恶后的痛苦，还是面对大自然的有感而发，都努力减少虚伪和做作的成分，追求直言不讳、淋漓尽致和畅所欲言的最佳效果。

《保卫和发扬法兰西语言》的意义在于，他认为发展本民族语言是文艺复兴重要内容之一，它体现出新兴资产阶级在通过构建和弘扬本土文化来推翻旧的封建思想意识形态，为新的社会制度而铺垫而做的努力。在文艺复兴之前，西欧各国的官方语言几乎都是拉丁语。14世纪初期，意大利诗人但丁写了《论俗语》，充分肯定和赞扬了各民族的语言的优点，意大利语才逐渐作为意大利文学和官方语言，率先进入研究和完善的语言行列。从此之后，各国的文人学者才开始认真探讨当时使用的一切语言，并力图改善和规范化。法国在较长时间内，文学领域的成就主要为翻译和模仿古代的作品，对法语本身的研究相对晚些，直到16世纪才开始有法语语法著作问世，一些学者为此做出了不懈的努力，如帕拉梅就坚决反对经院哲学，主张现代语言要以本民族语者的用法为准。①

托马斯·西比莱特在1548年发表《诗的艺术》，主张虽然希腊语和拉丁语比其他语言更加丰富，但诗人不应该停留在简单模仿的低级阶段，应努力用法语来创作不朽的杰作，使得法语为之生辉。各国学者都企图创作出一种最理想的语言，来简洁和清楚地表达思想。七星诗社正是在这种大背景下，提出坚决捍卫法兰西语言的观点和立场，既表达七星诗社的诗用语言的理念，更是站在了时代的潮头。七星诗社竭尽全力"保卫"和"发扬"法兰西语的行动，对法国民族文化的推进和发展，应当说功不可没。

杜贝莱创作的诗歌有《橄榄集》、《遗恨集》、《罗马怀古集》和《村戏集》等，最为人称道的是他将十四行诗推向一个新阶段。杜贝莱1550年发表《橄榄集》，这是诗人献给一位叫薇奥尔的姑娘的，最初收集了50首诗，

① 刘润清：《西方语言学流派》，外语教学与研究出版社1999年版，第118页。

由于大受坊间欢迎，次年再版时增加到115首。可以说，杜贝莱是法国首位一次发表如此多数量十四行诗的人。1558年，杜贝莱在罗马写下了著名的《美好的旅行》，以拳拳之心表达了诗人对祖国、对家乡的挚爱之情，他这样写道：

> 唉！何时才能看到我的小村庄的
> 袅袅炊烟，何时才能
> 看到我那寒舍前的小园？
> 这里是我的田地，久别重逢会格外亲切。
> 巍峨的罗马宫殿怎比我祖宗建造的陋室，
> 那硬邦邦的大理石，
> 又怎能比得上故乡屋顶上的细石板；
> 我喜欢高卢的卢瓦尔河胜过拉丁人的第伯尔河，
> 我爱我的里雷小镇超过柏拉丁山，
> 而，比起那海风，我更爱昂热的恬淡。①

杜贝莱与其他七星诗社诗人的不同之处，是从独到的角度来表达儿女情长，同时更加注重人间现实社会，具有一定的民主意识和理性的历史观。这集中体现在《罗马怀古集》中。

杜贝莱曾陪同红衣主教的亲戚到达曾魂牵梦绕的罗马，在那里他感慨万千，可以说，他对维吉尔等人笔下的"永恒之城"罗马已经烂熟于心，然而所见所闻的却是一片废墟，沧海桑田的变迁使诗人深深陷入伤感之中，他在《罗马怀古集》第3首中写道：

> 新客到罗马，在城里寻觅罗马，
> 却在罗马城不见罗马的踪迹，
> 古来的宫阙。凯旋门古老无比，
> 古来的城垣，罗马城别无其他。
> 请看，今朝的废墟，往昔的强霸，
> 想当年非用铁拳把世界统一，
> 要打败天下，结果是打败自己，

注释 ① 罗芃、冯棠、孟华：《法国文化史》，北京大学出版社1997年版，第39页。

又在时间的欺侵下毫无办法。
罗马城就是罗马的丰碑仅存，
而罗马仅仅征服了罗马自身。
台伯河倒是罗马流下的河水，
也流进大海。啊，世事来去匆匆！
牢不可破者也会被时间摧毁，
谁征服时间，谁才算得到成功。①

杜贝莱对罗马的沉重感觉，不仅是他心中辉煌如今已满眼废墟，更是感叹难以抗拒的由盛到衰的自然法则，即便是"永恒的罗马"也难逃时间的征服。《罗马怀古集》中共收录了91首十四行诗，全部都是从罗马前一年到返回巴黎途中的所感所想，诗中内容多是对历史兴衰的评介和感悟，应当说，杜贝莱的评介和感悟，已经超越了他自己个人的情感范围，他所追求的是一种普遍的情感，是对整个世界的一种客观态度，也是对于人类文明发展的理性认识。这也使《罗马怀古集》成为杜贝莱最著名的诗作原因。在第28首中，诗人将罗马城形象地比喻为一棵老橡树：

有谁曾见过一棵高大枯萎的橡树，
树上为纪念胜利常有战利品挂下，
橡树向苍天仰起年迈衰朽的脸颊，
只是树脚并没有牢牢地插如泥土，
弯腰曲背的老树只差还没有倾覆，
看这盘曲的树根，这光秃秃的树杈，
树身的上上下下处处是疙疙瘩瘩，
无法遮阴的枝叶，却仍然独立撑住；
虽然一阵风吹来，橡树马上会倾倒，
虽然四周一株株小树都站得很牢，
唯有老橡树才被众百姓奉若神明：
谁曾见过这橡树，谁就会不难想象，

① 程曾厚译：《法国诗选》，复旦大学出版社2004年版，第97页。

为何当今的都城更其兴盛和富强,

这是尊贵的老朽才是最受人尊敬。①

罗马城给杜贝莱的心灵撞击非同小可,他不再相信永恒,但他坚信一点,尽管已经物是人非,但历史永远有它的价值,今天的辉煌是历史上辉煌的延续和折射。诗人逐渐抛弃了对于完美艺术的精益求精,他自恃参透现实的虚伪和黑暗,渴望如实写出自己心灵的一切,进而思念祖国、家乡和朋友,诗人的心灵只有在这里才能得到慰藉。《罗马怀古集》在写作技巧上把十四行诗和十二音节亚历山大诗体结合起来,并且用一个力度很强的诗句结尾,这种新颖写法为杜贝莱所特有,体现出诗人对语言和体裁运用自如的驾驭能力。

在他逝世的前两年里,他写出《宫廷诗人》和《时论诗集》,怀着同情心来描写人民所受的痛苦,提出一些政治主张和经济等方面的要求。此时,这些充满个性和面对现实的诗已经标志着他的最高认识境界。而他将政治观点写进诗歌的形式,则被认为是法国政治诗的先声。

遗憾的是,杜贝莱的诗才臻致成熟和丰收之际,也是他越来越感到内心痛苦和忧郁之时,羸弱之躯和内外交困已经难以承载诗人的创作生涯。1560年元旦之夜,千家万户都在辞旧迎新,在幽暗的灯下,正伏案疾书的杜贝莱猝死,他再也无法执起轻柔的羽毛笔,再也无力写下一句优美的诗行……年仅37岁的诗人就这样匆匆离世。杜贝莱的早逝为后人留下诸多遗憾,但他的诗句却在法国文坛乃至欧洲文艺复兴史中留下了难以磨灭的印记。

雷米·贝洛,七星诗社里深受欢迎的诗人。他曾经翻译过古代希腊诗篇,贝洛的诗歌风格迥异,精巧可人,被龙萨喻为"大自然的画家"。1565年,贝洛出版《牧歌集》,1576年,《爱情和宝石互通集》问世,贝洛的诗大都抒情细腻,虽不无说理,却娓娓道来,令人如沐清风。在《爱情与宝石互通集》中"欲望"一首的片段:

注
释

① 程曾厚译:《法国诗选》,复旦大学出版社2004年版,第82页。

有求而不得的人，他当然不会幸福，
但是也有人可求却并不去追求，
这样才更其幸福：前者会万般难受，
而后者潇洒自如，会感到心满意足。
……

欲望是罪恶，徒然使我们神魂颠倒，
享受幸福是幸福，而不是寄予希望。
胸中并没有成竹，追求却念念不忘，
这样的激情只会给我们带来烦恼。
……①

雷米·贝洛 画像

另一位七星诗社的成员若岱尔，则在悲剧创作上极有天赋。若岱尔从小聪明过人，写《被俘的克雷奥巴特》时，才 20 岁出头，由于该剧大获成功，七星诗社都为之雀跃。可惜，后来的作品《题铭大成》影响一般，以后诗人在动荡中生活，1573 年，刚进中年的若代尔因贫困潦倒而去世。他的遗作《情诗集》于翌年出版。其中最受喜爱的是这首十四行诗：

若岱尔画像

“我爱翠绿的月桂，寒冻有冰霜严酷，
傲然出世乃英雄，葱绿的本色不减，
死亡也不能抹去，时光也不能改变，
展现永恒的威力，千秋万代是幸福。
我也爱冬青，冬青永远青青的面目，
也爱冬青的刺叶，刺人的利刺尖尖；
最后我爱常春藤，多情的枝条相连，
紧紧地拥抱大墙，紧紧地拥抱橡树。
月桂，冬青，常春藤，我都爱，永远情葱，
和我心头上经久不灭的思绪相同，

注释 ① 程曾厚译：《法国诗选》，复旦大学出版社 2004 年版，第 102 页。

这是我日以继夜对你的崇敬之情：
但是，我的创伤和剧痛缠住我的心，
更加健壮，比月桂更加葱绿，比冬青，
更加刺人，也比常春藤缠得更紧。"①

诗人赞美月桂的葱绿、冬青的青青刺叶和常春藤多情的枝条，却转而比喻自己内心痛苦，创意独到，转折跌宕，浪漫多情，令读者掩卷后仍觉滋味无穷。

巴依夫，曾被称为"神童"的诗人，他的父亲是人文主义者，巴依夫也曾就读柯克莱学院，在七星诗社里，巴依夫曾参与《保卫和发扬法兰西语言》的酝酿和完成。他的爱情诗也颇有名气，在创作中敢于革新，引进和尝试各种诗体，以求诗歌更加适合音乐的节奏和韵律，巴依夫甚至在1570年创建了"诗歌与音乐学院"。巴依夫有两本爱情诗，

巴依夫画像

1552年出版的《梅丽娜情诗集》和1555年出版的《弗朗西娜情诗集》。这里撷取一首：

千秋万代，要留下永不磨灭的印记，
岁月悠悠，我一定全身心为你效劳，
这是我一颗真心，虽然这心意很小，
我怕你我人一走，此情再无人提起。
我要给你我身上最为美好的东西：
我有才智很美好，我有声音更美妙，
借助爱神的火炬在漫漫长夜照耀，
让你的芳名能在我死前流芳百世。
如果，我没有及时动手，并抖擞精神，
为你竭尽我全力，偏偏是造化弄人，

注释

① 程曾厚译：《法国诗选》，复旦大学出版社2004年版，第105页。

先把你对我藏起，你比我先行一步：
我将如同香客，心中充满了虔诚，
纵然起身已嫌晚，仍然要踏上旅途，
他必须抓紧时间，急匆匆日夜兼程。①

　　七星诗社的诗歌，如向法国诗坛吹来的一股清新之风。在一间简陋的屋檐下，几个年轻、热情、纯真和聪慧的诗人在一起，或高声朗读，或默默酝酿，或谈笑风生，或惆怅不已，他们因志趣相同而相聚，因情投意合而结伴，他们最大的乐趣在于把对大自然的深情、对爱情的浪漫和对人生的痛苦困惑，都诗意地表达出来，他们向整个法国、向整个世界敞开自己的胸怀。七星诗社以一个整体形象伫立于法国文坛，当仁不让地成为法国文艺复兴时代的形象代言人，这在欧洲文学史中是不多见的现象。而这种以诗结友、以诗娱人的文化圈形式在法国渐成风气，17世纪初开始，从宫廷到贵胄，以文而聚、以诗会友的"沙龙"文化在法国成为时尚，并兴盛不衰，当以七星诗社为先声。

　　虽然七星诗社在法国文艺复兴时期曾盛极一时，但随后两百年间无论是龙萨的爱情诗还是杜贝莱的文学宣言，都无人问津。随着资本主义生产方式在英国、法国、西班牙等国的普遍展开，资产阶级革命的步履同样在文学领域得到彰显，法国新兴的资产阶级需要用更加强大、更理性的思维来彻底剪除封建专制的思想统治，以顺利地成为西方文明的排头兵。从17世纪到18世纪，法国文学进入到古典主义和启蒙运动之阶段，原本天性浪漫的法兰西民族，将浪漫主义的桂冠让给了地中海阳光下热情如火的意大利人，自身向欧洲文坛乃至整个世界做出的最大贡献竟然是充满理性的启蒙运动。直到19世纪，浪漫主义文学重新登上文坛霸主地位，又与现实主义交叉结合，终于书写出法国文学史上最为璀璨辉煌的一页。而此时七星诗社的诗歌被重新认识研究，确立其应有的地位，已是后话。

注释　① 程曾厚译：《法国诗选》，复旦大学出版社2004年版，第107页。

第三节 民间文化与精英文化的混血儿
——弗朗索瓦·拉伯雷

> 在大多数作品中，
>
> 我看到了写书的人，
>
> 在本书中，
>
> 我看到了思想的人。
>
> ——法国思想家孟德斯鸠

孟德斯鸠所指的"有思想的人"，就是法国文艺复兴时期的文学巨匠、《巨人传》的作者弗朗索瓦·拉伯雷（Francois Rabelais，1494—1553年）。在法国文艺复兴时期众多诗人和作家中，拉伯雷是文学巨匠，更以时代斗士和狷介狂人而著称。《巨人传》是一座至今仍被不断地重新认识和开掘的宝藏。

拉伯雷在一个被称为有宗教信仰的能发挥聪明才智的动荡时代写下了《巨人传》。在宗教改革使传统信仰被削弱、城市市民与教会、王室经常发生抵触的动乱时期，拉伯雷以一种独特的视角和创作理念作为载体对社会现状做出特殊的反映，并且建构了一个非正统、非理性的人文主义文化观念，所谓的"庞大固埃主义"，作为"母体天才"，为一代又一代的文学家提供丰富的创作养分，这一标高迄今无人超越，拉伯雷堪称托起"巨人"的巨人。

拉伯雷对文艺复兴运动贡献出一部充满理想主义的作品，塑造出大智若愚的"巨人"文学形象。在16世纪法国诗盛文衰的时期，充分体现了法兰西民族的特有品质和创造力，不仅将法国文艺复兴文学推向高潮，散文式小说也大行其道。拉伯雷的巨人们在世界文学史上也成为形象特殊、个性鲜明的经典人物。

拉伯雷是文艺复兴时代人文主义精英的代表，他是当时法国少有的具

弗朗索瓦·拉伯雷

有丰富的知识结构的学者。他精通拉丁语和希腊语，知晓文学、哲学、神学、天文学、数学、农艺学和医学等。拉伯雷凭借着丰富的知识进行文学创作，勾画出心中自由的理想国。但拉伯雷却不受正统的社会道德规范约束，《巨人传》建立在民间俗文化的通俗性和易接受性基础之上，拉伯雷摈弃了上流社会的文雅与辞藻，在描述上自甘庸俗甚至低级，不怕背负骂名和误解，为深刻严肃的人文主义思想寻找最佳的传播途径。

《巨人传》集中体现出拉伯雷超越世俗的大境界和大智慧，这种大智慧以近乎无厘头的嬉笑怒骂来抨击天主教的黑暗和腐败，以戏谑夸张的手法张扬人文主义的理想社会的合理美好。然而，和其他世界一流作家如塞万提斯、莎士比亚相比，研究界对于拉伯雷的研究和理解方面还存在欠缺，甚至被误解和轻视，直到现代，研究拉伯雷的学者仍然寥寥。《巨人传》究竟想告诉我们什么？他的真实含义也许我们至今仍无法全部理解，也许只有当未来社会真的出现拉伯雷笔下的状态时，人们才可能领悟出拉伯雷思想意识的超前性和深刻性。

一

法国宗教改革之潮与拉伯雷

拉伯雷与七星诗社处于同一时代，在意大利文艺复兴的思想迅速在法国传播和扎根的同时，另一场革命风潮在16世纪初叶开始几乎遍及整个基督教世界，这就是宗教改革。

虽然法国王权并不受制于教会，但同样存在激烈的宗教矛盾，法国天主教势力与新教的激烈对立的状况，或多或少地减弱了法国上层对古典文化的研究热情，一部分学者依然在象牙塔里研究纯粹的文学和艺术。但更有人文主义学者走出"阳春白雪"，投入到社会矛盾的前沿，用"以人为本"的新思想作为向教会神权开火的有力武器。由来已久的新旧两种社会思想、两大势力的斗争在16世纪被推向一个新的高潮。拉伯雷从一个热衷于古典作品研究的人文主义学者转而以笔为戎，成为对封建教会势力进行无情揭露和抨击的斗士。

此时法国还受到了德国宗教改革的旗手马丁·路德和尼德兰学者伊拉斯谟的影响。早在路德提出宗教改革论纲之前，法国一些修道院教士就对教皇的任意增加捐税不满。自从有了印刷业后，很多新的思想观念首先在人文主义学者中传播。1509年，伊拉斯谟的《愚人颂》出版后，很快被法国学者读到，深受其思想启发，希望法国的教会也能更加纯洁。在法国莫城，以主教纪尧姆·布里索内为首的一派，在弗朗索瓦一世的姐姐的支持下，开始在莫城进行改革，他们取消教堂的圣徒画像和雕像，用法语做祷告，并到乡村去布道宣传，使更多的人加入到这个行列中。而此时恰逢马丁·路德的宗教改革开始传播到法国，与莫城一派殊途同归，这也是法国迅速出现宗教改革和教派冲突的根源。

从1520年起，受德国宗教改革思潮影响，法国国内的新教运动的火焰也点燃起来，在巴黎市民中已经流传着路德派的新教义，一些坚定跟随路德教义的人组成团体，在巴黎、里昂、布鲁日等地区和城市，都有路德派的忠实拥护者在捣毁教堂里的画像，到处唱赞美歌，布道，印刷新教的小册子等等。天主教会因此而恼羞成怒，对新教徒大加迫害，法国王权原本曾支持新教派的改革，但因为1516年法国王权从教皇那里得到了好处，结果很快转而反对新教，成为迫害新教的主力。法国的宗教改革逐渐变成一场波及全国的内战。拉伯雷就生活在这样的历史背景之下。

1483年，拉伯雷出生于法国南部托兰省一个叫做齐农的地方，关于他的父亲的职业众说纷纭，或乡村地主，或律师，或开旅馆，或制药师，总之不是什么达官贵人，属于一般平民百姓。拉伯雷的一生富有传奇色彩，他的一生有很多空白之处，我们只能从片断的资料中得知他的基本情况。拉伯雷很早就被父亲送到附近的寺院中学习，后来就在修道院从事神职工作，断断续续持续终生，拉伯雷的很多学识就是在修道院中掌握的。印刷术的出现，使古代作家的作品成为可以供更多人阅读的印刷书籍。在法国，维吉尔的书印于1470年，《荷马史诗》印于1488年，柏拉图的书印于1512年，拉伯雷正好赶上了可以大量阅读这些著作的时机。但教会并不认为这些异教徒的书可以随意传播，拉伯雷为此曾被教会拘禁过。拉伯雷被释放后曾经给积极鼓励他学习古典文化的著名人文主义者写信，他得到这样的回信：“因为你研究希腊文的热忱，你的兄弟们，那些一切文学与文化的死敌，竟千方百计地对你加以迫害。绝顶的疯狂啊！令人不能置信的荒谬啊！这般卑鄙的愚蠢的僧侣被他们的盲目无知冲昏了头脑，他们污蔑逼迫那班人，而那班人的学问应该是全社会的光荣。”[①]拉伯雷还曾专门学过医学，并在巴黎等地行医。他的医术据说相当有名气，他的朋友曾认为他是医学的泰斗，他能把死人从坟墓门口唤回来。

1532年，拉伯雷来到了里昂，就任里昂天主教医院医师，并开始撰写医学著作，在行医期间，他接触了很多人文主义者，与之结下友谊。任神职和行医的职业，使拉伯雷有很多的机会学习神学、希腊语和自然科学等知识，他成为当时知识渊博、熟悉古典文化的著名僧侣。身为法国以及文艺复兴时期欧洲最著名的人文主义作家的同时，他又是修士、医生，学识非常渊博，对哲学、神学、医学、法律、数学、几何、天文、地理、植物、考古、音乐、绘画、民歌等都有研究，他提出了大脑、神经、肌肉之间的联系，是植物雌雄性别的第一个发现者。他一生只写过一部长篇小说《巨人传》，但就是这一部作品使他成为16世纪法国最重要的作家。

里昂作为法国文艺复兴的中心之一，离意大利不远，距离普罗旺斯也

注释

① 张月超：《欧洲文学论集》，江苏人民出版社1982年版，第80页。

仅有几天的路程，因此，这里文风浓郁，古老的文学传统依然保留。它的出版业非常有名，拉伯雷在里昂期间，这里的书店堆满了印刷优良、内容丰富的新书籍，他通过与许多人文主义学者、诗人和医生的交往，人文主义思想日益成熟。法国著名的七星诗社代表之一杜贝拉是他的好朋友，甚至杜贝拉的家族都对拉伯雷有一种特殊的忠实，《巨人传》的出版，和这个显赫家族的鼎力襄助是分不开的。值得一提的是，拉伯雷与伊拉斯谟有着但丁与维吉尔式的精神契合。1531年，伊拉斯谟到法国讲学，他们相识相知。1532年拉伯雷给伊拉斯谟的信中这样写道："非常可爱的父亲，祖国的瑰宝，文学的保护人和不屈不挠的杰出人物。"拉伯雷以伊拉斯谟为楷模，也要撰写一部百科全书式的著作。

此时，也正有一个叫塞巴斯蒂安·格里菲斯的大出版商，要找人编辑一部中世纪经典作品集，就自然想到了被称为学者的医生，拉伯雷为他编辑了古希腊希波克拉底等几位著名医学家的文章，还有一些年鉴和小册子，接着他开始撰写自己的大作。据说在一次偶然间，拉伯雷在里昂街头发现一本讲述巨人的通俗读物，非常受市民欢迎。拉伯雷从"巨人"这个形象突然产生灵感，他认定这个"巨人"的形象就是他寻觅已久的艺术形象，他要把他写出来，成为真正的时代巨人。1532年，拉伯雷似乎没有用多长时间就完成了该书的第二部，几乎是同年就得以发表。以后的几部创作速度就明显缓慢，时间长达20年之久，《巨人传》的前三部拉伯雷都是用了一个拼凑的怪异笔名"阿尔高弗里巴斯·那西埃"出版，直到第四部时才开始署真名。这期间，他的书多次被教会列为禁书。晚年的拉伯雷为稻粱谋又重回宗教世界任职，在兼顾为穷人看病和在学校执教的同时，他完成《巨人传》第五部。1553年，拉伯雷辞去宗教职务，同年4月9日，这个真正的巨人在巴黎去世，享年70岁。据说他临终时还依然幽默地笑道："拉幕吧，戏做完了！"在他死后，人们在他的箱子里的纸片上，看到这样几句话："我没有财产，我欠人不少，把我留下的送给穷人。"与其他巨人作家相比，现代学者对于拉伯雷似乎缺少格外的关注和详尽的研究，包括他的生平尚有多处空白，存在多处谜团，这不能不说是世界文学史上的遗憾。

西方学者将文艺复兴运动比作是一场"对话"，当古典文化进入西方世界后，就开始了罗马异教徒和基督教徒、古典文明与基督教文明之间的对话，这是一场最富有成果和持续不断的争论。而拉伯雷就是持续这场对话的人物之一。①

沿着这个视角展开，16世纪的法国，当宗教矛盾成为社会主要矛盾时，教会的恐怖统治制造出无数的惨剧，拉伯雷以一个斗士的姿态，以"怪异"甚至"无厘头"为武器，他用突兀、夸张、矛盾的语言，揭示出现实世界的荒谬，以非现实的手法来表现现实，用近代文学术语应称之为"否定性的启蒙"。《巨人传》，与其说是文学创作，不如说是一篇旗帜鲜明、针锋相对的辩论稿，拉伯雷就是与天主教会"对话"的最佳辩手。因为他是拥有聪明智慧、无所畏惧和天下无敌的巨人战士。

二
《巨人传》——大境界下的大智慧

《巨人传》全名为《迪普索德国王庞大固埃及其骇人的传记，经五元素的抽象法学已故的阿尔科弗里巴编撰恢复原样》，简称《卡冈都亚和庞大固埃》。全书共五部，第二部是1532年出版，第一部是"卡冈都亚"，1534年出版，1546年在出版第三部，1548年出版第四部，1552年被巴黎最高法院判定为禁书。该书的最后一部是在拉伯雷死后的1562年才部分出版，直到1564年全书出齐。

《巨人传》是一部高扬人性、讴歌人性的杰作，它鞭挞了法国封建社会的弊端，代表新兴资产阶级发出呐喊，充分体现了人文主义者对人、人性和人的创造力的肯定。在小说中，拉伯雷痛快淋漓地批判教会的虚伪和残酷，特别痛斥了天主教毒害儿童的经院教育。小说中提出"依愿行事"的口号，体现了作者的人文主义理想，充分反映了新兴资产阶级的愿望和要求。书中塑造了高康大、庞大固埃等力大无穷、知识渊博、宽宏大量、热

注释　① 费尔南·布罗代尔著，肖昶等译：《文明史纲》，广西师范大学出版社2003年版，第319页。

《巨人传》封面

爱和平的巨人形象，体现了作者对文艺复兴时期新兴阶级的歌颂。本书横扫贵族文学矫揉造作的文风，给当时的文坛带来生动活泼、贴近生活、雅俗共赏的清新空气。拉伯雷在《巨人传》中通过一对巨人父子的生活和治国经历，在否定封建专制制度和陈腐教会的同时，建立起一个充满欢乐和自由的理想乌托邦。而拉伯雷采用的是非同寻常的手法，被评论家冠以"民间笑谑文化"和"狂欢式诗学"之名。作者随着《巨人传》故事的展开不断的表述自己的观点，边叙边议，点破实质。①

巨人传的主要内容是：

第一部：卡冈都亚和庞大固埃是一对巨人父子，他们生活在遥远的国度，拉伯雷在描写庞大固埃从出生到成年的过程中，就有相当多违背常理之事，例如，他是从母亲的左耳出生，一出生就能说话，高喊"喝！喝！喝！"而他的父亲当即就给他喝下很多的酒。这一个情节被认为包含着渴求知识，渴求真理和渴求爱情的人文主义思想的呼喊，而这酒则代表着知识、学问和真理。《巨人传》结尾时，那个神奇的瓶子也发出"喝"的声音，开篇和结尾都强烈地表达了作者的心声。

庞大固埃是一个巨大的婴孩，他父亲精心为他挑选服装的颜色，庞大固埃的服装以蓝白两种颜色为主，他父亲认为白色象征欢乐、欢心和欢娱，而蓝色意味着蓝天之上的极乐世界、虽然这两种颜色和谐漂亮，但在封建

注
释

① *Reading About the World, Volume 2*, p. edited by Paul Brians, Mary Gallwey, Douglas Hughes, Michael Myers, Michael Neville, Roger Schlesinger, Alice Spitzer, and Susan Swan and published by American Heritage Custom Books

专制的纹章学家那里，这两种颜色被规定象征诚信和坚贞，这种解释死气沉沉、毫无生气。拉伯雷借此抨击这种陈腐之说，他认为这种仅凭借个人的一孔之见就指定颜色的含义的做法，"只有专制的君主才如此霸道，将自己的意志当作真理，这不是智者和学者的态度，智者和学者是有理说理，以理说服读者；说他愚昧吧，他自以为不用进行必要的解释和根据，就可以误导别人按他的主张制定自己的纹章。"① 为了证明自己的颜色观点符合事实，拉伯雷还以自然界和希腊罗马史等各方面事例加以详细解释，自然是醉翁之意不在酒。庞大固埃的其他服饰和玩耍，也颇有用意，如庞大固埃的手套是用吕丹与狼人的皮制成，吕丹和狼人是两种传说的妖怪，这原本就匪夷所思，但作者却说这是按照圣卢昂修道院术士的秘方来制作，其褒贬自在其中。巨人卡冈都亚从小智慧非凡、悟性超群，但自从教于一名诡辩学的大师后，花费了五十多年的时光，学习神学、礼法和一些乱七八糟的书籍，仅所需用的文具盒就足有七千多公担重，那位诡辩大师教他拉丁语的《语法课本》，还有杂家评注，一读就是十八年又十一个月，其实这些东西庞大固埃一看就懂，他明确告诉母亲《语法课本》根本算不了什么学问。学习《历法》又花费了 16 年两个月，虽然卡冈都亚刻苦用功、埋头读书，但却没有丝毫长进，反而变得越来越"疯疯癫癫、呆头呆脑、糊里糊涂、傻里傻气"。见到人就哭起来，连一句得体的话都说不出来。拉伯雷揭示了教会把持下经院式教育的弊端。中世纪的教育特点是宗教化和理性化，拉伯雷并不是专门研究教育，基于感性和直观的思维方式，就敢于确定这种教育没有任何益处，是误人子弟和愚蠢的，结果只能"毁坏聪颖高尚的天资，浪费青春年华"。事实上，文艺复兴时期经院式教育已经走向没落，以宗教为核心的知识范围远远不能满足社会发展的新需要，诵读式的学习方式呆板枯燥，死记硬背，而新兴的世俗教育增加了很多新的知识领域和新的教育方式，其优势越来越被新型的人文教育所认可。拉伯雷虽然不能从根本上指出中世纪教育的实质，但他从直觉上认定学习的目的绝不

① 拉伯雷著，杨松河译：《巨人传》，译林出版社 2002 年版，第 39 页。

是死记硬背的书本知识，这些知识在实践中既无用又有害。

国王卡冈都亚由于受到的是经院式的教育，变得愚蠢无知，经人指点，来到巴黎接受新型的教育。首先，教师改变了他的不良生活习惯，使卡冈都亚完全忘记以前老师教给他的东西，教师还找来当地的学生和他接触，使他受到新的启发，看到别的优秀学子，卡冈都亚激发起学习的积极性，要实现自身的价值。从此，他每天不在那些无用的事情上下工夫，而是发奋用功学习，真正理解书中的内容，包括那些难点和疑点。他学习的知识在当时非常广泛，包括圣经、文学、语言、数学、医学、天文、音乐等很多门类，但由于方法得当，学习兴趣始终不减。除此之外，他还参加各种有益于身心健康的体育活动，如皮球、手球和三角球等，他感到锻炼体力的同时更增长了智力。在学习之余，庞大固埃还观察天象，了解日月经天，更有意义的是他们经常在一起把学习的知识联系实际进行讨论，每次都能花两三个小时，甚至在餐桌上还在讨论问题，在给他们安排的休息时间里，他都不忘记背诵几首维吉尔的诗歌来陶冶性情。

丰富多彩的实用学问彻底改变了卡冈都亚，他每天都有长进，终于成为一个知识渊博、气质高雅，而且活泼健康的青年国王，直到他的儿子庞大固埃的教育都延续了这种既实用又丰富的传授方式。这些教育思想和做法，正是人文主义者极力倡导的新型教育，作者以这两种教育形式形成鲜明对照的对比结果，证明误人子弟的传统迂腐的教会学校，应当立即予以剔除。拉伯雷的这一阶段的故事生动有趣，令人愉快，具有充分的说服力。在16世纪中叶，人文主义教育理念业已成熟，各个世俗大学已经成为培养新兴人才的基地，拉伯雷虽然讲的是"巨人"的故事，但实际上却在为人文主义教育歌功颂德。

接下来，卡冈都亚在巴黎受到良好的教育，过着快乐的生活，可是在此期间，邻国国王毕可罗寿侵犯他的国家，生灵涂炭，危机万分，卡冈都亚接到父亲的来信，立即回国抵抗外敌，在国内他偶然结识了一个叫约翰的修士，成为朋友，卡冈都亚组织军队作战，约翰积极参战，结果将入侵者赶走。为了表奖约翰的功绩，身为国王的卡冈都亚专门为约翰建造了一所新型的修道院，名为"德廉美修道院"，以褒奖约翰修士的乐观、正直和开放精神，这座修道院按照新的教育方式，吸收男女青年们摈弃传统礼仪和愚蠢的行为，学习科学知识，培养良好道德。德廉美修道院又成为《巨人传》中一大亮点。

很多文艺复兴学者都按照自己的观念构建出心中的理想国，拉伯雷的德廉美修道院是其中之一。"德廉美"一词是作者根据希腊文"愿望"虚构的地名，设定在著名的卢瓦尔河流域，这里风光迤逦，水草丰美，被拉伯雷选做实现自己理想的天地。从英国托马斯·莫尔《乌托邦》、康帕内拉的《太阳城》、克里斯蒂纳·德·皮桑的《妇女城》，再到拉伯雷的德廉美修道院，理想国的设计反映了新兴资产阶级为自己勾画未来社会的美好蓝图。

德廉美修道院与传统的修道院截然不同，实际上它是一座自由生活之城，这里的特点非常突出：首先，大门上题写的诗公开欢迎光明正大的、进财有道的、善良快活的，不论高低贵贱一律准予入内。相反，坚决禁止那些道貌岸然的伪君子、假的苦行僧、哭穷的富翁、贪官污吏、放高利贷的坏人以及道德败坏的家伙们踏进半步。

其次，没有男女区别，拉伯雷认为："由于女修道院男人不可涉足，除非偷偷摸摸，暗中行事，所以新修道院将规定：有男必有女，有女必有男。"

第三，没有钟声管制，因为"世上最愚蠢的事情，莫过于只听从钟声来管制自己，而不按高明的理智进行安排。"

第四，没有行动限制，出入自由；没有独身局限，可以公开结婚。

第五，鼓励发财和享受，吃喝玩乐作为人生重要的内容。

在德廉美修道院，还有一系列惊人之举，比如，它的建筑豪华无比，风格迥异，既有美丽的希腊雕塑和古典建筑，也有生机盎然的运动场和野生动物园，在漂亮的图书馆里，藏有希腊文、拉丁文、希伯来文、法文、意大利文和西班牙文等各种书籍。

在德廉美修道院生活男女的生活方式尤其令人惊叹：他们拒绝以往修行者那样的粗茶淡饭，自找苦吃，这里的人衣着华丽，色泽和谐，风度翩翩。他们按照自己的意愿起居生活，由于受到良好的教育，他们从善如流，疾恶如仇。人人才高博学，见多识广，且都有很多爱好，吹拉弹唱，无一不通，每个人都能讲五、六种语言，写诗作文更不在话下。当然，健康的体魄是他们快乐之本。他们在自由愉悦中生活,相亲相爱,直到临终岁月。

总之,一句话,德廉美修道院的院规只有一条:"做你愿意做的事。"这句话在那个时代不啻于石破天惊。因为此时的法国天主教会迫害宗教异端最为严酷,人文主义者备受迫害,除了教会的特权以外,几乎任何人都不可能完全做自己愿意做的事,如果做了后果是不堪设想的。拉伯雷为人们勾画出这幅如此美好的图画,只有在以人性为本的自由国度里,人们才能真正享受到快乐幸福。当然,这种没有一定经济政治基础的"美好社会",无论在何时何地,都是如此的虚无缥缈,如此的让人望尘莫及……拉伯雷无法意识到这个乌托邦实现的困难,这需要社会的彻底变革和人类精神的彻底解放。

另外,《巨人传》中的巨人国本身就是一个理想国,这里的三代国王个个敦厚善良,没有尊卑高下的等级观念,他们从不在深宫高墙里颐指气使,也没有百姓拜见时三呼万岁之举。国王与百姓交朋友,甚至和百姓一起大吃大嚼,其乐融融。作为国王,他们具有聪明的头脑和健康的体魄,国王的职责是秉公办事,体恤民众。拉伯雷笔下的国王完全摘掉了封建社会的等级身份。而等级制度是维系封建制度统治的关键环节,它决定了王权和以下不同阶层相互之间的维系关系,也是资产阶级最先要打破的思想观念。

拉伯雷的理想国无疑是要表现现实中限制自由、桎梏精神的不合理社会现象。16世纪,法国深刻的社会矛盾背景给了作者犀利的眼光,拉伯雷站在新兴资产阶级立场上否定现行的封建王权的政治制度,这是《巨人传》严词否定和批判的第一对象。百年战争、侵犯意大利的战争和宗教改革给法国本身带来了一次次创伤,国库空虚、疾病蔓延、民不聊生,以佛朗索瓦一世和查理五世为代表的君主王权,只是一味地靠武力征服来获得国土和财富。但事实上,他们的低能并没有收到预期效果。拉伯雷在《巨人传》中有意安排侵略者的失败,有明显的含义。他借卡冈都亚之口,指责那些犯别国的战败者:"不满足自己拥有的财富,疯狂入侵……国土,对……大肆进行洗劫,你们的父兄乃至你们自己,至今对此津津乐道,歌功颂德之声甚嚣尘上。"他认为造成侵略的原因首先是由于首脑的"狂妄",还有周围人的"麻痹大意,没有及时阻止"侵略者"头脑发疯的无理取闹",还有就是谋士、统领、官吏和奴才走狗们的"极尽鼓动、吹捧和策划之能事，才使他们跑出国门来骚扰我们"①。法国王权虽然开始支持新教改革，但得到教皇的好处后，转而维护教皇利益，这种立场的转变也是封建王权与教会同流合污的例证。

拉伯雷还针对法国王权为了应付巨大的战争费用，不惜以各种苛捐杂税来搜刮民财，以及那些腐败的司法制度进行了无情的抨击。他认为那些苛捐杂税就如同"财政压榨机"，"把葡萄压得这样干净，连一点儿汁水也没有剩下"。

拉伯雷在写完这部《巨人传》后，赶紧离开里昂到外地躲避，待迫害稍稍平息后，才再次返回里昂。即便如此，拉伯雷仍然有遭到教会严厉制裁的危险。他在书中昭示出他最期盼的宏愿：人何时能够消除各种羁绊和压制，像德廉美修道院里面的人那样自由和快乐地生活。

第二部从卡冈都亚的儿子庞大固埃讲起，庞大固埃出生时，气候干旱，人们干渴难耐，庞大固埃的名字中庞大（Panta）是希腊文"极大"的意思，固埃（Gruel）在方言就是"怪渴"的意思，寓意着庞大固埃将成为渴人国的领袖。庞大固埃自幼聪慧，有双倍的悟性，记忆力超群，而且他天性自由，从一出生就显示出与众不同的行为与性格，除了惊人的食欲和力大无比的淘气外，还有迅速的长大。父亲卡冈都亚认为：无知是一种耻辱，要培养儿子成为"全知全能"的人，因此，他没有再让儿子接受自己以前的经院式教育，而是直接把儿子送到法国人文主义教育中心——巴黎普瓦蒂埃的大学和布鲁日的大学，学习各种科学知识，还包括古代文字、古代法学、古代数学和建筑等。在布鲁日的法学院，庞大固埃非常赞赏古罗马时代的《查士丁尼学说汇编》，他认为："世界上恐怕没有比《查士丁尼学说汇编》更出色的了，其文辞何等清丽，何等典雅，何等动人啊；但说到它的花边，说白了就是阿库索斯的注释，简直肮脏透顶，卑鄙无耻，臭不可闻，不过是一堆烂狗屎。"那个阿库索斯是中世纪意大利法学家。在游学巴

注释　① 拉伯雷：《巨人传》，译林出版社 2002 年版，第 156 页。

黎的过程中，庞大固埃被那里的一切新鲜事物所吸引，还结交了一个叫巴奴日的朋友，他们在一起玩乐，对那些神学院的神学家和教士们恶作剧，令他们当众出丑，好不快活。庞大固埃在教皇直接管辖的阿维尼翁，不到三天就谈起恋爱，因为拉伯雷写道："那里的女人非常喜欢与男人调情，不愧是教皇的直辖区。"庞大固埃在巴黎看到书院里有很多书籍，非常感兴趣。经过这样书本与实际结合的学习，庞大固埃迅速成长为知识广泛、思想新潮且心地善良的新人类。到后来，邻国渴人国又一次进犯，庞大固埃立即回国，迅速地消灭了渴人国。

在这里，拉伯雷再次肯定新型教育的作用，他所说的那些大学都是当时名声大噪的大学，仅巴黎西南的普瓦蒂埃大学区就有大学生四千多人。他还对复兴古典文化给予充分肯定和赞扬，而对神学和教士则不遗余力地加以讽刺揭露。

第三部描写庞大固埃在渴人国里推行新政，受到国人拥戴，成为一个理想的君主。而巴奴日为了解决自己的婚姻问题遍访周遭，包括女巫、诗人、术士、神学家、哲学家、医生和疯子等，虽笑料不断，但一无所获，得到的只有对于女性的混乱观点和偏见。庞大固埃决定去寻找真正的"神谕"。

第四部和第五部写庞大固埃和巴奴日、约翰等朋友为探讨婚姻的利弊，远涉重洋，寻找一个神瓶，经过许多离奇古怪的岛屿，阅尽人间罪恶，终于在灯笼国找到了"智慧源泉"的神瓶，这个神瓶的启示只有一个字：喝。根据法国研究拉伯雷的著名学者法朗士的解释，并得到其他各国学者的认可，这个"喝"字意思为：请你们到知识的源泉那里……研究人类和宇宙，理解物质世界和精神世界的规律……请你们畅饮真理，畅饮知识，畅饮爱情。这个"喝"字可以说是拉伯雷发自心底的呼喊，人类不能再愚昧下去，只有掌握知识、掌握真理的人才能掌握世界，新兴资产阶级人文主义的政治理念彰显无疑。

拉伯雷历时二十载"风刀霜剑严相逼"完成《巨人传》的创作，成为文艺复兴时期最具有感性色彩和狂欢色彩的经典之作，"打破许多壁垒而闯入常规生活和常规世界观的许多领域……整个文学都实现了十分深刻而又几乎无所不包的狂欢化。"①

三

《巨人传》的思想艺术特色

1. 鲜明的戏谑色彩

自 20 世纪以来，《巨人传》被西方学者冠以笑谑文学的典范，其笑谑对象最主要的就是教会下经院式的迂腐教育，可谓是淋漓尽致，效果极佳。例如，嘲讽卡冈都亚在经院式教学下，仅一个方块字母就学了五年三个月，《历法》学了十六年两个月，《拉丁语法》学了十八年十一个月，连老师都教不下去，得了梅毒一命呜呼。卡冈都亚由于学了这些无用之物，竟变得如痴如呆，"只见他帽子遮着脸面，像一只奶牛似的哭将起来，休想从他口里套出一句话来，真是鬼子打死驴，半天打不出个屁来。"这种笑谑背后是一种切肤的痛恨，随着封建制度江河日下，其政治经济文化教育都显示出陈腐与落后，而人文主义的新型教育培养出知识全面、思想开放的人才，社会的进步只有依靠这些新人才有希望。作者的目的在于，通过无情的嘲讽和讥笑，使人们在笑过之后醒悟过来，认清其弊端，并倾力将其革除。

笑谑在《巨人传》里比比皆是，两个巨人从小到大的经历中到处都是连篇的笑话，这种笑谑包含着拉伯雷对人民深深的久远的爱。16 世纪的法国社会，到处弥漫着宗教恐怖的气氛，人民大众都不敢轻易言笑，生活在紧张和乏味之中，作者自己更是屡屡遭宗教迫害。作者用最适合的形式，使《巨人传》给更多的人们带来欢笑，这是他最大的希望，为了博大家一笑，拉伯雷宁可自己扮作小丑。

2. 粗俗与文雅并存

在文艺复兴的文学作品中，绝大多数作品以时尚文雅和贵族化的语言为主，而独拉伯雷以粗俗的语言成为《巨人传》的突出特点，以研究拉伯

注释　① 巴赫金著，白春仁等译：《巴赫金全集》第五卷，河北教育出版社 1998 年版，第 171 页。

雷著称的文学理论家米哈伊尔·巴赫金（Mikhail Bakhtin，1895—1975年）对此有着精辟的解释，他将这种语言风格定性为狂欢诗学，他在《拉伯雷研究》中认为中世纪和文艺复兴时期的人实际生活在两个世界里，过着两种生活，一种是常规的、严肃的、充满着宗教虔诚、恐惧感和等级制度的生活，另一种是以非现实生活出现的、广场式狂欢式的生活，在这短暂的以民间节日形式出现的生活里，充满了狂欢和大不敬，一切人和事都为所欲为地进行，而语言也呈现为一种边缘性的语言，即广场化的语言，包括插科打诨和打情骂俏，降格以求更加粗俗不雅的污言秽语，以及在言语中涉及生殖器、肚腹、屎尿、病患、口鼻等肢体的话语。[①]拉伯雷在作品中使用了许多的属于此类的粗俗的广场化语言。但这种广场化语言最突出的特点是它的双声效果，即夸中有骂，骂中带夸。与粗俗对应的是文雅，在拉伯雷的观念中所谓代表主流文化的文雅是官方空洞呆板的话语和陈腐僵化的观念，经过权力渗透和整合的官方语言，不可避免地要造成社会的紧张和民众的恐惧。而且，在一切官方化的语言中，只有单一性的肯定和否定，而没有双声效果。因此，被拉伯雷所不屑和鄙视。有意大量运用边缘化粗言俚语，就是用这种笑骂混合的双声效果达到讽刺抨击和良药苦口之目的。尤其是用粗俗放肆的语言嘲讽基督教教会的虚伪丑陋，庞大固埃式的尽情欢娱和宣泄来肯定人性高于神性的观点，看似癫狂放肆，却狂而不滥，放却不过，加之他快速急切的口吻和连续不断的思路，似乎是一气呵成之作。但写作的顺序是颠倒着写，人物性格较明显的变化，观点也有相佐之处，又给人很不连贯之感。或许，这就是拉伯雷这个与众不同的文学家刻意追求的表现手法。

拉伯雷在《巨人传》中大量使用这种边缘化的民间语言，这种俗文化与官方权威的主流文化相违背，却更加接近百姓口味，博得了倾向于人文主义者的弗朗索瓦一世等大量读者的喜欢。据说《巨人传》头两个月的销量等于《圣经》九年销售的总和。但是，却被那些卫道士们视为洪水猛兽，

注
释

① 巴赫金著，白春仁等译：《巴赫金全集》，河北教育出版社1998年版，第370页。

一再被明令禁止,这足以证明《巨人传》看似满篇笑谑粗俗的民间话语。但这绝非仅仅娱乐性的感官愉悦,它对官方的文化产生了巨大的动摇和撞击,对于当时法国的压抑的社会现状更是一种幽默的对抗。"拉伯雷欣喜于自己身体中内脏的能量战胜了理性的控制。笑就是其中之一,拉伯雷一直嘲笑教士们的严肃性,嘲笑知识分子和不管什么形式的思想体系。"①近代文论家斯坦纳曾经说过,人为什么会笑? 当我们看着两种不同的逻辑相撞,事物的矛盾与荒诞即会出现,这时候就会有喜悦产生。因此,任何一个这种相撞的笑,都是心灵上的一次小革命。在看似不正经的表象下,也同样会让人茅塞顿开。如同西班牙作家塞万提斯用大笑宣告骑士制度死亡一样,拉伯雷响彻广场的笑声,也在宣告封建制度的堡垒就要彻底垮塌,新时代的曙光即将照耀天下。

3. 民间文化与精英文化的统一

《巨人传》被视为与民间文化的代表作,但拉伯雷绝不是一般意义的民间文化代表。首先,他是法国文艺复兴时代杰出的人文主义代表。人文主义者的特点是对于古典文化和新知识的掌握方面在社会之前列,属于那个时代的精英。诚然,以人为本的精英文化是文艺复兴时期逐渐确立起来的观念。伴随着人文主义者崇尚人自身的觉醒,人们依靠自身来衡量世界,人才是宇宙的精华。掌握知识才有话语权,人文主义者作为那个时代拥有最新颖和最广泛知识的代表,足以瓦解神权、蒙昧和禁欲等传统权威,必然要走向社会舞台的中心,取代原有的神学权威。

其次,拉伯雷本人又是超越一般人文主义知识范畴的百科全书式的学者,他具有文学、医学、天文地理学、哲学、法学、神学和希腊文、拉丁文等多方面知识,如此博学之人在当时人文主义学者中也是少有的。如果没有丰富知识底蕴,《巨人传》不会至今仍有令人费解的谜团。拉伯雷一方面是以自己的知识向社会加以施舍,以满足社会上对于知识的需求,另一方面对读者进行启迪,他构建的乌托邦理想国体现出他对精英意识的追求。

注释

① Paul F.Grendler, *Encyclopedia of the Renaissance*,Charles scribner's sons,1999,Vol.5 pp.204-205.

第三，拉伯雷作品体现了民间与精英文化的对立统一。如果说民间文化具有大众化意义，那么精英文化的特点是个性化，拉伯雷将民间鲜活的东西融会到文学作品中，使文学语言出人意料地采用粗俗的表现手法，其实在貌似放任的背后是呕心沥血的字斟句酌，思想上的异质与文本规范模式的破坏成为拉伯雷与众不同的最大区别。在拉伯雷作品里，民间与精英并不对立，民间是精英的强大后盾，按照社会发展的一般规律，人文主义者在开始上升阶段时必须依靠来自民间的支持。拉伯雷身上的先锋性和个性化体现出民间和精英的差异与和谐，具有这种驾驭不同文化特点的人无疑是聪明过人的。诚然，《巨人传》中在语言使用上有"过量"之嫌，在该书被大量阅读之后，形容词"拉伯雷式的（Rabelaisian）"，用来形容特点为浪费过度的粗俗的幽默文章的词汇，并进入了英国词典。

关于弗朗索瓦·拉伯雷，我们迄今不能解答的问题还有很多，例如：

拉伯雷由于《巨人传》成为文艺复兴最伟大的作家之一，他和塞万提斯、莎士比亚并称为"母体天才"，然而别人都得到掘地三尺的理解和研究，为何他的经历却至今仍有诸多空白？或被重重谜团笼罩？

拉伯雷有超凡的创作天赋，为何却只留下一部《巨人传》？

16世纪法国是诗歌的鼎盛繁茂阶段，备受冷落荒芜的散文领域却何以冒出来一位饕餮巨人？

……

我们希望能有一天，真实、深刻、生动的拉伯雷能透彻、清楚和公平地站在世界文坛上。文艺复兴时期的法国，由于诗歌受到重视，七星诗社的年轻诗人们大展身手，形成一个提倡以法兰西语言创作诗歌的高潮。相比之下，散文等却备受冷落，直到拉伯雷和另一位思想巨人的出现，才使冷清的散文领域一时热闹起来。《巨人传》泽被后世，拉伯雷成为文艺复兴时代特立独行的文学巨人。他奉献出全部的智慧与生命，以《巨人传》的形式奉献出欢乐和轻松，而他自己的面孔上却弥漫着苦涩与悲哀。我们仿佛看到：拉伯雷戴上小丑的面具，带给了世界的欢乐，引起了敌人的仇恨，也遮住了自己的爱与痛。中国一位当代诗人曾经说过："黑暗给我黑色的眼睛，我却用它来寻找光明。"拉伯雷无疑是在黑暗中寻找光明的那个人……

第四节 法国人文主义思想的代表——蒙田

米歇尔·艾康·德·蒙田（Michel de Montaigne，1533—1592年）是法国文艺复兴时期又一位"巨人"。蒙田在人文主义思想、教育、认识论、心理学、历史学和美学等领域都有卓尔不群的贡献。他持有"一种明快的自由思想"，即便是现代人也很容易就能够接受和理解。可以说，蒙田的《随笔集》是一钵味道鲜美、营养丰富的心灵鸡汤，是世界文化思想宝库中的精品之一。

蒙田像

一

自由与思考的一生

佩里戈尔地处法国南部，虽然不属于经济繁荣的沿海地区，但具有悠久历史和灿烂的文化，在附近的韦泽尔峡谷有石刻画的岩洞群。1533年2月8日，当拉伯雷的小说《巨人传》第一卷在里昂问世，人文主义在法国已经绽放出明艳的花朵时，佩里戈尔一个殷实开明的贵族家庭里，蒙田呱呱落地。蒙田的父亲有着新潮思想和远见卓识，他参加过征服意大利的战争，担任过波尔多市的市长，他幸运地接触到意大利文艺复兴的古典文化，并对此狂热崇拜，因而也启发他用一种新型的方法教育蒙田。据蒙田回忆，他的父亲为了使儿子接受到更好的教育，专门请一位德国人做儿子的家庭教师，其主要职责就是在蒙田咿呀学语时即把拉丁文作为母语来学，而法语和佩里戈尔方言则是在以后才学会的语言。其结果即是蒙田自幼就能够熟练阅读古典经典作品和用拉丁文来写作。

为了使蒙田不至于因语言问题而在别的方面落后其他同龄人，蒙田的父亲亲自把他送到波尔多市的居耶那中学，这所学校不乏出类拔萃的教师，还有很出名的人文主义者，但却不符合蒙田的口味，他觉得最好的学校在独立和古怪的孩子看来，从来是"监禁青少年的牢房"。在居耶那中学就读期间，蒙田只是对书感兴趣，他醉心于奥维德的《变形记》、维吉尔的《伊尼特》等古典作品，并被深深的感染和惊讶，古代希腊罗马思想精粹在蒙田年轻的心里开始生根发芽……

据蒙田描述，他的家族素以"英勇"著称，蒙田也以军人为向往的天职，并怀有一腔政治抱负。中学毕业后，他开始学习与军人职业更为接近的法律，在家乡佩里戈尔和波尔多的法院任职，但他很快就厌倦了这种"极不牢靠"的职业，那些滥用职权、无知和执法犯法的现象令蒙田忍无可忍，蒙田在法官的职位上做了13年。在《随笔集》中，他回首那段法官生涯可谓是失望至极。正义理性的蒙田，做到了宁愿有负于法院，也不肯愧对民众。当然，这个期间他结识了他的妻子和很多有知遇之恩的朋友，如他一生的挚友拉博埃西（1530—1563年）。他是杰出的法官，信奉古代罗马多葛派哲学思想，廉洁奉公，真诚坚定，与拉博埃西的友谊影响了蒙田的大半生。蒙田对于纯粹的理论研究并不看重，但受到朋友的影响，也崇尚斯多葛派的理论和斯多葛式的英雄，无论是哲学家、皇帝还是奴隶他都敬佩不已。他们之间这种无可比拟的友谊直到1563年拉博埃西去世才中断，但蒙田依然在好友留下的著作和藏书中继续吸吮着他的思想精神。蒙田第一次的文学活动就是出版拉博埃西的拉丁文和法语诗歌以及希腊语著作的译本，以悼念这位年仅32岁就离开人世的良师益友。

也许是那个时代英年早逝的才子比比皆是，好友的离世使他心灰意冷，1570年，年仅38岁的蒙田竟产生了迟暮之感，他再也无法继续这种在他看来毫无意义的工作，辞去了法官的职务，回到了家乡定居。他继承了父亲留下的较为丰厚的遗产，还有一个同样给他带来财富的婚姻。此时的蒙田终于可以抛开一切压力和束缚，尽情地享受自由自在的生活。

蒙田的隐退是对社会的一种逃避，一方面是社会的不公平合理的现状摧毁了蒙田从政的志向，另外也显示出文艺复兴时期知识分子脱俗清高的气质。1571年，他辞职后做的第一件事情就是前面所说的出版亡友的作品，从而开始了清新雅致的文学之路。清净的生活并没有带给蒙田清净的心态，原本想在清净中度过余生，却发现自己的思想如脱缰的野马一样纵横驰骋，每天沉浸在思考之中。昔日好友拉博埃西留给蒙田的书籍如一股清泉，源源不断地注入进他的心田，他要用独特的方式来表达自己的思想。在当时，模仿古代作品是一种时尚，蒙田有拉丁文的良好基础，从小就熟悉古代不同类型的著作，熟悉那些出自名家的道德或历史著作的写作风格。然而他不想跟在古人后面亦步亦趋，骨子里浪漫超脱的蒙田更喜欢的是生动活泼的诗歌文体，他希望博采古人之长，将不同载体的特点融为一体，《随笔集》就是这样展开了脱俗超群、多姿多彩的画卷。

1580年，两卷94篇的《随笔集》在波尔多出版，之后蒙田走出家门，踏上了德国和意大利的度假旅行，圆自己对于文艺复兴的胜地、对古罗马时代的梦想，这也是当时每一个人文主义者所向往的地方。在罗马，他觐见了教皇，获得了"罗马市民"的称号，他为教廷图书馆所拥有的珍贵手稿而惊叹不已，并将《随笔集》送给教廷的圣职部审查……这次意大利之旅不仅带给他丰富的人文经验，更有身心无比的舒畅和愉悦，几乎达到乐不思蜀的程度，若不是还有一个职位等待着，蒙田一定会在意大利逗留更长的时间。

1581年10月15日，蒙田回到家乡就接到国王亨利三世的亲笔信，要他尽快赶到波尔多，走马上任波尔多市的市长一职。蒙田在市长的职位上可谓是尽心尽力，得到市民的拥护，连任两届。但在第二届任期将满时，波尔多市发生了可怕的鼠疫，出于谨慎，蒙田没有再承担此任，离职回到家乡，重又以一个普通人的身份生活。不久，由于国王的军队为压制新教而将他的家乡抢夺一空，鼠疫也在波尔多地区肆虐横行，往日以盛产葡萄酒闻名的波尔多地区葡萄园荒芜，人们流离失所。直到这一切都恢复和归于平静时，蒙田才又开始了他《随笔集》第三卷的写作。

1588年，饱蘸丰富阅历和坎坷滋味的《随笔集》第三卷13篇就绪，蒙田来到巴黎洽谈出版之事，恰逢那一天民众起义反对亨利三世，亨利三世逃离巴黎，而蒙田由于众所周知的与国王过从甚密而被捕入狱。他被放出来后，结识了一位崇拜他的德·古内小姐，收为义女，这多少弥补了他个人生活中的缺憾。此后，蒙田对身外之物越发地厌倦，结石宿疾也越发严重，他只好蜷缩在自己的城堡中，一心致力于修改《随笔集》。1589年到1592年间，他为新版《随笔集》增添了一千多项内容，其中四分之一涉及他的生活、爱好、习惯和思想。他的书越来越带有个人的色彩，在写作的同时，一个新的蒙田被他自己塑造出来。

1592年9月13日，一位天才的灵魂飞升而去，而他杰出的思想却永远地留在人间。

二

来自乡间圆塔藏书室的《随笔集》

1595年，百万余字洋洋洒洒的《随笔集》，经过蒙田的义女德·古内

蒙田故居

小姐整理充实而最后完成。这位杰出人文主义思想家的思想光辉，来自于简陋的藏书室里。蒙田写作的城堡坐落在卡斯蒂翁镇里，那圆塔的三楼里有一间幽暗简陋的藏书室，蒙田就在这里伏案疾书，十几年间的辛勤劳作，写出字字珠玑、篇篇美文，人文主义思想的光辉从这个城堡中向全世界照耀，为人类的心灵增添一份颇有分量的砝码，掬一捧清新的光辉。诚然，梳理蒙田的思想脉络十分困难，众多评介更是见仁见智，谨依照近

年来学者观点介绍如下：

首先，对于人的研究是蒙田最为倾力投入的问题。与同时代人有所不同的是，蒙田对宗教没有更多的热情，他说："我的头脑最主要、最辛勤的工作，便是研究自己。"他本人就是书的素材，蒙田把自己平常生活的感悟写将出来，包括性格、身体状况、爱好、日常交往、争论、名誉以及男女之间的关系等等，用他的话说就是展示给公众一幅完整的自我画像。这在当时是极少见的。他研究自己是以古典作家的理论观点为准则，以剖析自我来印证其理论观点的正确性，他非常认可一句古代格言："我们把内心思想交给他们审视。"①坚信通过这样的审视，能够指引我们走向道德的完善。

在《随笔集》107篇文章中，至少有94篇完全是针对人的思想、行为和认知而阐述。蒙田肯定人的存在与价值，据说在他的书房里，贴着古代罗马泰伦修的一句话：我是人，我认为人类的一切都与我血肉相关。蒙田将这句箴言作为自己思考问题的出发点，也是蒙田内心的真实写照。蒙田最受称赞之处是他指出了人类很多的通病，挖掘出很多思想的根源，使人们从中得到启发和共鸣。季羡林先生在序中认为，蒙田在第一卷第三篇《情感驱使我们追求未来》最值得注意，蒙田开宗明义地说："有人指控人类总是盲目追求未来，他们教导我们要抓住眼前利益，安于现状，似乎未来的事情根本无法把握，甚至比过去更难驾驭。"他引用塞内加的话：忧虑未来是可悲的。蒙田指出人类最普遍的一个错误，即不去面对现实，仅凭借情绪欲望去追求未来，这是不切实际和可悲的。蒙田认为人要有自知之明，要知道自己要做的事情，自尊自爱，自修其身。他又引用了西塞罗的话：蠢人即使得到想要的东西也从不会满足，智者却满足现状，自得其乐。他的这两个观点在西方流传了两千多年，也得到中国人的赞赏。

蒙田对于人的心理有独到的研究，他后来厌倦官场，"躲进小楼成一统"，独自反思人生和社会种种现象。他并不把这当做对生活的退缩，反而视为挑战。蒙田对苏格拉底极为崇拜，他认为在这样的生活中才能更加表

注释　① 蒙田著，潘丽珍、王论跃、丁步洲译：《蒙田随笔全集》上卷，译林出版社1997年版，第12页。

里如一，才能清醒和合理。他认为一个人的性格是通过一些看起来微不足道、鸡毛蒜皮的细节来得到证明，正如那些习惯性的和无意识的动作能够透露出人的个性一样。蒙田深知，为公众利益服务的热心可能隐藏着野心，一个人出于骄傲可能装得谦虚，当官为公的德行也可能够成为罪恶的私生活的遮羞布。一个人的缺点，与他当众扮演的"角色"之间常常是分裂开来的。在仆人眼中，其主人没有一个能称得上是英雄。蒙田的关于自私虚伪的见地至今仍是"放之四海而皆准"的真理。

关于如何对待死亡、性和习惯等，蒙田都有辩证、豁达和清醒的领悟和见解。例如对于死亡，蒙田认为："你的生命不管何时结束，总是完整无缺的。生命的通途不在于长短，而在于如何使用。有的人活得很长，却几乎没活过。在你活着时，要好好地生活。你活了很久，这在于你的意愿，而不在于你活的念头。你曾经认为，你不懈地前往的地方，永远也走不到吗？可是，哪条路没有出口呢？如果说友人相伴会使你轻松一些，那世界不是和你结伴而行吗？"① 对于性的问题蒙田十分坦率和关注，也因此有人认为蒙田是个享乐主义者。在《随笔集》上卷第21篇《论想象力》和下卷第5篇《论维吉尔的诗》等诸多篇幅都有这方面的探讨，尤其是在《论维吉尔的诗》中用了三万多字的篇幅来表述自己的一系列观点。他自认为年轻时性情过于活泼，直到人至迟暮，才越加清醒和理智。对于性问题，蒙田将它视为"生殖行为"，并且是极其自然，极其必要和极其合理的，他认为过去"生殖行为被我们用沉默包裹着保护起来，因而把它从沉默中拉出来——哪怕是为了谴责和审判——就成了罪过"。蒙田运用诸多古代学者的名言和论著，如维吉尔、奥维德、贺拉斯等人，借以说明自古以来男女之间爱情与性的复杂关系，尤其他对于女性的情感和道德给予公正的评价，他认为，爱情是一种需要互相联系、互相配合的交往；我们得到的其他欢乐可以用不同性质的酬报表示感谢，而爱情的欢乐只能用同一性质的东西来回报。蒙田认为在爱情上，给予的欢愉要比感受的欢愉更加令人神怡。他

注
释

① 蒙田著，潘丽珍、王论跃、丁步洲译：《蒙田随笔全集》上卷，译林出版社1997年版，第106页。

说"我们把世上最艰辛、最沉重的义务交给了妇女,却不承认她们的光荣"。

蒙田非常痛恨淫欲,他一针见血地指出这是源于危害人类心灵的一种最虚妄而又最严重的毛病,这毛病就是嫉妒。嫉妒是一种就连动物也有的感情,一个有嫉妒心的女人,是很可怕的,因为她会做出与动机完全相悖的极端行为。蒙田坦言,虽然性行为是人类一切行为中最重要、最有用、最令人愉悦的行为,但我们又把它看做一种无耻的、不光彩的行为,因而谴责它,逃避它,为它感到害臊,并主张戒欲。人类自己否定性行为不是很愚蠢的吗?基于上述,蒙田的结论是:男人和女人都是在一个模子里铸出来的,除了受教育和社会阅历的差异,他们之间没有很大区别。而指责异性要比原谅异性容易得多。蒙田的这个观点在今天依然是具有进步性和科学性。

其次,对于习惯,蒙田有个很生动的比喻,他说"习惯是一个粗暴而阴险的教师。它悄悄地在我们身上建立起权威,起初温和而谦逊,时间一久,便深深扎根,最终露出凶悍而专职的面目,我们再也没有自由,甚至不敢抬头看它一眼。"①他认为无论作为个人的习惯,还是作为一种政治制度的习惯,都是有害的,一旦这种习惯力攫取住我们心灵的成见,那么,我们就会因为习惯而看不到事物的真实面目。就如同习惯于君主制的人民,花费九牛二虎之力摆脱了某个君主的统治后,立即就会花费同样的气力再为自己找一个新的君主,因为已经习惯于君主统治而无法去憎恨反对。因此,当习惯成为一种权威时,人们的思想必然是墨守成规而不愿意去追求自由和自主。事实上,在《随笔集》中我们到处可以看到作者不流于庸俗的真知灼见,他对很多近在身边和远至世界的现象做出自己的判断,他对于古代思想家的言论信手拈来,运用在现实之中,拉近了读者和古代先哲们的距离,并以此为镜,蓦然回首,才发现自己被种种习惯缧绁束缚已久。

他对人类的认识持怀疑态度,后人将"我知道什么?"与蒙田紧密联

注释　① 蒙田著,潘丽珍、王论跃、丁步洲译:《蒙田随笔全集》上卷,译林出版社1997年版,第128页。

系在一起，就是因为这句话是他的座右铭。据说蒙田按照文艺复兴流行的做法，将这句话镌刻在一枚自制的勋章上，勋章的另一面则是一只摇摆的天平，作为这句话的形象体现。怀疑主义在古代就早已有之，皮浪（Pyrrhon，公元前365？—275年？）为其首创，苏格拉底也有"我一无所知"的名言，其他人的论著也很成熟。但到了中世纪时已经难见其踪，在基督教盛行的时期，上帝无所不知、无所不晓，始终是奉行的真理。文艺复兴时期怀疑主义逐渐被发掘出来，并且在知识分子堆里有支持者，相对说来，蒙田应该比一般人要较早熟悉和感兴趣。在人的认识能力方面，蒙田在荟萃前人观点的基础上，自成一体。事实上，他对宗教、政治等很多问题的认识都建立在怀疑主义基础之上。在篇幅最长的第二卷第12章《雷蒙·塞邦赞》中，他认为"人类的理性是一把双刃的、危险的利剑"，因为理性至上造成了人类的"狂妄和傲慢"，而这正是人类与生俱来的错误。与理性相比，蒙田更相信经验，认为经验可以弥补理性的不足，是理性的"唯一根据"。但无论是理性还是经验，都不是万能的，因为无论判断者还被判断者都处于一种不断变化和运动的过程中，"不可能建立任何确定的东西"。这篇长篇文论中进行了全面的阐述，提出人是一切生物中最软弱的一种，在很多方面甚至还不如禽兽，即便是人类引以为荣的理性也是虚妄和靠不住的。蒙田坚定地认为事物的本质，对于人类来说，永远是深不可测的，人类只能说"我知道什么"，而不能说"我不知道"，因为这仍然是一种肯定的说法。

蒙田怀疑主义思想对于否定宗教神权和经院哲学具有积极的意义，但应当看到其中还有消极保守的作用，而且怀疑主义也不是蒙田思想中的主导。其次，蒙田对古代历史、哲学和人物有深刻独到的研究，《随笔集》中有对古代历史文化和人物的专题研究，如对罗马帝国、古希腊神话、对西塞罗、恺撒、维吉尔等等，字里行间体现出蒙田渴望走近他们的心情，他说："多么希望能看见伟人们争论、漫步、晚餐！……我在阅读中曾看见他们生与死；如我们善于遵循，他们的榜样给我们的教益是极丰富的。"蒙田对古代诗篇崇尚备至，他认为当代"众多人写诗像写散文一般散漫，有气无力！然而古代最优秀的散文（我在此不加区别地将其当做诗篇）随处闪耀着刚劲和诗的大胆独创精神，再现了诗的狂貌。"[1]蒙田还曾主动要求成为一名罗马市的市民，他获取这个头衔，只是为了那古老的荣誉和对昔日权威的虔诚记忆。1581年3月13日得到批准，当印着豪华、烫金字的证书递到蒙田手中时，他激动不已，他认为罗马过去是，将来也永远是最高贵的城市，他乐意当这个最高贵城市的市民。[2]除了专门论著外，《随笔集》的绝大多数文章的观点也都旁征博引古希腊罗马时期的事件和哲人的语言，据统计，引用经典论述共计1264条之多。但与其他百科全书式的人文主义学者不同的是，蒙田并不把古典文化当做炫耀的资本，而更侧重于对个人的研究。在这方面，蒙田属于另类的人文主义者。他最关注于人，包括人的个人、人性、人类乃至世界，这也是文艺复兴时期人文主义思想家最突出的特点。

　　第三，蒙田是一个天主教徒，他完全赞同古希腊雅典人纪念庞培时所写的铭文："因为你自认是人，所以你同样是神。"基于上述理念，他对于宗教的看法更多的不是出自信仰而是自我思考。从这个角度说，蒙田不算是一个虔诚的教徒。他主张宗教宽容，反对宗教狂热和宗教迫害。他认为宗教狂热的结果是造成的文化损失，"比所有蛮族的火造成的损失都大"。至于宗教战争，则是王侯们"狂暴的、野心勃勃的事业"。在法国内战中，宗教问题只不过是一个借口，真正使王侯们行动的是"情欲和贪欲"。蒙田对于巫师的文章令人大跌眼镜，他为巫师辩护，认为那些审判巫师的证据都不"确凿"，蒙田把这些人视为病人，而不是罪犯，要给他们"解毒药，而不是毒药"。尽管蒙田没有明确他对巫师的态度，总是语焉不详，但他的见解使当时很多人震惊，而且就"解毒药"等进行过讨论。由于蒙田的宗教思想仍然是在怀疑论的基础上，有怀疑宗教权威之嫌，因此，《随笔集》在1580年获得罗马教廷的通过后，还是在1676年被列为"禁书"。

　　第四，蒙田在教育方面也有独到之解。在《随笔集》中，有专门讨论

注释
① 蒙田著，潘丽珍、王论跃、丁步洲译：《蒙田随笔全集》上卷，译林出版社1997年版，第254页。
② 同上书，第261页。

教育、书籍和学习方式等方面的文章。在上卷第25篇和第26篇中，着重谈到如何教育孩子。首先，他肯定渊博的知识和真知灼见并没有必然的联系，他同意法国七星诗社杜伯莱的"最伟大的学者不是最聪明的人"的观点。作为教育的目的，教育应该使人变好，而并非只是知识渊博。通过学习，我们变得更完美，更聪明。他列举古代波斯人的教育方法，波斯人注重培养孩子的贤达、公正、节欲和勇敢的品质，使孩子从小受到宗教信仰、真诚、控制欲望和无所畏惧的精神。作为教育者本身，应有合理、恰当的教育方法，而柏拉图的教学法被蒙田认为是应该学习的，他认为老师应该教学生崇尚美德，还要教他们崇尚爱情，让美德和爱情充满他的意愿，使学生热爱生活，热爱美丽、荣誉和健康。他赞成在孩子接受教育时远离父母，在艰苦中锤炼他们的心灵和他们的肌肉。同时，也要考虑孩子本身的接受能力，蒙田认为"强迫孩子做超越他们本性的事，是很难很难的。常有人用很多时间，孜孜不倦于培养孩子做他们勉为其难的事，因为选错了路，结果徒劳无功。"①

蒙田这些教育观点中不乏令人深思的至理名言，虽然他所指的教育对象主要是贵族子弟，但很多观点如注重道德教育、艰苦锻炼和不能揠苗助长等，同样符合现代社会的教育思想。

在《随笔集》中还有关于政治的论述，关于爱情生活的观点以及谈及琐碎的日常生活习惯等文章，这些作品文笔清新流畅、坦诚直率，风格纵横捭阖、独树一帜，意境由近及远、由浅入深。读蒙田的文章，如沐春风、沁人肺腑。《随笔集》无愧为文艺复兴时期经典之作。

三

从激情到冷静的思考

作为文艺复兴晚期的人文主义代表，蒙田的《随笔集》具有集思想性、

注
释
① 蒙田著，潘丽珍、王论跃、丁步洲译：《蒙田随笔全集》上卷，译林出版社1997年版，第165页。

知识性和艺术性一体的特点。而且他的创作是在民生凋敝、社会战乱的大背景下，早期文艺复兴代表那种激越、亢奋的情绪已经逐渐冷却，代之以平静和深邃的思考。在冷静的心态中思考人性与人生问题，《随笔集》中对于人的研究体现出作者对于历史阶段的新的高度认识，而且还带有某种超越，即世界意识。蒙田在人的研究中，是以一个智者的目光，观察和思考大千世界的众生相，芸芸众生，林林总总，将眼光扩大到自我世界以外的广阔的世界之中，这种世界意识和世界观念的文化特点在蒙田身上表现得相当突出。①

正如蒙田自己所说，《随笔集》是"第一个向公众展示包罗万象的自我全貌的人。"蒙田对于人的研究，主要对象是自己，展示自我的目的是为了思考自我和剖析自我，这种蒙田式的"自我反省"也是其他人所缺乏的精神。不管这种剖析的结论是否客观，但作为西方一种个性化的文化，蒙田是具有典型意义的。很多学者也一直认同蒙田的哲学观点，在怀疑主义的背后，他所追求的是一种客观的、宽容的和顺其自然的哲学。在深层文化意义上，蒙田与中国文化竟然有相当多的契合之处，中国学者愿意将蒙田与中国古代和现代的哲学家文学家相比较，就是因为他们之间有很多思想观点是相近的。如对自然的崇拜、对生命和知识的追问以及中庸思想等等。蒙田在中国学界始终是备受关注和研究的对象，也启迪了无数国人的心智，季羡林先生说到他还是一名学生时就被蒙田的作品所吸引，虽然已经年深日久，但印象犹存。自《随笔集》开始，蒙田创造出散文的经典形式，他用毕生的精力在表述思想的同时经营着独特的语言艺术，这正是《随笔集》的精华所在，也是有别于其他文学作品的特征之一。

"随笔"一词，法语原文是 essai，英文则是 essay，从形式上看是一个词，德语则将这两个词统统收入德文的词汇中，在英、法、德三国文学中这是一种体裁的名称。在中国，此种类型就有散文、随笔、小品等不同名称。但无论称谓如何，蒙田为我们展示出一种"最自由的文学体裁"是确

① P.博克著，孙乃修译：《蒙田》，工人出版社 1986 年版，第 3 页。

定无疑的。

　　说到《随笔集》的意义，为《随笔集》写序言的 P.米歇尔认为，《随笔集》不是写给少数人看的，也不是昙花一现，而是那些依然相信人类尊严的人永久而普遍的读物。也正如1999年美国版百科全书中所提到的：蒙田对于理解文艺复兴非常重要，为了在文艺复兴中创造和完善文学作品的类型（与规范的哲学作品相反的文学作品），他是非常认真负责的。随笔首次被蒙田用来称呼短篇散文论述。他将这一非正式的词理解为表达作家对生活和对自己的判断和观点的工具。而对于蒙田自己来说，这种新的随笔形式很必要，因为正是在这种形式的推动下，他探讨着"我知道什么？"这样一个核心问题。

第四章
英国的文艺复兴文学（上）
——从乔叟到斯宾塞

　　14世纪，随着资本主义经济的快速崛起，英国国力迅速增强，在思想文化领域同样掀起了一场群雄逐鹿、各领风骚的革命。其中，杰弗利·乔叟（Geoffrey Chaucer，1340—1400年）率先登上文坛，大力传播人文主义思想，反映现实社会，运用丰富的英语语言，赫然拉开了英国文艺复兴演出的序幕。到了16世纪，以托马斯·莫尔、埃德蒙·斯宾塞和菲利普·锡德尼等为代表的作家，以其深刻的思想内涵、鲜明的个性风格以及难分伯仲的语言驾驭能力，成为引领英国文艺复兴运动的主力前锋。随之而来的是17世纪以降，罗伯特·格林、克里斯托弗·马洛和本·琼生等的诗歌、散文尤其是戏剧的各路精英们接踵登场，使得英国文坛风生水起、波澜壮阔，一代文豪莎士比亚的出现，更显其高山仰止。英国文艺复兴文坛进入辉煌的全盛期。

第一节 "英国诗歌之父"——乔叟

　　伦敦威斯敏斯特教堂威严肃穆，在南耳堂紧靠东墙的地方，安葬着英国历代文学巨匠，斯宾塞、莎士比亚、弥尔顿和狄更斯等，被称为"诗人之角"。其中第一位被安葬于此的，便是引领诗坛、被誉为"英国诗歌之父"的杰弗利·乔叟，尽管墙上的墓碑已经字迹斑驳，难以辨认，但却掩盖不了乔叟在英国文坛的卓越贡献。

　　乔叟的时代正处在英国从封建社会向资本主义社会转型的过程中，他的人生和他的诗歌都折射出那个时代的风云变幻。乔叟在诗作中一改歌颂赞美神明和君主的传统，大胆地将眼光瞄向社会的各个阶层，在他犀利而不失优雅的笔下，14世纪英国社会百态俱现，特别是新兴市民阶级充满生气的形象与心声跃然纸上，从而创作出雅俗共赏、充满人性化的文学形象，乔叟也成为引领文艺复兴文坛的时尚先驱。

　　乔叟在英语领域里的成就卓然，其作品确立了他"英语诗歌之父"不可动摇的地位。[①]的确，乔叟一生都在为完善确立英语地位而努力，他在英语语言方面所做出的贡献是无人企及的。如果说使英语成为当今世界第一语言的推动力中包含着历史文化因素的话，那么这一功绩首推600年前乔叟为此所做出的巨大贡献。乔叟集英国14世纪文学体裁之大成，独创了乐观诙谐的写作风格，作为这种故事体裁的文学形式也可谓是独辟蹊径，英国以后的诗歌创作无不沿袭着乔叟所开创的基本形式。乔叟虽然并非以诗人和语言学家自居，但他终究作为思想的先驱者和语言的集大成者荣登英国14世纪文化聚焦的大舞台之上。

注释

① 中国学者认为乔叟是对整个英语语言发展做出重大贡献，而不仅是英国诗歌之父，应是英语诗歌之父。参见肖明翰：《英语文学之父杰弗里·乔叟》，社会科学文献出版社2005年版。

一

从平民到仕宦的不凡人生

14世纪时的英国，尽管战争和天灾接连不断，但这一阶段，平民阶级的社会地位迅速提高，国会在英国政治经济生活中的作用日益重要；羊毛织品等手工业和商业供求兴旺；战争还引发了英国国民的爱国热情和民族自豪感，统一的民族意识在风雨战乱中形成。动乱孕育了一个新时代的诞生，灾后余生的人们憧憬着愉快和欣喜的生活。杰弗利·乔叟就是这样一个生逢其时的人。

杰弗利·乔叟

杰弗利·乔叟（Geoffrey Chaucer，1340—1400年）出身平民，父辈从事酒业，曾专门负责向皇室供应酒，与宫廷有着密切的联系。乔叟接受过教会学校的教育，能够确定的是他曾经在圣保罗大教堂所办的艾尔蒙利（Almonry School）学习。这所"文法学校"有拉丁文、数学和神学等课程，还拥有一个藏书可观的图书馆，是当时伦敦质量最高、名声最好的一所学校。[1]乔叟在学校有机会阅读图书馆所藏，接触到了古典人文的典籍。

1357年，17岁的乔叟到亲王的弟弟家中做了一个宫廷侍从，从此走上了一条仕宦之路。1359—1360年他到法国作战，其间被俘，国王爱德华三世用16英镑将他赎出来。在以后的十余年里，他一直为国王服务，还承担过一些秘密任务。1372年，他第一次代表国王出访意大利，与之签订商业协议。也就是在这个时期，乔叟接触到了意大利的人文主义学者，研读了大量诗歌。乔叟1373年回国，次年开始出任伦敦港的税务官，在任12

① 参见 Pearsall, *The Life of Geoffrey Chaucer*. pp.32-33.

年，其间多次出访法国和意大利。

1386 年，出于政治原因，乔叟曾一度辞去职务，1388 年又被指派负责国王所有的宫殿建筑和修缮工作，这是乔叟政治生涯的巅峰。但在此期间却屡次遭抢劫和无辜殴打，1390 年，乔叟的官职生涯终告结束。

此后，乔叟的生活陷入窘境之中，唯一的经济来源是国王的一点赏赐，从 1390—1400 年的 10 年中，他共得到赏赐约为现值 5000 英镑左右。十年后，乔叟辞世。

1556 年，在诗人逝世 150 多年后，鉴于乔叟对英国文学和英语语言的重大建树，他的遗骨被移到西敏寺教堂的一个侧室，一块深蓝色的玻璃覆盖了诗人的骨骸，从此这里被开辟成了名人学者死后聚集的"诗人角"。

乔叟的一生都在政治圈里坎坷度过，始终没有离开国王的荫蔽，从宫廷侍从到驻外官员，从出国征战到最后贫困潦倒。他感受到了异国他乡的文化，更体验了从上层至下层的酸甜苦辣的各种境遇。正是由于乔叟这种比较特殊的人生阅历，为他的文学创作提供了一个丰富而独特的背景。一般将乔叟的文学创作分为三个时期，一是法国时期（1355—1372 年），这期间他作为随从，曾在法国作战，被法军俘虏。二是意大利时期（1372—1385 年），在这期间，乔叟一直为国王服务，他在 1372 年作为外交使节出使意大利，开始近距离接触人文主义者和他们的文学。第三个时期是英国时期，乔叟在 1373 年回国，翌年出任伦敦港的税务官，直到 1386 年，这期间他又多次出使欧洲各国，尤其是法国和意大利。

二

乔叟的早期作品及其诗学思想

乔叟的作品与他的人生经历有直接的关联，每一时期的作品都与他接触到的文化有关联。乔叟在接触法国文化之前首先接触到的是法语。13 世纪时，法语是英国的官方语言，王室和贵族所使用的语言都是法语，而书面语则是拉丁语，英国国内各地只有老百姓使用着各不相同的地方英语。直到 15 世纪时英国官方才确定英语为官方语言。可以说，乔叟从小就生活在法语文化笼罩下的环境中，他的启蒙读本就是法国文学《玫瑰传奇》，他所熟悉的诗人是法国诗人马肖（Machaut，1300—1377年）、德尚（Deschamps，1346—1406年）和让·傅华萨（Jean Froissart，1333—1400年）。乔叟对许多中世纪的拉丁语诗人和诗歌都非常熟悉和喜爱，其中最为仰慕的是古罗马晚期的哲学家和政治家波伊提乌（Anicius Manlius Severinus Boethius，约480—524年），他于囹圄之中等待死刑时写成了《哲学的慰藉》，这部探讨基督教精神世界的书成为中世纪最具价值的著作之一，乔叟在他的斯多葛哲学中得到了鼓舞和慰藉。他本人的人生观便是在物质上投入俗世，而在精神上则保持升华于其外、游离于其外。这一点应该是受到波伊提乌的影响。

乔叟从1355年到1372年左右，有相当长的时间往来于法国和意大利，那里的人文地理和先于英国的古典文化的复兴，都给这个年轻的英国绅士以强烈的吸引。他首先用英文翻译出《玫瑰传奇》，在这一基础上，他用《玫瑰传奇》所使用的梦境手法创作出《公爵夫人书》、《声誉之宫》、《百鸟议会》等作品。

其中《公爵夫人书》（约1369年）是乔叟的第一部重要作品。公爵夫人是乔叟保护者兰开斯特公爵的妻子，被横行欧洲的黑死病夺去了生命，乔叟以《公爵夫人书》来悼念这位夫人。书中乔叟以第一人称自述的手法描绘了他在随手翻阅古代奥维德《变形记》时陷入睡梦的故事。在梦境中他变成了一个风流倜傥的黑衣骑士，哀叹不幸逝世的美丽温柔的恋人，是命运女神夺走了他的恋人。虽然这种梦境的手法是中世纪文学的常用手法，但乔叟在翻译法国《玫瑰传奇》的过程中更加熟悉了这种手法，而在《公爵夫人书》这一主题上应当说显示出了诗人的巧思妙用。

其他作品诸如《声誉之宫》和《百鸟议会》也采用了古典书籍中常见的进入梦境的手法，但其内容和艺术性都略有欠缺，这说明乔叟深受中世纪创作手法的影响，也看得出他此时还比较含糊，不敢明确揭示自己的思想，其诗歌的节数和韵律大都是前人常用的"君王诗体"。

乔叟最引人注目的单篇作品是《特洛伊斯与克丽西达》，它在相当长的一段时间内地位是在《坎特伯雷故事集》之上的。故事源自于12世纪法国诗人写的《罗马的特洛伊》，后来又有两位意大利作家续写了特洛伊勒斯和克丽西达的故事，从此成为流行一时的作品。乔叟的创作主要根据意大利作家博卡乔的蓝本写成。乔叟对这个古老故事进行了新的创作，他在作品的背景上突出了时代性，在人物塑造上突出人的自然性，尤其是突出了幽默感和心理分析，并以此形成了乔叟式的创作特点。

《特洛伊斯和克丽西达》讲述的是古代特洛伊国王的小儿子特洛伊斯爱上了一个背叛特洛伊王国的叛徒的女儿克丽西达的故事，特洛伊斯在经历了一番周折后却被克丽西达抛弃，最终战死杀场。然而，故事并没有完结，特洛伊斯死后灵魂升天，他在空中俯瞰人间，终于领悟到追求情欲的渺小和徒劳。

乔叟在这个故事中精心地创造出女主人公——克丽西达，她的形象成为西方文学中最复杂的人物之一。克丽西达是新寡，她天生丽质，风韵犹存。但由于她父亲投靠了希腊，只有她一个人在家乡特劳（特洛伊），因此，备受社会的歧视。乔叟这样描写她的出场：

> "她不知道
> 采取什么立场最好，因为她是
> 一个孤独的寡妇，没有朋友
> 可以倾诉心事。这女士名叫
> 克丽西达；整个特劳城里
> 没有人，照我看，能美过她。
> 她的天生丽质超过一切血肉，
> 像一位天使，她看来不朽，
> 遣自天国的一个完美形象，
> 派至人间来羞辱之人。日夜
> 这女士满耳是人家对父亲的责骂，
> 他虚伪，他叛逆，直到
> 因恐惧她几乎发了狂"。[1]

在这样柔弱无助的情况下，克丽西达接受了特洛伊斯的爱。然而，由

注释

[1] 颜元叔：《英国文学·中古时期》，台湾书林出版有限公司2002年版，第624页。

于特洛伊斯是个风流倜傥的王子，而克丽西达却是不很年轻的寡妇，两个不同身份地位的异性的往来会因遭到社会舆论的贬低而更加卑贱。因此，从一开始这就是一段不对等的爱情。而在西方文学中，出现这种不对等爱情的因素多是因为双方有特殊的吸引力。因此，乔叟发挥出他特有的智慧才华，使克丽西达的形象

《特洛伊斯和克丽西达》插图

真实可信。在乔叟笔下，克丽西达对于特洛伊斯的爱情源于三方面，一是她本人的情欲，克丽西达虽然已经丧偶，但她还没有失去对爱的渴望，她是个充满激情活力的女人；二是她需要保护，作为一个叛徒的女儿，原本已经备受冷遇，她需要有一个人能够维护她的地位和应有的利益；第三是特洛伊斯是如此年轻可爱，对自己的爱也是如此真诚，这样的男子自然赢得克丽西达的欣赏。可以看出，乔叟将这个不幸女人的爱情演绎得真实可信。当克丽西达经过痛苦思考后，决定接受王子的爱情时，她的心里这样想：

> 虽然，给他爱不应该，
> 但是，他值得爱。
> 我若能让他生活愉快些，
> 规规矩矩来往，给他点安慰，
> 就我而言，不算不名誉。
> 他是我的王子，他对我一片真情，
> 假使我执意避免他的垂青，
> 他也许从而对我愤怒，
> 我的处境就可能更恶劣……。①

---

① 颜元叔：《英国文学：中古时期》，台湾书林出版有限公司2002年版，第658、676页。

注释

尽管这样，克丽西达面对特洛伊斯，还是显示出自己的尊严，她对他
说道：

> 你虽然是国王的儿子，
> 爱情中你可不能霸道，
> 你只有爱情赋予的权利。
> 假使你做错了事我不会犹豫，
> 教你气愤。只要你规矩顺从，
> 我会珍惜你，我不会亏待你。①

在这个故事中，乔叟还设计出一个以往没有的人物，即希腊的一个战
将戴奥米得（Diomede），他见到克丽西达后发誓要征服她，不久克丽西达
离开王子，到了希腊父亲的身边，投入了希腊战将的怀中。时间的推移没
有冲淡克丽西达的自责与矛盾，她痛苦地说道：

> 坚贞的爱，永别了！
> 我背叛了天下最高贵的人！
> 直到世界末日，没有好话为我说，
> 没有好歌为我唱，著书立说的人
> 会痛责我。啊，我的名字会在多少舌头上滚转！
> 全世界的钟声
> 会宣告我的丑行，
> 特别是普天下的女性都会恨我！
> 啊，就为了这个大不幸！
> 他们会说我尽了最大的努力，
> 为女性带来最大的羞辱。虽然，
> 我不是天下第一个不忠的女人，
> 这个事实能分毫减轻我的不义？
> 但是，我看我找不出更好的出路，
> 而如今悔恨也来不及，
> 至少我会忠于戴奥米得。②

注
释

① 颜元叔：《英国文学：中古时期》，台湾书林出版有限公司 2002 年版，第 658、676 页。
② 颜元叔：《英国文学：中古时期》，台湾书林出版有限公司 2002 年版，第 683 页。

从克丽西达的几段内心描述中，我们看到了她情感丰富、虽变幻但透明的心扉。克丽西达没有矫情和做作，她很现实，尽管她因抛弃特洛伊斯而内疚自责，但她还在自我安慰，随遇而安，把握今天。克丽西达的内心世界已经看不出封建社会女性对爱情的羞于表达和宗教的约束，而是反映出新兴资产阶级个人至上，注重现实的新观念。应该说这正是乔叟的过人之处。在以后的西方文学作品中，我们还可以在很多人物中依稀找到克丽西达的痕迹。《特洛伊斯和克丽西达》被公认是具有宫廷爱情传统的浪漫传奇文学在英国的最高成就，是"歌颂爱情的伟大篇章"①。

乔叟在诗学理论上创造了框架式结构，即故事套故事的形式。他的作品受到意大利人文主义传统的影响，他曾经出使意大利人文主义集中的热那亚、米兰、佛罗伦萨等城市，此时但丁去世不过半个世纪，彼得拉克和薄伽丘还在世，这些对年轻乔叟的吸引和影响是可以想见的。

乔叟在作品中还开辟了现实主义的创作方法，即叙事人以客观的角度来叙述，这一点可与但丁的《神曲》加以对照。在《神曲》和《坎特伯雷故事集》里，都有一个叙事人做引导，而《神曲》的形式是在叙事人背后，或者说在前提中还有一个代表终极真理的外在权威，如先哲或圣人，自然人在其中是跟随者。而《坎特伯雷故事集》虽然同样存在叙事人，却隐去了赖以支撑的外在权威，乔叟作为一名普通的近乎于惘然的叙事人，不做是非善恶的评价，只需如实说来即可。乔叟这种不加褒贬、引读者自由进入故事情境的方式，具有现实主义理论中隐蔽的美学倾向。

乔叟的框架式结构主要表现在《坎特伯雷故事集》中，框架式结构源于东方，它对欧洲原有的文学结构理论是巨大的冲击。欧洲传统的文学结构是亚里士多德创立的封闭式结构，即一个情节必须对应一个主题，只具有从属意义，如果一个部分与整体不吻合，那么就不能构成其中的一部分，核心是非完整不美。它与几何数学有相似之处，几何是以封闭的空间为演

注
释

① Lewis，*The Allegory of Love*，p.197。

绎的对象，重视整体和穷尽，漠视无限。框架结构追溯根源应为阿拉伯人所创，如印度古老的《五卷书》，书中有五个不同的主题，共有七八十个故事松散的组合成一个框架，形成一个层层递进的模式。《一千零一夜》也同样是框架式结构，但核心是并不拘泥的松散兼具有开放性。文艺复兴时期薄伽丘受《一千零一夜》的启发，创作出《十日谈》，成为框架结构文学最著名的作品。但薄伽丘过于严谨，严格地设定了十天中每个人讲一个故事，10天共讲出100个故事的整齐结构。1387年之后乔叟的《坎特伯雷故事集》真正承袭了东方松散开放式框架结构的内涵，与《五卷书》很有异曲同工之妙。他设计但没有完成的写作规划，大体可分四个层次，虽然没有完成，但他故事的排列顺序和松散的结构并没有削弱。《坎特伯雷故事集》较之《十日谈》有更加广阔的视野和更加丰富的人物风貌，标志着文艺复兴改变了中世纪封闭内向的创作观而转向更加博大宽广的创作观。

三

市民形象的缩影——《坎特伯雷故事集》

《坎特伯雷故事集》插图

《坎特伯雷故事集》是乔叟的代表作，写作时间很长，大约在1387—1400年之间。按照乔叟的计划，这部书共有120个故事，而且要在朝圣的路上一路讲来，由于乔叟中途改变了初衷，加之在此期间生活的窘困，他在1400年时便去世了，这部《坎特伯雷故事集》只完成了24个故事，加上序言和后语等，共有26500行。

《坎特伯雷故事集》讲述了在伦敦泰晤士河南岸的一个叫纹章战袍的小旅馆里，有31个英国人要去坎特伯雷朝拜一个圣徒，在朝圣的途中，他们用讲故事的形式来消解寂寞。

《坎特伯雷故事集》中的朝圣者来自社会各个阶层，而不是作为一个群体。他们中有骑士、修士、修女、修道院长、托钵僧、商人、海员、律师、医生、地主、磨坊主、管家、店铺老板、伙房采购、农夫、厨师、差役、卖赎罪卷的教士等等，除了王室成员、高等贵族和奴隶没有涉及以外，可以说囊括了当时英国的所有阶层和主要行业，是英国社会的缩影。这也正是作者努力实现的宗旨。

乔叟的创作特色十分鲜明：一是每一个故事都能配合讲故事人的人格与身份，如骑士讲的是两个年轻骑士因为同时爱上一个姑娘而生出的一系列波折，他讲的故事声情并茂。二是许多故事被用来嘲讽或攻击同行之人，使故事内外都充满了机智和幽默，如磨房主讲了一个木匠戴绿头巾的故事，贵族管家一听不妙，因为他曾经是个木匠，就马上讲了一个磨房主是个小偷的故事，而他自己又被两个剑桥大学生的故事所指。三是每个故事都有前言后语，并且表达自己的看法观点。比如乔叟对一位乡下牧师的描述是这样的：

> 这个善良的人呀，
> 是宗教的信徒。
> 金钱的匮乏和财富的贫瘠，
> 使得他沦为城中的穷人。
> 但是高尚的信仰和不倦的传道布施，
> 却让他如此富有。①

朴素的语言表达了诚恳的敬意与同情，这些故事塑造了一个个不同的人物，如乡下牧师、贵族管家、修女、磨房主、律师、农夫、寺院总务等等，可以说，除了国王和侯爵等高贵人物外，在乔叟书中什么人物都有。正如英国近代诗人布莱克所说："正如牛顿将星星分类、林奈将植物分类一样，乔叟也把各阶层的人做了分类"。②这些人物通过讲故事人的描述而亲切真实，他们的喜怒哀乐仿佛就在读者眼前，甚至他们中有的就像是自己的邻居或亲戚。

《坎特伯雷故事集》最大限度地刻画了崇尚自由、渴望爱情又有各种缺

注释
① 以下引文均出自于乔叟著，黄杲炘译：《坎特伯雷故事集》，译林出版社2000年版。
② C.F.E.Spurgeon,ed,*Five Hundred Years of Chaucer Criticism and Allusion,1357-1900*,II,New York:Russell,1960,p.43.

憾的众生相,它精彩的文笔将文艺复兴时代的英国社会现状永远地镌刻在历史中。我们拾取几个典型故事加以佐证:

母爱的故事。上流社会的一个修女院长讲述道,在亚洲的一个城市,有一个小学校,一个只有7岁的小学生,非常乖巧听话,在学校是个好学生。他自幼崇尚基督教,可是他的妈妈是个可怜的寡妇,由于这个孩子对基督的虔诚,引起魔鬼撒旦的妒忌,他教唆犹太人切断这个小孩的喉咙并将其残忍地杀死,还将尸体丢进粪坑里,他的妈妈不见儿子,悲伤欲绝:

> 十分可怜,她询问,恳求,
> 每个住在那邪恶地带的犹太人,
> 告诉她,她的儿子可能在哪里;
> 他们都说,'不知道'。但是,耶稣,
> 出于恩典,很快使她意识到,
> 教她就在那个地方一直哭喊,
> 幼儿被投入粪坑的那个地方。

由于圣母显灵,让那个死去的孩子唱起了赞美诗,使他的母亲终于循声找到了她儿子的尸体,圣母严厉地惩罚了那几个犹太人,而令人称奇的是这个孩子一直用歌声唱出自己的遭遇和对圣母的感恩。这个原本属于传统圣徒传奇的故事,在这里则更多地显示出人间的母子之爱,大声盛赞爱能够战胜一切邪恶。

真爱的故事,这是一位叫"巴斯"的妻子讲的故事。一个强奸了乡村少女的年轻骑士,被国王判以死刑,但王后却起了恻隐之心,她对骑士说,如果你能回答我的问题,就可以免你一死。王后的问题是:女人最喜欢的是什么?她给骑士一年的时间来寻找圆满的答案。转眼一年将尽,一天,骑士在一个丛林绿地中遇到一位老媪,骑士便向她询问那个百思不得其解的问题,老媪说这个问题很容易,但你要答应我一个条件才行,骑士马上说,凡是我能够做到的,自当效命。老媪当即耳语告之,她与骑士马上来到王后那里,告诉她这个答案:女人最喜欢的是一位听话的丈夫。王后听了大悦,认为这是最佳答案,随即解除了死刑命令。可是,那个老媪却当场提出了一个震惊的条件：

> 话刚说完，那老婆婆站了起来，
> 就是骑士看到坐在丛林绿地上的那个。
> "仁慈呀，"她大叫，"我的王后！
> 朝廷三会之前，请给我一个公道。
> 这位骑士的答案由我教给他；
> 为了答案，在林中，他向我作过承诺，
> 那就是我向他提出的第一项要求，
> 只要是力所能及，他就得履行。
> 在整个朝廷前，现在，我求你，骑士，"
> 她说，"你娶我做你的太太：
> 因为，你自己知道，你的命是我救的。
> 凭你的良心，你若不承认，就说不是，"
> 这位骑士叹声道："啊呀，这下完蛋了！
> 我是这么答应过，我不否认。
> 但是，为了上帝的爱，你另外开个条件，
> 你可以拿走我全部财产，放过我的人吧"。
> "这怎么行，"她说，"假使这样，你我遭天谴！
> 因为我也许丑陋，衰老又贫困，
> 我不会愿意就算给我所有的金银铜铁，
> 包括已经挖出，没有挖出来的——
> 接受任何身份，除了做你的爱人与太太"。

　　这的确是个辛辣的讽刺，当初强奸少女，而今必须娶老媪为妻，对于骑士而言，虽然没有了性命之忧，可是对他的报应却立马显现。在新婚的夜里，老媪又给她的丈夫出了个难题，让他在年老却忠心与美丽却红杏出墙的妻子中间选择，骑士无可奈何地说："只要你欢喜，两样都无所谓，我把自己交托在你的智慧里掌握。"此时，双方似乎陷入一种难以摆脱的尴尬局面。令人惊讶的是这个老媪却言出有因，她原本是林中仙女所变，美丽聪慧且善良。第二天清晨，她果然变成一个既忠心又美丽的年轻妻子，骑士在妻子的引导下，其心灵和智慧都得到了深刻的启迪。

金钱与道德的故事，这是由一个卖赎罪符的人所讲。曾经有三个游手好闲的浪荡子，听说有个叫迪阿斯的人杀了一个人，他们抱打不平想杀死这个杀人犯。他们到处找凶手不果，一天遇见一位长者，他告诉这三个人凶手就在一棵橡树下，三个人来到树下没有看到凶手，却发现了一堆金币，故事说道：

> 那树下，在树下他们发现了
> 一堆上好的金币，新铸钱，圆滚滚，
> 他们想，少不得也有八个满蒲什耳。
> 于是，他们不再去寻找死亡，
> 每人为目前的景象而欣喜若狂，
> 因为金币是这样的美好而晶亮，
> 三个人就围着宝藏坐定地上。

大喜过望的三个人坐在树下商议起如何瓜分这飞来之财，为了避人耳目，他们决定天黑之后再来分赃，并责成年轻的一个人去城里买酒以庆祝一番，剩下的两人想的是杀了买酒者，他们两人分这些金币。买酒者想如果一个人独占这些金币该多好，他先去药店买了包毒药，再去买酒，在另外两人的酒瓶里放了毒药，结果他刚回来就被那两个人杀死，之后他们得意地喝酒庆祝，不想却喝下毒酒，一起被毒死。在临死之前，他们突然发现了那个要寻找的杀人犯，可惜的是一切都为时已晚。

偷情的故事，这是磨房主所讲述的。在牛津这个地方，一个年老的木匠娶了一个年轻貌美的妻子，他的家里有一个房客是牛津大学的学生，日久天长，他和年轻的女主人之间就发生了不该发生的恋情。这个大学生不满足于偷偷摸摸，就想出了一个计谋，他对老木匠说，根据他的研究和上帝的启示，圣经中说的大洪水就要再次来临，让木匠找三个大桶以便躲避洪水，老木匠躲在木桶里，可外面的人却如愿以偿。故事到此并没有结束，这期间又加进来一个男人，他俩人为了博得美人笑而相互羞辱，出现了一些粗俗不堪的情节。最后，故事以老木匠被木桶撞昏结束。虽然这个故事描写的是下层社会的人，在突出趣味的同时也难免流于鄙俗，但难能可贵的是乔叟用极尽幽默嘲讽的笔触使这个故事变得十分生动活泼。老木匠娶了一位十分年轻的妻子，他非常爱自己的娇妻，又害怕因自己年老贫穷而失去她。他天性本分善良，却不太聪明，本来家有少妻就不该招年轻的房客，可是由于贪财他还是引狼入室。另外，他害怕妻子红杏出墙，但对房客的戒备却不足，所以当他惧怕的事情终于发生时，可怜的老木匠却还浑然不知。这是一个再平凡不过的下层人的真实写照，作者从另一个方面强调了婚姻中爱情和信任的重要性。

《坎特伯雷故事集》体现出乔叟诗歌创作一贯的核心——"英国性"，正是这种强烈的民族意识主导着他的创作经历。这部代表作是最具有英国性同时也最具有乔叟特色的一部作品。

《坎特伯雷故事集》插图

《坎特伯雷故事集》是英国文学史上第一部颂扬人文主义的杰作。作品深切关注现实生活和人的命运，终于使他能够超越英国的历史阶段，运用新视角和新观念来思考和表现14世纪末期的英国现实社会。同时，处在一个新旧社会变革的十字路口阶段，作者想表现的主题也绝不是单一的，而是多方位和多层面的，对现实生活的追求与歌颂是最突出的特点。

乔叟丰富的人生阅历，赋予他塑造各种不同身份、地位的人物的神来之笔，他将英国社会不同层面以故事形式展示出来，这种全景式画面的原则是对于人的尊重。其中不同的人物都有独立的思想、人格与个性，他们性格各异、亦雅亦俗，没有重复和单调之感。并且这是一部不断突破主题框架的作品，没有一个确定的终极意义能够将作品统一起来，它的开放性为后人提供了各种读解的无限可能性。[①]乔叟只是将其以一种近乎天真无邪的原始状态向世人揭示出来。在阐述这一切时，他期待人们忘记身在何

注释 ① 肖明翰：《英语文学之父——杰弗里·乔叟》，社会科学文献出版社2005年版，第270—290页。

处，忘记烦恼忧愁，他想给予读者的只有一个，那就是快乐。因此，这部作品深得英国市民阶层的喜爱，这一体裁也成为新兴资产阶级文学的代表。①

乔叟作为英国文艺复兴作家的先驱和英国民族文学的奠基人，他的作品几乎是集中世纪所有的文学体裁之大全，如典雅爱情传奇、粗俗的滑稽故事、圣徒传、道德训诫故事、动物寓言、布道等等，林林总总的形式恰当地表达出各个不同题材的故事。虽然乔叟是运用已有的文学手段，但这种模仿非常之巧妙，形成了自己的风格，即向现实主义文艺创作迈进的风格。纵观乔叟的思想脉络，体现出文艺复兴时期文人特殊的地位和复杂的情感世界。首先，乔叟虽然出身平民，却并非过着平民的生活；虽然被皇家和贵族阶层青睐有加，但他一直很清醒，深知出身决定自己不可能成为贵族阶层的一员。难能可贵的是他始终保持着那份对下层人民的同情和理解。其次，就乔叟自身地位与需求而言，他又无法脱离与上流社会的依附关系，这对于乔叟的创作起到了至关重要的作用——如果没有对上流社会的深入了解，没有丰富的海内外阅历，他无法刻画出社会中各类人物的真实面孔。在思想意识方面与贵族阶层的接近，也使乔叟被宫廷显贵所承认。第三，尽管乔叟在现实中无法回避依附于贵族阶层、不屑下层的状态，但在他的文学创作中，却可以将自己置于超脱或者说是游离的境地。乔叟一生中曾与形形色色的人打过交道，高贵如国王，低贱如乞丐，加之他与众不同的阅历，这些都给了他笔下故事中的人物以无尽的灵气，使得这些形象异常丰满和鲜活。乔叟的过人之处表现在与上下各层面保持一种心态上的距离，游离于他们之外，正是这种游离（或超然）使他能够站在客观立场上，以一个旁观者的身份冷静地看待和反映出这大千世界的芸芸众生。乔叟对社会人生的深刻感悟在其作品中得到了最大限度的诠释。正是这种精神上的"若即若离"成就了乔叟，使得乔叟在英国文学史上独树一帜。

注释

① Joseph Bedier, *Les Fabliaus,* 6th edition, Paris:Champion,1964。

四

乔叟对英语文学语言的卓越建树

乔叟作为一位语言大师，他对于英国文学语言的发展有卓越建树。他的作品积极吸收拉丁语、法语和中古英语等精华，大胆创新，第一次用英语（当时还是一种不被认可的民间使用的语言）进行诗歌创作。经过他的努力，在英语词汇、文法、表达法和修辞等方面形成完整的语言系统。在此基础上，乔叟创造出了符合英语规律特点的诗歌基本形式和基本韵律，这一切都促使英国的民族语言迅速地日臻成熟，成为欧洲三大语言之一。

在乔叟作品中，运用语言方面的代表作是《声誉之宫》和《百鸟议会》等，他在作品中大量运用了口语对话，在《百鸟议会》中列举了30多种飞鸟水禽，分成高低贵贱不同等级，鸟儿们与自然女神的对话，不仅以现实主义表现手法成功地影射了英国社会，还凸显出作者驾驭生活语言的高级水准，并成功确立了英语语言的地位。作为开山鼻祖，乔叟为后世英语文学语言的发展与兴盛，开辟了一条广阔的道路。

14世纪之前，古英语是建立在盎格鲁—萨克逊语基础上，英语诗歌的格律基础是对诗行中的重读音节押若干头韵（类似于汉语中用声母相同的字），称为头韵体。乔叟由于本身的经历，非常熟悉法语诗歌乃至其他国家的诗歌韵律体裁。正是由于乔叟具有这种融会贯通、吸收与创新并存的非凡能力，他才能在作品中确立以音步和押尾韵为格律基础的诗律。在这方面，乔叟在韵律格式上的创新种类颇丰，显示出格律上的无限可变性，所以他堪称一代韵律大师。

乔叟时代的诗歌格律比较常用的是每行四个重音的偶句体（双韵体）、歌谣体和四行诗节。乔叟在他的《坎特伯雷故事集》中突破了这些格律，大胆创造出新的格律，按照类型应有12种之多：

①. 英雄偶句体。这是乔叟在《坎特伯雷故事集》的大部分诗行中采用的格式，这种十音节、双行一尾韵的诗体，乔叟在1386年《贞节妇女的传说》一诗中首次使用。到18世纪时，逐渐形成为"英雄双韵诗体"，其

代表诗人是蒲柏（1688—1744年），他运用英雄双韵体创作的诗作《批评论》，被评价为英国诗歌中运用这一诗体的艺术化境界的最高成就。

②．隔行押韵的三行诗节，乔叟吸取了意大利诗歌的格律，但丁曾经在《在神曲》中使用。

③．五行诗节，韵式为aabba，乔叟只用在本书的附录中。

④．六行诗节，韵式为ababaa。

⑤．六行诗节的另一种韵式，韵式为ababcb，重复6次。

⑥．七行诗节，韵式为ababbcc。这是乔叟非常喜爱的形式，被称为"乔叟诗体"。在本书中多处出现，由于苏格兰国王詹姆士一世采用这种韵式写出爱情诗《国王之书》，因此也被称为"君王诗体"。

⑦．八行诗节，韵式为ababbcbc。乔叟除了在本书中采用外，还在其他作品中使用过。

⑧．九行诗节，韵式为aabaabbab。

⑨．九行诗节的另一种韵式，aabaabbcc。它们之间在排列方式上有所不同，用B韵的诗行在排列时都是缩进的，所以两者的区别明显。

⑩．十行诗节，韵式为aabaabcddc。

⑪．回旋曲。

⑫．十六行诗节，韵式为aaabaaab·bbbabbba[1]

这些不同的诗歌形式，出现在同一本书中绝非偶然，乔叟是根据不同的内容采用适合的形式，对于含有浓重宗教色彩和道德说教的部分，常常采用七行诗节，而大多数轻松欢快的内容则采用作者最喜爱的英雄偶句体。

注释

[1] 乔叟著，黄杲炘译：《坎特伯雷故事》，译林出版社1999年版，第7—11页。

第二节　空想社会主义的杰作——小说《乌托邦》

伦敦塔——一座矗立在泰晤士河边的宫殿，灰白色的石头筑成坚固而威严的城堡，旁边是滔滔流淌的泰晤士河。从11世纪起，这座宫殿几经变更，从军事要塞、国王所在地到关押要犯的监狱。它因由若干国王兴建而辉煌一时，又因囚禁过若干王后、大臣以及发生过谋杀血案而充满着神秘和血腥。

1535年7月7日，伦敦塔仍像往常一样寂静，几只乌鸦在塔的周围飞旋，石墙和绿树遮挡住外界的世界。一个已被关押了一年多的被判处叛国罪，又因极力反对亨利八世婚姻而惹怒国王的要犯，被押解出狭窄的拱形城门，他要面对的是刽子手的屠刀。他洒脱地信步走向刑场……一颗不屈的头颅被砍下来挂在伦敦桥上，一个

伦敦塔

有着美丽梦想却无法实现的灵魂，就这样飞升上天，伦敦塔见证了这一悲怆时刻！他就是英国早期文艺复兴人文主义者，空想社会主义的奠基人——托马斯·莫尔（Thomas More，1478—1535年）。

一

英国人文主义思想代表——托马斯·莫尔

托马斯·莫尔

托马斯·莫尔是英国早期人文主义的代表人物，他在政界任职，且事业有成，是国王亨利八世的重臣，但他从宗教角度反对亨利八世的离婚决定，因而犯下不可饶恕的罪过，被关押囚牢处以极刑。托马斯·莫尔充满戏剧性的悲剧人生被编排为话剧和电影。但真正使托马斯·莫尔名垂青史的是他的文学色彩浓厚的著作《乌托邦》。

15世纪时，终于结束了耗时百年的英法战争，英国无论是农业还是商业和手工业，都开始有了长足的发展，进入16世纪后，都铎王朝更被称为是英国的黄金时期，这个黄金时期是以几次大的变革为标志，农业的发展赶不上人口的激增，但给英国百姓带来的却是另一番情景：英国人口在1525—1541年期间迅速增长，各种需求量剧增，跟不上的物质增长使人们生活水平下降。资本主义市场经济此时开始快步发展：通货膨胀、土地投机、圈地、失业，都导致了农业经济的衰退。虽然英国摆脱了封建教会的桎梏，但其资本主义发展的每一步伐，都是以百姓血汗被榨取、农民的土地被占有为代价的。

1478年2月7日，托马斯·莫尔出生在伦敦一个富裕之家，父亲约翰·莫尔曾经担任皇家高等法院法官，莫尔幼年丧母，在孩提时就被父亲送到伦敦圣安东尼学校，在那里掌握了拉丁文，13岁时又被寄宿到坎特伯雷大主教、红衣主教莫顿家中，莫顿是当时一位很有影响的政治家，他学识渊博、睿智优雅，对小莫尔的成长起到了潜移默化的熏陶作用。

1492年，年仅14岁的莫尔就进入了牛津大学攻读古典文学，并掌握了希腊文，能够直接阅读古典名家的作品，尤其是柏拉图的思想对莫尔产生了很深的影响。此时从意大利传来的人文主义在英国的一些大学中颇有市场，对古典文化的爱好和与其他人文主义思想家的影响，促进了莫尔成为坚定的人文主义者。在这里，莫尔在人文主义教师的教导下，很快就接受了这些新思想，他的聪明才华也让教师们颇为欣赏，共同的志向和爱好，使他们之间竟成为忘年之交。莫尔尤为崇拜的是意大利人文主义者皮科米兰多拉伯爵（Giovanni Pico della Mirandola，1462—1494 年），莫尔曾将他的传记以及他叙述的十二条人生准则作品《十二把利剑》翻译成英文。皮科的关于教会的思想观点，特别是他要清除基督教教义污垢的见解，更是莫尔所赞同的。皮科的思想对莫尔日后关于教会的思想观点无疑具有启迪意义。

希望子承父业的父亲眼看儿子如此痴迷于古典文学和语言大为不满，1494 年，莫尔被迫离开牛津大学进入新法学院和林肯法学院专攻法律。事实上，莫尔很快就精通英国法律，获得头等律师的名声。他在办案过程中，接触了大量涉及下层社会的讼案，目睹了广大人民群众遭受的不公平和苦难。他在办案中主持公道，为民撑腰，在伦敦享有很高的声望。1504 年，年仅 26 岁的莫尔被选为议员。从此开始了跌宕起伏的政治生涯。

由于托马斯·莫尔本身是伦敦著名的律师，他在议会里的言行引人注目，不久，他在议会中反对国王亨利七世因个人私事向国会索要补助费，国会采纳了莫尔的意见。这引起亨利七世的憎恨，他借故将莫尔的父亲囚禁于伦敦塔里，并罚以巨款。托马斯·莫尔一度离开政界，直到亨利七世死后亨利八世继位，他才又重返政坛。

亨利八世继位后对人文主义表示支持，这给莫尔极大的鼓舞，莫尔在担任政府司法部门的职务时恪尽职守，声誉与日俱增，从 1518 年起，莫尔开始为王室工作，职位不断提升，直到 1529 年取代沃尔西出任英国大法官，一时间成为一人之下，万人之上的头号要人。莫尔深知自己的思想与国王并非一致，即便在这样的位置上仍做到坚持原则、依然故我，绝不让步。1521 年，亨利八世支持教皇、反对路德的宗教改革时，莫尔坚决支持，编撰书籍向路德直接发起攻击。

不久，莫尔与亨利八世在一些重大问题上产生严重分歧。莫尔对于亨利八世与皇后的离婚坚决反对,皇后是来自与教皇关系甚密的西班牙公主,本来英国与西班牙联姻是为了政治和宗教目的,亨利八世认为离婚后英国教会可以独立并获得更丰厚的利益,他决意要娶那个垂涎已久的宫女安娜·宝琳。莫尔反对不成,就在1532年辞去了他所担任的职务。

莫尔虽然辞去了职务,但亨利八世并未就此善罢甘休,1533年,亨利八世迫使议院通过法令,宣布他为英国教会的首领,而且他与安娜·宝琳的婚事也被认为有效,宝琳的女儿(即后来的伊丽莎白女王)被宣布为英国王位的合法继承人,并要求全英杰出的人物,包括莫尔,都必须宣誓承认英王是教会的首领。莫尔认为必须要维护天主教的统一,因此拒绝宣誓服从国王为其教主。因而以叛国罪关进伦敦塔受审。

1535年7月1日,法庭特别委员会对莫尔进行了审判。一周之后,他被处以死刑,他的头被挂在伦敦桥上示众。1886年,在莫尔去世三百多年后,天主教会追封他为圣徒。

莫尔可以说是亨利八世极端个人主义的牺牲品。但从另一个角度,莫尔在对宗教的认识上却很保守和极端,他坚持中世纪教会的一贯观点,反对人民大众的宗教主观体验。他在任期间,第一个站出来公开反对用英文翻译《圣经》,认为人民群众不需要自己掌握《圣经》,并实行严格的检查制度,以防范外界任何有关《圣经》的英文书籍进入英国,直到莫尔死后的1536年,英文版的《圣经》才得以在英国出版。

尽管如此,托马斯·莫尔仍不失为一名文艺复兴时期与现实社会抗争的斗士,他在否定现实弊端的同时,勾画了一个理想世界,这个理想世界——乌托邦,给后人无限的憧憬并不断追求这样的境界。

二

空想社会主义的杰作——小说《乌托邦》

《乌托邦》这部著作是莫尔作为伦敦商界的代表,出使荷兰佛兰德斯期间写成的,1516年在比利时鲁汶出版。原书使用的是拉丁文,莫尔的拉丁文水平在当时是首屈一指,绝大多数文人无法企及。该书出版后,立即闻名遐迩，数次印刷，1551 年被译成英文，后又译成欧洲各国文字。

托马斯·莫尔能够创作出《乌托邦》这样充满人文主义理想的作品，除了他本人较早接触古典文化和人文主义者，了解英国社会各个层面外，还得益于与著名学者伊拉斯谟的交往和相互砥砺。1497 年，他们从第一次见面起，就由于志向相投、惺惺相惜而成为挚友，莫尔很快成为当时牛津大学希腊文讲座的伊拉斯谟小组里的活跃分子，并由此结识了更多的人文主义者。伊拉斯谟也深受莫尔的影响，1509 年，就在莫尔的家里，伊拉斯谟写出了他的代表作《愚人颂》。

《乌托邦》一书首先源于莫尔对古代柏拉图"共产主义"思想的着迷，他熟读柏拉图的《理想国》，柏拉图以客观唯心主义哲学为基础，在社会政治领域提出了一个"理想国"的学说，他认为理想国是由三个等级组成，他们分别是哲学家、武士、农民和工商业者，理想国中由哲学家的"智慧"统治，由武士的"勇敢"保卫，由农民和工商业者的"节制"来供养前两者，由此实现国家的"正义"。柏拉图的思想在莫尔心灵打上深刻的烙印，在《乌托邦》中清晰可见《理想国》的印迹；其次，莫尔在英国政治舞台上纵横多年，对英国政治制度和现实社会有直接的体会，他非常不满于英国的政治经济状况，尤其是反感于亨利八世的专横暴戾，他希望他的政治观点能够对改变现状起到作用；其三，《乌托邦》一书发表之际正值地理大发现的时代，欧洲人因此而知道很多未知的新生事物，莫尔在担任伦敦市司法官时曾经因调节商务纠纷两次出访荷兰等国，这成为写作《乌托邦》的契机和背景，莫尔充分利用了人们眼界开阔的时机，在书中用航海家的口气描绘出一个美好国度，使读者在亦真亦幻中走进莫尔的理想世界。

在这部著作中，莫尔采用了人文主义时期常见的叙述方式，运用了游记体小说的表现形式，将自己对现实的思考和对未来的设想假借拉斐尔·希斯拉德之口讲叙出来。为了增强乌托邦岛存在的可信性，他还特意将它与当时人们已经非常熟悉的阿美利哥·韦斯浦奇的航海经历联系在一起，将主人公拉斐尔说成是阿美利哥手下的一名随从。这样，一方面可以避开专制统治者的猜疑，另一方面又可使作品的可读性大增，因为当时的欧洲正处于地理大发现的时代，任何有关新大陆的描述都会令人们感到新奇，

并千方百计地找来读一读。从《乌托邦》发表后所产生的影响看，也确实
收到了预期的效果。

《乌托邦》全名是"关于最完美的国家制度和乌托邦新岛的既有益又有
趣的金书"，简称《乌托邦》，乌托邦是根据古希腊语理想国虚构而来，读
音朗朗上口，意思却是子虚乌有之地。就其文学性而言，《乌托邦》的故事
情节略显不足，和伊拉斯谟相比，《乌托邦》的文体还缺少叙述的优雅和节
奏的轻快。

《乌托邦》第一部由两位航海家的谈话开始，在安特卫普的一个教堂
旁边，莫尔遇见了一个年纪较大、面孔黝黑、身披斗篷的葡萄牙航海家拉
斐尔·希斯拉德。在莫尔住所的花园中，他们两人就航海家的所见所闻进
行了一次长谈，莫尔将这次长谈以对话的形式写成小说，借用拉斐尔的
口，首先提出了英国以及欧洲一些国家存在的尖锐社会矛盾和残酷的剥削
制度。

拉斐尔向莫尔讲述了他到过的很多地方，他首先谈到莫尔的国家，他
认为英国有许多社会问题，其中包括大批的贵族拼命地剥削农民，他们"像
雄蜂一样，一事不做，靠别人的劳动养活自己，"农民因此而备受贫穷之
苦。贵族的大批随从，一旦主人死去，不是盗窃，就是流浪，后果悲惨。拉
斐尔谈到最不能容忍的是英国特有的"圈地运动"，由于羊毛可以带来丰厚
的回报，贵族豪绅纷纷将田地变成牧场用来养羊，将农民从土地上赶走，
导致失去赖以生存的条件。他形象地说："你们的羊，一向是那么驯服，那
么容易喂饱，据说现在变得很贪婪，很凶蛮，以至于吃人，并把你们的田
地，家园和城市蹂躏成废墟……因此，佃农从地上被撵走，为的是一种确
实危害本国的贪食无厌者，可以用一条栏栅把成千上万亩地圈上。有些佃
农则是在欺诈和暴力手段之下被剥夺了自己的所有，或是受尽冤屈损害而
不得不卖掉本人的一切。这些不幸的人在各种逼迫之下非离开家园不可——
——男人、女人、丈夫、妻子、孤儿、寡妇，携带儿童的父母，以及生活资
料少而人口众多的全家，因为种田是需要很多人手的。嘿，他们离开啦，离
开他们所熟悉的唯一家乡，却找不到安身的去处。他们的全部家当，如等
到买主，本来就值钱无多，既然他们被迫出走，于是就半文一钱地将其脱

手"。①这个"羊吃人"的形象比喻一语中的地指出了英国贵族为了发展羊毛纺织业，而把大量的农民从土地上赶走的事实，揭示出资本主义原始积累阶段的无情和血腥，马克思在《资本论》中曾引用了这个形象生动的比喻。

拉菲尔还针对英国以及欧洲其他国家的社会弊制予以批判。例如，法国的雇佣兵制度，在没有战争的时期豢养大批的随从，他们或随意杀戮，或养尊处优，导致了军队懒散衰弱，扰乱社会治安。而英国的刑罚也有严重的问题，例如，对盗窃罪犯的惩罚过于严酷，与杀人犯等同对待，曾在一天内就把20多个犯人送上绞刑架，但即便如此，英国仍然是盗贼横行，社会动荡。

针对这些社会弊端，拉菲尔和莫尔做了中肯的分析，从统治者的治理到公正法律的建立，从物质分配的不公到社会道德价值观的差异，但最终他们提出了一个核心问题，即社会私有制，他们认为，"任何地方私有制存在，所有的人凭现金价值衡量所有的事物，那么，一个国家就难以有正义和繁荣。除非一切最珍贵的东西落到最坏的人手里，你认为这符合正义；或是极少数人瓜分所有财富，你认为这称得上繁荣——这少数人即使未必生活充裕，其余的人已穷苦不堪了"。②为了探讨治国安邦的良策，拉菲尔又重提他们见面之时就向莫尔介绍的一个治理有方的海外岛国——乌托邦，拉菲尔在那里生活了五年，印象极为深刻，莫尔急切的希望他全面的描述乌托邦的地域、江河、城镇、居民、传统、风俗、法律等一切事物，在莫尔的恳求下，拉菲尔开始讲述乌托邦的一切，这也就是该书的第二部分。

《乌托邦》的第二部，莫尔倾听并讨论了拉菲尔·希斯拉所到过的遥远大海中的一个理想国家。

在汪洋大海中，有一个新月形的小岛，全长不过五百里，但海岸险峻，易守难攻，是个天然的安全岛。许多年前，一个叫乌托普的国王进入这个岛屿，并将这里的居民加以教化，使之具有相当高的文化程度和教养，在

注　① 托马斯·莫尔著，戴镏龄译：《乌托邦》，商务印书馆1997年版，第22页。
释　② 同上书，第43页。

这个岛上的54座城市中，居民同操一种共同的语言、共同的传统、风俗和共同的法律。

在乌托邦国度里，最大的特点是财产的公有，人们经过合理的分配，从事着各种劳动，而且城市和农村的居民是轮流交换居住，并轮换相互的工作，所有工作没有高低贵贱之分。经过所有居民的共同劳动，乌托邦岛上风调雨顺，物产丰富，人们都过着富庶安宁的生活。

《乌托邦》一书中着重介绍了这里的代表性城市——亚马乌罗提城，这是一个美丽富

《乌托邦》插图

饶的城市，城中一条小河穿城而过，城里交通发达，建筑美观，尤其是满城的花园点缀其中，所有房屋都是公有财产，人们每隔10年用抽签的方式调换住房，人们安居乐业，彼此和睦相处。

该书接着分别讲述了乌托邦里官员、职业、社交生活、旅行以及奴隶、战争、宗教等各个方面的情况。书中这样讲述宗教："不仅在岛屿的各个地方，甚至在每个城镇，都有很多种类的宗教，一些人是崇拜太阳，还有人是崇拜月亮或者天空中某个星体；一些是崇拜那些在早期时间对美德或者光辉推崇著称的人士，不是把他们当做普通的神灵，而是作为至高无上的上帝；在宗教中，更多更明智的不是崇拜那些神灵，而是偏爱一种永恒的、无形的、无限的而且难以理解的神灵；其存在令人难以理解，而遍布于整个宇宙，不是通过其庞大，而是通过其权利和美德；他们没有赋予任何人神圣的荣誉，而只给了他。的确，尽管他们区别于其他物，但所有人都同意只有至高无上的存在来统治世界，他们用Mithras国的语言来交流。他们以此来区别，他也是那个伟大的本质，在全体国民的认同下制定其荣耀与庄严。"① 乌托邦的一切职务由公民定期选举，实行的是民主政治，不像欧

注释

① 托马斯·莫尔著，戴镏龄译：《乌托邦》，商务印书馆1997年版，第103—104页。

洲社会官员那样欺压百姓和高高在上，一旦有官吏对人民进行压制，那么马上就被废黜。乌托邦的居民主要从事农业，此外还学一门专门的手艺，如毛纺织或者木工等，乌托邦的家庭为一夫一妻制，以亲属关系组建家庭，并规定一定的家庭人口数量，大家尊老爱幼，相互照顾。物质和衣食几乎都按需分配，集中领取食品，集体就餐。所有人都穿着统一的服装，没有另类衣服。生活在乌托邦里的人们在空闲时间里进行各种业余爱好，乌托邦有自己的文字，热爱学习，对古代希腊哲学、医学都非常感兴趣。乌托邦岛上的宗教很特别，他们信仰的是一种特殊的神明，并有选择不同信仰的自由。此外，为这个岛国服务的还有大量的奴隶，但他们也受到良好的待遇。总之，在这个一切归全民所有，没有穷人和乞丐的地方，人们在一种友好、民主和自由的氛围中幸福地生活。这个关于理想国度的故事在听者一片赞叹欷歔中结束。

莫尔《乌托邦》描述的这个子虚乌有的世界，缔造的这个"理想国"的未来意义是《乌托邦》一书的最高价值。在资产阶级刚刚登上政治舞台并将一显身手时，莫尔的《乌托邦》一举跨越了资本主义的历史阶段，完全凭借自己的理念勾勒出一幅未来社会主义甚至共产主义的美好蓝图，其思想和理论的超前性非一般人能比。自《乌托邦》问世之后，成为无数人为之奋斗的理想目标，其财产公有制和政治民主制，直到今天仍然是全世界有识之士奋斗的终极目标。多少个"乌托邦"试验田在世界各地出现，仅在美国，近三十多年来就曾经出现过数百个"乌托邦"式的公社，他们试图以各种方式来实践莫尔所描绘的未来世界。乌托邦成为人类一直追寻的理想家园，无论这个世界物质和精神如何发展，人们寻找理想家园的努力从来就没有停止过……

《乌托邦》在当时的英国虽然有影射和否定现实之嫌，但其思想的光辉使这部书从出版之日起就赢得广大读者的欢迎，伊拉斯谟曾经亲自担任该书的出版监督人。仅在16世纪，《乌托邦》一书就重印过四版，随即被翻译成德文、法文、英文以及荷兰文，其影响之广，远远超过作者的初衷，托马斯·莫尔也因此获得极大的荣誉，《乌托邦》一书被誉为文艺复兴时期的代表作之一。

应当说，托马斯·莫尔非常憎恨的16世纪英国大规模"圈地运动"促使英国的社会经济发生了巨大的变革。圈地后，英国形成较大规模的大农场，土地集中，投资增加，经济效益大大提高，无论种植还是饲养都从中获取了更多的利益，英国成为欧洲农业现代化进程中的领军。18世纪的评论家阿瑟·扬这样介绍道："……小农都不可能做像诺福克那里所完成的大事。圈地，搓细绳，养一大群羊，绝对是大农民才能干的……也不要忘记，诺福克最佳耕种是最大农民的耕种……大农场是诺福克文化的心脏：把农场分割成一年几百英镑地租的土地，那整个国家就只有乞丐和野草了。"①圈地后的大批农民开始走进商品农业的领域，从蔬菜、染料到荞麦、玉米和马铃薯等，在经济变革中寻求利润，这些一直持续到后来的若干世纪，圈地并没有代表更换即将灭亡的农业体制，而是仍然充满活力的体制的利润再分配。事实上，在以后两个世纪里，英国农业成为欧洲生产力最高的产业。托马斯·莫尔急于改变圈地将大批农民从土地上赶走，将耕田变成牧场，农民流离失所的现状，但他不仅无力改变，也没能看见这些"羊吃人"的恶果却为英国资本主义掘出了第一桶黄金，使之有资格第一个跨进资本主义社会。莫尔因此抱恨终身，他的空想社会主义思想如同一株严冬生长出来的幼苗，哪堪雨雪和严寒，夭折是在所难免，乌托邦的美景在那个时代只能是海市蜃楼。

注
释

① Arthur Young, "The Farmer's Tour, 1771", *English Economic History: Select Documents*, ed.by A. Bland et a, London, 1925, p.531.

第三节 诗人斯宾塞与《仙后》

一

16世纪英国盛世诗坛

16世纪中叶,英国进入了伊丽莎白一世时代。1558年亨利八世去世后,伊丽莎白(Elizabeth I,1533—1603年)——这个由于身份特殊而没有耀眼的光环、缺少亲情呵护并历经磨难的女子,终于登上了王位,成为都铎王朝最后一位女王。伊丽莎白一世时代,英国中央集权和国力达到了鼎盛阶段,击败西班牙无敌舰队迅速成为海上霸主,资本主义经济的蓬勃发展使之一跃成为欧洲首富。同时,文艺复兴运动在伊丽莎白一世和詹姆士一世时期也走向了高潮阶段。在开明君主的庇护下,整个国家政局稳定、经济昌盛,英国文坛呈现出前所未有的繁荣景象。

16世纪前半叶,英国文学的主流形式依然是诗歌,在这个领域享有盛名的诗人有托马斯·瓦尔特(Thomas Wyatt,1503—1542年)、萨里伯爵(Henry Howard Earl of Surrey,1517—1547年)和菲利普·锡德尼(Philip Sidney,1554—1586年)等等。瓦尔特和萨里属于伊丽莎白之前的亨利八世时代诗人,但都被这位专制者所杀害。他们二人对英国诗坛的最大贡献是将十四行诗引入英国。瓦尔特曾是亨利八世的宠臣,多次代表国家执行外交使命,但命运多舛,不到40岁就殒命。他的诗有个不变的主题,即闪现个人坎坷经历的自怨自艾。其中《情人的述语》,可见一斑:

> 你将这样的离开我么,
> 我把我的心给了你;
> 永不曾想到离别,
> 也永不曾想到痛苦或悲楚:
> 而你竟将这样的离开我么?

说不！说不！
你将这样的离开我，
而没有一点怜悯我，
那个爱你的人么？
唉！你的残忍呀！
你竟将这样的离开我么？
说不！说不！ ①

　　萨里的十四行诗则被认为更加圆润，也有上乘之作，可惜还不到30岁就被斩首。1557年，由伦敦书商理查德·托特尔出版了以十四行诗为主的诗歌集《杂集》，其中多数为瓦尔特和萨里所作。该书一经问世，颇受欢迎，当年即再版，由此十四行诗在英国诗坛刮起新风。

菲利普·锡德尼

　　菲利普·锡德尼是伊丽莎白一世时期著名的诗人和文学评论家。他出身贵族，是伊丽莎白一世的宠臣莱斯特伯爵的外甥。他从小学习意大利语和拉丁语，曾任伊丽莎白一世的外交官等职务，锡德尼在1578年左右结识了当时作为宫廷侍从的斯宾塞，他们和另一个诗人共同组成了文学社团"诗法社"。锡德尼在1585年出任军职，并参加反对西班牙统治的战争，1586年11月在战场上，他英勇杀敌，不幸腿部中弹受伤，后来因感染而牺牲。据说他在生命垂危之际，毅然把最后一滴宝贵的水留给其他的士兵，自己却英年早逝，时年不足32岁。次年，英国为他举行

了盛大的葬礼，追悼这位优雅的诗人、睿智的学者、英勇的军事家。诗人们写诗悼念，英国举国哀悼数月。

注释　① 郑振铎编：《文学大纲》下，广西师范大学出版社2002年版，第17页。

　　锡德尼的散文《阿卡狄亚》是他的第一部重要作品，完成于1584年前后，被誉为"散文的传奇"。《阿卡狄亚》主要描写两位少女和两位王子之间的冒险经历，它以大自然为背景，其人物、思想、风格和情节等都很复杂多变，在处理爱情的问题上不乏诙谐幽默的描述。从问世以来就一直为人传诵和引述，如莎士比亚的《李尔王》、18世纪里查逊的《帕美乐》、19世纪狄更斯的《远大前程》，都有《阿卡狄亚》的印痕。

　　锡德尼被誉为"格言散文大师"，他的优美短诗组——十四行诗《阿斯特洛和斯苔拉》，出自于对苦恋情人斯苔拉另嫁他人的悲哀，也开创了英国短诗的文学形式。一时间，英国短诗创作风行，无论是专业诗人还是学者们无不热衷于此，其中不乏佳作。《诗的辩护》写于1580年，是他为诗歌戏剧艺术而辩护的文章。这篇散文的艺术价值很高，它既是散文中的精品，又是英国文学批评开山作之一。它是针对当时社会上对于戏剧和诗歌的轻蔑的反击。在当时，诗人和笛手、演员、小丑等被视为"国家的蛀虫"，他哀叹诗歌已经失去了昔日的作用，反而起到了败坏世风的作用。锡德尼在文章中也批评了诗人和戏剧家所存在的某些问题，但他认为不能因此完全否定诗歌的作用，认为诗歌的功能在于寓教于乐，诗歌是更加现实更加具体和自由的艺术。锡德尼的这篇文章生动活泼，目的在于劝人爱诗和劝人行善的议题。

　　《阿卡狄亚》显示出锡德尼深厚的语言造诣，虽然这部长诗的结构有些松散和过加藻饰，但在其词汇的丰富性、新颖性和灵活性等方面，甚至超过了莎士比亚，锡德尼的作品在当时具有很高的学术价值和广泛的影响力。

　　伊丽莎白王朝时期的诗歌呈现出兴盛的局面，最大的特点是摆脱了以往中世纪诗歌叙事、喜剧、讽刺等特点，具有可歌唱性，很多诗人既能创作，又能弹奏歌唱，因此，这个时代的诗歌具有独特的悠扬回旋之感。最具代表性的还当属诗人埃德蒙·斯宾塞（Edmund Spenser，1552—1599年）。

二

斯宾塞的长诗《仙后》

埃德蒙·斯宾塞

1552年，埃德蒙·斯宾塞出生于伦敦一个贫寒的布商之家，有一种说法他的父亲就是个织布工人。孩童时就对古典诗文产生极大的兴趣。他中学时的校长是颇有名气的学者理查德·马卡斯特（Richard Mulcaster，1531—1611年）他竭力倡导戏剧、音乐、足球，强调英语和其他文字一样可以成为伟大的诗歌工具，这对于小斯宾塞而言可以说受益匪浅。中学毕业后作为减费生进入剑桥大学学习，在剑桥期间，斯宾塞的诗学才华开始显露，写出了《爱与美的赞歌》，而且学习了除英语外的拉丁语、法语和意大利语，甚至已经能翻译彼得拉克的著作，四年后斯宾塞获得学士学位，又三年后的1576年获得硕士学位。

1578年，斯宾塞成为伊丽莎白一世的宠臣莱斯特伯爵的侍从，并在伯爵家里结识了伯爵外甥锡德尼，共同的志向和才华使他们走到一起，结成诗社。1579年，斯宾塞开始着手写《仙后》，并出版了他的第一本诗集《牧人月历》，从此宣告了英国一流诗人的诞生。1580年，他被任命为爱尔兰地方长官的秘书，他的大部分人生也是在这里度过的。1590年，《仙后》的头三卷付梓问世，但除了因此得到每年50磅的薪水外，他为伊丽莎白女王效忠的愿望依然落空。1594年，斯宾塞结婚并生儿育女，《婚后曲》和《婚前曲》等相继完成，《仙后》的后三卷也于1596年出版。不料1597年爱尔兰的起义军烧毁了他居住的城堡，他被迫逃回伦敦，两年后在忧郁中去世，由一个伯爵出资将斯宾塞葬在西敏寺教堂，长眠在乔叟的墓旁。

　　斯宾塞所处的时代可谓生逢其时，16世纪英国诗歌的勃勃生机，意大利文艺复兴的兴盛，更有古典文化的研究热潮，熏陶和滋养了年轻的斯宾塞，他的早期作品有明显的模仿味道。1579年，27岁的斯宾塞第一部诗作《牧人月历》发表，诗集是仿照罗马诗人维吉尔和文艺复兴时意大利和法国的牧歌而写成。所谓牧歌，原指牧人在放牧时唱的歌，后扩展为在自然的、田园式的环境中唱的歌曲。意大利以及法国都有广阔的牧场，特别是法国南部普罗旺斯地区，更有一望无际淡雅紫色的熏衣草和终年温暖绚烂的阳光。《牧人月历》包括12首牧歌，是以一年的十二个月为标题，每个月都有特定的农业活动、娱乐、宗教节日、相应星座和季节特征，《牧人月历》将这些因素串联成一个偌大的背景，以展示出广阔宇宙间的协调统一。12首牧歌又分成三组，即："道德组歌"、"幽怨组歌"和"欢乐组歌"，诗集的形式除首尾外都用对话形式，中心人物是作者的代言人科林·克劳特。

　　《牧人月历》以独特的视角折射了伊丽莎白时代的社会状态，涉及爱情、宗教、文学、世俗习惯和道德。此诗集被后人评价为了解伊丽莎白时代的一面镜子。如"道德组歌"讨论的都是当时社会的焦点问题，其中"九月之歌"所反映的"圈地运动"引发的农民失去土地而流浪的现象最为突出，诗中写到农民因"圈地运动"而离开家园：

　　　宁愿受点损失离家出走，
　　　也不愿意最后一无所有。
　　　……
　　　而昔日充满温馨的乡村如今已经变成凄惨冷落：
　　　为此，如果你在附近转悠，
　　　你几乎看不到烟囱冒烟。①

　　对于英国社会的种种不公平现象，斯宾塞借用动物形象地说明其剥削与被剥削的关系，如剥削者的贪婪如同"粗壮的公牛"，它为了压榨和骗取贫穷的农民，"甚至到舔食他人胡须上的油脂"的程度。斯宾塞虽然用牧歌的形式，但明显牧歌依旧、田园不再，作者的不平与愤怒使牧歌成为怨曲。

注释　① Edwin Greenlaw and others,des. *The Works of Edmund Spenser*, A Variorum Edition, Baltimore: Johns Hopkins University Press,1949, The shepherd Calendar, "September",p.L132-133.

作者指责"这个世界太不公平"，对此是忍耐还是反抗？诗中的两个人意见不一，这也恰恰是英国现实社会中两种不同的态度。作为社会各阶层欢欣悲哀的记录者来说，斯宾塞要为众生百姓提供可以更好活着的种种可能，而这可能是从王公贵族武士那里获得的。

在"欢乐组歌"中反映的则是英国另一个尖锐的社会政治问题，即女王的婚姻，伊丽莎白女王一直没有合适的结婚对象。

1572年英法联盟后，法国王子阿朗松得到了女王的青睐，到1579年时，女王是否与法国的王子结合在当时已经成为关系到王室地位、国家稳定和民族统一的关键问题，在包括锡德尼等知名人士的一片反对声中，伊丽莎白女王尽管已经年近半百，但最后还是理智战胜感情，放弃了这桩婚姻，并终身未嫁。在斯宾塞的诗中，他借用一个叫做伊丽娅牧羊女王的比喻，全力表达了他希望伊丽莎白为了国家仿效古犹太王所罗门，做一个牺牲个人幸福献身于国家的君主。他用美丽的语言描述伊丽娅的完美的"童贞"：

> 首先，她是童贞的化身：
>
> 处女之花，愿她开放永久，
>
> 高贵而端庄，
>
> 她是辛瑞克丝之女，完美无瑕。①

应当说这一比喻的指向很明显，斯宾塞的观点和锡德尼等很多人一样，希望用女王的童贞状态来保持国家的和平与繁荣，而女王如果一意孤行，那么国家因此而陷入的困境是不难想象的。由此可见作者忧国忧民的心情，《牧人月历》也因此而具有较高的社会价值。斯宾塞在十四行诗的诗体上有所创新，其代表作是1595年的诗组《爱情小诗》，它包括了89首优美的诗篇。在第75首中，他这样写道：

> 有一天我把她的名字写在沙滩上，
>
> 大浪冲来就把它洗掉。
>
> 我把她的名字再一次写上，

注
释

① Edwin Greenlaw and others,des. *The Works of Edmund Spenser*, A Variorum Edition, Baltimore: Johns Hopkins University Press, 1949, The shepherd Calendar, "April", pp.48-50.

> 潮水又使的辛苦成为徒劳。
>
> "妄想者"，她说，"何必空把心操，
>
> 想叫一个必朽的人变成不朽！
>
> 我知道我将腐烂如秋草，
>
> 我的名字也将化为乌有。"
>
> "不会"，我说，"让卑劣者费劲计谋
>
> 而仍归一死，你却会声名长存，
>
> 因为我的诗笔会使你的品德永留，
>
> 还会在天上书写你的荣名。
>
> 死亡虽能把全世界征服，
>
> 我们的爱情却会使生命不枯。[①]

斯宾塞的诗体现出文艺复兴时期的新观念，用诗笔使爱人永恒。斯宾塞的代表作是呕心沥血、几经删改的长诗——《仙后》。

《仙后》按照原计划共 12 卷，但作者只完成 6 卷（分别为 1590 年前三卷，1596 年后三卷，1609 年第七卷的片段）。《仙后》这部长诗篇幅浩大，长达 400 多页，是英国诗坛少见的鸿篇巨制。与当时所流行的抒情短诗相比，《仙后》没有任何表现手法的失误和诗韵的破绽，无论哪一章节的音韵节律都完美无瑕，经得起任何检验，堪称经典之作，斯宾塞因此成为诗坛巨擘。

按照诗人的说法，《仙后》的宗旨是遵循亚里士多德的学说，表达十二种基本品德，从而"用美德和善行来塑造并锻炼高贵和纯洁的人"。该书的主要内容是青年王子亚瑟，在梦里遇见仙后格罗丽亚娜（伊丽莎白一世的象

《仙后》插图

注释
① 王佐良、何其莘：《英国文艺复兴时期文学史》，外语教学与研究出版社 2006 年版，第 66 页。

征，意为光辉），他醒来之后就去寻找她。而仙后格罗丽亚娜也正在天上举行一年一度的12天宴会，每天派一名骑士到人间除暴安良，每一名骑士都代表一种品德和力量。而亚瑟王子和这些骑士每每相遇，共同战妖魔、除怪兽，他的身上集中了骑士的所有美德，成为最高品德的化身。关于这部长诗，诗人自称是"一首连续的寓言"，因为这里既有伊丽莎白时代的现实，也有柏拉图式和斯宾塞自己关于仙境的虚构。但其结构和用意是很清晰的，作者在卷前给朋友的一封信中说明"本书的总目标乃是要形容刻画一位道德高尚的正人君子。"从形式上看，斯宾塞是在模仿意大利诗人，他们都曾用长诗来赞美意大利，斯宾塞也通过如此的鸿篇巨制来歌颂赞美英国。但他没有完全写实英国生机勃发的英雄时代，而是转回到中世纪骑士时代，用不拘时空的描写来表达英格兰民族的伟大精神。

第一卷：红十字骑士的故事，红十字骑士即圣·乔治与处女乌娜共同屠杀了围攻乌娜父亲城堡的毒龙，在诗中，乌娜是向导，代表真理，毒龙代表谬误。

第二卷：居央骑士的故事，居央骑士探访了财富之窟，捉住了女巫，在亚瑟王子的搭救下，共同救出了被囚禁七年的女王阿尔玛，阿尔玛代表的是人的灵魂。

第三卷：勃利托玛女骑士的故事，这卷主要写勃利托玛如何解救被魔术师囚禁的阿摩雷特姐妹，勃利托玛代表的是贞洁，而阿摩雷特姐妹代表了女性的美与妻子的忠贞，而魔术师则代表了不正当的爱。

第四卷：坎贝尔与特赖阿蒙的故事，本卷记叙了两个人决斗，双方都受到伤害，最后言归于好。更有趣的是他们两个人竟分别娶了对方的妹妹为妻，两个敌手成为友谊的代表。友谊在伊丽莎白时代是最受推崇的高尚情操。

第五卷：阿提加尔骑士的故事，代表正义的阿提加尔以自己正义的力量终于制裁了邪恶之徒。这里影射了当时的若干历史事件，如西班牙军队放弃信仰，苏格兰玛丽女王受刑等等。

第六卷：卡利道骑士的故事，卡利道骑士代表的是礼貌，他降伏了代表"妒忌"与"诋毁"的怪兽，当卡利道发现怪兽在寺院恶意地侮辱教会，便追踪到此，将怪兽绳之以法，但怪兽却挣脱铁链逃之夭夭，结果"妒忌"与"诋毁"至今仍恣意横行于世。

残存的两个章节是第七卷的一部分，描写的是"无常"女神反抗天神，要求统治世界的权力，在这个残篇里，诗人对季节变化的描写颇为精彩。

斯宾塞在《仙后》中突出体现了他受意大利人文主义思想影响，积极面对世界，敢于冒险，乐观向上，热爱大自然等典型的文艺复兴时代的精神风貌。但斯宾塞的诗中也残留很多中世纪保守思想的影响，柏拉图的观点也不时地显露其中。

《仙后》的诗韵整齐，自成一体，被称为"斯宾塞体"，即诗中每节九行，前八行为"抑扬格五音步"，后一行为"亚历山大体"和"抑扬六音步"，韵脚的排列为 a b a b b c b c c。斯宾塞的诗从单独的一节看虽无甚新奇，但由于第九行的添加，就使诗不仅响亮动听，而且整个气势丰满雄浑，连续起来读产生异乎寻常的感染力，这种诗体特别适合长篇浪漫的诗篇，越读就越能体味出波澜壮阔的意味。事实上，此后这种诗体被济慈、雪莱和拜伦等英国著名诗人所仿效。斯宾塞仅凭借一部尚未完成的诗歌而成为英国诗歌史上里程碑式的人物。在不少英国文学评论家眼里，斯宾塞是英国最伟大的诗人之一，完全可以与莎士比亚、弥尔顿和华兹华斯相媲美。

第四节　17世纪英国文学的代表——弗朗西斯·培根

对英国而言，17世纪可谓是"天才的世纪"[1]，英国在各个方面对世界文学的贡献是众所周知的。其中弗朗西斯科·培根（Francis Bacon，

注释

[1] 王佐良、何其莘：《英国文艺复兴时期文学史》，外语教学与研究出版社2006年版，第266页。

弗朗西斯科·培根

1561—1626年）就是英国文艺复兴时期最重要的散文家、哲学家。他的《随笔集》闻名于世，在英语语言方面，培根还做了大量清除古典哲学中语言弊端的工作，用具有雄辩力量的散文为新文风树立楷模。

1561年，弗朗西斯科·培根出生于伦敦一个官僚的家庭，12岁时进入剑桥三一学院，据记载，少年培根就对被教会奉为经典的亚里士多德哲学不满意，认为流于空泛，无实际意义。15岁时就作为驻法国大使的随员来到巴黎，三年后由于父亲病故而辞职回国，同年又进入律师学院攻读法学，1582年获得律师资格后，从此步入学海与仕途、失意与得意的交替之中。1626年4月，培根不幸成为一次科学实验的牺牲品，染病而逝。

尽管大半生沉浮宦海，培根终生未辍的事业是哲学的思考与文学的写作。哲学方面，他穷一生精力，要对人类的全部知识进行一次梳理和建构，计划完成一部巨著，名为《大复兴》。虽然他只完成了这个计划的两部分，即两卷本的《学术之进步》和单卷本的《新工具》。后者被认为是培根最重要的哲学著作，对后世产生了不可估量的影响和作用。

<h1 style="text-align:center">一</h1>

<h2 style="text-align:center">参悟人生的《随笔集》</h2>

培根《随笔集》第一版于 1597 年，只收录有 10 篇短文，后经过两次补充，增至 58 篇。作为一名哲学家和政治活动家，培根阅人无数、视角独到，其内容涵盖社会各个领域，政治、经济、宗教、爱情、婚姻、友谊、艺术、教育和伦理。作为哲学家的培根，其文学作品与一般文学作品的不同之处是兼具逻辑思维的严密、唯物主义的认识论与文笔的优美洒脱、警句的精辟不凡两大优势。

培根写作《随笔集》，开始于宦海受挫期，完成于仕途顺利时，这个起伏跌宕的经历，对于感悟人生与社会，却常常是最适宜的写作背景。《随笔集》是作者经历与思考的综合产物，但不以剖析自我为主，更不是他所厌恶的空谈，而是从纵深角度高谈阔论。在 58 篇中，有关政治（9 篇）和人生内容（28 篇）较多。在第 19 篇"论帝王"中，他以不多的语言道出多年伴君的体会：帝王自身是"所欲之事甚少，所惧之事甚多，此乃一种可悲的心态"。[①]君主惧怕的事情恨多，虽至高无上，但心中少有宁静，他在自由与权力之间难以平衡，与邻国永远戒备，其后妃、子嗣也常常祸乱不已。君王需要根据高级教士、王公贵族、新士绅和商贾，以及平民百姓、士卒兵甲对于王位的影响和利益的牵制，来确定其态度和策略。在结尾时，培根告诫君王："所有对君王的戒律实际上可归纳为两记：一是记住你是凡人，二是记住你是神或者神的化身；前者约束君王的权利，后者则限制君王的欲望。"[②]

培根在思考人生方面带有浓厚的思辨味道，语言精粹令人玩味。例如第二篇"论死亡"时，他说："成人畏惧死亡犹如儿童怕进黑暗；儿童对黑暗之天然惧怕因妄言传闻而增长，成人对死亡之畏怯恐惧亦复如此。"[③]他

注释
① 弗朗西斯科·培根著，曹明伦译：《培根随笔集》，人民文学出版社 2006 年版，第 57 页。
② 同上书，第 61 页。
③ 同上书，第 4 页。

分析人类与死亡的关系有：复仇之心可征服死亡，爱恋之心会蔑视死亡，荣誉之心会渴求死亡，悲痛之心会扑向死亡，恐惧之心也会预期死亡……这种对死亡问题的诗意分析被英国另一位巨匠雪莱评价颇高，赞叹说培根勋爵是一个诗人。

在第11篇"论高位"中，第一句话就深刻至极："身居高位者可谓三重之奴仆：君王或国家的奴仆、公众舆论的奴仆、职权职责的奴仆。"今天，我们可以换一种角度，或者换一种说法，但其实质性的东西，已经被培根剖析尽至。身居高位、权力在握的人，如何分清公仆与主人的关系，如何行使权力和服务大众？直接关系国家民主政治的发展和政权的稳定。

《随笔集》中第50篇"论读书"更是篇美文，培根通过谈读书对人的好处、读书与经验的关系以及读书的方法，来论证读书作为一种学习的形式，可以达到掌握知识、学以致用的目的，最后得出结论，即"凡有所学，皆成性格"。该篇中的一些经典语段，成为后人学习的箴言："读史使人明智，读诗使人灵秀，数学使人精细，物力使人深沉，伦理使人庄重，逻辑修辞则使人善辩，……"[1]

培根这种随笔，看似信手拈来，其实是对社会现象深思后的断言，是分析洞察后的结论。因此，具有深入浅出的哲理，不是简单的有感而发。事实上，培根对事物理性的分析和决断的自信正是该书重心所在，也是备受好评的根源。在《随笔集》中，培根的很多人生哲理成为指导和熏陶年轻一代的经典名言，无数人从中受益。

随笔这种形式属于很生动、活泼的体裁，在这里不能不谈到随笔散文的第一人法国文学家蒙田，蒙田与培根的两部《随笔集》，出版时间仅相差17年。具体内容见下表：

① 弗朗西斯科·培根著，曹明伦译：《随笔集》，人民文学出版社2004年版，第164—165页。

	担任职务	《随笔集》出版时间	篇幅	字数	中心内容	写作特点
培根	内阁掌玺大臣、大法官	1597—1625年	58篇	15万	政治、经济、爱情、婚姻、友谊、艺术、教育、伦理	以哲学理论为基点
蒙田	法院任法官、波尔多市长	1580—1592年	107篇	100万	人性、习惯、古代历史	以自我为研究对象，以古代历史为借鉴剖析和探讨

培根与蒙田有很多共性的地方，第一，经历相似，他们都曾在朝为官，又不完全适应君王侧的宦海生涯。第二，他们都具有极高的文学天赋，培根少小离家就读剑桥，15岁到巴黎耳濡目染法国文风，以他的睿智和灵感，完全可以成为专职作家，只是培根的心思不在文坛；蒙田则一心向文，精心打造心灵鸡汤，用心良苦。第三，人生观相似，他们的作品之所以成为后人推崇的精神财富，他们的思想观念代表着时代的潮流，以人为本的主导思想促使两部随笔集都充满了对人各种行为的研究和评判，其中不乏真知灼见，当然也有偏见，如培根对于家庭里妻子和子女的评价就不高。

所不同的是培根一生追求权力，追求知识，并不以文学为宗旨，只是他的文学天赋，使《随笔集》称为文学佳作，成为培根哲学建树以外的副产品。蒙田则具有浪漫心智，追求完美人生，追求理想天国，直到弃官为民，还原自我才能够找到心灵的依托，《随笔集》是蒙田穷其一生的总结和期冀。

二

培根在科学史上的地位

对科学和真理的追求，在唯物主义哲学理论上的贡献，使培根青史留名。培根著有《学术的进步》、《新工具》等哲学著作，还有《新打西岛》、《论事物的本性》、《迷宫的线索》、《葛家哲学的批判》、《自然界的大师》和《论人类的知识》等一些遗著。

在人文主义思想的影响下，培根尖锐地批判了中世纪经院哲学，他认为经院哲学和神学严重地阻碍了科学的进步,主张要全面改造人类的知识,使整个学术文化从经院哲学中解放出来,实现伟大的复兴。培根是西方哲学史中第一个较全面、深刻地批判经院哲学的人。

培根在他的哲学论著中还有很多箴言警句,对后世的影响深远。比如"知识就是力量",这句名言可以说众所周知,影响深远,甚至家喻户晓。这个深刻的命题出自于培根之口,但究竟出自于哪一部论著还众说纷纭。一般认为培根在《新工具》一书中,说过"人的知识和力量是合于一体的",这句话后来被凝缩成"知识就是力量"。而威尔·杜兰在《世界文明史》中指出,这句话在现行的著作中没有,而是在《沉思录》(*Meditations Sacrae*)的片段中,有一句拉丁文"ipsa scientia protestas est",即"知识就是力量"。但《沉思录》没有公开发表过。

培根在将中世纪思辨形而上学的思维向实验科学技术转变过程中,起到了决定性的作用,因此,他才能在工业革命的前夜成为领导思想潮流的先驱。他的名字不仅在文学领域赫然显现,在科学史上,他被视为16—17世纪最伟大的思想家和科学家。

第五章
英国的文艺复兴文学（下）
——莎士比亚戏剧

　　莎士比亚——一个出身平微的小人物，慧眼独具、妙笔生花，或轻描淡勾，或浓墨重彩，描绘出英国文艺复兴时期全景画。在一方小小的舞台上，莎士比亚戏剧成为高扬人文主义思想的赫然旗帜，并将戏剧艺术推向文艺复兴文坛之巅。作为文艺复兴时代"放大的生命"，莎士比亚犹如一颗璀璨的恒星，超越时空，遨游在人类文明的广袤星空。

第一节　戏剧——英国文艺复兴巅峰的标志

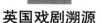

英国戏剧溯源

　　公元 5 世纪，罗马帝国消亡，罗马的天主教会作为欧洲占主导地位的精神统治，视古典文化为罪恶的渊薮，古希腊罗马的传统戏剧被全面禁演，从公元6世纪到10世纪期间,教会屡次发出禁令,不允许演出和观看任何形式的戏剧,只有民间在一些地方存有类似于戏剧的季节性祭祀活动,如春季或冬季时的祭祀节日等。

戏剧的再次兴起,借助于基督教会的宗教仪式演化,公元9世纪左右,复活节基督升天的仪式中一种叫做"找谁呀?"的对话场面被称之为英国中世纪戏剧的开端。这个仪式中包括戏剧里扮演、对话和布景的三大要素,通过几个基督徒相互问答和逐渐加上的情节、人物和音响,构成类似戏剧的一种表演。从10世纪到12世纪,教会为了使人们更加容易皈依基督教,常常在正式的宗教仪式开始前,由神职人员扮成各种角色来演出圣经中的一些内容,这种寓教于乐的传教形式逐渐受到越来越多的欢迎,观众们的兴致越来越高。狭窄的教堂已经无法容纳观看演出的众多观众,演出的场地从教堂一侧改到教堂门口,再逐渐挪出教堂,到教堂较为宽敞的院子里面。到1500年之前,教堂内的演出依然持续,由教会负责,演出完全是严肃的宗教内容,使用的语言也是拉丁语。但教堂外的演出走上了另外一条道路,成为一种供基督教徒和广大市民娱乐的形式,由于剧情日益丰富,原本纯粹宗教性质的演出娱乐成分大增,并且演出次数和费用也日渐增加,还出现了广场上的固定演出场地和在一种板车上临时搭建舞台的临时演出场地。因此,教会不得不与当地的商人和商会等民间组织联手,请他们出资赞助由世俗之人掌控下的演出,这种演出自然削弱其中的宗教成分,而按照观众的兴趣增加喜剧成分,上演的内容依然是以宣传圣经和圣徒的事迹为主,如"诺亚的洪水"、"圣保罗的皈依"和"每人"等。①

从16世纪起,注重人性道德的与传统结合的真正意义上的戏剧出现了,如《拉尔夫·劳埃斯特·道埃斯特》、《老大娘葛吞的针》、《高布达克》等,这些悲剧和喜剧完全是关于平民的生活写照,其中的人物充满了幽默和快乐。这种乐观的人生态度与英国16世纪的强盛密切相关,从16世纪40年代起,英国国势的逐渐强盛,其国势相当于中国盛唐,封建社会迅速

注
释

① 颜元叔:《英国文学中古时期》,台湾书林出版有限公司2002年版,第269—253页。

地向资本主义社会过渡，国势迅速增强。经过亨利八世时期的玫瑰战争，英国那些封建贵族的遗老遗少几乎被消灭殆尽，虽然成千上万的农民失去了赖以为生的土地，流落到城镇，形成城市新兴经济的廉价主力，但同时促进了城市商业和手工业的繁荣，新扶植起一批具有经济实力的市民阶层。

1558 年 11 月，英格兰进入伊丽莎白一世王朝，伊丽莎白女王不仅为英国在国际舞台上迅速崛起立下卓越功勋，对于推动英国文艺复兴运动的进展起到了至关重要的作用。1588年，著名的航海家德雷克率领的英国"无敌舰队"将不可一世的西班牙击溃，成为伊丽莎白一世的镇世之举，英国的胜利不仅保卫了自己的国家，更扩大了海外贸易，提升了英国武器装备水平和现代化工业制造水平。一直到 16 世纪 80 年代，英国呈现出一派繁荣兴旺的局面。

国力强盛，英国国民乐观主义的精神状态，以及女王伊丽莎白一世对文学艺术尤其是对于戏剧的青睐有加，使得在17世纪英国出现了包括女王在内的很多由王公大臣亲自命名和资助的剧团。这些剧团有了强大的后台支持，迅速地兴盛起来。这一切都推动了英国文化领域原本蹒跚的步履。稍显黯淡的英国文坛上终于亮起了一片辉煌，文人的创作热情被激发起来，还涌现出一批专门的戏剧作家，充满新思想、新题材和新技巧的戏剧闪亮登场。

这个时期的英国戏剧，借助于复兴古典文学的热潮，从模仿古希腊和罗马戏剧中的"学院"戏剧开始，逐步与英国本土传统戏剧文化相结合，英国的传统文化注重道德内容，在传统戏剧中的人、贞操、善与恶和贪婪等都成为概念的化身。在宗教剧中掺进了世俗生活中喜闻乐见的内容，包含了一定的现实主义的成分。从形式上也同其他国家类似，从说教的宗教剧慢慢向娱乐为目的的方向发展。随着古典戏剧的复兴，古希腊罗马原文的戏剧在英国的大学里上演，其中罗马悲剧作家塞内加（Seneca，前 4—65 年）影响较大。从 1559 到 1581 年，塞内加 9 部悲剧中就有 5 部在英国上演。但由于他的悲剧不适合舞台演出，迫使英国悲剧在艺术上闯出自己的道路。莎士比亚之前，"大学才子"马洛等戏剧家已写出了相当水平的悲剧。莎士比亚的悲剧同样受到了塞内加复仇剧的一些影响。

　　处在上升时期的英国，人们的心态是乐观向上的，广大下层人民成为戏剧的主体观众。在文艺复兴时期，读书是一件很奢侈的事情，虽然印刷品开始大量出现，但书籍的价格极高，一页有图案和一首诗的纸就要价一个便士，最便宜的小册子要价6便士，而一般人的周收入只有四五个先令，连一页纸也买不到，更何况普通民众的阅读能力也有限。与读书相比，看戏则容易很多，当时看一场戏剧只需要一个便士，况且雅俗共赏，属于大众消费。因此，戏剧成为下层民众唯一能够接受的教育和获得艺术享受的媒介。当然，也有流动的小贩在市场上兜售小册子、故事书和歌谣，戏剧爱好者也可以在书贩那里找到廉价的剧本，这些都是未经授权印制的版本，由于常常是根据记忆或者速记完成，并非作者原稿，因此，很多廉价剧本的台词与原剧本不符，或干脆就歪曲了原意。

二
走进16世纪英国的剧场

英国早期剧场

　　几百年后的今天，那些镶着繁复图案和有着花式文字、泛黄易脆的剧本已经静静地躺在了博物馆的深处，它们的存在印证了当年辉煌的剧场、绚烂的舞台和热烈的气氛。让我们尝试着走进16世纪的英国剧场来领略一番……

　　专业剧团成立。早期戏剧无专门的职业剧团，只是一些商业手工业行会的会员组织戏班子进行演出，舞台下方标有该行会的标志性图案，作者和演员都是业余性质。随着戏剧逐渐受欢迎，出现了职业剧团。剧团一般有6—8名专职演员，其余则为临时雇用，只有在伦敦演出时才有豪华的演员阵容。剧团的经营和资金需要依靠权贵的支持，当时比较有名的剧团都得到了包括女王在内的王公大臣的庇护和资助，能够在自己所属的或租赁的剧院里演出，并且随着演出的效果而扬名于世。17世纪以后，出现了专业的剧场，根据固定剧场而组建专业的剧团，如莎士比亚开始时隶属的就是当时的海军大臣。这些剧团因庇护者的不同而带上不同的标志，被纳入权贵的仆从名单，甚至还能领到一份微薄的薪水，这样的剧团被称之为"某某供奉"。以后莎士比亚依靠自己的名气和经济实力修建自己的剧场，即著名的"环球剧场"，使他的戏剧有专门的场所演出。

职业演员出现。中世纪时期的演员是业余而非职业，只有丑角和杂技演员才是专职演员，16世纪以后，演员也逐渐走向独立的职业化，但直到较晚的时期才被承认与合法存在。早期的演员全部为男性，女性演员被认为不合时宜，女角色都由男童来装扮，按照喜剧和悲剧分为不同的角色，有专门饰演悲剧的明星和喜剧的丑角，丑角常常一出场就引来哄堂大笑。演员的地位很低，只有明星演员才能有较高的待遇。

1574年，英国政府第一次开始颁发专业演出剧团的执照，两年后，伦敦建立起第一座演出民间戏剧的剧院，逐渐成为大众娱乐的主要形式。由于戏剧的繁荣，各剧场之间的竞争也日趋激烈，演员的演出任务极为繁忙，正常情况下，除了星期日和复活节前40天不能演出外，其余一概属于演出的旺季，几乎每天下午都要登台演出。而且由于要经常更换剧目，如1594到1595年的演出季节里，仅海军大臣剧团演出的38出剧目中，就有21部是新戏。一部新戏平均只能上演两周，所以每个演员都要同时准备承担几个角色，如果是巡回演出，那么演员需要更加精练，所付出的辛苦就不言而喻了。

建立专门的剧场。最初仅仅是在大街上搭建简陋的舞台，常见的是在市场上搭建带篷的舞台，四周没有围栏，观众可以自由出入，类似中国旧时的露天戏棚。还有一种利用旅馆的院落作为演戏的场所，那时的情景应该是这样：在考文垂旅馆的院子里，在一个狭小简陋的舞台上，剪裁制衣行业协会的会员在演出一部奇迹剧，演员在台上打来打去，甚至打到台下，围观的看客们在底下也是乱成一团，他们聊天说笑、吃喝打闹、吵架辱骂，各行其是，偶尔才被台上的演出吸引，观众中还有扒手和妓女在忙着做各自的生意，有钱的观众能够坐在舞台上看戏……

这是莎士比亚时代常见的戏剧演出的场景。在旅馆附近的院落作为演戏的场所，尽管旅馆并不大适合演出，但观看演出能够招揽生意，还能将旅馆租给剧团的人。但由于群众的聚集引来各色人物，社会治安也出现问题，妓女的蜂拥而至更造成骚乱和疾病传播，所以在1574年时，伦敦市政府开始禁止未经检查和允许就上演戏剧。

1576年，英国第一所定名的"剧场"落成，建造它的人叫詹姆斯·培尔培支（James Burbage，1531—1597年），他本人就是演员，剧院建在伦敦市郊，结果这种"剧场"在英国大获成功，在20年间就有6家郊区剧场落成，其中有5家与烟花巷为伍。当莎士比亚1590年来到伦敦时，在三个大型的剧场中，剧场设施比较粗糙，基本形状为木造结构的圆形建筑，有回廊和坐椅环绕，可以容纳2000到3000观众，大约有三层看台，位于中心的表演区高起，棚顶能够遮盖观众坐席和多半个舞台部分，而中央地带则完全是露天。

舞台新奇奢华。随着戏剧越来越受到观众的欢迎，剧场建得也越来越豪华，舞台上的背景和演员的服装、道具等也越来越具有艺术性，著名的建筑家兼设计师伊尼格·琼斯（Inigo Jones，1573—1652年）对舞台的各个方面进行了大胆新奇的创新，他将意大利建筑学和古代舞台的形式运用到英国舞台设计中，采用了三角柱旋转布景的技术和照明方法，在伦敦建造的剧场中，建立了具有寓意和神话主题的透视舞台。由于戏剧一般在白天上演，不需要照明，他利用意大利的照明技巧，运用有色玻璃来制造各种气氛，或者表现一天当中不同的时刻。琼斯还在舞台背景上出奇制胜，将仿真的山石景物制作成舞台背景，如《奥白龙的假面舞会》的舞台背景上，有露出地面的岩石，狰狞恐怖的形状，利用油画制作的新技术，使舞台背景呈现出一幅神话天国的效果。演员的行头也日益的华丽夸张，完全可以与中国京剧的服装相媲美，琼斯专门为水神设计的服装是飘逸动感的海绿色裙子，蓝色的卷发如同起伏的波浪，他为火炬手设计的服装则是身着红火的裙装，肩上有火红的羽翼，如同跳动跃起的火焰……这些富有感

召力、别出心裁的演出服装，为戏剧演出增添了无穷的魅力和效果。无怪乎有人说：留心那些奢侈华丽的戏院吧，伦敦挥霍和愚蠢的不竭之源！

　　总之，几百年来人们费尽心思力求还原莎士比亚时代戏剧的每一个细节，结果也是相当的可喜，经过以上并不详细的描述，我们就可以感觉到莎士比亚

琼斯设计的演出服装

时代的戏剧氛围，似乎已经站在伦敦某个台下乱哄哄但台上精彩绝伦的剧院里面，满怀喜悦和激动，共同期待着莎士比亚一个新剧目开演的号声……

三

16世纪英国杰出的戏剧家群体

　　16世纪时英国戏剧家过着这样的生活：无数个日夜，他在阴暗潮湿的屋子里埋头疾书，然后带着谦卑的笑容，一次次将自己的呕心之作敬献给庇护他的王公贵族，以求获得他们的首肯和赞美，当他的剧本育化成美妙的演出和赢得观众的欢呼时，那些渴望已久的声名和财富随即降临掌中。无论戏剧家们如何曾经为他人效命、地位卑下，依靠嗟来之食，16世纪的英国毕竟给戏剧创造了绝好的发展机遇。

　　16世纪末到17世纪前期，英国出现了著名的"大学才子"派作家群。他们大都在牛津或者剑桥这样的高等学府受过教育，在思想中具有人文主义和民主的理念，他们凭借自身的才华要打破当时英国诗歌一统天下的局面，率先在小说这个新的体裁上做了大胆的尝试和创新。例如约翰·黎里（John Lyly，1554？—1606年）的《尤弗伊斯》、罗伯特·格林（Robert Greene，1558—1592年）的《潘朵斯托》和锡德尼的《阿卡狄亚》等，作品中典雅的风格和华丽的语言，开创了英国小说的第一页，乃至形成了20年的"小说热"。"这类作品在当时与那些适应飘忽不定的语言和读者见面

时，肯定具有近似魔术般的效果，因为它不受音步的限制。"①他们还抛开世俗偏见，开始从事在世人眼里并非高贵的戏剧创作。当然，他们的戏剧创作不同于以往，是将古代罗马戏剧和中世纪道德剧以及意大利、法国的各种戏剧融会贯通，创作出品位高雅、结构严谨、情节生动的戏剧，这在英国戏剧史上是独树一帜的。以约翰·黎里、托马斯·基德（Thomas Kyd，1558—1594年）和克里斯托夫·马洛（Christopher Marlowe，1564—1593年）等为代表的青年才俊，他们作品的共同特点是将古典戏剧传统和英国本土的文学传统结合起来，特别是将古典戏剧中美妙的修辞和典雅的语言融入英国戏剧之中，使原有的本土戏剧更加富于感染力和表现力。他们将两种戏剧融会的作品，体现出了现实主义和浪漫主义的风格。其中格林的戏剧作品，善于描写女性和营造氛围，并喜欢用浪漫的笔法描绘田园风光。

可以说，这种文坛盛况与英国的盛世繁荣是相吻合的，也可以说，英国文艺复兴戏剧的巅峰时代是莎士比亚和他同时代的优秀作家共同构筑的。

罗伯特·格林是一位才华横溢的文学家和戏剧家，在16世纪末已经崭露头角，是最早一批职业作家之一。他的作品很丰富，有戏剧、诗歌、小说和新闻报道等，但最后疾病将他精神摧毁。格林一生漂泊不定，他愤世嫉俗、桀骜不驯，他笔下的人物浪漫、真实、富有个性，刻印下了他人生境遇的痕迹。

格林留下的戏剧作品不多，其中《僧人培根与僧人邦格》，讲述了哲学家罗哲·培根用铜头做实验的情节以及王储和贵族两人追求一个美丽姑娘的浪漫故事。另一部《詹姆士四世》也是一出优秀的喜剧，剧中将詹姆士四世与妻子各自的风流故事描绘和评点得生动和谐，这两部戏剧至今还在英国当地上演。格林戏剧中极富个性的角色影响到了莎士比亚的人物创作。

克里斯托弗·马洛是另一位使英国剧坛焕发生机的天才作家。他在莎士比亚之前已经在戏剧界崭露头角，马洛在1587到1592年间完成的《浮士德博士的悲剧》、《马耳他岛的犹太人》、《爱德华二世》、《巴黎大屠杀》

注
释　① Donald Cheney, *The Cambridge Companion to English Literature, 1500-1600*, edited by Arthur E. Kinney, Cambridge University Press, 2000, p.209.

克里斯托弗·马洛

和《迦太基女王狄多》5部剧本，使英国戏剧达到了空前高超的水平。他那诗一般的戏剧语言悠扬顿挫、铿锵有力，极具感染力，常常唤起观众狂热的激情，例如，在《浮士德博士的悲剧》中，浮士德面对着美丽的特罗得赫时，他说道：

> 这就是那张使船舶沉没，
> 使云塔焚毁的脸蛋吗？
> "闭月羞花"的海伦啊，
> 请给我一个吻，
> 好使我永恒不朽。

如此美妙的爱情语言，堪称经典，无怪他的戏剧创作和诗句的精华被莎士比亚所模仿和借用。

稍晚于莎士比亚的本·琼生（Ben Jonson，1572—1637年）是一位具有渊博的古典文化知识与素养的戏剧家。

本·琼生

他在詹姆士一世时代名声日隆的原因，是詹姆士的宫廷里庆典频繁、奢华无度，假面剧这种新的消遣方式应运而生，其创造者之一就是本·琼生。假面剧是以歌舞为主要形式，加上豪华无比的布景、精致艳丽的服装和奇巧机关的道具，制造出来亦真亦幻的人间仙境，气势恢弘，甚至连国王和王后都加入演出。詹姆士国王直接向本·琼生订购假面剧的剧本，本·琼生一共编写了30多部假面剧，其中第一部名为《黑色假面》。加上琼斯设计的演出服装与道具，共同构成无比豪华的假面剧舞台。冬季的伦敦阴霾笼罩，然而詹姆士宫廷里却另一番景象，舞台上一派霓裳羽衣的华彩斑斓，国王乐而忘忧，观众如醉如痴。用本·琼生的话说，假面剧恰似"宫廷的楔形文字"。本·琼生与莎士比亚有一种特殊的友人兼对手的关系,他们俩在伦敦酒馆的一次精彩的辩论,一直流传至今。①除了他的戏剧外,本·琼生还被誉为"诗人之王"。他对罗马诗人有深入研究并怀有崇敬之情,深得其中精髓,本·琼生的诗句,形式优美和用词准确,比如:"用你的眼神,敬我一杯美酒",等上乘佳句。当然,本·琼生的一个重要的功绩就是他在莎士比亚逝世后为他出版戏剧集。为此,他顶住了很大的阻力,积极搜集、寻找真正的莎士比亚剧本,其间克服了冒名顶替者、出版商和出版经费等等困难。终于在1623年莎士比亚逝世7年后,刊有36部剧本的《威廉·莎士比亚先生的喜剧、历史剧和悲剧。根据准确的真正的文本刊印》正式出版,次年又收集到第37部。

17世纪英国戏剧的代表人物还有德莱顿(John Dryden,1631—1700年)和塞缪尔·佩皮斯(Samuel Pepys,1633—1703年),德莱顿关于戏剧创作和舞台艺术的论述构成了英国戏剧史上第一组有分量的戏剧评论,他简洁明快的散文文风也影响了18世纪的英国文坛。塞缪尔则以日记作家而被首肯。他们两位留下的一些诗句令他们诗坛留名。如:"欲避无可避,相吻寄别离","她娇颜启开了他紧闭的尊口",以及"她虚伪到了残暴的地步,即使喜不自禁时都可以号啕大哭"等,这些优美的诗句完全可以和大师相媲美。

莎士比亚之所以能够乘势而出,英国盛世宽松的客观环境和文学戏剧的浓厚氛围,无疑是重要的铺垫和基石。莎士比亚在戏剧界的声名和文艺复兴的地位是逐步被确认的。相比之下,与莎士比亚同时代的戏剧家也许是一种悲哀,在这个"巨人"的光环之下,其他较为优秀的作家难以比肩而立。

英国戏剧的巅峰过后,维多利亚时代的戏剧已然成为一种时髦奢侈的艺术形式。从单纯的娱乐增加了社交等文化因素,看戏的观众在着装和仪表上越来越讲究时尚,戏剧演出成为信息交流和文化热点的集合地。此后,

注释

① Emma Jones and Rhiannon Guy, *The Shakespeare Companion,* Robson Book, 2005,p.109.

英国著名的剧作家层出不穷，从亨利·琼斯、欧文·平内罗，到萧伯纳、奥斯卡·王尔德，终究没有达到莎士比亚的影响程度。莎士比亚戏剧成为永久性的学术研究课题，1807年，英国散文家查尔斯·兰姆（Charles Lamb，1775—1834年）和他姐姐写出《阅读莎士比亚、永不落幕的悲喜剧》，自此后莎士比亚研究成为专门学问。

第二节　莎士比亚——从"戏子"到大师

一

斯特拉福镇的平民世家

莎士比亚画像

　　1564年4月23日，莎士比亚（William Shakespeare，1564—1616年）诞生在艾汶河畔的斯特拉福镇，这是一个宁静而富庶的小镇，距离伦敦不足一百英里，与周围城市也相距不远，是交通畅达之地，小镇因紧邻商道而富庶，小镇商贸繁荣，有专门的牲口街、猪市街、谷物街、羊市街等，牲畜多促使皮革业加工行当的兴旺。镇里有三一教堂等古老建筑，澄澈的艾汶河悄然从镇旁流过，河上的桥梁别具风格。小镇附近还有几个特殊城堡，是一些有名气的伯爵或伊丽莎白一世宠臣的城堡，特殊的身份使它们有些神秘莫测的味道。斯特拉福镇的管理机构在当时相当尽职尽责，很多当地居民的事件均记录在案，莎士比亚家族的档案也在其中。16世纪英国国力的强盛也影响到了这里，镇里旅店和酒店比比皆是，据说平均每百人就有一家酒店，可以想见斯特拉福镇的人们享受着轻松和快乐的生活。

1552年，莎士比亚的父亲约翰·莎士比亚离开老家的农场，来到了繁盛的斯特拉福镇上做了市民，斯特拉福镇的皮革生意很兴旺，约翰·莎士比亚有制皮的手艺，因此就在这里娶妻买房定居下来，依靠自己的手艺做皮手套生意，手套在那时是很讲究时髦的物品，只有贵族才需要穿戴精致的手套和体面的服装相配。他的家里就有制作手套的专门场所，也可以算作车间。1557年，约翰跻身于有声望市民之列，并被任命为负责检查饮料质量的检察员，而后，当选为参议，1568年，当选为"贝里夫"，也就是斯特拉福镇，或者叫斯特拉福市的市长。也就在这一年，第一个职业的剧团访问了斯特拉福，为市民演出戏剧。

约翰·莎士比亚共有8个子女，其中有三个夭折，威廉·莎士比亚是活下来的长子，他还有三个弟弟和一个妹妹，关于莎士比亚的弟妹们记录较少，小弟弟年轻时曾经进入大哥的剧团做过演员，妹妹嫁给一个商人，还有两个弟弟在家乡生活。

莎士比亚就读的文法学校

莎士比亚最初的教育是在家乡一所文法学校。按照当时镇政府要求，文法学校对市民子弟实行义务教育，由斯特拉福政府拨款维持，莎士比亚的教育履历就从文法学校开始，他从7岁到14岁左右一直在文法学校学习。直至今日，莎士比亚纪念馆里还保留着他就读文法学校时用过的书桌。他的同时代人、曾经为出版他的剧本而竭尽全力的本·琼生，曾直言不讳地指出莎士比亚"不谙拉丁，更疏希腊"，"于才于艺，多有所缺"①。

注释

① 陆谷孙：《莎士比亚十讲》，复旦大学出版社2005年版，第64页。

莎士比亚在学校的表现和离开学校的具体行踪已无从寻觅,在他戏剧中的一些细节里有所展示。这些幽静的乡间小城镇,景色宜人,肃穆的教堂,周围的田野充满诗意和芬芳……它们成为莎士比亚戏剧中不可缺少的语言和景物。例如《哈姆雷特》中奥菲利娅随口就说出八九种花草的名字。至于奥菲利娅的悲剧结局,在莎士比亚家乡也找到了相似的原型,在莎士比亚16岁那年,斯特拉福镇也曾出现类似的事件,一位少女无缘无故地淹死在艾汶河,人们怀疑她是自杀,没有举行通常的宗教仪式就悄悄埋葬了,《哈姆雷特》中奥菲利娅溺水时,少女洁白的裙摆漂浮在水面并缓缓下沉,这一经典画面如同真实悲剧的再现。

莎士比亚18岁结婚,他的妻子比他长8岁,莎士比亚对自己的婚事常常感到遗憾,在他的作品中曾说:"女人应该与比自己年纪大的男子结婚。"不过,他对辛勤持家、抚养孩子成人的妻子依然关怀备至,从记载来看他们的婚姻还算不错。1585年他们有了一对双胞胎儿女,但儿子11岁不幸夭折。年轻热情的莎士比亚没有被家庭所累,他仍然充满着好奇和幻想,1586年,22岁的莎士比亚离开了家乡,去伦敦寻找新的希望。

二

从"戏子"到大师之路

与莎士比亚的人生履历相比,他的戏剧创作完全是一条"超越自我"的道路。初到伦敦后,他度过了一段艰难时光,为了生存,他曾经在剧院里做勤杂工,对剧院、舞台和演戏渐渐熟悉,接着学习表演,开始是跑龙套。在此期间,他对舞台动作和台词等很有些天赋和才能,加上勤奋和努力,逐渐得到一些小角色和修改剧本等工作。事实上,莎士比亚从少年就开始对戏剧发生兴趣。幼年时斯特拉福镇经常有剧团来巡回演出。莎士比亚便深深地喜欢上了戏剧。

1590年,莎士比亚创作了生平第一个剧本。30岁时,他已经成为两家具有执照的演出公司的股东,同时成为一名剧作家。他的戏剧逐渐在伦敦戏剧界崭露头角,同时,莎士比亚开始与作家马洛等一些戏剧家交往,因为他们都在为伦敦的帕姆布罗克剧院撰写剧本。大概从1592年起，他也开始进行十四行诗的创作，在将近10年时间里他一共写了154首十四行诗。不久，随着莎士比亚迅速走红，社会对他褒贬不一，甚至格林没有指名地写了封公开信，认为莎士比亚是"一只用我们的羽毛装饰打扮起来的、飞黄腾达的乌鸦"。他的"演员的外皮下包藏着一颗虎狼之心，他自以为能像你们中之佼佼者一样挥笔写出无韵体诗。他是个地道的'打杂儿的'，却狂妄地自认为是国内独一无二的'莎场'"[1]。以后，不断有人对莎士比亚进行人身攻击，直到莎士比亚的声誉已经如日中天，才又向他表示道歉。1592年到1594年间，一场瘟疫夺去了伦敦几乎四分之一人口的性命，很多诗人和作家都难以逃脱厄运。然而，幸运又一次垂青了莎士比亚，他幸运地遇到了青年贵族南安普顿伯爵（Earl of southampto 1573—1624年），伯爵的知遇之恩庇护和解救了困境中的莎士比亚。

南安普顿伯爵

　　在伦敦遭受瘟疫期间，南安普顿伯爵将莎士比亚带回他的家中安顿下来。莎士比亚还在他家里完成了《爱的徒劳》这部喜剧。从此，莎士比亚对这位年仅19岁的伯爵感恩戴德，终生不忘恩人的情谊，他的很多诗作是献给这位伯爵的。

　　在与南安普顿伯爵的交往中，莎士比亚还有了意外的收获，伯爵将莎士比亚带进了他原本无从知晓的贵族生活圈子，直接触及和感受到上流社会的文化氛围和人情世故。莎士比亚在观察和体会中，甚至与贵夫人产生了微妙的感情关系。这个难得的阅历大大超出了他当时的社会地位和活动范围，对于日后他的宫廷戏剧的真实性以及准确描绘上流社会人物等方面，无疑起到了关键的作用。

注释　① 安东尼·伯吉斯著，王嘉龄、王占梅译：《莎士比亚传》，天津人民出版社1985年版，第107页。

不久，莎士比亚进入海军大臣剧团，在1594年以后成为内务大臣剧团的固定成员和骨干之一。1599年时建立起"环球剧院"，这个新建的剧院入口有一幅画，画面上一个巨人背负着地球，旁边的拉丁文写着"全世界都在演戏"，这正是被戏剧搅得激情四溢的英国人此时的感受。由于剧院要不断上演新的剧目，莎士比亚与其他8名演员被邀请作为该剧院的股东，此时的莎士比亚是演员、戏剧家兼股东的身份，为了剧院的生存，莎士比亚拼命地创作新的剧本，作为一个多产的作家，他的主要戏剧就在这一阶段完成。在创作剧本的同时，他依然没有脱离舞台，他不时扮演着各种角色，当然这绝不是他得以在环球剧院留存的唯一原因，他已经被确定为剧院主要的编剧。这期间，莎士比亚所属的剧团还经常为宫廷演出，从1594年起曾数次进宫为伊丽莎白女王演出，莎士比亚此时名利双收、辉煌至极。

此后，在詹姆士一世的宫廷中，莎士比亚的剧团仍然备受宠幸，由内务大臣剧团升格为皇家剧团，所有成员都被封为皇家侍从，穿着皇家制服、拿着宫廷俸禄，每次演出都有不菲的赏赐，而每每演出时，莎士比亚作为重要成员都是走在演员队伍的最前面，一时间好不得意。

1612年是个不幸的年份，莎士比亚的剧本数量每况愈下，最后一个剧本《亨利八世》在这一年问世，但在环球剧院上演时，被一场无情的大火吞没，剧场也化为灰烬。

1613年，斯特拉福镇上那座不大的花园里，还未满50岁的莎士比亚安住在这里。他在这里拜见友人、博览群书，享受成功后的悠闲余生。这期间他接触到了法国作家蒙田的作品，被蒙田深邃的思想和行云流水般的文字所吸引，阅

莎士比亚故居

读蒙田的作品给莎士比亚晚年的精神世界带来了极大的愉悦。没有了忙碌与喧嚣，只有如日中天的名声以及由此而来的家族贵族头衔和荣耀。

时光流逝，1616年4月23日，在他生日的那天，一代文豪悄然逝世，享年52岁。1740年，伦敦威斯敏斯特教堂里，在那个闻名于世的"诗人之角"，被安葬在诗人乔叟和斯宾塞旁边。人们将莎士比亚推举到了这块文学盛殿里，享有一块专门供人顶礼膜拜之处。此后弥尔顿和拜伦等英国文豪都先后聚集此地，西敏寺教堂里将帝王与文学家共列一室，也许让人更加相信承载历史的不仅有功业，还有诗句与思想。

第三节　戏剧艺术走向巅峰——莎士比亚戏剧

自本·琼生编辑出版莎士比亚戏剧著作以来，在四百多年中，有过无数后人无数次对作品进行过编撰出版，出现了各类版本和各种语言。莎士比亚一生的剧本究竟有多少？由于统计方式不同而得出38—40部的结果。比较通用的说法是38部，按照最早版本的分类为喜剧、历史剧和悲剧三类。其中喜剧14部，历史剧10部，悲剧11部。还有《特洛伊罗斯和克瑞西达》和《泰尔亲王佩里克里斯》难以归入悲剧或喜剧，因此，在一般分类中都将它们排除在外。

莎士比亚的创作阶段，比较公认的分期为三期论：

第一时期：1590—1600年，这是莎士比亚作品的主创期，共创作22部戏剧，并以喜剧和历史剧为主。喜剧有10部：《错误的喜剧》、《驯悍记》、《维洛那二绅士》、《爱的徒劳》、《仲夏夜之梦》、《威尼斯商人》、《无事生非》、《温莎的风流娘儿们》、《皆大欢喜》、《第十二夜》。历史剧有9部：《亨利六世》（上中下三部）、《理查三世》、《理查二世》、《亨利四世》（上下部）、《亨利五世》和《约翰王》。还有最初的三部悲剧：《泰特斯·安德洛尼克斯》、《罗密欧与朱丽叶》和《裘力斯·凯斯》。这一时期，是作者刚刚从偏僻的小镇来到伦敦，接触到新鲜的文明社会，对未来充满着憧憬和自信，莎士比亚的整个身心都处在一种热情和亢奋的状态之中，其特点是以喜剧和历史剧为主并且多产，乐观向上是这个阶段创作的基调。

第二阶段为 1601—1607 年，这一阶段是莎士比亚创作思想和艺术的高峰期，他共有 11 部作品。其中四大著名悲剧在此阶段产生，它们是：《哈姆雷特》、《奥赛罗》、《李尔王》和《麦克白》。还有以古罗马历史为题材的悲剧：《安东尼与克莉奥佩特拉》、《科利奥兰纳斯》和《雅典的泰门》，还有三部喜剧：《特洛伊罗斯和克瑞西达》、《终成眷属》和《一报还一报》。这个阶段英国处在各种新旧社会矛盾激化的阶段，伊丽莎白一世统治的最后几年，詹姆士一世接替的早期，社会上资产阶级和封建君主的政治斗争日趋加深，进步力量被压抑，大众心理失衡，人文主义理想与现实越来越远，快乐自信的世风渐渐逝去。莎士比亚经过 10 年伦敦生活的历练观察力日臻成熟，没有泯灭希望和斗志，而是更加清醒、敏锐和深刻地感悟社会与人生，他的悲剧是希望与斗争的结果，是将悲愤化做利刃揭露社会的丑陋和黑暗，呼唤人性的真谛，当然，更要唤起大众的精神。

第三阶段为 1608—1612 年，在最后这个阶段，莎士比亚的作品不多，只有五部：《泰尔亲王佩里克里斯》、《辛白林》、《冬天的故事》、《暴风雨》和《亨利八世》。这 5 部戏仍延续了莎士比亚成熟阶段的思想艺术理念，与第二阶段所不同的是他日渐脱离了愤世嫉俗和悲天悯人，转而将希望寄托于浪漫主义的理想之中。莎士比亚以艺术的灵感和虚幻的手法在舞台上搭建起另一个世界，让观众跟随他一起暂时忘却现实中的苦痛，通过美丽的理想世界和虚幻的场景，尽情地品味和享受他精心描绘出来的梦幻世界，这个小小的舞台上，容纳不下现实世界里无法解决的矛盾和不可弥合的障碍，有的只是风和日丽和艳阳高照，幸福与美满充盈着人们的心房，莎士比亚借用剧中人之口，走过严冬，进入那个艳阳高照、风光旖旎的美好蓝图。

一

喜 剧

按照 1623 年的版本，莎士比亚创作的喜剧有 14 部。现在也有将《暴风雨》归为传奇剧之列。莎士比亚的创作期正值伊丽莎白一世时代，伊丽莎白一世治国有方，打败了欧洲强国西班牙的"无敌舰队"，海外扩张带来的是国力进一步增强。国富民强，民众普遍对英国报以乐观态度。在这个变革的时代里，代表新潮流的人文主义思想，成为激发人们自信与希望的思想动力，乐观向上在英国是一种主流情绪，当国民为自己的国家强盛而欢欣鼓舞时，喜剧应是大众最乐于接受的一种，莎士比亚的喜剧迎合了社会最广泛群众的精神需求。

莎士比亚喜剧的主题是歌颂爱情和友谊，他以喜剧的手法和现实生活的剧情，通过争取个人爱情的幸福，赢得友谊的欢乐，来表现作者个性化、乐观和爱情至上等人文主义的思想观念。

1. 追寻爱情与人生的欢乐

爱情至上是文艺复兴时期文学中反抗封建意识和基督教禁锢主义的标识。莎士比亚在他喜剧创作中倾力诠释和印证了这一思想。

莎士比亚第一部喜剧是《维洛那二绅士》，在剧中，莎士比亚塑造出四个各具特色的人物形象：只迷恋眼前爱情的普洛丢斯、爱情至上但无论如何都能保持一往情深的凡伦丁、温柔大度的朱丽娅以及聪明自信的西尔维娅。尽管在这部剧中，作者的喜剧艺术还远没有达到成熟，从语言的运用到人物的塑造还很稚嫩和简单，但这是作者尝试着将自己的观念融会在他的人物形象中：凡伦丁天性善良，原本漠视爱情的力量，一旦钟情于西尔维娅，就被爱情的火焰熊熊燃烧，他说道："爱情是一个有绝大威权的君王，我已经在他面前甘心臣服，他的惩罚使我甘之如饴，为他服役是世间最大的快乐。现在我除了关于恋爱方面的说话以外什么也不要听；单单提起爱情的名字，便可以代替我的三餐一宿。"（莎士比亚《维洛那二绅士》中第二幕第四场。）

　　莎士比亚对热情追求爱情的凡伦丁大加赞赏，凡伦丁竭尽全力保护和争夺属于自己的爱情，结果皆大欢喜。普洛丢斯则在爱情上率性而为，丢掉朱丽娅，爱上西尔维娅，甚至还使用强暴手段，是个道德上的反面角色。有一些情节如朱丽娅被抛弃，则完全没有喜剧的效果，但这种严肃与可笑并不相悖。西尔维娅在情感上则是爱恨分明，她面对凡伦丁和普洛丢斯两人的追求，洞悉他们的内心，因此态度十分明朗，西尔维娅痛恨普洛丢斯的虚伪，她说道："你这居心险恶、背信弃义之人！你曾经用你的誓言骗过不知多少人，现在你以为我也这样容易受骗，想用你的甘言来引诱我吗？"（莎士比亚《维洛那二绅士》中第四幕第二场。）

　　评论家布朗认为，在早期喜剧中，莎士比亚表现了各种各样的人生，但他并没有像在别的剧中那样说教，他仿佛仅仅限于引导我们去观看。莎士比亚喜剧中运用了多种艺术手段，包括虚构、巧合、滑稽以及大量的音乐舞蹈场面，都是喜剧中不可或缺的元素。

　　2. 宣扬爱情中的男女平等

　　按照一般戏剧理论，如果说悲剧的主要积极力量是男性，那么喜剧的主要积极力量应当为女性，或者说是年轻的女性，女性的睿智美貌是喜剧不可或缺的元素，她们依靠自己的主动和宽容，最终赢得成功。莎士比亚在他的喜剧中浓墨重彩地刻画出一系列优秀女性的形象，如《无事生非》中最具光彩的角色——贝特丽斯。两对男女中，总督的侄女贝特丽斯与少年贵族培尼狄克却是冤家对头，他们被总督等人设下圈套，误以为互爱对方而备受感动，经历一波三折，两对恋人终成眷属。构成喜剧因素的是由于性格相似而引起的异性相斥，贝特丽斯与培尼狄克都是个性鲜明、骄傲聪慧的人，原本应滋生的情愫却因都想以自己的优势压过对方而顿生龃龉，他们用戏谑攻击来拉开距离，又在争斗玩笑时走进彼此。莎士比亚用真实的笔触勾画了贝特丽斯的可爱和可信，剧中暗示她曾经爱过培尼狄克，在她内心深处依然残留着那段温情，因此，无论贝特丽斯用怎样的语言表示她独身的意志，用怎样刻薄的语言攻击他，但少女的眼神依然追随着他的影子，在一次次唇枪舌剑中，她自知已经难以违背自己的内心，她这样自言自语道："再会吧，处女的骄傲！人家在你的背后，是不会说你好话的。

培尼狄克，爱下去吧，我一定会报答你；我要把这颗狂野的心收束起来，呈
献在你温情的手里。……人家说你懂得我的爱，可是我比人家更知道你的
好处。"（莎士比亚《无事生非》第三幕第一场）

尽管贝特丽斯爱着培尼狄克，但自信心和女孩子的娇羞使她不愿意被
发现，所以甘心顺着别人设计的路走下去，在目的达到时还"得便宜卖乖"，
只有脸上的笑容暴露了她被幸福溢满的喜悦之情。培尼狄克的心理状态和
贝特丽斯相差无几，这对情侣的结合是在无数矛盾和冲突中相互吸引走到
一起的，莎士比亚在这里以"矛盾自身解决"的高超手法，让这对男女自
身的矛盾最终由他们自己解决。在解决的过程中，发生一系列喜剧情节，
既真实可信，又充满戏剧性，这正是喜剧人物的基本特征。

《无事生非》塑造的贝特丽斯光彩照人，她和培尼狄克同样聪慧机智。
作为那个时代有知识、有地位的少女，不愿轻易以身相许，但爱情在她心
中占有绝对的地位，如何赢得爱情令她内心着实矛盾，在与培尼狄克交锋
中，她不肯放下自己高傲的架子，坚决针锋相对，然而培尼狄克的优秀令
他心仪，贝特丽斯也渴望对方来倾慕自己，无论嘴上怎样刻薄，心里却越
来越温柔，直到终于将爱情揽入自己的怀中。莎士比亚对这种贵族少女的
心理刻画得栩栩如生。这其中情感的每一个微妙变化都入情入理，足见作
者的功力。

莎士比亚提倡男女爱情平等，在《终成眷属》中有鲜明的体现。其中
女主角海丽娜是莎士比亚精心塑造的女性形象之一，海丽娜出身贫寒，父
亲生前是个医生，她是寄养在伯爵府中的孤女，然而她却爱上了一个英俊
高贵的伯爵——勃特拉姆，尽管她知道她不配勃特拉姆高贵的家族，但爱
情使她充满了勇气，一心要远去巴黎追寻勃特拉姆。故事就在这样的悬念
中开始，由于海丽娜承袭父亲的医术将国王的重病治好，国王允许她挑选
夫婿，海丽娜自然向勃特拉姆送上了一颗芳心，但勃特拉姆并不接受，即
便是奉旨成婚，也立即借口参战而远离冷落已经是他妻子的海丽娜。海丽
娜不久得知她的丈夫不仅不念夫妻情分，还偷偷去追求另一个女性狄安娜，
她不顾自己被谣传已经死去的处境，依然追随着勃特拉姆来到意大利的佛
罗伦萨，并且和她的情敌狄安娜合谋，设计了偷梁换柱的方式顶替狄安娜

与勃特拉姆幽会，并怀上身孕。此时，毫不知情的国王又将另一个女子许配给勃特拉姆。面对这种情形，海丽娜与狄安娜又设一计，狄安娜将一纸诉状告到国王那里，说勃特拉姆与她有染，不允再结连理。在勃特拉姆陷入尴尬万分、无法疏解的境地时，海丽娜出现了，她说出了真相，结果化解了所有的问题，勃特拉姆在这样一位贤妻面前羞愧难当，他终于怀着愧疚之心与海丽娜成为真正的有情眷属。

海丽娜是一个具有悲剧色彩的女性，她个性鲜明、自信高尚，为了得到她所爱的人，她忍受了勃特拉姆对她的冷淡和不忠，还想尽办法成为他的妻子，海丽娜的结局是终成眷属，但这似乎是海丽娜单方面的胜利，她得到了勃特拉姆，并怀上了他的孩子，不管勃特拉姆是否改邪归正，她都在法律和道义上赢得了胜利，但他们之间的爱情是否真的出现？以及这样得来的爱情是否叫做平等？莎士比亚并没有给观众所有的答案，他也无法确定海丽娜的命运，这是文艺复兴时代无法解决的社会问题，也是莎士比亚喜剧中常带有的忧郁情调。

3. 在笑声中实现人生目的

文艺复兴时期的一个最突出的特点，就是人人追求精神上的和感官上的快乐，莎士比亚极力将这种乐观情绪表现在他的喜剧之中。在喜剧艺术多种手法中，最常见的是以人物的毛病和反面的品质来表现，从正面形象中挖掘笑料非常之难。莎士比亚所具有的非凡本领，就是能在完美的主人公身上挖掘笑料，包括他们的品格、爱情和需求，他笔下这些笑料发生没有什么特殊的环境，也不是完全现实生活的再现，如《第十二夜》和《仲夏夜之梦》等，干脆就是神话世界，莎士比亚喜剧所表现的是在一个幸福生活环境下过幸福生活的"快活"。

约翰·福斯塔夫是莎士比亚塑造的与哈姆雷特、奥赛罗、李尔王等并驾齐驱的经典艺术形象之一，是唯一的喜剧人物代表，是莎士比亚喜剧的精华所在。这个人物在莎士比亚的三部戏剧中出现，绝非偶然。学界关于福斯塔夫的研究不胜枚举，从恩格斯到普希金无不为这个胖乎乎的中年男人击节称赏，恩格斯在分析《亨利四世》时说："在这个封建关系接替的时期，我们从那些流浪的叫花子般的国王、无衣无食的雇佣兵和形形色色的冒险家身上,什么惊人的独特的形象不能发现呢?这幅福斯塔夫式的背景在这种类型的历史剧中必然会比在莎士比亚那里有更大的效果!"①其实,就福斯塔夫本人而言,他绝对不是个正面的形象,他出身贵族,但地位早已一落千丈,唯一保留的是寄生性的生活方式,福斯塔夫最突出的特点是好色、粗俗、酗酒加懦弱,用普希金的话是恶行一个接着一个。他出现在莎士比亚戏剧中时已年逾五十,但一切恶习未改,他乐观好奇的天性使他并不因为自己所属的阶级衰败而颓废,反而却乐于参与到新时代的一切事物之中,并且他能够感染给周围环境,使别人也和他一样将每一天当做节日来过。他对于女性的追逐,出于好色本性,但这种人性的欲望在文艺复兴时期恰恰代表着新的潮流意向,好色成为挣脱封建禁欲镣铐的武器,粗俗出于宣泄人性的本能,酗酒和懦弱同样反映出普通百姓的平凡。莎士比亚的几部戏剧中都有福斯塔夫的身影,不同的剧情赋予他不同的境遇和表现,但他乐观的天性和逗人开心的举止给观众带来的欢乐却是不曾改变的。这样一个特殊的人物出现在社会转变的特殊环境中,就成为具有代表性的人物而永驻史册。

福斯塔夫在《温莎的风流娘儿们》中的上佳表现使他成为观众的宠儿。这部喜剧原本是莎士比亚的应景之作,他奉伊丽莎白女王之命,在短短两三个星期里就完成,还来不及采用诗体道白而只能是散文,但在这部戏中塑造出极为风趣个性的福斯塔夫,却成了经典的莎式人物,在剧中福斯塔夫追求温莎的两位市民的妻子——福德太太和培琪太太,他原本不想再恋爱,只想从中得利,在假装"追求"两位时充实自己已经空了的钱袋,这里福斯塔夫有了资产阶级那种金钱至上的本色,当然,最后,福斯塔夫还是被她们一次又一次地捉弄,尽管这样,他依然乐于与这些"风流娘儿们"玩这种恋爱游戏。约翰·福斯塔夫作为英国舞台上经典人物之一,如此生动而令人信服,甚至成为伊丽莎白女王老年时仍念念不忘的"梦中情人",足以证明福斯塔夫并非是莎士比亚按照戏剧或者某种艺术的规范,而是按

注
释

① 恩格斯:《致斐·拉萨尔(1859年5月18日)》,转引自《马克思、恩格斯、列宁、斯大林论文艺》,北京大学中文系文艺理论教研室编,人民文学出版社1980年版,第100页。

照自己对现实生活的领悟和观察塑造出来的人物,福斯塔夫的多面性和复杂性说明了他绝非标准的正面或反面形象。

《第十二夜》被公认为是莎士比亚喜剧中"最令人快乐"、"最优秀的英国喜剧"和"最纯粹的喜剧"。《第十二夜》完成于1600年,是莎士比亚创作第一阶段的最后一部。他将以前喜剧中用过的很多素材再一次运用到这部剧中,如不忠于爱情、女扮男装和孪生子引起的误会等,但这部《第十二夜》将所有的喜剧因素集于一身,给观众带来了最大程度的快乐感觉。剧中的两对男女恋爱故事充满着浪漫主义和爱情至上的色彩,两位女主角薇奥拉和奥丽维娅塑造得光彩照人,她们虽然身份不同,但都拥有美丽的外表和足够的心智。薇奥拉更是作者着力塑造的主角,她出身仆人,但秀外慧中、多才多艺,在爱情上有着难以言表的苦衷,她深爱着自己的主人奥西诺公爵,但却被委以替主人向另一位美丽女子奥丽维娅求婚的"重任",她假扮男子忠实却违心地履行这一任务,尽管其间她内心充满着矛盾和痛苦,但她为了自己的主人宁肯牺牲自我,使尽浑身解数的言辞竟然使奥丽维娅爱上了"他",这种感情易错的喜剧是莎士比亚非常喜欢的题材。薇奥拉"因相思而憔悴,疾病和忧愁折磨着她,像是墓碑上刻着的'忍耐'的化身,默坐着向悲哀微笑"。这种完美无瑕的品质显示出薇奥拉品格的光彩和女性的伟大,莎士比亚在她们身上赋予了相当多的人文主义理想,塑造完美人格和完美的人是莎士比亚喜剧创作的最终情感投向。

即便是不幸福的人也充满着喜剧的因素,如《终成眷属》中的海丽娜,明明被抛弃冷落,但她身上没有弃妇的绝望痛苦,她紧追不舍、巧用心计、偷梁换柱以及宽容大度,悲剧的命运终于改变。《终成眷属》在欢乐的气氛中表现出化悲为喜的戏剧性转变,观众在笑声中为海丽娜的勇气和智慧而欢欣鼓舞。这是莎士比亚喜剧艺术的精华所在,是文学巨匠的手笔。

莎士比亚的喜剧塑造出一大批快活的人物,其中的主要角色并没有什么等级和地位之分,相互间也没有利害关系,无论是遭受命运的折磨或是爱情的考验,都难以消除他们身上的快乐因子,乐观向上是文艺复兴时期鼓舞人们的精神食粮,莎士比亚的喜剧是精神食粮中的美味佳肴。

4. 浪漫主义的理想世界

通过浪漫主义的梦幻世界来表达作者的乐观情绪在莎士比亚喜剧中也比较明显，其中以《暴风雨》和《仲夏夜之梦》为代表。

《仲夏夜之梦》写于1595—1596年间，这是莎士比亚喜剧中最富于浪漫气息的一部。在这里，莎士比亚展开了幻想的翅膀在美丽的梦幻仙境中任意翱翔。仲夏的夜晚，在月光下的森林里，在雅典的宫廷中，在无限遐想的空间上演的幻想与现实、严肃和可笑、抒情与幽默结合的喜剧。剧中的人物代表了四个不同的身份：贵族、中等阶级、劳动者和精灵，在一场正常的婚姻过程中，出现另外两个故事，包括父女之间关系和子女选择伴侣的问题，为了摆脱束缚，他们逃进了森林，以为来到了没有法律、没有风俗习惯的自由世界，在这里感情可以得到完全的释放。

但是森林里同样也有自己的规矩和约束，但仙境中的王后和精灵们使这些变成令人愉悦的玩笑。森林里的世界丰富多彩，普通劳动者进入其间也被融入到这个欢乐的世界中来，他们制造出一系列滑稽可笑的场面和令人捧腹的笑话。小精灵们通过魔法使人的感情出现错觉，爱上不应该爱的人，森林中盲目的爱情和错觉使剧情达到了高潮，这种场面既是恶作剧，也象征着现实生活中可能发生的真实。虽然在人物塑造上没有更突出之处，但这种欢乐的气氛足以调动观众的情绪，这部喜剧有很多假面剧的因素，歌舞成分较多，更注重的是打造出一个令人眼花缭乱、赏心悦目的快乐世界。能够让人们在诗歌、音乐和舞蹈中尽情陶醉，这就是莎士比亚力求达到的效果。

《暴风雨》被认为是莎士比亚从乐观——悲观——乐观的心路历程。17世纪初的英国，海上殖民迅速发展，海员们能够越过大海，到更加广阔的世界中，发现新的区域并攫取前所未有的财富。此时的莎士比亚早已看惯秋月春风，内心向往的是寻找奇异未曾领略的生活，因此，他的灵感大发，运用诗歌的力量，再一次将激动自己多年的东西加以精炼。

《暴风雨》中幻想的成分十分强烈，作者将观众带进海外一个遥远的地方，它既虚幻又真实，那个时代在英国的确有通过航海见多识广的人，只是不管真实与否对于英国观众而言都是新奇之物。剧中一艘船只不幸下沉，船上所有的人只好逃难到一个神秘荒凉的岛上，然而人们很快发现岛上的一切都异乎寻常，而且奇迹频频出现，人们按照以往的惯例行事却事与愿违，冥冥之中，凡违背普洛斯彼罗意愿的都要纠正，他成为一个道德的审判官。当大家都被普洛斯彼罗的魔法所限制时，普洛斯彼罗解除了众人的魔法，也恢复了自己米兰公爵的身份，他宽恕了所有的人，包括他卑鄙夺权的弟弟安东尼奥，众人重新返回那不勒斯城，结尾自然是皆大欢喜。

《暴风雨》剧中的喜剧色彩并不很多，作者要缔造出一个美德战胜堕落的世外桃源，他做到了，整个剧都充满着神秘奇幻的氛围，所有的人与事都不再是原来的模样，都必须按照隐蔽的魂灵来指挥，由那个可爱的精灵爱丽儿来指点，现实生活的丑陋和贪婪等都被制止和取代，在这里，美德的力量可以战胜任何邪恶的欲望。莎士比亚用如此的戏剧性情节要表达出：面对邪恶，善良的愿望同样具有扭转制服它的力量。而其中的手段即是魔法，莎士比亚用这种虚构的手法来实现他的浪漫主义理想，因为他别无良策。此外，作者在《暴风雨》这出戏中遵循了古典主义的三一律，在动作、时间和空间上都保持一致，体现出莎士比亚戏剧中比较少见的连贯性。

二

历史剧

凡在历史上曾经辉煌的国度一般都会重视历史，以历史的成败为鉴来指导现实。莎士比亚生活的时代，强盛与危机并存，英国在为本民族而骄傲的同时，需要借鉴历史的经验来解决现实中的问题。同时，大量的编年史的出现，如爱得华·霍尔的《兰开斯特与约克两大显贵家族的联合》和霍林希德的《英格兰与苏格兰编年史》等，为历史剧的创作提供了丰富的历史素材。加之英国已经有较为成熟的历史剧，这些无疑为莎士比亚的历史剧创作提供了厚重的文化积淀和时代机遇。正如英国学者罗斯所说："莎士比亚历史剧的成就应归功于他的时代。法国和意大利都没有可供夸耀的史剧，伊丽莎白时代的人们有充分的理由为他们的国家和个人而感到自豪，是时代激励了他们，使他们坚定地向前进。"①

莎士比亚的戏剧创作以历史剧为开端，莎士比亚10部历史剧中有9部都创作于1590到1600年的第一创作期间，只有一部创作于晚期。莎士比亚历史剧的内容表现了从约翰王（1199年）到亨利八世（1547年）共约350年间的社会历史。莎士比亚在笔墨之间，向人们展示了英国封建社会从初期到成熟再到走向衰落的过程。关于莎士比亚历史剧的评说不一，无论怎样，他创作的宗旨都是力图还原真实的英国历史，同时表达作者的政治理念。

1. 深刻演绎戏剧化的历史变革

莎士比亚历史剧的创作动因还应归结于他对于历史题材的个人兴趣，他搜集了大量的英国编年史资料，以及古罗马史、苏格兰和英国史前史等，同时，他还受到了当时英国一些优秀的剧作家的影响，例如戏剧家马洛。出于对英国历史的浓厚兴趣，以及谙熟古代希腊罗马的悠久文化，青年莎士比亚在历史剧创作中是遵循着传统的立场和思想道德，怀着对国家的一腔挚爱来描绘历史和人物的。

莎士比亚历史剧创作伊始，就一口气连续写了三部《亨利六世》。亨利六世在历史上是个悲剧性人物，1422年他登基时才是9个月大的婴孩，同年又即位法国国王，由于生性温和、身体孱弱，他在位期间英法百年战争以英国失败而告终，而后又因为争夺他的王位而引起英国内部的红白玫瑰战争，几经生死波折，最终还是没有逃脱劫难，1471年5月被刺死于伦敦塔内。莎士比亚基本忠实于历史，将这个生不逢时、冤死的亨利六世（King Henry VI，1421—1471年）再现于舞台上。在《亨利六世》（上）剧中，描写了英法百年战争的转折期，法国女英雄贞德的出现，使英法两国的实力发生扭转，亨利六世面对国内外矛盾的激化，却还是专心读书，一心想通过和谈和联姻来解决与法国的矛盾，作为一国之君，亨利六世已无法担起统率国家的重任。相反，剧中的其他人物和懦弱的亨利六世形成鲜明的

注
释

① 转引自张泗洋、徐斌、张晓阳：《莎士比亚引论》（上、下），中国戏剧出版社1989年版，第102页。

亨利六世画像

对比，如英勇作战的塔尔博勋爵，他在剧中是位爱憎分明、英勇顽强和屡建战功的英雄。当英兵怯懦时他大声斥骂，在与贞德作战时他口出狂言，要抽出她的血，送她到魔王那里去，以至于在两军对垒时，英军士兵只要喊着塔尔博的名字，就会令法军望声而逃，而不需要其他的武器就能战胜敌人。他忠于国王，面对临阵逃脱的懦夫，他敢于当着国王的面扯掉他的骑士绶带。最后当重兵压境、敌众我寡时，塔尔博与儿子共同拼杀，谁也不愿意为保住性命而逃离，结果父子双双战死疆场。可以说塔尔博是莎士比亚塑造的爱国勇士的光辉形象，令人感动也催人泪下。此外，在描写贞德方面，作者似乎受到了英国上流社会对贞德评价的影响，处理得很是矛盾，他笔下的贞德既有高尚、圣洁、富于牺牲的爱国精神，又带有某种女巫式的形象。

《亨利六世》的中、下部剧本则更加侧重于叛逆、流血和暴力冲突，以及宫廷内部你争我夺的阴谋的描绘。亨利六世面对叛军不镇压，只想去开导他们甚至亲自出马。他的软弱性格被王后甚至手下人等蔑视，剧中描绘当他在战场上统帅英军时，连王后大臣们都不希望他在场，他们认为如果亨利不在反而可能会取胜，结果亨利六世坚持要留下来，当两军对峙时，他却想叫双方安静下来听他讲话，结果被王后等臭骂一顿，被逼迫离开战场，亨利六世为自己的无用而感到悲哀。最后，他在幽暗阴森的伦敦塔被刺死，直到死时他还在坦诚地表露心声。莎士比亚笔下的王后玛格莱特倒是比国王阴险、野心勃勃，她勾结坏人，陷害忠良。其他人物也同样集中显示出人性的仇恨、自私和忌妒等丑陋面目。

《亨利六世》全剧没有形成激烈的矛盾冲突，人物刻画也显稚嫩，甚至根本也没有把亨利六世作为主角，它着重描写的是亨利六世在位时期的英国这段悲怆的历史，何况亨利六世作为英国国王中的另类形象，他的悲剧命运本身就富于戏剧性，这也许是莎士比亚将亨利六世作为历史剧创作之首的原因。

莎士比亚的历史剧总带有阴暗丑恶的氛围,作者期望以此还原英国真实的历史面目。莎士比亚通过君主个人因素和专制制度以及社会不平等现象来印证英国的社会现实,在封建专制下,依然是腐朽和暴力。

君主秩序是维持封建社会制度的金字塔,莎士比亚在剧中生动细致地展示了君主个人的德行、能力和世袭地位这三种因素对于社会的影响,能完美地做到这三点的几乎没有,莎士比亚更多的是证明由于君主的个人缺陷而导致国家的灾难。《理查三世》中的理查三世是邪恶的化身,他生就一副凶相,从外表到内心都丑陋无比,他一出场就向丈夫尸骨未寒的寡妇求婚,而她的丈夫就是被他谋杀的国王。理查三世从摄政王到国王,都是依靠他的野心和阴谋得逞,为此,他不择手段地将他的宿敌一个个消除,甚至连年幼的孩子都不放过。是受害者的性命和鲜血铺就了他通往王位的道路。理查三世的所作所为令宫廷内外充满恐怖和血腥,用剧中理查三世的话说:"我本是无情无义,无所顾忌的人","老头们称作神圣的爱,也许人人都有,人人相同,可我却没有深爱的人,我一向独往独来。"虽然他在战场上依然具有魔鬼般的勇气和胆量,但灭亡的命运已经无法改变。

《亨利四世》描写了原本是一介武夫,依靠自己的军事力量胁迫理查二世逊位,从而篡夺了王位的亨利四世,他的地位自然难以服众。因此,莎士比亚用了两部的篇幅描绘亨利四世的不称职以及他所导致的国家混乱。虽然在《亨利四世》中,由于福斯塔夫的存在使这部剧充满了喜剧的味道,但依然掩饰不住亨利四世为自己的行为付出的惨重代价,当他好不容易平定宫廷内部,想征讨进犯的法国和苏格兰时,又苦于国家经费匮乏,直到临死之前,他才醒悟,原来"戴王冠的头是不能安于他的枕席的"。剧本直到这时才让亨利四世的本性发生转变,才明白了父亲的责任和国王的重负,像亨利六世那样软弱无能的君主给国家带来的只有不停的内乱和悲惨的结局。

封建专制制度下的英国社会,其腐败和反动已经是不可救药的毒瘤,莎士比亚着力描写了这种陈旧制度带来的种种弊端。在宫廷中为了争夺王位而不停上演着悲剧,昏君上台后引发了一系列的丑恶和悲哀,主持正义的忠臣被迫害,搞阴谋诡计的小人却得志,那些见不得人的丑闻更是比比皆是，宫廷里的丑恶发展到全社会更是阴风阵阵、黑白颠倒。王室陶醉在至高无上的荣耀之中，大肆挥霍、恣意寻欢，宫廷里更是一派腐败荒淫的景象。在《亨利八世》中，英王在与法王会盟媾和时，为了炫耀排场，不惜重金装扮一切，结果"我们和法国人达成的和平还抵不过我们损耗的开支！"《亨利六世》中亨利六世为了迎娶玛格莱特同样豪华至极，但这一切花销靠的却是征收老百姓的什一税来支付。

2. 借历史题材折射现实社会

借用历史题材来反映现实社会，这成为莎士比亚历史剧的一大亮点。通过莎士比亚的历史剧，可以从不同的侧面了解16世纪英国的社会变化概况。

《约翰王》演绎出金雀花王朝第三任国王的一段悲情史，约翰原本是亨利二世最小的儿子，由于过分娇宠而性格复杂，既残忍暴戾、固执贪婪，又礼貌热情和聪明能干。他也是一个僭位的国王，因此深感王位不稳。在为了英国利益而与法国所进行的争夺领土的交战期间，他开始还能为国家着想，英勇地与法军作战，也曾一度获胜。但随后不久，他的军队就逐渐被法国打败，国土一点点丧失。此时，约翰王意识到个人的王权对他更为重要，他为了保住自己的王冠不落地，在1203年以极其卑劣的手段杀死了自己的政敌——亲侄亚瑟王子。约翰这种将个人利益置于国家利益之上的做法，表现出他极端自私的本性。到头来，当他使尽一切卑鄙手段都无法保住自己的王位时，最终被本国的僧侣下毒药毒死。

《约翰王》讲述了约翰王时期英国与法国交战期间节节失利的局面，这种危险迫近的局面在莎士比亚时代是同样存在的。《约翰王》创作时间为1594—1596年间，这个时期，伊丽莎白一世虽然打败了西班牙的"无敌舰队"，但随之而来的是英国国内社会矛盾激化，圈地运动日益严重，国库已经入不敷出，只好依靠出卖土地维持庞大的开支。而在1595年，西班牙"无敌舰队"又再次准备进攻英国，这时国内已经出现动荡局面，难以保证能够再次战胜西班牙。莎士比亚借用300多年前英法之战来提醒国民不应因曾经战胜西班牙而松懈和轻视敌人，一次的胜利不能保证以后的胜利，更何况此时英国国内形势也不容乐观。事实也的确如此，仅仅过去不到30

年，伊丽莎白王朝之后的斯图亚特王朝与西班牙又重燃战火，英国并未得胜。

　　莎士比亚在剧中还着重描写了约翰王除掉亚瑟王子的情节，这段悲情历史在剧中被重现，尤其是莎士比亚将年轻的亚瑟王子描写得文雅优美，天真无邪，孱弱得几乎有女人的味道，这其实并非毫无缘由。学界一致认为这是在影射英国社会另一桩惨案，即苏格兰女王玛丽一世（Mary I of Scotland，1542—1587 年）之死。

　　玛丽是伊丽莎白一世的表侄女，出生仅 6 天就继位为苏格兰女王，后来被废黜，1568 年玛丽出走英格兰，被伊丽莎白一世囚禁 18 年，以绣花、养狗和玩鸟来打发日子，她曾经上诉但却无果，这期间各种谣传和阴谋络绎不绝，伊丽莎白一世意识到玛丽存在对自己的威胁，她批准处死玛丽，1587 年 2 月 8 日，玛丽被斩首。玛丽临刑前仍然否认自己有罪。《约翰王》中亚瑟王子如此的女人气十足，他所遭遇的悲惨命运被认为是在影射玛丽被处死的历史。直到现在，英国关于玛丽之死仍是疑团重重，她与伊丽莎白一世的关系也扑朔迷离。这样近距离地影射现实社会的政治事件，莎士比亚是冒风险而为，因为当时伊丽莎白一世还在位，这段充满血腥的事件英国朝野上下也不会轻易忘却。因此，虽然《约翰王》在艺术上的成就不能与《理查三世》等相媲美，但在反映社会现实问题这方面，《约翰王》体现出莎士比亚具有时代精神的探索和努力。

　　在《理查二世》、《亨利四世》和《亨利五世》中，莎士比亚同样运用历史来反映现实。这三部历史剧中，《理查二世》表现出国王与王后相爱却又矛盾的复杂心态。《亨利四世》中谴责了阴谋篡位的可耻行径。《亨利五世》中赞美具有治国安邦的雄才大略的理想君主。其中心思想是称颂伊丽莎白一世，抨击女王晚年的宠臣艾塞克斯的叛逆行为，表现出这个时期女王与廷臣之间的矛盾斗争。比伊丽莎白一世小 30 岁的艾塞克斯，从一个御马师一步步成为被女王宠信的重臣。他曾经为英国立下战功，但 1598 年当女王命令他去与爱尔兰起义军作战时却败北而归，从而失去了女王的信任。这促使他与其他失宠廷臣联手策划反抗女王的统治，他们在 1601 年开始密谋行动，被发现后，艾塞克斯被处死。伊丽莎白一世因此事而受到沉重打击，经常愤怒得顿足哀叹或忧郁得彻夜难眠，两年后突发重症却拒绝食物和药物，结果不治身亡。

莎士比亚的历史剧具有强烈的现实主义精神，当时，英国王位继承权是英国上下普遍关心的问题，也是剧本所关注的情节。莎士比亚通过一系列历史人物的塑造，勾勒出心目中的理想君主，强调君王个人对于国家的巨大影响。

3. 爱国主义与政治理想

诚然，对祖国无限的情怀是莎士比亚戏剧创作的源泉，在历史剧中尤为鲜明地体现出来。在《理查二世》中他这样描绘自己的祖国："这一个统一于一尊的岛屿，这一片庄严的大地。这一个战神的别邸，这一个新的伊甸——地上的天堂……这一个英雄豪杰的诞生地。这一个镶嵌在银色的海水之中的宝石，这一个幸福的国土，这一个英格兰，这一个保姆……这一个孕育着许多伟大灵魂的国土，这一个声誉传遍世界，亲爱又亲爱的国土。（《理查二世》，二幕一场）这是一段满怀深情的台词，更是一篇赤子挚爱祖国的告白。在莎士比亚的历史剧中虽然大多数情节和人物都带有悲剧色彩，但其中还有很多对于热血男儿为国捐躯、血洒疆场的英勇行为的热情讴歌，《亨利六世》中的塔尔博父子就是最杰出的代表。而《约翰王》中的庶子面对大举入侵的法国人，也是满怀信心地向敌人宣战。

亨利五世

《亨利五世》中国王亨利五世（Henry Ⅴ，1387—1422 年）既是爱国主义的杰出代表，又是莎士比亚心目中的理想君主。在作者笔下，亨利五世在与法国军队的作战中身先士卒，面对敌军视死如归，他说：倘若他们注定该战死沙场，那么军中现有人数去送死也就足够了；如果他们能够生还荣归，则人越少，每人分到的光荣就越大。他保证，凡是没有勇气战这一仗的，可以放他于战斗开始之前离开；他还遥望将来，到生还者年老之时，他们将会骄傲地忆起这个日子。当有人询问是否愿意趁战斗未打响之前向法国人求和，亨利五世坚信：尽管自己的战士衣衫褴褛，但他们天黑前将剥下法国士兵身上的漂亮新衣把自己武装起来。在亨利五世的带领下，最后英军大胜法军。

《亨利五世》是莎士比亚理想的君主，莎士比亚的爱国情绪倾注在他的身上，他把亨利五世描写成为一位极其伟大出色的人物，所有的人都为这样的君主而感到自豪和骄傲。在这部剧中，所有的人都是国王的陪衬，而所有的陪衬都是为了衬托亨利五世卓越的统兵才能，坚决果敢的意志和仁慈清醒的头脑。因此，有人评价说亨利五世是莎士比亚最钟爱的人物，是作者着力描绘的"英格兰之星"，是莎士比亚政治理想的结晶。

应当说，在对待历史和现实社会中，莎士比亚始终坚持的一点就是没有被宗教神学所限制，他着眼于人间而非仰望天空，这是伊丽莎白时代人的地位上升的结果，同时也是莎士比亚人文主义思想越来越占据主导地位的结果。因此，他的历史剧中宗教的成分已经微乎其微，他从理性出发，冷静地看待历史事实和现实社会。对于君主制度，他既拥护又反对，他决不盲目地为君主歌功颂德，对于那些昏君的批判也毫不留情，在他笔下的君主，真正贤明的寥寥无几，满眼几乎都是昏庸无能和腐败残暴的暴君。当然，也不能说莎士比亚已经脱离神学的束缚，那个时代的人还远没有脱离宗教神学的精神世界。他只是在演绎历史事实时将纯粹的宗教成分避开，从而可以求得历史本身的演变规律。

当然，也有人认为莎士比亚的思想意识中还有大国沙文主义倾向，例如他更多地肯定英国人而否定其他国家的人民，对贞德的形象处理也有失公允。

三

悲　剧

莎士比亚的悲剧被视为他戏剧成就的顶峰。莎士比亚的悲剧特点鲜明，首先是民族性。1562年，英国本土的第一部悲剧《高布达克》出现。它取材于英格兰民族的古老传说，讲述国王把国土分给两个儿子，两个儿子为此发生争端，结果不仅兄弟相残，就连母亲也加入其中，性命全殒。英国悲剧没有从古代神话和传说中寻找戏剧材料，而是侧重从自己本民族的历史中发掘材料。

其次，莎士比亚的悲剧在对社会的批判上具有空前的深度和广度。莎士比亚生活的时代正值英国社会变革阶段，在新旧社会变革交替较为混乱的社会阶段，一种制度、一个阶级的消亡为悲剧艺术提供最广泛深刻的素材和机遇。杰出作家的反映与感知超乎常人，其作品更加接近社会的症结所在。莎士比亚进入中年以后，思想更加成熟，感受更加深刻，现实生活的悲凉之气赋予他在戏剧创作中对人性和社会更深层面的发掘和评判。悲剧也是莎士比亚展示精神境界最直接和最适宜的媒介形式，悲剧水到渠成地使他的创作高潮和思想艺术水准达到巅峰。莎士比亚的悲剧主人公多数是帝王将相，而且多数以死亡告终。莎士比亚在塑造这些人物时，常常注意社会环境等因素对其性格的交叉影响。他描写了悲剧性格与环境的冲突，更侧重描写悲剧人物内心世界的冲突。

同时，莎士比亚悲剧的情节一般具有两条或两条以上的发展线索，形成一种复调结构。不仅如此，莎士比亚还常常在悲剧之中加入喜剧的因素，从而进一步衬托出更强的悲剧性。

应当说，莎士比亚的创作主题从乐观主义的喜剧、历史剧转到悲剧，其间的跨度相当之大并且突兀，这反映出莎士比亚内心世界的复杂性和多重性。从快乐到悲观似乎没有中间地带的过渡，欢笑过后就是撕心裂肺的痛苦，快乐的天堂转瞬降到了悲惨的地狱，莎士比亚没给任何喘息之机将人们带入了悲剧之中。他说过这样的话："能够享受悲剧才能享受人生，能够享受悲情才能尽享欢乐,追求快乐是天性使然,但领略痛苦更使人生完满。"①

莎士比亚的悲剧创作时间,一般认为从1600—1601年的《哈姆雷特》到1607年《雅典的泰门》,以及第一阶段的《泰特斯·安德洛尼克》、《罗密欧与朱丽叶》和《裘力斯·恺撒》和第三阶段的《冬天的故事》。

1. 从欢乐走向悲凉——第一阶段的三部悲剧

莎士比亚从创作第一阶段就显示他具有的悲剧情结。1590—1594年创作的《泰特斯·安德洛尼克》,由于这部悲剧的类型、题材和水平等因素,在伊丽莎白时代颇为盛行。这部悲剧最大的特点是它的血腥和恐怖气氛,它表现了罗马时代人与人之间的残杀与争斗,反面人物艾伦与塔摩拉的贪欲与残暴达到了令人发指的程度,尤其是塔摩拉,她是一个贪婪淫荡、报复心极强的女人,剧中的她在宴席上吃着用自己儿子的肉做成的肉饼,残忍和恐怖达到极点。整个剧一味地充满了这种阴森恐怖,没有什么明确的动机,更没有审美性,虽然有一些戏剧性的插曲,但仍然掩盖不住充斥其中的虚假性,因而不被看好,也无法体现莎士比亚戏剧的基本特点。

《罗密欧与朱丽叶》的故事取材于百年前就在意大利流传的民间故事,在此之前,有班戴洛的著名同名小说《罗密欧与朱丽叶》。莎士比亚在此基础上进行重新创作,该剧本于1594年完成,以后数次再版。

《罗密欧与朱丽叶》是一部脍炙人口、浪漫哀婉的悲剧。故事发生在两个有世代冤仇的名门世家,罗密欧与朱丽叶这两个仇家的成员,却一见钟情。因而这爱从一开始就种下了悲剧的种子。莎士比亚表达这一对少年男女的美妙情感时,几乎动用了所有能够运用的语言。例如朱丽叶面对爱情的发生,她深知:"恨灰中燃起了爱火融融,要是不该相识,何必相逢! 昨天的仇敌,今日的情人,这场恋爱怕要种下祸根。"②但爱情的力量是如此炽热和深厚,罗密欧对朱丽叶这样表白:"朦胧的夜色可以替我遮过他们

注释

① *Shakespeare's works*, III. ii. 62—63, 68—71.
② 莎士比亚:《罗密欧与朱丽叶》第一幕第四场,引自朱生豪译:《莎士比亚喜剧悲剧集》,译林出版社2001年版,第289页。

的眼睛。只要你爱我，就让他们瞧见我吧；与其因为得不到你的爱情而在这世上挨命，还不如在仇人的刀剑下丧生。"①

正如俄罗斯著名学者别林斯基所评价："莎士比亚《罗密欧与朱丽叶》的感染力出自于爱情观念，因而那热情洋溢激动人心的语句从一对恋人的口中喷涌而出，如浪淘翻动，似明星闪耀……这是爱情的感染力，因为在《罗密欧与朱丽叶》的抒情独白中，看到的明明白白的不单单是恋人的互相欣赏，也还有庄严、骄傲和充满陶醉感的爱情披沥，那是把爱情神化了的一种感受。"②

就在他们相爱期间，罗密欧在争执中杀死了朱丽叶的表兄，使罗密欧成为仇家的直接敌人。紧接着朱丽叶的父母为她包办了婚姻，她拒不从命未果，在婚礼的前一夜，为了避免与不相爱的人结合，她听从了神甫的计谋服了安眠药，结果误使罗密欧以为朱丽叶已死，自己也服毒自尽，而朱丽叶醒来之后发现罗密欧已死，便绝望地也用匕首自杀。悲剧的结尾，两个仇家都目睹此番惨状，罗密欧的母亲因伤心过度也死去，两家的矛盾达到极点，关键时刻，亲王和神甫出场证实和劝解，两家人终于相互宽恕谅解。

《罗密欧与朱丽叶》塑造的两个经典艺术形象，是莎士比亚悲剧中反对封建主义、主张婚姻自主的浪漫主义爱情的代表。与其他悲剧主角不同之处，《罗密欧与朱丽叶》是悲剧产生的原因在外部而非角色本身，相对立的仇家、意外杀兄的发生和捎错信件等等，最终铸成双双毙命的惨剧。这部悲剧的优秀之处还表现在哀而不伤的基调，剧中没有过分的伤感，更多的是坚强和对于幸福执著的追求，整个剧充满着生命的鲜活与激情。《罗密欧与朱丽叶》被公认为是莎士比亚达到真正完美的第一部作品。

1599—1600年完成并开始上演的《裘力斯·恺撒》，取材于古罗马作家普鲁塔克的《希腊、罗马名人传》，这部剧本中体现出莎士比亚日臻娴熟的悲剧创作技巧。为他日后四大悲剧的创作奠定了深厚的基础。该剧描写公元前44—前42年时，布鲁托斯和凯歇斯等人为反对罗马独裁者裘力斯·

注释　① 莎士比亚：《罗密欧与朱丽叶》第二幕第二场，引自朱生豪译：《莎士比亚喜剧悲剧集》译林出版社2001年版，第289页。

② 阿尼克斯特著，徐克勤译：《莎士比亚的创作》，山东教育出版社1985年版，第240页。

恺撒称帝而合谋将其刺死。但恺撒的亲信安东尼却利用布鲁托斯给他的在公众面前演讲机会煽动民众对刺死恺撒的仇恨情绪，使布鲁托斯等失去民心，在战斗中败北被赶出罗马后身亡，安东尼在恺撒遇刺后伺机夺取政权，成为新的专制制度下的统治者。这部剧用生动洗练的笔触勾画出独裁势力和反独裁势力之间的殊死搏斗，展示出共和主义理想和专制强权激烈冲突最后失败的悲剧。剧情高潮跌宕，矛盾惊心动魄，几个重要人物刻画得精彩纷呈，人物内心鞭辟入里。比如，共和理想代表人物布鲁托斯，过分宽容和仁慈，结果使他自己被孤立，在战斗中出师未捷身先死。而安东尼却是个野心勃勃的政治家，他利用恺撒的信任使自己地位节节升高，并觊觎罗马新统帅的位置，结果在恺撒死后，他和其他两个人为了个人的目的而开始一番新的生死争斗。

在这里，莎士比亚要揭示的并不仅仅是两大派别的角逐，在罗马的老面孔下，作者要揭示的是另一个问题：人的命运和人民的命运。在莎士比亚看来这是一种政治道德概念，布鲁托斯虽然具有崇高的理想和正义，但他们的命运似乎一开始就注定失败，他们的失误是不可避免的。他虽然杀死恺撒，但死了的恺撒比活着的布鲁托斯更加有力量，最终他被更加阴险的安东尼所击败。此外，这部剧独特的意义在于莎士比亚第一次也是唯一一次将人民群众置于舞台中心，诠释公民与国家的关系，当人民群众最终相信了一个自私的独裁制度而并不是为民服务的政权之时，也就是人民悲剧命运之始。第三幕第三场表现得极具震撼力，布鲁托斯在对罗马人进行演说，但人们并不理解他，他们希望他来做一个新的恺撒而采用非共和制，安东尼非常清楚人民的需求，煽动并诱惑人民。结果发生了历史上最具悲剧性的事情——民众拒绝了自己真正的保护者，支持并将权利拱手交给了最凶恶的敌人。人民亲手给自己戴上奴役的锁链。《裘力斯·恺撒》中人物的语言颇为精彩，如布鲁托斯的"爱罗马胜过爱恺撒"和安东尼"借风使船"的演讲等，都强化了人物的性格特征，只是在剧中作者对恺撒没有更多的笔墨。

莎士比亚通过这部悲剧所得出的为民造福者的失败、凶狠无情者得势的结论，表明了作者对于英国社会发展前景不再抱乐观的态度，从这个角度来说，《裘力斯·恺撒》当是莎士比亚创作史上的一个转折点。

2. 从悲凉迈进深渊——对人生谷底的探索

第一部：《哈姆雷特》

《哈姆雷特》源自民间流传已久的故事，1200 年，丹麦历史学家沙克索·格兰马迪克斯所著的《丹麦史》中第三、四卷就记载了关于哈姆雷特的故事，其故事梗概是：在丹麦国王洛德里克统治下，有诸侯兄弟两人，其兄侯温提尔武功高强、勇猛善战，被邻国挪威王所嫉恨，通过双方比武决定对方部分领土和财产归属，结果侯温提尔获胜。丹麦国王为奖其勇，将女儿乔鲁特嫁给他，婚后生有一子，即阿姆莱特。弟弟芬根心怀嫉妒，在一次宴会上杀死其兄，夺得权利，又娶嫂为妻。但芬根担心阿姆莱特长大后为父亲报仇，阿姆莱特感到自身难保，便假装疯狂。芬根百般试探其真假，其中有一名宫女与阿姆莱特接近，便从中试探虚实，阿姆莱特没有上当。芬根又使阿姆莱特与其母相见，派大臣躲在后面窃听，结果阿姆莱特装疯，借机刺死偷听的大臣。芬根见一计不成又生一计，他派阿姆莱特去英国，待到半路将他处死，结果被阿姆莱特识破，反而杀掉随去的使臣，在英国与公主结婚。当芬根以为阿姆莱特已经死去时，阿姆莱特突然回国，在庆祝宴会上，阿姆莱特出现在会场上，趁大家酩酊大醉时，用一条毯子盖住芬根等人，并放火将芬根等统统烧死。阿姆莱特终于替父亲报仇。

《哈姆雷特》共五幕二十场，在这部剧中，哈姆雷特是一位丹麦王子，其父亲被阴险毒辣的叔叔毒害致死，篡夺其王位并娶嫂为妻，哈姆雷特生活在叔叔统治下阴霾重重、扑朔迷离的宫廷里，当他终于得知父亲的死因后痛苦万分，自己的叔叔是杀死父亲的凶手，而母亲又是与这样阴险毒辣的人同床共枕，哈姆雷特陷入了无尽的忧郁、迷惘和痛苦之中，就连人间最美好的爱情都无法使他得到一丝安慰。他原本与大臣的女儿奥菲利娅相爱，然而他发现这场爱情似乎也与某种阴谋相连，奥菲利娅被哈姆雷特喜怒无常的情感所折磨，最后失足落水而亡。经过痛苦的思考，哈姆雷特决定用自己的方式报仇，他佯装疯傻，暗中准备，在庆祝的宴会上，哈姆雷特用剑刺死了国王——他的叔叔，王后——他的母亲也中毒身亡，当这一切阴谋都真相大白之际，哈姆雷特也倒在了地上，在《哈姆雷特》的终场，一阵军乐和炮声中，哈姆雷特的遗体被抬了下去。

莎士比亚创作的这部悲剧，表面上是与英国社会政治无甚干系，但事实上，作者笔下的丹麦王子绝不仅仅是对丹麦这个混乱的国家感到痛恨和无奈，他面对的是"没有锄过草的花园，已经荒芜了，被榛莽荆棘完全霸占了"的社会。他说"丹麦是座监狱"，有人回答"那么世界也是监狱了"，这是莎士比亚从对英国充满着希望逐渐转向失望的结果，也是16—17世纪英国社会状况的缩影。莎士比亚借主人公的个人不幸来折射社会的不幸，将个人的命运与国家民族的命运结合起来，因此，他要"负起重整乾坤的责任"。然而，作者无法承担这样的重任，他所寄希望的明主也没有出现，他只能按照自己的理想塑造出完美的《亨利五世》。在《哈姆雷特》剧中，作者进一步发觉更广泛的社会问题，即人的内心危机、道德危机和社会危机，也可以说现在我们完全可以理解的封建社会的不公正是被另一个不公正的资本主义社会所取代，而作为当时的莎士比亚是不明其理的，他为自己所信奉的人文主义在这个世界行不通而十分悲哀。《哈姆雷特》从现实主义角度来寻找剧中人物不幸的原因，或者说是用现实主义的观点来解释剧中人物的命运，这正是莎士比亚的可贵和伟大之处。

洞悉人内心思想的本质和复杂性，也是莎士比亚创作《哈姆雷特》的成功亮点。就哈姆雷特这个角色的个性而言，已经有无数学者专家进行研究并写出若干论著与文章，正如一句话所说，一千个人心目中就会有一千个哈姆雷特。哈姆雷特这个人物身上体现出来的意义非常深刻和典型，主要有：

第一是人文主义理想的悲剧。哈姆雷特是以德国人文主义中心的维登堡大学学生身份出现，他具有无比丰富的思想和睿智的头脑，他的思想比同时代人深邃、敏锐，能够透视和理解社会最先进的理念，这是作者赋予他那个时代最优秀的特质。在并不很多的独白和对话中，哈姆雷特对人性、人生、社会、伦理等都有极深刻的见地，是一个思想上的巨人。积极的思考、提出问题、自我质疑，充分体现出哈姆雷特高处不胜寒的悲哀与孤独，他对丹麦国家的认识，对生死问题的哲学观念和对道德、忠诚和责任的态度，都经过反复的思考和斗争，他是一个积极的思想者。在谋划如何报杀父之仇时，他以理性的选择，找出充分的证据，运用心理战术，以及恰当的时机达到了自己的目的。这体现了人文主义的思想方法，重视科学性和条理性，从而依靠人自身的力量从精神上击垮敌人。相比之下，克劳迪斯却完全是封建专制王权的思维和统治，他依靠阴谋诡计夺得王权，因为阴谋败露又千方百计怀疑和加害于哈姆雷特，他发觉哈姆雷特是自己的最大威胁后立即采取卑劣的手段将他置于死地。这两种力量在貌似温柔的宫廷里，在亲情、友情与爱情的包裹下，进行着一场殊死之战，结果是两败俱伤。在作者思想中，这是人文主义在现实中必然的结局，英国社会远不是适合人文主义理想生长的土壤。这是莎士比亚要说明的哈姆雷特身上最致命的问题。

第二是对美好爱情的追求与怀疑。哈姆雷特与奥菲利娅的爱情也是这部悲剧精彩情节之一。在他看来，整个丹麦王宫乃至丹麦都是座人间地狱，所有的人包括他的亲生母亲都已经不再值得信任，在阴谋与谎言充斥的宫廷里，他希望与奥菲利娅的爱是纯洁无瑕的，他说道："你可以疑心星星是火把；／你可以疑心太阳会转移；你可以疑心真理是谎话；／可是我的爱永没有改变。"然而当他发现奥菲利娅的举动似乎是受人指使，他所受到的打击是难以名状的，其结果就是他的癫狂似乎埋葬了以往的爱情，他用各种冷酷、癫狂的语言侮辱鄙视奥菲利娅，使双方都为此而怜悯悲伤，哈姆雷特陷入更深的痛苦之中。面对刚刚失去丈夫就又投入别人怀抱的母亲，面对美丽柔弱却又难以相信的奥菲利娅，他不再相信爱情，从一个痴情王子转而变成忧郁寡欢的疯子，他专门讲别人不敢说的话，看似疯话但句句都能够戳穿宫廷里浓重的阴霾，宫廷所有的人都无不为之惊心动魄。人人都认为他真的疯了，而其中关键的是不想再听到从哈姆雷特嘴里说出的真实但令人惧怕的话。奥菲利娅因为哈姆雷特的误解和父亲的死亡而真的精神错乱，溺水而亡，他才悲痛欲绝，再一次真诚地承认他是如此深爱着奥菲利娅，随之而来的是他对生命的眷恋更加淡漠了。莎士比亚利用哈姆雷特和奥菲利娅的真疯假疯错位的戏剧性技巧，使悲剧味道愈加浓重。

第三是软弱的性格拖延了报杀父之仇。哈姆雷特的行为滞后于思想，因而更加铸成他个人的悲剧。哈姆雷特的性格套用国王的那句话就是他的思想高高飞起，可他的行动却滞留地下；没有行动的思想永远不会上升天界。哈姆雷特的语言如此犀利如刀，然而他却迟迟难以付诸行动。哈姆雷特性格的软弱与他的王子地位以及所处的环境有关，他虽然贵为王子，但其自身难保。自从他的父亲死后，哈姆雷特在现任国王即他的叔叔眼里是个后患，尽管他口口声声说要哈姆雷特继承王位，但实质上千方百计要加害于他，他的母亲也成为仇敌的帮凶。在这种刀光剑影和失去亲人保护的情况下，哈姆雷特在宫中是孤立无援的，他看透一切的结果是更加犹豫不决，在无限悲哀和憎恨交织的情况下，哈姆雷特选择了装疯，以装疯作为保护自己不被加害的唯一手段，因此错过了有利的时机而延宕了复仇的实现。哈姆雷特最终仍然没有摆脱国王的阴谋陷害，直到生命最后一刻才刺死国王为父亲报仇，自己也被毒害身亡。虽然哈姆雷特的延宕行为令人扼腕，但这也正是作者描绘的最为感人的地方，哈姆雷特复杂的内心世界应当是那个历史阶段的真实写照。莎士比亚不仅将人性的光辉集中在一个哈姆雷特身上，也把人文主义的弱点和缺陷表现在哈姆雷特身上。

第四是封建等级和厌世虚无的观念。在哈姆雷特身上不仅表现出人文主义思想的闪光之处，还有相当浓厚的封建意识，他憎恨一切，悲观厌世，这些都出自于他所遭遇的不幸：父亲的猝死，母亲改嫁和恋人意外死亡等等。而最致命的打击应当是哈姆雷特不能正常地继承王位，这是他无法接受的现实。哈姆雷特思想的出发点又回到原处，与封建制度下的宫廷权利之争别无二致，因觊觎权力和篡位而导致流血的宫廷政变，在封建社会不胜枚举。哈姆雷特不是完美的人文主义者，他身上有很多与人文主义思想相违背的东西。

《哈姆雷特》在剧情设计方面达了极高的水平。情节设计十分巧妙，复仇的三条主线清晰：哈姆雷特为父亲复仇；雷欧提斯因哈姆雷特无意中杀死父亲复仇；而福丁不拉斯为战场上比武而死的父亲复仇，整个剧中弥漫着复仇的情绪。情爱的三组关系贯穿其中：哈姆雷特父母的婚姻关系；现任国王与哈姆雷特母亲的婚姻关系；哈姆雷特与奥菲利娅的爱情关系，这三种以爱情为纽带的关系最终都以悲剧结局收场，谁也没有最终得到爱情。剧中还有四组误杀情节：英国国王误杀丹麦特使；哈姆雷特误杀波洛纽斯

丹麦哈姆雷特城堡

和雷欧提斯；克劳迪斯误杀王后，重重误杀导致一系列的悲惨结局，再一次验证古代希腊悲剧的主题：人无法抗拒命运。莎士比亚在《哈姆雷特》中更展开了一幅广阔的社会场景，国内外、人世间、人的内心世界以及鬼魂幽灵，构成由表及里、由内到外的丰富画面。人们通过一个古老故事看到现实社会鲜活的人间百态。

《哈姆雷特》的语言设计更是精彩深刻，属于文艺复兴时期文学的上乘之作。哈姆雷特关于"生存还是毁灭"那段经典台词早已脍炙人口，他在墓地里与掘墓人的谈话更是妙趣横生、悲喜交错。奥菲利娅在精神错乱时对于各种野花的描述寓意深远，代表着一个绝望的姑娘对于人生的依恋，而且就野花真切的描述而言，也是作者长期生活在美丽的斯特拉福镇艾汶河的体会。甚至连国王克劳迪斯的"我的言语高高飞起，我的思想滞留地下；没有思想的言语永远不会上升天界"。等都给后人留下难以忘怀的印象，成为大众耳熟能详的语言。莎士比亚无愧为语言大师，整个《哈姆雷特》的剧中人所说的语言都充满着诗一般的精致与巧思，比喻尤为生动，如哈姆雷特为母亲改嫁仇敌而悲痛愤恨，他认为母亲的行为是"从纯洁的恋情的额上取下娇艳的蔷薇，替它盖上了伪善的名称；婚姻的盟约变成赌徒的誓言一样虚伪。……"是"生活在汗臭垢腻的眠床上，让淫邪熏没了心窍，在污秽的猪圈里调情弄爱"。至于那个假国王则是"一个杀人犯，一个恶徒，一个不及你前夫二百分之一的庸奴，一个冒充国王的丑角，一个盗国窃位的扒手，从架子上偷下那顶珍贵的王冠，塞在自己的腰包里！……一个身着斑斓彩衣的下流国王"。如此冰冷尖刻的语言，足以令人胆战心寒。

莎士比亚在1601年创作出悲剧《哈姆雷特》，这部经典中的经典包含了深刻的悲剧意义、哈姆雷特复杂的性格、作者对人类生存的高度概括以及悲剧艺术本身的丰富和完美。几百年来，成为莎士比亚戏剧的代表之作，震撼人们的内心深处，叩响封闭的心灵之门。从来没有一部作品赢得如此广泛长久的关注和研究，《哈姆雷特》成为戏剧艺术难以逾越的巅峰之作。对于这部作品的研究还在继续着，还有许多未解之谜等待人们去揭开。

第二部：《奥赛罗》。这出戏写于1604年，但直到莎士比亚逝世后的1622年才正式出版。这是莎士比亚剧情结构最完美的一部悲剧。剧情是威尼斯公国的大将奥赛罗不仅战功卓著、英勇神武，而且具有王者风度、挺拔伟岸，但他来自于塞浦路斯的异族，地中海棕色的皮肤使他有别于白人世界，他与元老勃拉班修的女儿苔斯狄梦娜不顾肤色差异与世俗力量的阻止真诚相爱。雨果这样形容他们："奥赛罗是夜，黑夜迷恋白昼正如非洲人崇拜白种女人。对于奥赛罗，苔斯狄梦娜就是光明！奥赛罗伟岸英武、堂堂正正、虎啸龙吟，一派王者风度；他身后战旗猎猎，四周号角齐鸣；他身披二十次胜利的霞光，缀着漫天繁星。这就是奥赛罗。可他又是黑色的，受到嫉妒的蛊惑，刹那间就变成了黑鬼。"（《奥赛罗》导言，第496页；第一幕第三场；第五幕第二场；第四幕第一场）奥赛罗手下的旗官伊阿古因奥赛罗没有提升他而嫉恨，决意报复奥赛罗。他勾结罗德利哥在塞浦路斯岛上制造事端，使原本奥赛罗信任提拔的凯西奥被撤职，伊阿古又利用奥赛罗的嫉妒心理，制造苔斯狄梦娜与凯西奥之间的暧昧关系，并用苔斯狄梦娜遗失的手帕嫁祸于凯西奥，使奥赛罗相信他们之间的恋情，派遣伊阿古去刺杀凯西奥，同时奥赛罗亲手掐死了妻子苔斯狄梦娜。最后是伊阿古的妻子揭开了事实的真相，奥赛罗悔恨交加，自刎于妻子身旁，而阴险多端的伊阿古也得到应有的惩罚。

莎士比亚在《奥赛罗》中一改多线交叉发展和添加笑料的创作手法，剧情线索严密、单一，无多余笔墨。而且各场之间环环相扣，高潮迭起，动人心魄。它所揭示出来的家庭悲剧后面的社会、文化、种族冲突因素，震撼着无数人的心灵，这部曾经被戏称"手帕的悲剧"直至今日仍魅力无限。

这部悲剧的三个主要人物形象丰满、个性突出，充满现实感，是莎士比亚创造的现实主义的经典形象。奥赛罗虽然为异族人，但凭借他的骁勇善战和对国家的忠诚成为统军大将,而且还赢得美人心,这里已经全然没有中世纪的等级观念,奥赛罗与伊阿古等人的冲突也不再源自出身、地位和权势,而主要是围绕一种公开的升迁机会展开,这是一种新型的社会关系,是新形势下的一种斗争。在奥赛罗个性中还体现出复杂的矛盾冲突,一方面他是叱咤风云的豪杰,可是在爱情上却英雄气短、嫉妒心强;另一方面,由于行伍出身,思维方式简单,缺少对于异族婚姻足够的思想准备,尤其对别人缺乏防范意识,一旦出现情况往往鲁莽行事,自己还以为是个公正无私、执法如山的法官,结果造成无法挽回的后果,一旦发现真相,自然绝望到极点,没有战死疆场却命丧情场。奥赛罗是莎士比亚描绘的理想人文主义者,他具有高尚的品格和情操,他不迷恋功名利禄,最渴望的是得到苔斯狄梦娜的爱情。他说"她为了我所经历的种种患难而爱我,我为了她对我所抱的同情而爱她。"(《奥赛罗》导言,第496页;第一幕第三场;第五幕第二场;第四幕第一场)奥赛罗的爱情注定是悲剧结局,而且这种结局是超过了爱情的范围,是正义诚实的人与社会的矛盾冲突,奥赛罗具有的高贵品质,可在这个社会最终得到的是漠视和被引入歧途,当奥赛罗要杀死心爱的妻子时,他痛苦到了极点,他说:"只是为了一个原因,只是为了一个原因,我的灵魂!纯洁的星星啊,让我不要向你说出这个原因!只是为了这一个原因……可是我不愿溅她的血,也不愿毁伤她那比白雪更皎洁、比石膏更滑腻的肌肤。可是她不能不死,否则她将要陷害更多的男子。"人们不知道最终谁是胜利者,唯一能确定的是伊阿古难逃惩罚,斑斑血痕洒在威尼斯的土地上,未来的威尼斯仍是个未知数。应当说《奥赛罗》这部寓意深刻的悲剧体现出作者对实现人文主义理想的悲哀情绪。

另一个女主角苔斯狄梦娜是一个纯洁、善良和痴情的女人,她勇敢地与奥赛罗相结合,她坦诚地说:"我的心灵完全为他的高贵的德性所征服;我先认识他那颗心,然后认识他那奇伟的仪表;我已经把我的灵魂和命运一起呈现给他了。"苔斯狄梦娜从此为自己的丈夫甘愿奉献出一切,即便是临死时还为他着想,不惜殉命而保全丈夫的形象。她虽然清白却蒙冤,以致被挚爱的丈夫亲手掐死,这成为剧中最惨烈和令人掬泪的悲剧情节。至于伊阿古,他也具备文艺复兴时代的特征:个性鲜明、经历丰富而且充满心机。他一切为自己着想，他的人生哲学是为达到个人目的不择手段的马基雅维里式的理性，他目标坚定，利用心理战术等各种手段要战胜奥赛罗，先是挑动起奥赛罗心灵深处的嫉妒心，然后阴险设计苔斯狄梦娜不贞的假象，最后怂恿提示奥赛罗用最狠心的法子杀死自己的妻子，他对奥赛罗说："哪一个有家室的须眉男子，没有遭到跟您同样命运的可能；世上不知有多少男人，他们的卧榻上容留过无数素昧平生的人，他们自己还满以为这是一块私人的禁地哩。"如此恶毒的怂恿完全出自于伊阿古的嫉妒心理，他嫉妒奥赛罗的职位与美妻，嫉妒凯西奥的升迁，这种嫉妒转化成疯狂的报复心理，他不顾一切地挑唆、伪造和怂恿，制造一系列的悲剧，最后也给自己留下一个同样可悲的下场。

《奥赛罗》感动了无数观众，对18世纪欧洲启蒙主义戏剧起到了积极的作用，伏尔泰和席勒等悲剧创作都从此剧中受到启迪。

第三部：《李尔王》。完成于1605—1606年，作者生前正式出版，去世后重新印刷。如果说《哈姆雷特》是青年的悲剧，《奥赛罗》是中年的悲剧，那么《李尔王》就是老年的悲剧，也是整个社会几代人的悲剧。《李尔王》该剧剧情的出处一般认为是霍林西德的《编年史》中关于李尔的记载，证明历史上确有其人，因此《李尔王》也有历史剧的意义。同时，关于李尔早已在民间流传，还有一些诗人和历史学家也以此纳入自己的作品中，在1594年还有一位佚名作者写的《李尔王及其三女的悲剧》，斯宾塞的《仙后》，前面提到的英国第一部悲剧《高布达克》以及威廉·卡姆登的《历史拾遗》等都有类似的故事和记载，相信莎士比亚也应该有所知晓和借鉴，而且这个古老的故事是经过莎士比亚之手才点石成金，成为不朽之作。

《李尔王》的故事梗概：年迈的李尔王欲将自己的国土一分为三，由三个女儿分管，他只保留国王的称号和100名骑士，而且在他三个女儿家轮流住。在分配之前，他的大女儿戈纳瑞和二女儿里甘用甜言蜜语说得李尔王满心欢喜。而唯有小女儿科狄利娅不肯做出什么动听的承诺，只是说她会依然爱自己的父亲，但不包括将来更加爱自己的丈夫。李尔王听了小女儿的话暴跳如雷，一气之下剥夺了小女儿的继承权，将国土平分给两个大女儿。结果小女儿与法国国王结婚后离开英国，李尔王却被两个狠毒冷酷的女儿赶出家门，流落到旷野之中。在荒凉的旷野中，曾经是李尔王大臣的葛罗斯特和他的长子埃德加也因家产纷争等原因在旷野中与李尔王相遇，在旷野中李尔王终于觉醒过来，他的小女儿起兵为父亲报仇，不幸失败被俘缢死，两个女儿也在争斗中丧命，最后在一派腥风血雨过后，李尔王已经将生死置之度外，开始体恤民情，回归自然，最后坦然面对死亡。该剧采取主次两条线索，主线是围绕着李尔王家庭成员间所发生的悲惨故事，另一条副线是大臣葛罗斯特和他的两个儿子埃德加和埃德蒙之间，埃德蒙蓄意家产而不惜谋害兄长埃德加，葛罗斯特被挖去双眼，埃德蒙因作恶多端最后死于埃德加的剑下。

《李尔王》表面上是一部家庭悲剧，但这部悲剧的冲突比其他悲剧更加激烈，在父子相逼、手足相残中，显得坏人更加邪恶，结局更为惨烈，黑暗几乎笼罩整个社会，每个坏人都干着谋害别人的勾当，以别人的性命和血迹为上升的阶梯。莎士比亚比前人高明之处是他将家事悲剧推广至社会哲理层面，透视社会上人与人的本质关系，探讨罪恶的欲望如何毁灭人性，将生活中的美好化为悲剧，是作者再一次带领人们走进疾风骤雨的社会深处，走进善恶美丑的灵魂底层，向这个世界发出痛苦的质问：为什么亲情会变成邪恶？父女会相对为敌？"大自然"在哪里？

将善良和邪恶交织在亲情中发生，是这部悲剧最惨烈和最具悲剧效果的因素。而其中最具代表性的无疑是主角——李尔。

作为父亲的李尔，他深爱自己的女儿，但由于他刚愎自用、独断专行的性格，酿成了父女之间的矛盾和惨剧。只是由于小女儿说出了实话，没能满足父亲虚荣的面子，就断然将科狄利娅置于另一番境地，他对她说："好，那么让你的忠实做你的嫁妆吧。凭着太阳神圣的光辉，凭着黑夜的神秘，凭着主宰人类生死的星球的运行，我在这里宣布和你断绝一切父女之情和血亲的关系，今后永远把你当做一个路人看待。啖食自己儿女的野蛮的生番，比起你，我的旧日的女儿来，也不会更受我的憎恨。"其实，科狄利娅才是真正爱父亲的孝顺女儿，而李尔却错将两个大女儿表面的花言巧语当做真心实意，把科狄利娅赶出家门。

李尔两个邪恶的女儿对他的无情无义给他沉重地打击，使他终于明白没有王权还要享受国王的生活待遇是不现实的,他感到了前所未有的悲痛,在荒野中,李尔精神近乎疯狂,面对着急风暴雨发出绝望的呼喊:"尽管轰吧! 尽管吐你的火舌, 尽管喷你的雨水吧! 雨、风、雷、电,都不是我的女儿,我不责怪你们无情;我不曾给你们国土,不曾称你们为孩子,你们没有顺从我的义务;所以,随你们的高兴,降下你们可怕的威力来吧,我站在这里,只是你们的奴隶,一个可怜的、衰弱的、无力的、遭人贱视的老头子。可是我仍然要骂你们是卑劣的帮凶,因为你们滥用天上的威力,帮同两个恶毒的女儿来和我这个白发老翁作对。啊! 这太卑劣了!"在李尔的眼中, 大地已是一片黑暗, 就连天上的风雨雷电都成为邪恶的帮凶。

一场手足相斗后血溅荒野,李尔经受了精神和肉体的双重痛苦后,他清醒过来,明白自己的本来面目,明白了回归自然,明白他人乃至全体人民的苦难。他扪心自问:"衣不遮体的不幸的人们,无论你们在什么地方,都得忍受着这样无情的暴风雨的袭击,你们的头上无片瓦遮身,你们的腹中饥肠雷动,你们的衣服千疮百孔,怎么抵挡得了这样的气候呢?"从个人的悲剧扩展到为人民着想,李尔的精神世界升华到一个新的高度,从容面对生死抉择。而此时一切似乎都晚了,只有幸存的埃德加在试图挽救。

《李尔王》中的一对姐妹和一对兄弟代表着正直善良和自私邪恶,而自私邪恶势力如此的强大才铸成悲剧:李尔王放逐荒野,科狄利娅死得悲惨,葛罗斯特被挖双眼,埃德加则逼迫得装疯乞丐……这些可怕的事实,悲情的世界,从一个侧面说明当时英国社会的真相,这如同一面镜子,映射出潜藏在社会文明下的真实现实。

尽管这部悲剧是莎士比亚最悲惨和最黑暗的作品,作者的心情已经到了最沉痛悲怆的程度,但他依然要在晦暗阴森的世界给人们透出希望的光芒。李尔从至高无上的王权到能够用良心体察民情,这一深刻的思想转变代表了作者心中始终有的理想的君王。科狄利娅也是作者人文主义理想的象征,虽然她以性命作为善良正义的代价,但还有和她一样心地善良的人在继续:朝臣肯特、哲人式的弄人、帮助葛罗斯特逃命的老农仆人等,都是人类的希望所在。这部悲剧体现出来的思想境地超越了人文主义的范畴，也超越了莎士比亚自己所处的时代，因此，《李尔王》具有深刻的现实意义和跨越时空的更广泛的进步意义。

第四部：《麦克白》。写作时间在 1605—1606 年。故事情节源于霍林西德的《编年史》，是莎士比亚悲剧中篇幅最短的一部。该剧的结构简洁精巧，手法独到，悲剧气氛更加浓重，笔酣墨饱的人物刻画，洞察深刻的心理活动，这些为莎士比亚悲剧创作增色添辉。

麦克白是苏格兰一名出身王族又勇冠三军的将领，地位与个性使他的野心日益膨胀，他渴望能够坐上王位来证明自己的伟大与尊严。但苏格兰已有邓肯这样心地善良的国王，还有已经被册封的嗣位人马尔康太子，要想得到王位只能采取弑君篡位的手段，而此前麦克白从没有类似的行动，当麦克白处于极度的矛盾之中，他的妻子——极为冷酷无情的麦克白夫人，她用一种特殊的男子汉的信念来鼓励丈夫敢做敢当，为了成为地位高的人物，麦克白杀死了国王邓肯和王后。然而，麦克白并没有因此而获得满足，他越杀越肆无忌惮，达到了为所欲为的疯狂程度。最终因为作恶太多而承受了难以承受的精神负担，麦克白清楚地知道他所做的一切是人所不容的，除了空虚的"我"以外，没有什么需要他再努力了，他带着幻觉寻找出路，当绝望情绪主宰着麦克白时，他唯一的出路就是死在战场上的自己人也是仇人的刀下。

和其他悲剧主角不同的是，麦克白绝非正面人物，在鬼神巫术的诱导和蛇蝎妻子的1催化下，麦克白压抑住良心、放任恶行，一步步走向罪孽深重的渊薮。在麦克白身上没有令人怜悯的单纯或者是一时冲动的鲁莽，他的每个决定和行为都表现出被罪恶的欲望所怂恿而产生的复杂心理活动，当他要杀邓肯国王时，他非常清楚地知道："在这种事情上，我们往往可以看见冥冥中的裁判；教唆杀人的人，结果反而自己被人所杀；把毒药投在酒杯里的人，结果也会自己饮鸩而死。"（《麦克白》第一幕，第七场，第737 页）而真的杀了国王以后，犯罪的恐惧使麦克白处于反常和变态的心理状态，他逐渐失去了常人的理智，变得精神恍惚，疑神疑鬼，在癫狂、噩梦和幻觉中生活，正如同海涅所说的"主人公的毁灭不像古代的灾祸那样，乃是事先注定，无法改变的；反之，它却是以精巧的密网将人心紧紧缠绕的地狱诱惑的结果。"①然而，麦克白直到死亡前仍没有一丝清醒或悔改之意，没有像奥赛罗和李尔王那样出现希望的光芒，在麦克白这里只有无尽的黑暗和彻底的毁灭，从这个意义上说，《麦克白》是莎士比亚悲剧中最阴郁的一部，它展示的是一个人道德上的完全毁灭。

麦克白夫人更是一个令人胆寒的"恶棍"，她容貌出众却心如蛇蝎，在她身上看不到温柔与善良，她像一个疯狂的恶魔那样说道："来，注视着人类恶念的魔鬼们！解除我的女性的柔弱，用最凶恶的残忍自顶至踵贯注在我的全身；凝结我的血液，不要让悔恨通过我的心头，不要让天性中的恻隐摇动我的狠毒的决意！来，你们这些杀人的助手，你们无形的躯体散满在空间，到处找寻为非作恶的机会，进入我的妇人的胸中，把我的乳水当做胆汁吧！来，阴沉的黑夜，用最昏暗的地狱中的浓烟罩住你自己，让我的锐利的刀瞧不见他自己切下的伤口，让青天不能从黑暗的重裳里探出头来高喊：'住手，住手！'"(《麦克白》第一幕，第五场，第734页)这种邪恶已经到了令人发指的程度，而这一切都为着能够登上王后宝座的野心，她怂恿丈夫麦克白犯罪，在可以挽救他时却将他推向深渊，她的全部感情都是受着野心的驱使。莎士比亚如此表现麦克白夫妇人性中恶的本质，并非是个人的悲剧而是社会的悲剧，是社会恶势力的化身——权利促使他们一步步失去了良知和责任感，被野心诱惑走向毁灭、跌入地狱，社会的极权政治制度使人性变得如此扭曲和摧残。

3. 寻找光明——人性的光辉在闪耀

1609—1611年是莎士比亚的第三个创作时期，在经历了各种戏剧创作过程后的莎士比亚，可以说已经完成了对人性的深刻解析和激情创作的阶段，离开刀光剑影的现实社会，进入了一个舒缓、平稳和更加理想化的境地。莎士比亚不再对改变现实社会抱有幻想，他将人文主义的理想寄托于虚无缥缈的神秘岛上，寄托于未来乌托邦式的世界之中。此时的作品虽

注
释

① 张泗洋、徐斌、张晓阳：《莎士比亚引论》(上)，中国戏剧出版社1989年版，第455页。

然还是莎士比亚的精神所属，但此时他的心态如同一个走过急风暴雨的旅行者，身心俱疲，最渴望的是一片蓝天和一块净土。这个时期他所创作的《辛白林》、《冬天的故事》和《暴风雨》属于喜剧类型，剧中总的说来是充满着乐观和浪漫的气氛，其中具有代表性的也是莎士比亚一生创作的压轴之作就是《暴风雨》，我们在前面已经做了介绍。

总之，莎士比亚的戏剧中放射出的强烈的人文主义思想光芒，以及卓越而大胆的艺术技巧，其意义早已超出了他的时代和国家的范围，在四百年的岁月中成为宝贵的文学财富。

莎士比亚的戏剧创作原则，用他本人的话是：戏剧"仿佛要给自然照一面镜子：给德行看一看自己的面貌，给荒唐看一看自己的姿态，给时代和社会看一看自己的形象和印记。"莎士比亚的戏剧深受人文主义思想的影响，对处于过渡时期的英国社会做了广泛而深刻的分析和描绘，对封建制度的衰落和资本主义原始积累的丑陋给予了揭露和批判。作为一名反映现实社会的作家，莎士比亚忠实履行了他的创作原则，透过他的作品所看到的人物、语言、场面和情节的来源是真实的、具有典型意义和寓意深刻的……　莎士比亚的剧作之所以成为西方戏剧艺术史上难以企及的高峰，是因为在他的戏剧中，展开了如此广阔的生活画面：上至王公贵族，下至生活在社会底层的平民百姓，社会各个阶层的人物都在剧中婆娑起舞。

概括莎士比亚戏剧的艺术形式有以下特点：首先，莎士比亚通过具有强大艺术力量的形象，从他的那些典型的、同时又具有鲜明个性的主人公的复杂的关系中，从他们的行动和矛盾中去揭示出他们的性格。这些人物的塑造，折射出莎士比亚对于英国现实社会的思考、爱恨和理想。在这些人物和情节的戏剧冲突中，莎士比亚揭示了这些形象所背负的人类本源特质，甚至是揭示人类的未来。

其次，莎士比亚戏剧的知识含量巨大，涉猎到当时人类知识的诸多领域。被认为是那个时代无数信息的来源。从知识面角度，在莎士比亚戏剧中，曾经详尽描绘了超过200种植物和130种动物以及30多种矿物，其中很多是不常见的，比如说《训悍记》中的"悍"就是一种比较稀少的类似于兔子的啮齿类动物。①此外，还包含有关于成衣、烹饪、文章学甚至是军事科学等范畴的诸多知识信息。从语言的角度，莎士比亚使用的是伊丽莎白时代典型的夸张语言，这种诗化的语言，柔婉如同淙淙流水，激荡如惊涛拍岸，令人回味无穷。他非常善于用比喻、隐喻、双关语，许多剧中的语言已经成了英文中的成语、典故，极大地丰富了英语辞藻，他的剧本就像是一部警句、格言、谚语的大荟萃。据统计，他在剧本中一共使用过的词汇有43566个之多。从语言形式角度看，莎士比亚戏剧以无韵诗为主，又杂有古体诗、民谣体、俚谚与轻快滑稽的散文体对话，可谓多种多样、丰富生动，成为构成莎士比亚戏剧艺术大厦的基本材料。

再次，莎士比亚的戏剧在体裁和表现手法上具有独创性。他的戏剧为当时英国的舞台和观众写作的大众化的戏剧。因而，悲喜交融、雅俗共赏以及时空自由、极力调动观众想象来弥补舞台的简陋等特点，使莎士比亚成为无与伦比的戏剧结构大师。他善于描写几条相互平行交错的线索，来促进生动复杂的情节发展。写作技巧上则表现出一种奇妙的戏剧紧迫感，逐渐加快的情节发展的节奏，往往有一气呵成的神来之笔，令观众惊叹不已。莎士比亚的历史剧则是他独创性的成功之处，他在历史剧中全部以英国历史上的帝王为对象，在他们身上寄托了作者对自己国家的一片挚爱和期冀。莎士比亚的悲剧被公认为艺术成就最高，它表现深刻的矛盾冲突，蕴涵了理想破灭的主题，他的多线索手法和丰富的情节运用，使莎士比亚的悲剧更加具有吸引力和震撼力。

最后，莎士比亚的戏剧具有一种"开放性"。17世纪始，莎士比亚戏剧传入德、法、意、俄、北欧诸国，然后渐及美国乃至世界各地，对各国戏剧发展产生了巨大、深远的影响，并已成为世界文化发展、交流的重要纽带和灵感源泉。300多年来，他的作品和他本人被延绵不断地重新认识和重新评价，推至极端的肯定和不断的质疑始终伴随身后，仅在2000年国外《莎士比亚季刊》(*Shakespeare' Quarterly*)中，就有4780篇研究文章，

注释

① 以上数字统计见陆谷孙：《莎士比亚十讲》，复旦大学出版社2005年版，第57—59页。

其中研究哈姆雷特的文章达740篇之多。歌德有一句名言："说不尽的莎士比亚"，恰好说出了莎士比亚高于其他文艺复兴巨人之处。尽管我们置身于21世纪，但仍然没有感到莎士比亚戏剧离我们越来越遥远，在不断探索和重新审视的过程中，更有助于深刻感受莎翁作品的真谛。人们不断地研究莎士比亚，然而还有无数个谜团等待破解，还有不断发现的新内容。莎士比亚研究并非只令人望而却步，需要的是见仁见智、开放研究、理性解构。

莎士比亚作为一代文豪、伟大的戏剧家的地位是不容动摇的。作为文艺复兴时期的代表人物，莎士比亚对社会、对人类的理想与反思，对于人类共性和个性的探讨已经超越了时空界限，莎士比亚本人也成为不朽的象征。

第六章
西班牙与葡萄牙的文艺复兴文学

    16—17世纪的西班牙，随着哥伦布海外探险和经济贸易发展而成为横跨欧美北非的"日不落帝国"。但新兴的资本主义似乎并没有在这里生根开花，却如同电光闪过……在这个欧洲地势最高的半岛上，肆意漫洒的阳光和伊比利亚文化浇灌出不同凡响的文学奇葩，在西班牙和葡萄牙文学的"黄金世纪"里竞相绽放。

第一节　风景这边独好——西班牙文学的"黄金世纪"

    西班牙在欧洲无论从地理还是人文方面来看都应该是个特例。从地理上看，西班牙和葡萄牙同属于欧洲的边缘——伊比利亚半岛，它在欧洲地势最高、阳光最充足，是欧洲唯一与非洲隔海相望的岛屿。雄劲的大西洋和温柔的地中海，将西班牙紧紧环抱。与西班牙相邻的除了葡萄牙以外，唯一与之接壤的就是法国，而它与法国之间横亘着一个天然屏障——比利牛斯山脉。这个山脉最高海拔3404米，遍布着裸岩、冰川、峡谷、湖泊和瀑布等，难以逾越。

特殊的地理位置对西班牙文明走向影响颇大。西班牙文化被认为是有谜一般特殊魅力的"伊比利亚文化",其特点是多种文化的聚合融会。首先,西班牙有古代罗马的文化渊源,在塞哥维亚迄今还完好保留着高达39米的花岗岩大渡槽,它是由公元1世纪的古罗马所建的;其次,西班牙在中世纪和文艺复兴阶段又融合了犹太、吉卜赛和北非的东方文化;随着15世纪新大陆的发现,西班牙又与非洲和南美文化发生碰撞,其结果就是催生出来一个色彩斑斓、风格独具的文化奇葩。用西班牙人自己的话讲,就是"不必寻求史实发展的逻辑连贯性,也无须发现什么政治意图的连续性","西班牙正是一个活生生的人"。[1]

如果为这个"活生生的人"简单画像的话,它最喜欢"fablan",即"说"的意思,它起源于发明、浪漫、享受谈话的欢乐一词。西班牙人的内心深处也许依然是十字军战士、神秘主义者和个人主义者,他们视人的尊严为第一位,无论贫贱或富贵,他们对于常规性的东西没有兴趣,希望未来的明天。在西班牙人的语言中,"pundonon"(荣誉)是最重要的一个词汇,他们的诚信、面子和品格都须臾不能违背这个词汇。

一

中世纪西班牙文学

公元8世纪前后,西班牙为了抵抗北非摩尔人的进犯进行了"光复战争",伊比利亚半岛上产生了无数的英雄豪杰,由此产生一系列英雄史诗,如1140年左右的《熙德之歌》等。随着"光复战争"的胜利,西班牙有了一支庞大的骑士队伍,他们称霸欧洲,一系列宫廷礼仪和宫廷文化由此传播开来。到了14世纪,西班牙宫廷诗人和宗教诗人大行其道,已成气候,他们的作品虽然题材不同,但共同的特点是讲求辞藻的精致华美,并同时注重借鉴和自成风格。最值得一提的是1343年,由伊塔大教士胡安·鲁伊

注
释

[1] 让·德科拉,管震湖译:《西班牙史》,商务印书馆2003年版,第9页。

斯（Juan Ruiz，1283 — 1348? 年）创作的带有浓厚生活气息的宗教赞美诗《真爱之书》。这部书包括12篇相互关联的诗歌和32篇寓言故事，共有1728节，其主要内容是描述世俗生活以及爱的艺术、爱的形态。《真爱之书》在西班牙评价甚高，被誉为"西班牙文学三座高耸入云的高峰之一"①。另外两座"高峰"指小说《堂吉诃德》和戏剧《塞莱斯蒂娜》。

　　胡安与塞万提斯是同乡，这部书据说是他在监牢里花了三四年时间才完成的。《真爱之书》中提倡以"人"为本的人文主义思想，尽管胡安在书中站在了宗教的立场上，但他还是反对神的权威，揭露教会的虚伪丑恶，例如在"叙述金钱的功能"中这样写道：

　　　　如果你有金钱，就会心神安宁，
　　　　感到愉快、高兴，得到教皇奉迎，
　　　　有钱可使灵魂得救，进入天庭，
　　　　谁的钱多，谁就得到很多祝颂。
　　　　我在教皇所在的罗马教廷里，
　　　　见到众人面对金钱都很自卑；
　　　　他们很庄严地对它表示敬意，
　　　　人人像对教皇那样对它顶礼。
　　　　金钱制造修道院院长、主教、大主教，
　　　　还将博士、族长和权威人士们制造；
　　　　它给许多笨拙教士的职位很崇高；
　　　　能使骗子变成真人，谎言变成信条。
　　　　……
　　　　虽说教士们不直接和金钱关联，
　　　　但他们却常常和中间人挤眉弄眼，
　　　　替他们保管财务的人便取走金钱；
　　　　他们有自己的金库，嘴里却说很贫寒。
　　　　教士、修士和神甫说是为上帝效劳，
　　　　但只要听说某财主已经病入膏肓，

注释　① Julio Cejador, *Espasa Calpe*, Madria, 1960.

他们便仿佛听到金钱声叮叮当当，

为了得到钱财，他们便会开始争吵。①

《真爱之书》还用大量的篇幅歌颂爱情的力量和肯定世俗人的地位，在对神的爱与世俗的爱之间，是世俗的爱最终取胜，就连苦修行的男女修士都齐声歌颂"爱情先生"。胡安认为爱情具有神奇的力量：

爱情让粗鲁的人变得精细有礼；

让木讷寡言的人变得口齿伶俐；

使胆小似鼠之徒变得胆大无畏，

懒散的人会变得非常利索勤快。

爱情能使年轻小伙子青春常在，

能使年迈的人大大地失去老态；

使鱼一般黝黑者变得又白又美，

使核桃般一文不值者名扬四海。②

《真爱之书》被誉为"西班牙文艺复兴的催生剂"，胡安也被称为是与意大利的但丁一样的"中世纪最后一位诗人和新时代最初的一位诗人"。

二

文学的"黄金世纪"

16—17世纪的西班牙是个黄金时代，在此阶段，国内资本主义工商业的发展，海外贸易的繁荣，美洲新大陆的发现，德国的合并，使西班牙成为称霸于欧美的强国。独特的文化传统，加上从15世纪开始从意大利和法国传播到西班牙的文艺复兴运动，使这个偏居欧洲一隅的国家，在文学领域里呈现的繁荣景象丝毫不输意法等国，西班牙自己称这个时期的文学是"黄金世纪"。关于西班牙文学黄金世纪的时间说法不一，目前较为一致的意见是指从1500年国王卡洛斯五世诞生到1681年剧作家卡尔德隆去世为止，而主要的文学成就出自于16世纪中叶到17世纪初叶，也有学者论

注
释

① 鲁伊斯著，屠孟超译：《真爱之书》，昆仑出版社2000年版，第108—111页。

② 同上书，第38页。

证以此为黄金世纪的时限。

　　1492年，西班牙攻克了摩尔人的最后一个堡垒，完成"光复运动"，统一了国家并开始向海外扩张，哥伦布就在此时扬起了海上探险的风帆……1504年，西班牙的王位由菲利普二世(Philip II，1504—1516年在位）继承，两年后将王位传给年仅17岁的卡洛斯一世（Carlos I，1516—1556年在位），三年后，他又从祖父那里继承了德国的帝位，使西班牙变成横跨欧美北非名副其实的"日不落帝国"。经济快速增长和对外贸易的扩充，银行金融和手工业等的发展，使这两位强有力的国王建造出一个繁荣强盛的伊比利亚世界，尤其是卡洛斯五世（Carlos V,1500—1558年）成为西班牙文艺复兴强有力的支持者。

　　卡洛斯五世作为一个开明君主，在位期间支持建立世俗大学，设立了拉丁语、希腊语等课程，翻译和出版古典作品，还鼓励意大利人文主义学者来西班牙大学讲学，传播新的思想文化。虽然他与路德的宗教改革思想并非一致，但他与教皇严厉镇压的态度相比，采取了比较宽容的宗教政策。例如与萨克森签订的"奥格斯堡和约"中有允许教士结婚，圣餐可以用两种圣餐物等条款，但这也

西班牙国王卡洛斯五世

加剧了他与教皇之间的矛盾。卡洛斯五世即便在教皇面前也是保持自己的威严而不诚恐，当他年老被病痛困扰时，毅然自行逊位，临终时，成为西班牙唯一不穿法衣而死的国王。

　　从16世纪的后半叶起，以卡洛斯五世为代表的人文主义思想遭到抵制，费利佩二世（费利佩二世为西班牙文译音，也译做腓利二世，卡洛斯五世也译做查理五世）反对宗教改革，断绝与其他国家往来，实行闭关锁

国的政策，西班牙国内阶级矛盾上升，新兴市民阶级力量壮大起来，对教会的不满与日俱增。从15世纪末引进来的遍布西班牙全境的宗教裁判所，此时也达到了猖獗的程度，其数量之多，刑罚之酷在欧洲都臭名昭著。仅1559年，就实施了三次大型的火刑，每次都有几十甚至更多的异端分子被活活烧死。据西班牙学者统计，被烧死的人有3.5万人，受到酷刑的有1.9万人，做囚徒受苦役的有29万人，被剥夺一切权利的有20万人，被流放的有500万人，总共有550万人遭到过宗教裁判所的各种迫害。[①]宗教裁判所的盛行使西班牙一度从强盛走向衰退，这也成为西班牙文艺复兴特殊的历史背景以及人文主义思想难以走向巅峰的阻碍。

虽然这个阶段充满着宗教的血腥，但仍然没有阻止在这片土地上生长出繁茂的文化绿荫。西班牙文学之所以出现"黄金世纪"，在文化底蕴上有着几个世纪的深厚积淀与酝酿。西班牙教育发展较早，从公元10世纪起，西班牙就开始出现一些学校，历代国王在发展教育方面都率先垂范。11世纪时，国王阿方索六世和八世在帕伦西亚等地开始建大学，到阿方索九世时与斐迪南共同创建起萨拉曼卡大学，这所大学以"美德、科学和艺术之母"著称，到16世纪时这所大学的学生发展到7000人，而且教授的课程非常广泛，甚至有被其他大学视为异端的哥白尼体系。从13到16世纪西班牙各地的大学、中学如雨后春笋般建立，与之相适应的图书馆也有了长足的发展。历代国王都提倡进口书籍和印刷术，而且西班牙语也得到了足够的重视。经过中世纪的文化积累，加之文艺复兴越过比利牛斯山脉影响到了西班牙，西班牙本土上出现了若干位博学多才的大学者，如人文主义哲学家、教育家路易斯·比维斯（Louise Beves，1492—1540年）。他毕业于萨拉曼卡大学，撰有《完美的婚姻》，他的诗歌表现出高尚的情感，诗中以美妙的音乐作为启迪心灵的阶梯。苏阿雷斯·巴斯奎斯也是就读于萨拉曼卡大学的神学家和哲学家，有多部宗教和哲学著作，他曾去过欧洲很多地方，在宗教改革方面观点激进，提出使人的自由仲裁与上帝的先知一

注
释

① 让·德科拉:《西班牙史》,商务印书馆2003年版，第363页。

致起来的"全等说"，甚至替教皇保罗五世要求英国改变本国的宗教。

文艺复兴的思潮传入西班牙，为西班牙注入了新鲜的活力。1516年，伊拉斯谟的《新工具》一书在巴塞尔出版后，在西班牙尤其是巴伦西亚引起了极大的反响，立刻成为畅销书，很多人希望能够结识这位将人文主义成功运用到宗教领域的作者，纷纷邀请伊拉斯谟来西班牙讲学。此时在各个大学里笃信伊拉斯谟思想观点的人越来越多，甚至在塞维利亚大学人人都自称是"伊拉斯谟主义者"。伊拉斯谟在与哥伦布拜会时曾表示要前往西班牙，但由于路德突然被宣布为异教徒，西班牙国内矛盾尖锐等原因最终没有得以成行。然而他仍然热情参与西班牙的宗教改革，他发表《手册》后，托人翻译成西班牙文，在这本《手册》中巧妙地阐述了自己的思想并对教会的攻击进行反驳。西班牙宗教大会判决禁止伊拉斯谟所有的著作用西班牙语言出版，命令他的著作删改后用拉丁文出版。但是伊拉斯谟的思想已经渗入到西班牙的社会意识中，他的一些观念如将《圣经》通俗化等已经被西班牙更多的人所接受。直到伊拉斯谟去世很久，费利佩二世登基若干年后，双方的争执仍在继续，伊拉斯谟在西班牙依然是个熠熠生辉的名字，虽然他提倡的通俗化的《圣经》摆在国王的桌子上，一批批的追随者仍不断遭到宗教裁判所的仇视与追杀，一些人被处以火刑，以儆效尤。

虽然伊拉斯谟的思想未能征服西班牙，甚至没有进入这块土地，他那简单、通俗和贴近百姓的宗教思想无法被西班牙原本繁杂的天主教接受，但他的人文主义思想却吸引并集结了西班牙众多的文人学者。古典文化和人文主义思想在这个国家得以广泛传播，不仅影响了西班牙宗教传统，也开始对西班牙民众的文学艺术爱好起到了熏陶的作用。"伊拉斯谟主义"如一块磁石，在西班牙土地上产生出巨大的磁场；也如一盏不熄的灯火，在伊比利亚半岛燃烧了半个世纪。

三

盘点文艺复兴文坛三域

西班牙文艺复兴时期在诗歌、浪游小说和戏剧这三大领域中都有辉煌的成就。

西班牙诗歌起源于 8 世纪的英雄史诗，从 14 世纪开始宫廷诗歌盛行于世，产生了不少风格别致、精雕细刻的华丽诗篇，然而最终流传下来并极负盛名的，却是那部充满世俗精神的《真爱之书》。自 15 世纪始，朴素自然的民间谣曲再度流行，它一反宫廷诗和宗教诗的矫揉造作，以叙事为目的的诗风清新活泼，因而流传甚广。一些宫廷诗人将民间谣曲宫廷化，创作出更精彩和抒情的"艺术谣曲"，具有代表性的当属《谣曲总集》。但是由于那个时代的诗人耻于这种庸俗的诗风，即便是创作出来也不愿留名，因而这部谣曲集成为佚名之作。

黄金世纪时期的诗歌分成文艺复兴和巴罗克主义两个时段。文艺复兴时期是以胡安·博斯坎（Juan Boscan，1490—1542 年）和克里斯托瓦尔·德·卡斯蒂略霍（Cristobal de Castillejo，1492—1550 年）为开端，以加尔西拉索·德·拉·维加（Garcilaso de la Vega，1501—1536 年）为代表的诗人群体。这个阶段诗歌的特点是随着人文主义思想的传入，一些早期接受人文主义的诗人们，积极地将民间谣曲引入宫廷，这一现象是人文主义者主张自然和善于吸收各种文化的思想所致。他们还引进了意大利诗歌的精气神韵，形成了外来形式和内在活力并存的"感怀诗"，并很快达到了极高的艺术水准，这类感怀诗被认为是黄金世纪诗歌的奠基之作。这种将意大利十一行和十四行诗体与西班牙本土谣曲民风结合起来的诗歌，洋溢着优美、抒情和追求理想爱情的人文主义氛围，成为这个时期诗歌的典范，对以后的诗歌创作产生了深刻的影响。

胡安·博斯坎生于巴塞罗那，曾经在卡洛斯五世的宫廷中做阿尔瓦公爵的家庭教师。在宫中他结识了加尔西拉索·德·拉·维加，在维加的劝说下，博斯坎将意大利诗歌的十一音节韵律引进西班牙诗歌中，从而将西班牙诗歌带入到一个新的时代。博斯坎也创作了一部模仿彼得拉克诗歌的诗集，其中充满了意大利化的风格。他的妻子在他死后整理并发表了他和维加的诗作，虽然他的诗歌与维加相比稍显逊色，但他在西班牙诗歌发展的历史上依然有着重要的地位。从他的十四行诗中，我们可以感受到这位新诗开拓者精彩流畅的文笔：

我从未对爱情这么满意
让我的诗篇充满对他的赞誉，
也从未劝过任何人欺骗自已
在爱情中去将欢乐寻觅。
我的立志一向这样考虑：
人人都将这灾难防御；
所以如此是因为这已成规律，
我也是因为成了大家的借鉴而庆幸自己。
啊，你们追寻着我的诗句，
乐于阅读痛苦的磨砺，
为了爱情它们变得无边无际，
我的诗句就是要告诉你：
"啊，只有上帝保佑的人们
才会摆脱爱情的魔力！①

　　博斯坎的一些诗中充满着感怀味道，对人生对死亡表现出深深的思虑，他的"感怀诗"自成一体，影响颇深，追随者不绝。他在"十四行诗（LXXIV）"中这样写道：

我宛如生活在沙漠中的人，
已将世界与私事遗忘，
你们无意中看见一位伟大的朋友
走到他身边，他却认为这朋友早已死亡。
然后他对如此的渺茫感到恐惧；
可后来却又对此坚信不疑，
闲来又开始回想过去，
头脑清晰，满怀新的情绪。
然而当这位朋友要奔向远方，
必须立即离开他的身旁，
孤独重新又占据了他的心房；
他无法在山间的野草中安居，

---

① 卡斯蒂耶霍等著，赵振江译：《西班牙黄金世纪诗选》，昆仑出版社 2000 年版，第 4 页。以下诗歌均出自于该书。

荒原上没有任何艺术的情趣，

每当走进自己的洞穴他都会战栗。

另一位诗歌开创者——卡斯蒂耶霍则以保持传统的诗作而留名于世。卡斯蒂耶霍出生于罗德里戈市，他的一生都效命于哈布斯堡王朝。他极力反对引进意大利诗体，本人也只写西班牙传统的八音节诗句，虽然没有直接从外来诗歌中受到影响，但他在诗歌中温婉、深情地吟咏，他的情感自然地和景色和谐融会，淋漓地表现出个人的痛苦与欢乐，字里行间渗透出浓浓的人文主义精神，令他的诗歌同样受到后人的青睐。在此节选《梦》的片段：

夫人，我做了

一个不该做的梦：

五月的一天

我在河岸边观看

一个如此美丽

鲜花盛开的果园

我以千种风情

欣赏她的容颜，

而如今只剩下一种

充满我的心田……

文艺复兴阶段最有代表性的人物是加尔西拉索·德·拉·维加，他是诗人、军人兼骑士。加尔西拉索的一生可谓是命运多舛，其外表拥有典型的骑士风度，侠骨柔肠且文武双全。他出身贵族，自幼受到人文主义学者的教导，熟悉古希腊和罗马作家的作品。他从年少时就在卡洛斯五世的宫廷里供职，参加过一些战役，还在宫廷中结识了一些著名的诗人如博斯坎等。虽然1525年维加结婚并生

西班牙诗人加尔西拉索·德·拉·维加

育三子，但风流倜傥的维加却对一位葡萄牙小姐伊莎贝尔情有独钟，他们之间保持了较长时间的亲密关系，这位小姐出嫁后不久就死于分娩，这令维加悲痛不已，这段典型的骑士情缘在维加的诗歌中多有流露。1531年，维加不幸得罪了卡洛斯国王，被流放到一个偏远的岛上，后来又流亡到意大利的那不勒斯，为堂德佩罗总督效劳。直到1536年在法国南部的一个战场上，被敌人的一块巨石击中受了重伤，不久这位诗歌之星不幸陨落。

　　加尔西拉索诗歌的数量不多，仅有1首诗简、2首挽歌、3首牧歌、5首歌以及38首十四行诗，但每首都堪称经典。他最大的贡献在于突破了西班牙诗歌的传统，发现并运用了新的意大利十四行诗体音韵。他所首创的诗体韵律，如里拉格律、三行诗段等一直成为西班牙诗坛的流行形式。由于维加一生中有与彼得拉克相似的爱情经历，因此他的诗歌也与彼得拉克爱情诗的意境相似，以无法得到回报的爱情和因爱慕的女人过早离世而哀伤为主题。维加诗歌语言优雅、自然，情真意切，例如《十四行诗（五）》中这样抒发对心上人的爱恋：

　　　　你的脸庞铭刻在我的灵魂深处
　　　　我要对你进行的所有描述
　　　　都由于你自己写出；因为我
　　　　不敢描述你便只有独自去阅读。
　　　　我将永远进行这样的描述，一如既往，
　　　　尽管我心中装不下你的形象，
　　　　对那样的美事我虽然不理解却并不怀疑，
　　　　于是自然就产生了对它的信仰。
　　　　我生来只为了将你爱恋：
　　　　我的灵魂按自己的尺寸将你裁剪；
　　　　我爱你完全是出自于自己的经验；
　　　　我承认我的一切都属于你
　　　　我为你而生，为你而活，
　　　　也一定能够为你而死并正在死去。

　　加尔西拉索的牧歌写得也非常伤感动人。1534年，在《牧歌（一）》这首由30篇、426行构成的长诗中，用那些情切切、意绵绵，被视为至今无人超越的精彩诗句，忠实记录下诗人所爱慕的伊莎贝尔从结婚到翌年就因分娩而死给诗人带来的无比创痛。他仿佛站在无垠的天地之间，虽然身边有阳光、绿草和小溪的田园美景，但对诗人而言，田园美景已经失去意义，他的眼中只有泪水，他的心中只有天地也难以容下的爱与痛：

> 我的哭声使岩石变得柔和，
>
> 我打破了自己坚强的性格；
>
> 树木好像也低下了自己的头颅；
>
> 唱歌的鸟儿听到我的哭泣，
>
> 为了表示同情也改变了自己的音色
>
> 并将我临近的死期诉说；
>
> 野兽俯下疲倦的身躯，
>
> 从平静的梦中惊醒，为了听我痛苦的哭声：
>
> 只有你一个人与我作对，你变得这样坚硬
>
> 甚至你的双眸也不肯那一双
>
> 因为你而泪如雨下的眼睛。

—— 《牧歌15》

我们即便无法体味原诗的语气和用词，也能从中感受到一个男人为了心爱的女人，竟然达到可以放弃坚强的性格和男性尊严的境界。也许正因为真情流露感动后人，这位风流骑士维加的诗歌不仅在当时被各个流派的诗人所追随，而且在20世纪的西班牙还依然活跃着"加尔西拉索派"的诗人集团和学术团体。

应当说，在博斯坎和维加之后，西班牙诗歌进入了所谓的巴罗克时期。早期巴罗克代表是萨拉曼卡和塞维利亚两大派，以神甫路易斯·德·莱昂（Luis de Leon，1527—1591年）为代表的萨拉曼卡派的诗歌着重表达的不是世俗思想，而是柏拉图和基督教人文主义思想，其特征是具有神秘主义色彩，反映出西班牙教会经院哲学与文艺复兴思潮激烈的冲突。另一派是以费尔南多·德·埃雷拉（Fernando de Herrera，1534—1597年）为代表，他们以塞维利亚为中心，主张放弃宗教题材，用词华丽且多用拉丁语汇。埃雷拉的抒情诗以风格典雅、富于色彩和音乐性见长，他还着手出

版了加尔西拉索的诗作。他的诗歌分为爱情诗和爱国诗两类，而爱国诗为他赢得更高的声誉。例如《十四行诗（I）》：

> 我既大胆又恐惧：胆大得竟敢
>
> 藐视那怯懦的恐惧；
>
> 当希望越是陷入痴迷
>
> 便越是向焚烧我的烈火扑去。
>
> 在错误中耗尽了青春花季，
>
> 如今看到了危害，但为时晚矣，
>
> 既然人们盲目地争着取悦她，
>
> 又何必将脑汁留作对她的献礼。
>
> 有一次我试着（这对我有什么意义？）
>
> 将沉重地压着脖子的头颅抬起
>
> 尽管只差一点力气，却没有达到目的。
>
> 我要坚持我的激情，因为改变
>
> 会有损声誉，而如此地贬损
>
> 这样献出美好心灵的人也非正义。

神秘主义诗人的代表人物还有圣胡安·德·拉·克鲁斯(San Juan de la Cruz，1542—1591年)，以其在监狱中创作的《灵魂的黑夜》、《精神的颂歌》和《爱的烈火》这三首诗最负盛名。神秘主义诗歌的出现是西班牙各种社会矛盾激化的反映，在文艺复兴以个性化诗歌为时尚的时代，宗教诗作似乎没有更多的存在意义，因为它没有告诉人们他们尚不知道的东西，而这正是世俗诗歌所要极力表现出来的内容，神秘主义的宗教诗歌能够被承认和赞许，其中明快简洁的语言和短小优美的格律应是主要的因素。在埃雷拉塞维利亚派注重华丽辞藻和新颖题材的特点下，之后又出现了夸饰主义风格语句和与夸饰相对的警句主义风格。在众多的诗人中，最为杰出的当属路易斯·德·贡戈拉·伊·阿尔戈特（Luis de Gongora y Argote，1561—1627年）、洛佩·德·维加（Lope de Vega，1562—1635年）和佛朗西斯科·德·克维多（Francisco de Quevedo，1580—1645年），巴罗克盛期的诗坛是一个诗作极为兴盛的时期。

路易斯·德·贡戈拉曾在萨拉曼卡大学学习神学，之后做了牧师，但

西班牙诗人贡戈拉

不恪守教规，经常参加一些戏剧和音乐以及赌牌等活动，1617 年在马德里王宫小教堂任神甫。在此期间，他经常与洛佩·德·维加和克维多等讨论文学，他的诗才是被塞万提斯发现的，但最终他还是由于贫病交加和债台高筑而离开人世。贡戈拉将文艺复兴时期的西班牙诗歌发展到了极致，他将加尔西拉索和路易斯的拉丁化的语言，按照自己的逻辑排列倒置和类比，演绎成为古怪和费解的诗句，以至于他的诗歌《波里斐摩斯和家拉特亚的寓言》和《孤独》一经问世，就被认为是一种独特的新诗流派而褒贬不一。一般研究者认为贡戈拉的诗歌故意漠视自然性，而更注重表面的形式，甚至连表面的形式也让人看不懂，所谓夸饰主义与以往人文主义诗人所追求的自然、真实的朴实风格迥然有别，但是我们不得不承认的是贡戈拉给西班牙诗歌带来了另类而新奇的风格。这种风格虽然不能被所有人接受，但其诗歌本身所具有的艺术性和语言特色成为巴罗克时期诗歌的标志。例如"1585（M244）"：

> 致科尔多瓦（注：科尔多瓦是贡戈拉的家乡）
> 城墙啊，至高无上！
> 塔楼啊，巍峨、英武、荣光！
> 伟大的河流啊，安达卢西亚之王，
> 沙子多么高贵，并非寻常的黄金！
> 啊，肥沃的平原，高耸的山峦，
> 染黄了白昼，美化着蓝天！
> 啊，我永远光荣的故土，
> 既有妙笔又有利剑！
> 如果在那些遗迹和废墟——

赫尼尔河使它们富饶，达乌罗河将它们沐浴，

我的粮食不是对你的记忆，

我远在异地的双眼就永远不配

观赏你的城垣，你的塔楼，你的大河，

你的平原和山峦，故乡啊，西班牙的花朵！

　　贡戈拉还有一些短诗和谣曲等作品描绘亲情和爱情，读来能够体会并享受到作品中情感的自然铺陈，当然还有精心的语言雕琢和富于寓意的特点。贡戈拉的诗歌影响了几乎整个西班牙语世界，直到18世纪才终结。令人奇异的是20世纪初叶人们又对贡戈拉诗歌兴起了研究和模仿之风，可见贡戈拉在西班牙诗歌史上具有巨大的影响力。

　　佛朗西斯科·德·克维多，在马德里的皇宫中长大，在大学里学习艺术和神学。他属于那个时代的博学多才之人，通晓拉丁文、希腊文、阿拉伯文、希伯来文等。他的身世坎坷，其诗歌题材广泛，内涵丰富且风格独特。他与贡戈拉的风格截然相反，属于警句主义的创始人和最高代表。他一生创作了800多首诗歌和散文、小说等，但不少已失传。克维多的诗歌表现出来一种基督徒式的激情和对于爱情的郁闷，他的讽刺诗与贡戈拉有殊途同归之风格。例如在他的第二首讽刺诗中这样写道：

贫穷——金钱

尽管事实苦涩，

我愿道出真情，

既然心灵触到了胆汁

隐瞒是愚蠢的举动。

在我的懒惰中育成？

贫穷。

谁使独眼龙变成美少年，

使"没人理"变成精明汉？

谁为贪婪的老头儿

提供了约旦河的方便？（约旦河指返老还童）

谁不是真正的上帝却能将石头变成面团？

金钱。

谁能用残暴无情，

　　吓掉国王的王冠和权柄？

　　谁不谙法律，

　　却能赢得圣名？

　　谁不顾忌卑贱，

　　昂首仰望天空？

　　贫穷。

　　谁不是妙药灵丹，

　　却能打动昏官，

　　一涂在他们的手上，

　　就软化他们的心田？

　　是谁用黄金而不用利剑，

　　打通他们的机关？

　　金钱。……

　　在巴罗克盛期的三大诗人中，其风格最平和的要属洛佩·德·维加。这位维加出生在马德里一个卑微的家庭中，没有完成大学学业。他的一生放荡不羁，曾扮演过情人、丈夫、教士、秘书等各种复杂的角色。也许正是由于在社会舞台多姿多彩的体验，他在文学创作方面才更加显得异彩纷呈。在西班牙，洛佩·德·维加是与塞万提斯齐名的作家，他最大的头衔是戏剧家，关于他的戏剧作品我们将在其后专门论述。维加的诗歌具有革新成分，1600年出版的《谣曲总集》中他将古老传统的谣曲进行改革，既富有哲理，又言语流畅。1602年的《人间诗韵》，由200首十四行诗组成，体材广泛，包括彼得拉克体、神话传说、田园牧歌和自传体等。《神圣诗韵》发表在1614年，包括100首宗教诗，表达的是与人间的爱没什么区别的基督之爱。维加的诗歌无论什么内容都极富感情色彩，有学者称之为"特殊的柔情"。在《阿卡狄亚》第三歌中他这样写道：

　　啊，珍贵的自由，

　　黄金和辽阔的土地那最大的财富

　　也无法与你相比；

　　你比南方海洋的珍珠贝

　　孕育的珍宝更有魅力！

　　在世上要想得到你

　　只有用战争和武器，
　　用鲜血、生命和荣誉；
　　甜蜜的和平，深深的爱情，
　　将厄运驱除，使我们向你靠拢；
　　黄金、宝物、和平、
　　善良、光荣和生命
　　都在你那里将巢筑成。
　　当我从人类的黑暗中，
　　看到天上的光明，
　　那是我温馨岁月的起点，
　　那三颗轨迹朦胧的姊妹星，
　　正为我们人类编织面纱，
　　将我的悲痛，
　　化作我在自由中，
　　以一如既往的心愿，
　　所拥有的光荣；
　　谁能将它读懂，
　　便会看到我星云的历史，
　　因为它每一个微小的部分，
　　都用甜蜜的自由构成。
　　我，就是这草原和山岭，
　　自由自在的主人，
　　享受着我所拥有的自由与光荣；
　　狂妄的思想，
　　从不能使我贫贱的生命消亡。

　　这首诗表现出诗人对于自由所怀有的热切情感，他赞美自由，深知自由的得来不易。在17世纪西班牙社会依然沉重的精神压力下，诗人渴望自由的天空，代表了绝大多数人的期许。当然，维加诗作更集中表现的是他无比珍爱的爱情，这一主题贯穿于他的诗歌、戏剧和散文。在诗歌领域，维加的诗句相对质朴和真挚，如他形容五月的清晨是："夜莺/在歌唱，田野在回响。在清晨的时光天气多凉爽，夜莺/落在杨林上。……美丽的五月/

空气多纯净，是三月的和风/将它孕育成。四月的雨水/使朵朵花儿开放；它会将花环/戴在红色的发辫上。已经相爱的情侣，会使爱更浓/而尚未相爱的人儿/会寻觅爱的行踪。然后便会看到/五月的黎明，夜莺在歌唱，田野应回声。"在诗人众多、且以华丽雕琢的诗句为主流的巴罗克时期，维加依然以不可动摇的位置与贡戈拉和克维多比肩而立。

总之，17世纪西班牙国力衰退，国王大都不理朝政，社会上呈现出腐败与堕落的倾向，文学作品也反映出人们悲观失望到颓废享乐的情绪，各类诗人分别以自己的方式表达着不同的心态，此时的西班牙诗坛处于各领风骚的阶段。在这样一种背景下，最深刻反映西班牙社会复杂状态的是以塞万提斯和维加等为代表的小说和戏剧，尽管受到诸多社会因素的影响，塞万提斯、洛佩·德·维加、贡戈拉等人仍然以恢弘的文学作品，共同书写出西班牙文艺复兴最辉煌的一页。

第二节　浪游文学之始末——《拉撒路》及其他作品

拉撒路在《新约·路加福音》中是个浑身生疮的乞丐，死后复活。由于小说《拉撒路》的缘故，"拉撒路"作为名词被收录在西班牙语词典中，意思为"瞎子领路人"，又译"小癫子"。

由于特殊的地理位置和人文传统，西班牙文学呈现出极具特色的体裁和形式，其中最具特色的当属16世纪中叶出现的浪游文学，也称为流浪汉文学。15世纪末和16世纪初叶，正值地理大发现时代，在短短三十年中，伊比利亚半岛的哥伦布、达·伽马和麦哲伦的海上新发现，打开了人们的视野。世界变得如此之大，虽然并没有给西班牙和葡萄牙立即带来财富，但外边的世界刺激和吸引着无数人走出家门，还有被生活所迫的贫民，也踏上流浪之路。在西班牙浪游成为人们的新选择，浪游文学由此而产生。

浪游小说一出现就在社会上引起了震撼。原因不仅是没有先例的西班

牙风味,更主要的是浪游小说反映了西班
牙动荡的社会状况和各种显示社会衰落的
迹象。特别是这种比贫民还低下的流浪汉
的内心悲剧体验,能够在普通,甚至是可
悲可怜的生活中折射出西班牙社会矛盾的
本质所在。

从文学创作的角度来看,从平凡中
发现崇高,贴近现实而抓住本质,是文学
的至高境界。这也可以解释浪游小说何以
迅速风靡西班牙乃至欧洲文坛,成为独树
一帜的文学流派。《拉撒路》问世之后引
起作家们纷纷效仿,这其中包括塞万提
斯、法国 18 世纪的斯卡龙和莫里哀等名
家,足见其影响巨大和深刻,这是浪游文
学的那位无名作者绝对没有想到的。

《拉撒路》封面

<h2 style="text-align:center">一</h2>

《拉撒路》——浪游小说的开山之作

1554 年,西班牙出版了一部内容奇特的小说《拉撒路》,它的全名为
《托尔美斯河的拉撒路》。作者是无名氏。

《拉撒路》篇幅不多,只有 7 章。主人公拉撒路出生在萨拉曼卡的一个
乡村,父母是一对以磨房为生活依靠的普通贫民。在他 8 岁那年父亲被诬
告送了命,可怜的母亲又给他找了一个继父,但仍然难以让小拉撒路吃上
一顿饱饭。一个偶然的机会,一个外地来的瞎子要他领路并声称把他当亲
儿子一样看待。从此,小拉撒路与母亲洒泪告别,跟随瞎眼主人踏上了流
浪之路。

瞎子主人是作者第一个刻画得栩栩如生的角色。在小拉撒路眼里,这
个瞎子是一个很有本事但非常刻薄小气的人,他虽年老眼疾却头脑灵活,

能背诵一百多篇祈祷文，声音洪亮、表情得体，谦卑而又虔诚。并且有"无穷无尽捞钱的招数"，甚至还懂得一点草药医术，知道什么病痛煎什么草，或什么根。虽然他赚到了不少的钱财，但对小拉撒路却非常刻薄。他们刚一离开萨拉曼卡城，瞎子就哄他到桥头一块形状像牛一样的石头前，骗他说把耳朵贴近石牛身上，能听到牛肚子里有声音。小拉撒路刚把头贴近石牛，瞎子猛地将他一推，小拉撒路的头撞到石头上，瞎子这时却振振有词地说："傻瓜，你好好学吧，给瞎子领路得比魔鬼还精。"①说完哈哈大笑起来。这时小拉撒路似乎被撞得开始清醒，他意识到："他说的是实话。我是得睁大眼睛，长点心眼，因为我是孤单一人，是得留心照顾自己。"我们可以想象，对于一个孤苦伶仃的孩子来说，这是这个瞎子给他上的第一课，他学会了要依靠自己战胜困难，体会到面对无情的人生更需要智慧。

在流浪的路上，拉撒路与瞎子主人可谓既相互依靠又相互敌视。拉撒路为了能够多得到些吃喝，想尽办法偷主人的饭和酒，而他的主人视小拉撒路为敌手，每次都会发现他的用意，有些未卜先知的本事，仅凭猜测和感觉就能洞察一切。一路上，瞎子主人每次都将拉撒路的小把戏戳穿，再狠狠地教训他，小拉撒路不仅经常挨饿还不时挨打被骂，还被其他的路人嘲笑。在这段不长的时间里，小拉撒路与瞎子主人之间发生了一系列看似好笑又充满辛酸的故事。尽管小拉撒路痛恨这个瞎子主人，却从他身上学到了很多冷酷的人生哲理，明白生存的艰难和世间的冷漠。在这个不公平的社会中，瞎子没有天然优势，无疑属于社会底层的弱者，但他却具备生存的本领，即依靠自己的小聪明赚钱。他相当狡猾，凡是能够欺骗的对象都不放过；他还很小气，把所有得到的钱财食物都仔细地加以保管，防范他人窃取；他对于弱小的拉撒路更是凶狠，动辄给他点皮肉之苦，全然忘记什么亲儿子的允诺。作为这个阶层的佼佼者，他的行为和思想，成为小拉撒路的第一任生存指导老师。

拉撒路第二个主人是个极其吝啬又狠毒的教士，拉撒路饿得走投无路

注
释　　① 克维多等著，盛力、吴健恒、余小虎译：《西班牙流浪汉小说选》，昆仑出版社2000年版，第8页。以下浪游小说译文的引文均出自该书。

才偷吃了他的面包，教士将他打得昏了三天三夜，最后把他一脚踢开扔到了大街上，拉撒路只好继续流浪乞讨，直到遇见第三个主人。

拉撒路的第三位主人是个曾经为骑士服务的侍从，他一文不名还一身穷酸毛病。按照这位侍从自己说的，他是因为不肯向一个骑士邻居脱帽敬礼而离开家乡，他之所以这么做，也是因为家里很多人都对他不尊敬，不仅不向他问候行礼，还常常用侮辱性的语言对待他。他曾经为骑士做侍从，手持盾和剑学习骑马打仗，但没有因此改善待遇，随着骑士制度的逐渐消亡，他的本事无从发挥，只好流落街头，直到在托莱多城与拉撒路邂逅。

拉撒路第一眼看到这位侍从主人时，他的体格相当消瘦，有一身还算体面的行头：整齐的外衣、裤子和披风，他把披风的下摆时而甩到肩上，时而夹在胳膊下面，他的腰上还佩带一把看似锋利的剑。他头发梳得整齐，在大街上昂首挺胸、目不斜视地走路，看他的气度和衣着俨然一个正人君子。可是拉撒路看走眼了，在跟随第三个主人的第一天，他没有给小拉撒路一点吃的东西，差点使小拉撒路饿昏过去。第二天以及以后依然如此的日子里，拉撒路才明白，这位主子原来是个表面装腔作势却钱袋空空，是和他一样饥肠辘辘的穷人。与其他穷人不同的是他死要面子，每天早上他都是穿戴整齐，神气活现地走出门，几乎一整天都在街上流浪。遇见街上的妇女就热情地凑过去搭讪，一下子变成了多情温柔的绅士，但因他实在是无法满足她们的物质需求（要男性请客吃饭然后给予报答似乎是当地女性的一种习俗），终被讥讽冷落，只好悻悻而去。晚上回到家来，明明一天没有吃东西，却还要装着酒足饭饱的样子，他发现拉撒路白天讨饭还有些剩余的面包和杂碎肉，便一本正经地说道："我可是等着你回来吃饭，见你不回来就先吃了。你这么做说明你是个正派人，宁肯靠上帝慈悲求人施舍，也不去行窃。我觉得你做得不错，但愿上帝也来帮帮我。"接着他又找个借口将拉撒路讨来的吃食吞到自己肚子里，以挨过饥饿难忍的夜晚。和前两个主人相比，虽然这个侍从一无所有、无所作为，但拉撒路不恨他，甚至还怜悯他、喜欢他，因为他至少还是一个正派的心肠好的主人。为了能够给他的主人带点吃的东西回家，有时拉撒路宁肯自己挨饿。尽管如此，拉撒路的主人也有让他看不下去的时候，一次他的主人明明连续饿了八天，却还要硬撑着在街上闲逛，为了"体面"，还在铺床的麦秸里抽出一根，到大门口去剔牙，其实牙缝里什么东西都没有。偶尔得到一个银元，立即兴奋地如同得到了整个世界一般。拉撒路"希望他不要那么装腔作势，日子苦成这样，也该少摆点架子。不过，我认为那是他们那种人普遍恪守的规矩：尽管身上连个小钱都没有，派头还是不能丢。愿上帝救救他们，否则他们到死也改变不了这种毛病。"直到有一天，屋主前来讨要房租，拉撒路的主人眼看束手无策，便找个借口出去，再也没有回来，结果是拉撒路没有被主人抛弃，而是主人把他留下来，自己跑掉了。

主仆二人的奇特关系和苦难经历被文学评论界所津津乐道，这位侍从的死要面子与拉撒路的顾不得面子形成鲜明的对照。他们穷困潦倒却又惺惺相惜的生活，成为日后塞万提斯笔下的堂吉诃德和桑丘的文学原型。

拉撒路以后又有过三四个新的主人，其中包括教士、推销赦罪符的人和差役等。在这苦难的日子里，拉撒路慢慢长大成人，他干过许多活，有了一些经历，也摸索到赚点小钱的方法。直到为一个差役做仆人时，他终于娶一个女人为妻，结束了流浪汉的生活，过上了普通人的日子，对此拉撒路很是满足，他认为这是他"最红火、运气最好的时候了"。

《拉撒路》虽然篇幅不长，人物情景也不复杂，但却具有文学和社会双重的意义。《拉撒路》首开浪游小说之风，形成了以主人公自诉、场景多变和穿串式的故事这样一个固定的小说模式，这种模式由于直接贴近现实生活，拉撒路与他的主人共同构成西班牙下层社会的一个缩影。作者借用了小拉撒路那澄澈、稚嫩和质朴的眼睛，让我们看到16世纪西班牙社会最普通和最真实的一面。人们为这个苦命的孩子而动容，更为这位无名氏化腐朽为神奇的功力而惊讶，他观察平常甚至平庸的生活，从中发现了生活的本质，创作出颇具现实主义风格的作品和经典的流浪汉形象。

一般说来，一部经典之作常常带有作者个人生活的痕迹，这么一部并非情色，也并非异端的文学作品为何竟没能将作者的名字留下？是作者不肯留名，还是不允许留名？在《拉撒路》的背后肯定还有一个丝毫不逊色于小说的作者传奇。

《拉撒路》以一个流浪汉的眼光扫视西班牙的各个角落，掠过西班牙表面的浮华与时尚,直触社会最底层,这是过去从未有过的文学视角和题材,刻画了一个从未有过的社会底层的流浪汉形象。《拉撒路》给整个文艺复兴增添了一个新的文学成员,也是西班牙文学对世界文学的一大贡献。

二

风靡一时的浪游小说

1554年浪游小说《拉撒路》大获成功以后,随即在西班牙掀起了一股浪游小说的热潮。在以后的一个多世纪中,西班牙小说家纷纷采用这个体裁进行创作,其中不乏精彩之作。1555 年,便有《拉撒路》的续作出现,塞万提斯也曾仿效这个体裁创作,可惜不太成功。直到 17 世纪初,一些优秀的浪游小说问世,其中有马特傲·阿莱曼的《古斯曼·德·阿尔法拉切》(1599)、弗朗西斯科·德·克维多的《骗子外传》(1604)、埃斯皮内尔的《马尔科斯·德·奥夫雷贡》(1618)、洛佩斯·德·乌贝塔的《女流浪者胡斯蒂娜》(1605)和萨拉斯的《拉纤女之女或奇情异想的埃莱娜》(1612)以及路易斯·贝莱斯·德·格瓦拉的《瘸腿魔鬼》(1641)等等。由于篇幅所限,仅介绍其中《骗子外传》和《瘸腿魔鬼》两部作品。

弗朗西斯科·德·克维多(Francisco de Quevedo,1580—1645 年),他在诗歌领域以善用警句格言、追求简练通达著称,是巴罗克文风的另一类代表。克维多在1604年创作的小说《骗子外传》也相当精彩,这似乎应是他对浪游小说情有独钟的结果。

克维多沿袭了《拉撒路》的基本思路,即一个卑微的主人公的自诉,主要故事围绕着流浪生涯,当然也还是"饥饿"这个主题。《骗子外传》共分23章,但每章都不长,以自诉形式描写一个叫巴勃罗斯的骗子一段生活的履历。顾名思义,小说的主人公巴勃罗斯是个不登大雅之堂的混混儿,他出身低贱,父母从事的是或偷窃或做巫师这样不光彩的营生。虽然他的父母将他送进学校,但他难以忍受在学校里其他学生对他的轻蔑和侮辱,所以巴勃罗斯离开学校和父母,作为有钱人家的孩子堂迭戈的佣人,来到另一个城市的寄宿学校。接下来,和拉撒路一样,饥饿问题成为最大的问题,在这所学校里,有钱人家的孩子的佣人们上演着与饥饿抗争的悲喜剧。小巴勃罗斯因为饥饿而濒临死亡,那时他消瘦的模样成为"忧伤痛苦的圣像",由于害怕胃肠空空有回声,医生吩咐9天之内不能说话,不能下床,当巴勃罗斯得到第一次饱餐———一杯杏仁奶茶和一只鸡的优待时,他舒畅和激动的心情难以表达。以后的日子里,他亲眼见到一些骗子为了吃喝而不择手段,为了让自己不再重演生死悲剧,巴勃罗斯也开始学着骗人的把戏,以求改变卑微和饥饿的境遇。与拉撒路不同的是,他受过一些教育,加之他和堂迭戈主人都处在淘气的年龄,他们玩弄欺骗的把戏,既是胡闹,也是真的有所企图。从骗女管家开始,巴勃罗斯得到了额外的好多食物,到后来,巴勃罗斯到学校以外的地方去骗,包括水果摊、首饰店、布匹店,甚至是妓院,连警察都奈何不了他。不久,巴勃罗斯在伙伴中已经小有名气,他也以此为荣。

当他得知父母已经因为犯罪而被抓进牢狱判处死刑以后,更加万念俱灰,便离开了堂迭戈,孤身一人闯荡世界。他去了马德里、塞维利亚等地,他和各种不同的人打交道,也做了很多欺骗之事,直到被抓进监狱尝尽苦头。这里还描述了很多关于首都马德里的社会状况,有很多像他一样的穷人,他们衣衫褴褛,有的一件衬衣竟是用12块破布拼接而成,有的裤子只有一条裤腿。为了使巴勃罗斯衣着说得过去,大家一起想办法将他的破衣烂衫用墨水加染,用帽子遮住破烂的衣领等等。小说对于马德里监狱也有详尽的介绍,比如监狱长和看守如何整治和搜刮那些犯人,监狱里的各种狱规,以及肮脏简陋的设施。

巴勃罗斯出狱后,依然以行骗为生。他假装阔人,为皇帝办差,还雇了佣人、租了马匹,身上还带着好些道具式的"文件",并殷勤地招待女士们,这些举动博得了一些女士的好感,他也对其中的一位产生爱慕之意,甚至想到了如何结婚的事情。可恰巧这期间他当年的主人堂迭戈出现了,而且几乎识破了他原来的身份。他已经无法再继续装阔了,倒霉的事情又降临在巴勃罗斯身上,他的脸上被划了很大的伤口,他又成为一文不名的人,重新开始了装瘸子的乞讨生涯。接下来,巴勃罗斯被命运的链子牵着,他当过戏子、诗人和修女的情人。他在欺骗修女的感情和金钱的同时,也看透了修道院里的污秽肮脏，修女们不都是贞洁的，她们与大街上的女人们没有什么区别，同样是满口脏话，亵渎神灵。当他离开了这里，来到塞维利亚后，依旧以行骗为生，在赌桌上，混迹于那些与自己相仿的流氓骗子中间。但巴勃罗斯还是总被厄运所缠绕，他不知道什么时候什么地方能够改变这一切。

《骗子外传》的夸张性更强。随着不断的行骗，主人公的人生更加堕落和自我毁灭。随着主人公到处的迁移，也为我们展示了西班牙众多下层人物的面面观。

还有一部浪游小说的经典作品《瘸腿魔鬼》，是由路易斯·贝莱斯·德·格瓦拉（Luis Velez de Guevara，1579—1644年）所著，他在西班牙享有盛名，他的儿子堂胡安·贝莱斯·德·格瓦拉（Juan Velez de Guevara，1611—1654年）也是颇有名气的作家、诗人和戏剧家。

《瘸腿魔鬼》以拐来划分章节，共分9拐。在一个漆黑的夜晚，堂克莱奥法斯·莱安德罗·佩雷斯·桑布略——这个有着长长繁杂名字的假绅士，为了躲避警察的抓捕，从房顶跳下来，掉进一个奇怪的教堂阁楼里，遇见一个叫"瘸腿魔鬼"的魔鬼。此后，这两位在被他们称为乱无章法

《骗子外传》插图

的巴比伦——马德里，开始了浪游生涯。由于他们具有魔法，所以能够掀开全城的屋顶，看到夜晚的许多事物：在老百姓生活的地方，他们看到各种各样的人和行为，有虚伪的女人，自以为是的花花公子，专偷外国人的小偷，肥胖的饭店女主人，干瘦的绅士，以及一个晚上打了150圈牌的赌徒和骗人的药剂师等等。在马德里的其他地方，他们看见的是"宫廷像个由人支撑的大沙锅，男人和女人已经开始沸腾起来，有的朝上，有的朝下，有的相互交叉，在同样混乱嘈杂的声音伴奏下，疯狂起舞"。在马德里的街

道和市场里，更是无奇不有，五花八门。在市场里，除了卖各种旧物以外还出售其他的"东西"：有高贵姓氏却一贫如洗的人，将自己的姓氏卖给他人，自己则依靠父姓；还有出租姑婶、姊妹、堂兄表弟，甚至丈夫，为的是能够在宫廷里留个好名声；还有向进出宫廷而没有贵族称号的人出卖"堂"这个尊称，以便其身份相配，凡购买到"堂"，哪怕已经年过70，或者是个疯子，甚至只是一头大象，都能有幸得到市府议员一类的职务。

在他们的游历过程中，还遇见了一些其他的人和魔鬼。他们一起去很多地方，甚至还有遥远的安达卢西亚城，在这里，堂克莱奥法斯和瘸腿魔鬼看到了"命运女神"的一家人，他们像在演出一样神情各异地出现在眼前。他们还到了美丽的卡蒙那市，其间的清新美丽让他们如醉如痴。在城中，他们看到规模最大和最为豪华的教堂建筑，举世无双的花园和池塘；还看见了造币厂、海关、码头，它们"仿佛是一条吞噬全世界所有商品的巨嘴龙"，河边上，还有悠久而著名的奎瓦斯修道院，古时候摩尔人的赛诗会就曾在河边举行，这一带如今已经属于两个著名的公爵。接下来，他们还在塞维利亚的各处游走，遇见很多的大人物。但最令他们兴奋的还是他们自己的聚会，堂克莱奥法斯大声朗诵十四行诗，最后，在一个乞丐、流浪汉和骗子聚集的地方，他们共同成立了"塞维利亚创作学会"，堂克莱奥法斯担任了主席，在会上他作了长篇的讲演。他认为，如今我们的诗歌创作是杂乱无章、乌烟瘴气的，很多人蔑视上帝，昧着良心杜撰、编造，歪曲前辈的艺术风格、思想和语言方式。他要求大家要用卡斯蒂利亚语写作，凡滥用拉丁语的辞藻写作，被剥夺两次学会的诗人资格。在朗诵诗作时，不得使用空洞无物的语言。他还抨击那些宫廷诗人，认为他们的生活狭窄，只会使用8到10个词来表达他们全部的思想，没有人能听明白他们的语言。他还建议，老诗人应轮流将十四行诗、歌谣、情诗、自由体诗等多种体裁的诗歌施舍给夜间行乞的羞怯的诗人，并收留那些因评论堂路易斯、贡戈拉的作品《孤寂》而病倒或迷失方向的诗人等等。

这一长篇大论，完全是以作者的身份，对这一领域的独到见解和呼声，虽然这与全书的风格思想显得格格不入。

该书的尾声，警察的到来以及要抓捕堂克莱奥法斯的命令搅散了会议，在瘸腿魔鬼的帮助下，堂克莱奥法斯没有被抓走，他上了一条小船，走了很远，晚上他似乎又回到了那条街上……

《瘸腿魔鬼》是一段人与魔鬼共同游历西班牙社会的记叙，它的精彩之处是不再需要主人公的亲历亲为，而是借助神来之笔鸟瞰人间和透视万物。从宫廷贵族、寻常百姓、市井盲流和乞丐小偷儿，各个角落无一漏掉，作者边看边议，爱憎分明，忽上忽下，自由其间。读者也随着主人公而任其游走在西班牙的大地上，完全有身临其境之感。

浪游文学的真正价值在于，它像一盏小小的灯，虽然没有那么大的亮度和光线，但它将西班牙社会中灰暗的一面照亮，它向人们展示的是个特殊的群体，他们卑微有时行为不端，他们的生活鲜为人知，人们不知道在卑微身影下隐藏着怎样的心灵？他们在社会上受到怎样的不公平待遇？他们如何成为"骗子"和流浪汉？浪游小说开启了这扇无人关注的大门：这里没有高贵、精彩和美丽，只有平凡、平庸和丑陋，但它与高贵、精彩和美丽共同构成一个完整的社会。浪游小说的精彩在于它没有自怨自艾，没有自甘堕落，在逗趣、夸张和自嘲式的讲述中，展现了流浪汉们顽强的生命力、坚强的生存意志以及不泯的良知……

第三节 西班牙文坛翘楚——塞万提斯

是否可以这样说，文艺复兴使文学界造就了两种不同结局的作家，一种属于应社会潮流而生，他们本身不属于社会下层，又得到了各个方面的支持和庇护。他们在当时就成为文坛骄子和巨星，而且他们的作品也完全符合时代，尤其是上流社会文化的需求和风格，例如彼得拉克、乔叟、七星诗社和洛佩·德·维加等人。而另一种文学家，他们出身一般，虽然在当时也显露才华，受到瞩目和欢迎，但其作品内容更多地表现了社会下层或者其语言和兴味更加接近平民。因此，他们的经历往往更加坎坷，他们

塞万提斯画像

的作品也要迟几步才被社会公认，或者是在当时不被看好，死后才备受哀荣。如薄伽丘、拉伯雷、维庸、莎士比亚等。本篇介绍的塞万提斯（Miguel de Cervantes Saavedra，1547—1616年）也应属于后者。400年来他随着《堂吉诃德》的普及而一步步成为西班牙文坛翘楚，并从伊比利亚半岛走向全世界，而当时，他只是作为一名不太成功的浪游小说家和诗人，在群星云集的西班牙文坛中，在无数闪烁的星光中，塞万提斯的光芒远不及今日。

西班牙人至今不无遗憾地承认，关于塞万提斯就连许多学者都不能完整地讲述他的一生，在塞万提斯身上有太多不为人知的故事。因此，直到今日，西班牙学者们还在孜孜以求地发掘这位为西班牙增添无数光彩的大作家的身前身后事，以求将一个完整真实的文艺复兴著名的文学家展示在世人面前。

一

塞万提斯的坎坷人生

1547年10月9日，一个叫米盖尔的婴孩受了洗礼，但他的出生日期至今难以确定。他是一个没落的犹太教贵族的后裔，祖父拥有学士学位，曾任过市长，但他的父亲只是当地一位不得志的外科医师，既无医学文凭，也居无定所，塞万提斯是他的第四个孩子，他们兄弟姐妹共有7个。

为了生计，他们全家人随着父亲从一个城市漂泊到另一个城市，塞万提斯无法接受到稳定良好的教育。因此，他一生都不是人文主义者和学者，对此，塞万提斯只能以嘲讽这两者来达到心理平衡。但毕竟他对于文学戏剧有种天生的热情和渴望，他尽一切可能地寻找书本，甚至到大街上捡拾有字的破纸，就这样一点一滴地汲取知识和文学的营养。据说在塞维利亚居住期间，他曾经多次去看反映西班牙现实社会的戏剧演出，也有过短暂的在马德里一所中学里接受著名的拉丁语学者指导学业的经历。值得一提的是，1568年时，塞万提斯已经开始做诗，并因此被马德里一所中学的校长胡安·洛佩斯·德奥约斯选中在该校任教。他在这个时期写的第一首诗是纪念费利佩二世年轻的王后伊莎贝尔。①

1569年，随着地理大发现，满载黄金和香料的西班牙帆船游弋在加勒比海上，费利佩二世似乎要将全世界收入囊中，建立西班牙帝国的欲望使冒险成为整个民族的一种时尚。那时对于船长、征服者和政治家的模仿与崇拜成为无数年轻人的思想行为，年轻的塞万提斯也被裹挟其中。他离开西班牙来到意大利，在罗马暂时效力于红衣主教，并像当时的大多数人一样崇尚行武，他参加了西班牙驻那不勒斯的陆军团，在一次与土耳其的战役中，塞万提斯左臂被打中，左手永远失去了活动能力，胸部也受到了枪伤。但塞万提斯把自己受伤引以为荣，时隔多年当别人嘲笑他年老和残疾时，他自豪地回敬说："我不禁感到的是他把我说成年老而独臂，好像我能够留住时间，为了我就能阻止光阴流逝，或者好像我是在某个旧点里成为独臂人的而不是在过去和现在的时代所能见到的最光辉的战斗中。"②

尽管塞万提斯的身体状况已经不适合作战，但他还是怀揣着国王费利佩二世等人给他写的数封推荐信，抱着能有一番作为的期盼，跟随着奥地利的堂胡安，参加了远征突尼斯的队伍。同行的还有他的弟弟，可惜的是他们不幸被俘，以战俘的身份在阿尔及尔因禁苦役犯的监狱里生活了好几年。后来又被判处到开往君士坦丁堡的船上服苦役，据说没有一个人能从那里活着回来。这一段屈辱痛苦的奴隶生涯给塞万提斯留下了极其深刻的烙印。他曾经回忆道："每天国王都要绞死一个囚徒，或者戳死一个在木桩

注释
① 阿尔弗雷多·阿尔瓦尔：《不为人知的塞万提斯》，西班牙《世界报》，2004年12月10日。
② 让·德科拉：《西班牙史》，商务印书馆2003年版，第318页。

上，或者割掉一个的耳朵，什么道理也不讲，土耳其人自己也承认，他们只是为了作恶而作恶，因为他们的天性就是要残杀全人类。"①塞万提斯没有被杀掉的原因是他有国王推荐信的特殊背景，属于可以缴纳赎金之列，然而国王并没有解救他，他父母竭尽全力拿出的赎金只救出了他的弟弟，塞万提斯在经历了5年囚犯生涯后，终于有一个叫胡安·希尔的好心修士筹集到了一笔金钱，为塞万提斯缴纳了赎金，使他幸免于更大的苦难。1580年10月的一天，塞万提斯终于回到了离别10年的祖国。此时，33岁的塞万提斯没有职业，他所崇拜和寄予希望的费利佩二世国王也没有把他当做英雄看待。为了生计，他只能一边到处找工作，一边用写作来换取稿费，写作毕竟是塞万提斯情有独钟的事情。从1582年起，他花费4年时间，写出8部喜剧和8部幕间短剧，主要内容是关于基督教与伊斯兰教徒之间的宗教纠纷和战争。他的文学天赋逐渐被人们发现并受到重视，1584年，他写的悲剧《努曼西亚》上演并轰动一时。这部戏剧描写了古代西班牙人民群众反抗罗马侵略者的行为，他们面对强大于自己十几倍的敌人宁死不屈，坚持战斗长达14年之久，最后全城的人以身殉国，只剩下一名少年，少年坚决不把城池的钥匙交给敌军首领，宁可选择从城中的高塔跳下身亡。这出悲壮而感人的历史剧，弘扬了西班牙人民的爱国主义精神，以后每当西班牙遭受外敌侵犯时，都要上演这部戏作为鼓舞人民战斗的号角。据说在1808年法国拿破仑侵略西班牙和1936年法西斯进攻马德里时，西班牙人民都曾经一次又一次地从《努曼西亚》反抗外敌的英勇行动中汲取了无穷的力量。塞万提斯也因为这部悲剧而声名鹊起，更因此赢得了一位姑娘的青睐，这位姑娘就是卡塔琳娜，后来，卡塔琳娜成为塞万提斯可敬的妻子。

这期间，西班牙文学进入繁盛时期。塞万提斯也曾尝试着写诗歌与其他小说等体裁，但他的浪游小说《林科内达和科达迪略》没有得到社会的首肯。1585年，他又出版了牧歌式小说《加拉提亚》，据考证这是他本人的一部恋爱自传式小说。塞万提斯的恋爱婚姻也是一个不为人所知的领域，

① 让·德科拉著，管震湖译：《西班牙史》，商务印书馆2003年版，第319页。

他曾经与一个葡萄牙女人相爱，这段无缘之爱给塞万提斯留下的只是一个需要他抚养而又不很聪明的私生女。塞万提斯的诗歌作品不少，但和他的代表作相比，他的诗歌远没有产生更广泛的影响力。

事实上，塞万提斯仅仅凭文学创作难以养家糊口，他费尽心思终于找到了两个职务，其中一个职务是为军队服务的军需官。为了这个职业，塞万提斯需要"骑着租来的骡子，手里提着一根棍子，从一个村庄奔驰到另一个村庄，为国王的'无敌舰队'寻找口粮。他无职无权，所花费的开销甚至比征集来的食品还多。即便是这样一个可怜的职业，塞万提斯也没有干多久，他甚至因此被抓进监狱。应当说，塞万提斯内心深处有一种与生俱来的正义感和责任感，几十年颠沛流离的生活使塞万提斯更深刻领悟到社会的不公平和普通民众的疾苦。从1592年至1605年期间，因为伸张正义、帮助他人或者是被坏人欺骗等原因，塞万提斯背上了种种罪名而锒铛入狱。一连串不幸的遭遇，对于一个普通人来说，可能只会使之忧伤和悲愤，但对于塞万提斯，苦难的经历却促使他更加深刻地思考与奋争。他要撕破这黑暗的表面，揭示出形形色色的现实。他开始用自己的笔与这个社会进行一番精神和肉体的较量，后来，塞万提斯的小说逐渐向另一个方向发展，即反映现实社会的题材。而在这之前，西班牙还没有"现代小说"的作品，塞万提斯是首开先河者。

关于《堂吉诃德》这部小说，塞万提斯开始写作时已年近六旬，他生活环境也极其恶劣。尽管如此，塞万提斯还能保持矍铄的精神状态，奋笔疾书，尤其是第二卷《堂吉诃德》更是落笔有神、文思盖世。经过当代西班牙学者阿尔弗雷多·阿尔瓦尔研究，1604年塞万提斯就已经完成《堂吉诃德》的第一卷，而且复印的书籍也开始在马德里和巴利亚多利德广泛流传，到了当年的12月份正式印刷成册。1605年新年伊始，《堂吉诃德》第一卷开始销售，旋即取得成功，在短短几个星期中被一抢而空，一年之内再版六七次之多，打破了当时西班牙的出版纪录，并被翻译成英文和法文出版，甚至还出现了大量的盗版。但由于塞万提斯已将版权卖给了书商，书虽获成功，他自己却贫穷依旧。受到大获成功的鼓舞，塞万提斯带着一家老少来到马德里，他后来出版的新书《新典范》也备受好评，但日子并未能安稳平静地过下去。1614年，一个名叫佛南特斯的人，利用读者渴望看到《堂吉诃德》第二卷的心理，出版了该书的第二卷。他在这部书的序言中公然向塞万提斯进行人身攻击，历数他多次坐牢的经历，诬蔑他的人格，还在这部赝品书中将堂吉诃德和桑丘这两个主要人物形象化到极致，故事情节也低级下流，令人作呕。面对这突如其来的打击，为了肃清其恶劣的影响，塞万提斯不得不抓紧时间赶写第二卷。第二卷的思想性和艺术性比第一卷更加成熟，该书于1615年冬天出版。此时的塞万提斯已经因身患水肿病而心力交瘁，但他依然笔耕不辍，他的最后一部小说《贝尔西雷斯和西希斯蒙达的困难》就是这样挣扎着完成的。此时的塞万提斯已是心血耗尽，他在一封信中戏称自己"脚已踏上马镫，为死亡的焦虑所折磨，大阔佬，我作书如下……"他最后说："再见了，心灵；再见了，欢乐；再见了快乐的朋友们！因为我快要死了。盼望不久在另一个世界见着你们！"①

　　翌年的4月23日，在贫病交加中，塞万提斯走完了坎坷的人生之路。塞万提斯生前万万没有想到日后能够辉煌至极，已经穷困潦倒的他死时几乎是形影孤单，被当做穷人草草地埋葬，连一块墓碑都没有，人们至今也无法找到他的墓地究竟何在。

二

西班牙骑士文学的盛衰

　　西班牙最早的骑士文学出现于13世纪末14世纪初，到15—16世纪逐渐达到顶峰，出现具有本土特色的骑士文学，这是西班牙特殊的历史背景所致。在中世纪西班牙由于反抗摩尔人的统治，逐渐涌现出来一个骑士小贵族的特殊集团，这个集团成为"光复战争"中的主力军。以后西班牙称霸一方，骑士俨然成了西班牙人民心目中的英雄，因此骑士小说应运而生。第一部骑士小说名为《西法尔骑士》，它公开出版比较晚，

注
释　　　① 让·德科拉著，管震湖译：《西班牙史》，商务印书馆2003年版，第320页。

是在 1512 年。

比较有代表性的骑士小说有《白骑士蒂朗》（1490）和《阿马迪斯·德·高拉》（1508）。最有代表性的当属《阿马迪斯·德·高拉》，它的作者是罗得里格斯·德·蒙塔尔沃。到 16 世纪上半叶时，骑士小说已经风靡一时，数量颇丰，尤其是西班牙教会也融入其中，西班牙耶稣会的创始人曾多次谈到"耶稣的最初的骑士事业"。在当时的小说中，有的将耶稣、天使和圣徒的事迹也作为游侠骑士来描写，例如《太阳骑士》。据统计，从 1508 年到 1552 年间，几乎平均每年都有一部新的骑士小说问世，共出版了 60 多部，印刷 300 版。当时的西班牙，上至国王贵族，下到平民百姓，无不以阅读骑士小说为快事，其流行甚广，"骑士"之风弥漫了整个伊比利亚半岛。

西班牙骑士文学的特点是既有民族自信和为国献身的英雄主义精神，也有为了个人事业而冒险的精神，当然还有虔诚的宗教精神。随着骑士制度在西班牙的逐渐衰落，骑士小说更加突出的是个人主义的幻想精神，以及从英雄主义向男女爱情的转变。西班牙的游侠骑士一般都以出生入死的武功而赢得美人心，最终历尽艰辛荣归故里封土封爵，一切宿敌与妖魔都被荡涤夷净。这种骑士文学思想意识具有共通性，其写作特点也大同小异，一般的故事情节雷同，人物性格接近，而且行文过于冗长，语言繁琐乏味，艺术价值并不很高。

16 世纪中叶以后，随着西班牙国力由盛转衰，国内各种矛盾日益尖锐，上流社会更加奢靡，骑士的光环也日益消失殆尽，加上它的非宗教倾向，骑士文学也走上了它的末路。1545 年在意大利特兰托的"特兰托教务会议"上，通过了一系列贬斥、制裁新教徒和异端的方针措施，西班牙有多名代表参加，其中以官方立场谴责骑士文学，反骑士文学的论著大量出现，塞万提斯的小说属于反骑士文学的作品之一，因此被承认和出版，此后骑士小说逐渐式微直至销声匿迹。

骑士文学是时代的产物，必然随着时世变迁而盛衰兴灭，但在西班牙却由于一本另类小说而加速了骑士小说的消亡速度，这应归功于塞万提斯的旷世之作《堂吉诃德》。

三

《堂吉诃德》的思想性和艺术性

塞万提斯无疑是伟大的作家，但如果没有《堂吉诃德》，那么这个结论就几乎完全不成立，这是中外学界的一致评价，可见《堂吉诃德》是一部足以震撼和影响世界的作品。

阅读这部翻译后80多万字的皇皇巨著，虽然其内容引人入胜，但对于不太了解中世纪骑士生活的现代人而言，读懂并非易事。就连1982年诺贝尔文学奖获得者、《百年孤独》的作者加西亚·马尔克斯在回忆录中都承认，当他经老师推荐开始阅读《堂吉诃德》时，其感觉"像吃泻药那样：一勺一勺地吃"。书中堂吉诃德那艰深的演说令人有头痛之感，桑丘的愚蠢也不能引人发笑，他甚至曾经对此产生了憎恶感。直到有一天，朋友建议他把这部书放在厕所里，每天如厕时试着读几页。就这样马尔克斯在不经意之间却慢慢品味出其中的美妙，后来他竟然喜欢上这部书，以至于将这部书的很多情节都烂熟于心。此事虽略糙，但足可见《堂吉诃德》的思想精华未必在短时间内就能显现，历久弥新，经过时光和心灵的检验，才会得出正确的评价。

1. 极具讽刺性的骑士小说

《堂吉诃德》全书共分两卷，第一卷52章，第二卷74章。这两卷分别献给贝哈尔公爵和莱莫斯伯爵，尽管这部小说使他们两人扬名于世，但可惜这两位贵族对塞万提斯没有一点青睐之意，可见塞万提斯的天才之作，在当时还是要仰人鼻息。

《堂吉诃德》的故事梗概是这样：

在西班牙拉曼却的一个村庄里，住着一位名叫堂吉诃德的绅士。他无甚财产，身价平平，却又有点与众不同。闲来时以读骑士小说为乐趣，一年中大部分时间用来阅读，兴致颇浓，足不出户，家不料理，达到了忘乎所以、如醉如痴的境地。为了能够读到更多的骑士小说，堂吉诃德只能将手中的庄园逐渐变卖成钱，来购买更多的骑士小说。

《堂吉诃德》插图

　　这位绅士被骑士小说中的思想和观念所打动和痴迷，他最欣赏和拍案叫绝的话竟然是矛盾颠倒的语句，如："你以无理对待我的有理，我的有理反变得无理；我怨你长得美丽，反而有了道理。"还有"崇高的苍天以神圣的方法，用星辰对你进行装点，使你更加神圣，并使你成为当之无愧的伟人"等等。这些话久久在堂吉诃德脑海里徘徊，渐入其髓。

　　当堂吉诃德的头脑全被这些骑士近乎癫狂的中魔、比武、伤残和恋爱等占据时，一个奇特的意念浮现在他的脑海中，那就是做一个游侠骑士，手持武器，骑着战马去周游世界，行侠仗义，将那些骑士小说中的事情都做它一遍。

　　他开始行动了，从墙角里翻出尘封已久、锈迹斑斑的盔甲擦拭一番，没有护脸的头盔，就自己用马粪纸和铁条做了一个，明知道不堪一击也只能自欺欺人。骑士必须要有一个坐骑，但他只能用家里的这匹老马，尽管它患有关节炎等病症，还瘦弱不堪，但他并不在意。他主要的心思是给马起个好的名字，四天后，"罗西那特"这个既表示它过去是匹劣马，又表示它现在是匹好马的名字终于诞生了。至于绅士自己的名字，更是经过苦思冥想才有了"堂吉诃德·德·拉曼却"这个名正言顺的骑士名字，况且"拉曼却"显然是标明了他的家乡所在，颇有为家乡扬名之意。此外，按照常规，骑士的生活中不可没有女人，需要借助于对一位贵夫人的崇拜和爱情来激发斗志，他想到邻村有一位心仪已久的农家姑娘，他很快给她起了一个带有贵族公主味道的名字：杜尔西内亚·德尔·托波索，其中"托波索"也取自姑娘家乡的地名，这个名字令堂吉诃德甚为得意，既美妙别致，又与他的名字有异曲同工之处。一切准备停当，他就出发了。

　　堂吉诃德第一次出门就做出了荒唐可笑的举动。一路上，当堂吉诃德遇见一些普通路人时，全然一副"骑士"模样，趾高气扬，满口西班牙古典的谣曲,常常被人认做疯子和精神病。因为他头脑中充满着无比怪异的幻想,将小旅店恶劣的饭菜当做美味佳肴,将两个村姑也视为贵夫人般尊敬。为了他心中的骑士梦,他恳求小旅店主为他册封名正言顺的"骑士"称号,旅店主对于这样神经兮兮的要求只好照着做,搞了一个有些滑稽但在堂吉诃德看来无比庄重的仪式。册封后的堂吉诃德更加神情俱变,俨然成为可以指点江山、仗义执言的游侠勇士。接下来他又找了一个名叫桑丘的农民做他的侍从,从此,主仆二人开始正式的游侠生涯。堂吉诃德做游侠骑士的目的似乎非常明确,一是为扫尽世间不平之事,二是将自己的心上人杜尔西内亚·德·托波索证明为绝代佳人。但以后的一遭遭事情并不像他想象的那样,他第一次"行使"骑士的权力就害得一个放羊娃被财主打个半死,可他却认为这是一项锄强扶弱的侠举。之后,堂吉诃德做的每件事情似乎都以精神胜利而实际失败告结束,精彩的风车之战就是一例。

当堂吉诃德看见远处有三四十架风车时,他的眼前显现的却是三十多个耀武扬威的巨人,作为一个英勇无畏的骑士,他立即联想到要和巨人们进行一场殊死之战,并将他们全部杀死,缴获战利品,他认为这是一场义战,他是为上帝而立功。风车被一阵风吹动,堂吉诃德却看成是巨人挥舞的手臂,他立即向风车冲去,当他举起长矛刺向第一个风车时,巨大的惯性将长矛折成几截,堂吉诃德也连人带马重重地摔在地上。这时,他的脑海里还认为是魔鬼把巨人变成了风车,目的是想剥夺他的胜利成果,但他们的邪门歪道总抵不过骑士的宝剑。

至于为心中的情人杜尔西内亚·德·托波索,堂吉诃德表现出无比的忠诚和那种柏拉图式的爱情。他从遇见第一伙人开始,就将他们认作同他一样的骑士,要为自己的情人同他们理论一番,堂吉诃德横在路中央,大声喝道:"众人听着,你们若不承认拉曼却的皇后——绝代佳人杜尔西内亚·德·托波索是天下第一美人,谁也别想过去!"结果不仅遭到一顿奚落和嘲笑,还被一个骡夫痛打,但对于堂吉诃德而言,这都不足挂齿,他要的只是骑士那种精神爱情的满足。在堂吉诃德心中,既然其他人也是骑士,也应该具有与他一样的思想和行为,如此思维的结果必然是事与愿违。他把偶然遇见的人都称为"骑士"，非要与他们进行那种骑士之间的"决斗"，结果由于他自己体力不支，人马俱伤。每到这时他往往口中高喊杜尔西内亚的名字，以此来鼓舞自己的斗志，可是无论他以何种方式表达对情人的忠诚与崇拜，也无论他为此遭到多少精神和肉体上的折磨，直到他去世也没有从杜尔西内亚那里得到渴望已久的爱情。

作为侍从的桑丘，他本身是个朴实粗俗、胆小怕事的农民，虽然不懂得主人关于骑士那些奇怪的想法，但他知道要对主人的一切都坚信不疑，并且跟随照办。他骑着一匹驴子，与堂吉诃德成为形影相随的主仆二人，当主人表现出疯癫行为或者遇到别人伤害时，他屡屡成为保护和开导主人的伙伴。堂吉诃德对这位侍从也以诚相待，甚至曾经想方设法让桑丘担任总督的职务。在共同经历了种种磨难与世人的鄙视后，桑丘越发对主人忠心耿耿，不知不觉中也沾染了许多疯傻之气。最后，他也自认为是个"体体面面的骑士"，对堂吉诃德的死桑丘伤心不已，他所表现出来的忠诚已经超越了他对主人承诺的金钱报酬的初衷。

一路上，堂吉诃德和他的侍从桑丘受尽了艰辛和歧视，在别人眼里，他们是一对思维癫狂、不可理喻的疯子，因此人们常常蔑视、嘲讽甚至动武伤害他们。但在堂吉诃德心中，他所做的一切都为了正义和爱情，这是一个骑士应有的精神境界，这种精神激励着他为实施自己的游侠壮志而不顾一切甚至将生死置之度外，堂吉诃德勇敢顽强地与心中的敌人作战，为心爱的女人献上自己真诚的爱。

堂吉诃德和桑丘带着满身和满心的伤痕回到家乡拉曼却，惨痛的经历和精神的失落，使堂吉诃德不得不反思自己所做的一切，只是当他醒悟过来时，已经神情俱疲、命在旦夕。他恢复了以往的感觉和状态，意识到自己曾经"发疯"过，他悔恨所做的一切，在神甫面前，他终于痛心疾首地找到自己问题的症结所在，他承认是由于阅读了那些"无聊的游侠骑士小说才做出了蠢事"，"那些胡说八道的书真是害了我一辈子"。临终前他还语重心长地对桑丘说："朋友，我原来错误地认为，世界上历来都有游侠骑士，我把这个错误的看法传给了你，害得你也像我一样，干了一些疯傻事。

真对不起，请你原谅。"①就这样，《堂吉诃德》以闹剧开场，以理智结束，两位主人公滑稽可笑的行为，令读者忍俊不禁，一直追寻着他们主仆二人的身影渐渐远去。

2. 鞭挞骑士制度的落伍与愚昧

《堂吉诃德》这部小说在17世纪的西班牙出现，其政治意义非同寻常。堂吉诃德走完了他荒唐可笑的一生，他的死标志着封建骑士时代走向消亡。从一部文学作品来看，这就是作者塞万提斯的初衷，即宣告曾经风靡一时的骑士文学和它赖以生存的制度已经落后于社会的发展，不适合人们的精神需求，它给社会和人带来的只能是愚昧和误导。

塞万提斯通过《堂吉诃德》有力地鞭挞了骑士制度的落伍与愚昧。首先骑士已经不再作为主要的军事力量而存在，从堂吉诃德的装备就可以看出骑士的装备早已不适应社会的发展。骑士的长矛远比我们想象的要更长，据12世纪时的记载，骑士的长矛仅杆就有大约2.4米长，当时所有城堡都不允许持长矛进入，因为没有足够大的房间放置。虽然它是用比较硬的树木制造，但仍然容易在作战时被折断，《堂吉诃德》一开始就描写了堂吉诃德用长矛刺向风车，一下就被折成几段落荒而逃的情节，可见骑士的武器已经是不堪一击。剑虽然是骑士重要的武器，也很锐利，但随着欧洲经济的发展，武器发生了很大的改变，骑士军队的威力日见削弱。到14世纪以后，步兵出现，他们以密集的队形抵御骑士的冲击，使用长矛和盾牌也能够灵活作战。对骑士而言，还有了更加致命的武器——弓箭和枪炮。1332年英格兰骑兵的弓箭把苏格兰的骑士军队打得落花流水。骑在马上作战的骑士越来越没有用武之地，火炮成为攻击骑士军队的有效武器。

其次，骑士的传统价值观念已经落伍。《堂吉诃德》最突出的一点，就是堂吉诃德看似疯癫，实质这种精神状态源于传统的骑士价值观念，即追求徒有其表的荣耀，精神上的贵族意识以及不切实际的女性崇拜。这些价值观念虽然在中世纪成为可歌可泣的英雄行为，比较典型的人物是罗兰和

注
释

① 塞万提斯著，屠孟超译：《堂吉诃德》，译林出版社2000年版，第878页。

亚瑟王等，但它已经风光不再，在几百年后谁还以此为圭臬必然是愚蠢之举。因此，堂吉诃德之所以屡遭嘲讽蔑视，他明明是一介村夫，却要起个高贵的名字；明明弱不禁风，却硬把自己当做英勇的斗士，被打得惨败还执迷不悟；明明知道没有哪个女子能看上自己，却执意找一个村姑当做贵妇来崇拜，为了这个虚荣不切实际的爱情，一次又一次地做出精神和肉体的牺牲。在曾经盛行骑士文学的西班牙现实社会中，这是固守传统、沉湎于此的必然结果。

第三，骑士文学难以化解理想与现实的冲突。《堂吉诃德》并非仅仅作为一部反骑士文学的小说而存在，它更多的是体现出西班牙人理想与现实的冲突。17世纪时，西班牙社会由盛转衰，"日不落帝国"身上的光环日渐消退，昔日骑士的影子更难找寻。人们热衷于骑士文学，无非想要从骑士文学中体味到昔日的那种英雄情结和理想境界。这是作者想要表现的方面之一，塞万提斯笔下的堂吉诃德也并非真正的智力低下，他的本质是善良和讲道义的，他为了心中的正义目标，把生死置之度外，与邪恶展开战斗，这种精神如果在现实中就是爱国主义的精神。如同作者本人经历过极其惨痛的囚徒之苦，他深知自由对人的重要。在小说中，他借用主人公之口，为自由而大声疾呼："让我回到我以往的自由吧！"，对于自由，他这样说道："桑丘啊，自由是天赐予人类的最宝贵财富之一。大地蕴藏的、海洋覆盖的所有财宝都比不上它。"这对于西班牙人民而言，何尝不是肺腑之言！

塞万提斯通过自己人生的切身体会和根据西班牙乃至欧洲的社会变化，提出解决西班牙社会现实问题的思想法则，即有独立精神，崇尚自由和坚持不懈。用中世纪的骑士制度不能解决现实中人与社会之间的矛盾，虽然骑士这种形式代表着过去的时代，但塞万提斯笔下的堂吉诃德具有的自由、独立与忠于理想的精神，应是新的社会理想的体现。

堂吉诃德究竟是谁？他就是塞万提斯曾经的影子。当西班牙人热衷于读骑士小说时，塞万提斯也兴致勃勃地沉浸其中。从堂吉诃德的经历上看，他的冒险、伸张正义、参加战斗、渴望自由、游历四方以及最后的形影孤单，都映射着作者本人的影子。塞万提斯甚至还在风车上演练了好几年，他的目的在于从中体味更丰富的创作灵感，结果在《堂吉诃德》中，风车成为最有代表性和特点的道具之一。塞万提斯从堂吉诃德身上努力地探寻造成扭曲人性的根源。应当说，这应是使《堂吉诃德》的意义远远超出反骑士小说的深层功能的重要原因。作者站在了高于文学的角度，从更深刻和广泛的意义上对人性，尤其是对其丑陋的一面进行了鞭挞。

3. 堂吉诃德与桑丘——经典的艺术形象

塞万提斯塑造了堂吉诃德和桑丘这两个经典的艺术形象，也是他为世界文学领域做出的杰出贡献。

几百年来，堂吉诃德成为具有独特魅力的艺术形象，他已经成为受独特的精神幻想支配，并为此无怨无悔的人物代表。乍看起来，《堂吉诃德》仅仅是一部闹剧，人们从中得到精神快感，但随着对这部小说的深入探究，越来越多的人对塞万提斯笔下的人物所吸引，发现他塑造的堂吉诃德是一个令人心灵震撼的形象。

在堂吉诃德羸弱衰老的外表下，有着非常矛盾复杂的内心世界。他一方面乖张疯癫，沉浸在骑士的梦幻中不能自拔；另一方面又是英雄好汉，他做骑士的目的是要锄强济弱，不管结果如何，他始终为了崇高的理想而不屈不挠、冲锋陷阵。他所面对的不仅是他头脑中的丑恶，更是这个社会的现状。堂吉诃德设定的目标是假的，而面对的目标是真的，他的骑士身份是假的，而他要锄强济弱是真的，当真假混在一起时，他所做的所有抉择都既荒谬又正确，其结果同样也是既可笑又可敬。而堂吉诃德最大的悲剧在于当这一切随着他生命走向了尽头时，他最终的觉醒已然变得一文不值。堂吉诃德又恢复了村夫的本色，拉曼却也没有因为他的疯癫而改变，仿佛一切又重新回到了原地。一本小说能改变一个人，而一个人依靠小说改变世界只能是神话。如果谁还怀有什么假想，则与堂吉诃德无异，在堂吉诃德面前，人们被脱掉虚幻的外衣，垂下高贵的头颅，面对真实的世界寻找正确的出路。这是塞万提斯以一部小说震撼世界的原因所在。

堂吉诃德——一个被骑士小说扭曲了的灵魂，他不顾身外已经有多少发展和变化，一味追求自我的精神目标，在他的一切疯癫行为中，是一种强烈的意志在支配他，那就是只有做一名骑士才是至高无上的荣耀和职责。

不管这种想法在现实中是多么荒谬和不可理喻，都无法改变其初衷，这种人性的悲哀，是丧失自我、压抑自我的体现。堂吉诃德被一个虚幻的设想所迷惑，一个假设有高贵出身的普通村夫，加上一切相匹配的"装饰"，凭借直观和幻觉判断是非曲直，在别人面前故弄玄虚，直至以彻底失败和遍体鳞伤而告终，这一系列非理性行为，给自己和他人的身心都造成了巨大的伤害。

可以说，塞万提斯在鞭挞这种骑士文学的弊端时，更多关注的是人性在其中的扭曲：善良变成愚蠢，勇敢变成疯狂，爱情变成了虚幻，正义行为变成了无端骚扰……堂吉诃德是所有普通人的代表，当然也代表了塞万提斯自己，因为堂吉诃德身上也有着自己的痕迹，更有无数其他人的痕迹。因此，作者描绘这个被扭曲的灵魂，剖析人性中的弱点，是要最终还人性的本来面目。

塞万提斯在堂吉诃德身上还寄托了自己的理想和心声，堂吉诃德关于崇高理想的表达以及对现实社会抨击的言辞，无疑都表达出作者本人的意愿。

另一位主角桑丘是作者刻意安排的与堂吉诃德相互对立、又相辅相成的角色。他性格中既有农民的狭隘自私、目光短浅、胆小怕事，处处为自己打算的一面，又有讲求实际、冷静与清醒的一面。桑丘讲话诙谐生动，一张口就是一串谚语，也表现了他健康乐观的性格。在当时像这样描写农民形象的作品是极少的。当然，桑丘不是作者要对应的理想人性，但在他身上塞万提斯育化了真实和淳朴的特征，对桑丘而言，拥有人性最本质的东西已经足够了。桑丘受到主人的影响，在担任总督职务时所表现出来的公正与睿智也都是塞万提斯本人的理想所在。

文中所描写的主仆二人勇往直前的乐观情绪和他们所做的一切给人们带来的欢娱等等，是作者极力地想表现西班牙民族勇敢、乐观和浪漫的精神。在他们的游侠生涯中，塞万提斯广泛地采用对比与夸张的手法，反复强调他们从外形到性格上的某些特征，形成鲜明的对照。桑丘的表面愚钝配合堂吉诃德的疯癫，取得了独特的艺术效果。二人的对比点比比皆是，身份、体态、行头、思想和性格等等各方面都对比鲜明，对同行的此二人的描写在世界文学宝库中留下了两个历经时代风雨依然保持鲜活本性的永恒形象，他们可被喻为人类精神世界中的理想与现实的矛盾统一体。正如海涅所评价，这两个形象结合起来成为一个完美的主人公，这是塞万提斯伟大创造力的体现。

第四节　西班牙戏剧舞台上异彩纷呈

一

西班牙戏剧发展掠影

西班牙文艺复兴时期的戏剧与诗歌、小说一样，同样达到了辉煌的境界，戏剧也是构成"黄金世纪"的重要组成部分。

戏剧在西班牙有着传统的风俗和悠久的历史，与其他欧洲国家相似，西班牙的戏剧也是从宗教剧发展而来的。在12世纪，西班牙的宗教剧就已经出现，所表现的内容无非是基督教的基督受难与复活、圣徒事迹与宗教训诫等内容。真正反映世俗社会的戏剧是15世纪以后，随着文艺复兴的时代潮流，戏剧舞台逐渐从宗教向世俗化转变，直到17世纪末形成一个持续的创作和演出的高潮。戏剧的种类从宗教剧逐渐到世俗类的牧歌剧、谐趣剧，模仿和移植意大利戏剧和古希腊罗马戏剧，16世纪末期出现现实题材的西班牙本民族的悲剧和喜剧。其中，涌现出洛佩·德·维加和卡尔德隆·德·拉·巴尔卡等戏剧大师。直到17世纪结束之前，又相继出现整合诸多形式的历史剧和宗教剧等。可以说，西班牙戏剧的辉煌成就无愧于所处的"黄金世纪"，同时，戏剧舞台上的悲欢也折射出现实舞台上的兴衰，17世纪以后西班牙从帝国盛世到逐渐衰落，同样使戏剧创作从高峰走向了低谷。

1499年，第一部西班牙著名戏剧当属罗哈斯的《拉纤女人》（又译《塞莱斯蒂娜》），与其说是戏剧，不如说是对话体的小说。拉纤女人塞莱斯蒂娜来自于社会下层，在她的帮助下，一对青年男女相识并相爱。剧中体现出人文主义精神和反对封建禁欲主义，歌颂爱情的新意境。该剧还大胆革新了原有戏剧的语言，拉纤女人使用的是现实生活的语言。这部作品对西班牙甚至欧洲文学都起到了深远的影响。

在此之后，西班牙陆续出现为数众多的戏剧作家。他们深受意大利人文主义思想的影响，积极借鉴意大利的戏剧，结合西班牙本土文化的特点，创作出独具特色的戏剧作品。如胡安·德尔·恩西纳，他曾经在意大利的罗马停留，感受那里的人文主义文化氛围，回到西班牙后创作出世俗化的戏剧，如《狂欢节牧歌》、《爱情牧歌》和《三个牧民》等，均属于牧歌剧和谐趣剧类型。在他之后，西班牙掀起了移植意大利以及古希腊罗马戏剧的热潮，这为本土戏剧的发展提供了更丰富的养料和参照物。

16世纪中期，以西班牙历史和民族为主题的戏剧开始大量涌现出来，其中拥有"民族戏剧家"盛名的就是胡安·德·拉·库埃瓦（Juan de la Cueva，1543—1612年）。他的作品数量颇丰，以1581年完成的长篇喜剧《败坏名誉者》而享誉世界，剧中的主角就是日后在戏剧界大名鼎鼎的"唐璜"。从西班牙戏剧家蒂尔索·德·莫利纳到法国的莫里哀、英国的拜伦等等，个个妙笔生花，将"唐璜"演绎成世界文学史和舞台上最具魅力的经典人物之一。

当然，西班牙戏剧的巅峰属于洛佩·德·维加时代，他的《羊泉村》等剧作，在当时其影响和名声远远超过塞万提斯。他简洁生动的语言，可以说改变了西班牙语文学的话语方式。在洛佩·德·维加之后的17世纪，又出现了一位地位仅次于他的戏剧家卡尔德隆·德·拉·巴尔卡（Calderon de la Barca，1600—1681年），他的戏剧被认为整合了维加和贡戈拉等作家的精华，成为"黄金世纪"的终结者。

1600年卡尔德隆生于马德里，毕业于萨拉曼卡大学，1633年，在西班牙国王费利佩四世的宫廷里建成了一个新剧场，卡尔德隆被任命为宫廷戏剧家。从此，百余部世俗和数十部宗教的剧本在他手中完成，他的戏剧创作生涯一直持续到耄耋之年。1681年5月的一天，年逾80的卡尔德隆在写作《神圣的费洛特亚》宗教剧时逝世。卡尔德隆的主要代表作有哲理剧

《人生如梦》、《萨拉梅亚的镇长》和《神气的魔术师》等。在《人生如梦》中，作者讲述了在波兰中世纪时，一个王子被国王父亲囚禁在与世隔绝的塔楼里，他两次被放出来后依次产生不同的心理感受，并从中体会到人生就如同一场梦的故事。尽管人们都拥戴他做国王，但他宁愿隐退，并在梦中寻找自己的幸福。《萨拉梅亚的镇长》是作者表现西班牙现实生活并称颂国王的戏剧。费利佩二世出访葡萄牙之前，派军队视

西班牙戏剧家卡尔德隆

察国王必经之路，两位头领到达萨拉梅亚镇时发现了镇长美丽的女儿，他们同时爱上了她。其中一个队长采取了极端卑鄙的手段，竟将镇长的女儿劫持到深山奸污，镇长怒不可遏，逮捕并杀死了这个可恶的家伙。国王费利佩二世来到这个镇上得知此事，不仅没有惩罚反而给予奖掖，封他为该镇的终身镇长。而《神气的魔术师》则带有宗教色彩，在罗马帝国迫害基督教的时代，魔术师在剧中以魔鬼的形象出现，它利用魔法保护一对不信基督教的男女，使他们最终皈依基督教的天堂。卡尔德隆的戏剧也具有人文主义色彩，语言和思想内涵也都很精彩。

二

戏剧大师的戏剧人生

西班牙戏剧家洛佩·德·维加

洛佩·德·维加是西班牙文艺复兴时期另一位戏剧创作的巨匠，他在诗歌、小说、戏剧方面的成就堪称一代宗师。在本章第一部分已经介绍了他斐然的诗歌成就，他是巴罗克诗歌的杰出代表之一，以"特殊的柔情"表现出诗人独有的情感心路。而洛佩·德·维加在戏剧成就上，以2000多部高产剧作而荣膺西班牙戏剧之魁首。事实上，在17世纪的西班牙，洛佩·德·维加的大名家喻户晓，属于社会公认的名家级别，而此时的塞万

提斯还是平庸不入流的诗人和没有什么亮点的小说家。就整个西班牙文艺复兴时期的文学成就来讲，洛佩·德·维加是仅次于塞万提斯的文学巨匠。

叙述维加的人生履历，如同掀开一个正在上演的舞台帷幕：他曾经是个不会写字就会做诗的神童，一生中有过形形色色的角色转换，经历过爱恨情仇的戏剧性情节，在情欲的放纵与信仰的悔恨之间挣扎，直到生命痛苦地终结，维加非比寻常的人生演绎出一部如泣如诉、回肠荡气的悲喜活剧。

1562 年 11 月 25 日，维加出生在马德里的一个普通的家庭，他的父亲依靠婚姻得到了一个贵族的头衔，但事实上他们家世代务农。然而这个普通的家庭却养育出一个"神童"儿子。据说维加很小就表现出文学的天赋，他在还不会写字的时候就能出口成章，而且请大一点的孩子将他的诗记录下来。5 岁的维加已经开始阅读拉丁文和西班牙文的书籍，甚至还翻译了希腊神话中的《劫走的普洛塞庇娜》。[1]他 14 岁时创作出第一个剧本，因此被称为"少年剧作家"。虽然维加的父亲早逝，家境窘迫，但在亲友的资助下，他接受了正规的教育。从小学、初等学校、教会学校直到西班牙最著名的萨拉曼卡大学，维加比较全面地学习了包括文法、音乐、诗歌、修辞、数学和天文学等知识。尽管由于一段感情纠葛没有读完大学，但维加仍然是那个时代具有全面知识和文化修养的人。

维加离开大学后跟随一个阿拉维的主教，后来作为志愿兵加入了军队，并在 1583 年参加了一场进攻亚述尔群岛的远征战役。但两个月后，21 岁的维加突然陷入了一场疯狂的恋爱之中，他爱上了埃莱娜·奥索里奥——一名喜剧演员的妻子。他们的相爱源于维加与戏剧的不解之缘。维加早在 20 岁左右就开始涉足戏剧领域，并开始崭露头角，一位剧场经理对他的剧本非常赏识并器重他的才华，他接受了维加的剧本并准备在他的剧场里上演，而维加爱上的恰好正是这位剧场经理的女儿。或许爱情的魔力使维加

---

① 让·德科拉著，管震湖译：《西班牙史》商务印书馆 2003 年版，第 322 页。

失去了理智和道德的约束，他以情夫的身份与埃莱娜相爱了5年。这期间，维加写了大量的情诗献给埃莱娜，还以她为原型创作出小说《多罗特亚》(La Dorotea)，直到维加逝世前三年还在对其进行修改。对此，埃莱娜的家庭坚决反对，而维加也用手中的笔向埃莱娜的家庭发起猛烈的进攻，极尽讽刺挖苦侮辱之能事。仇恨的心理和恶毒的语言使维加触犯了刑律，1587年他被投入监狱，然后被判处流放10年不准回马德里。

流放的日子并没有遏制维加为所欲为的个性，他冒着危险潜回马德里，很快与一位军官的女儿伊莎贝尔·德·乌尔比娜坠入情网，他们于1588年结为夫妻，这是维加的第一次婚姻。然而几天过后，他突然又登上了西班牙的"无敌舰队"，成为一名军人。然而他的战舰"圣胡安"号在行进中遭遇了风险，维加经过九死一生的磨难终于逃了回来，他与妻子一同来到了西班牙文化、戏剧中心的巴伦西亚。在这里，他的戏剧天赋又得以施展，他写的剧本被马德里的一位实业家所接纳。

1592—1594年，在流放令解除之后，维加在距离马德里不远的托莱多城找到了一份公爵秘书的工作。这三年期间他深受附近萨拉曼卡大学的文化熏陶，创作了田园诗小说《阿卡迪亚》等，他的戏剧创作也渐入佳境。1594年以后，维加命运多舛，几经风霜，多变的境遇竟然没有影响他的创作，1612年，他的剧本创作达到了巅峰，此时的洛佩·德·维加已经成为西班牙人民的偶像。维加接下来又遭遇了家庭的种种悲剧，妻子因双目失明、神智错乱而亡，留下的女儿被拐骗，原来的一个儿子在印度自尽，另一个女儿则当了修女。

一连串的不幸使维加终于意识到这完全是由他而致，他是这一切痛苦的根源，疯狂的忏悔成了维加临终前唯一的心愿。据说他的房间四壁溅满了他鞭挞自己而渗出的鲜血，在他写给塞萨公爵的信中他最大限度地表达了自己的想法和心灵深处的自省。1635年8月27日，上帝终于在天堂召唤了他，在马德里为他举行的国葬上，全马德里的人几乎都泪流满面。然而戏剧大师自己一生最后的落幕依然令人生悲，后因欠陵墓的租金，他的尸体从陵墓中被刨出来，草草地葬在了公共墓地。

洋洋大观的"维加牌"戏剧

维加的作品数量大得惊人：将近两千部剧本和数量可观的诗歌小说，可以说是创造了一个"维加牌"戏剧的奇迹！因此人们常带着怀疑的眼光审视维加的戏剧作品，质疑在他五光十色、身兼数职的生涯里，是否有充裕的时间用来写作。维加戏剧有两大突出的特点，一是发展了各种体裁的剧本，其中包括教育著作、神话诗篇、叙事诗、小说以及各种格律诗，还有田园喜剧、宗教剧、正剧等，他的题材涉及各个领域，从平凡到高贵，从严肃到欢娱无所不包；二是维加打破了希腊戏剧不可超越的神话，创造了亦庄亦谐、亦悲亦喜的戏剧模式，在西班牙文学史中影响深远，在塞万提斯等同时代作家中备受推崇。维加的戏剧流传至今的只有几百部，按照类别可以分为九类：（1）袍剑剧。以马德里为社会背景，主要描写爱情故事，情节曲折感人。主要有《傻姑娘》、《谨慎的情人》、《托莱多之夜》等。（2）宗教剧。以圣经或圣徒故事为题材，包括有《美丽的以撒》、《非洲的圣人》等。（3）牧歌剧。田园牧歌式的内容，以《真正的爱人》和《愤怒的贝拉尔多》为标志。（4）神话剧。著名的有《克里特的迷宫》、《热恋的爱情》等。（5）历史剧。以《亚历山大的伟绩》和《燃烧的罗马》为代表。（6）以骑士小说为内容的戏剧。著名的有《罗尔丹的少年时代》、《罗达蒙特的嫉妒》等。（7）以意大利小说为题材的戏剧。包括《并非报复繁荣惩罚》和《费德里科的猎鹰》等。（8）经外国历史和传说改编的戏剧。如《比塞奥公爵》和《奥东的帝国》等。（9）以西班牙历史和传说为题的戏剧，最著名的有《羊泉村》、《最好的法官是国王》和《奥尔梅多骑士》等。

维加生前也曾经说为了挣钱，有的剧本写得很仓促，因为每天至少要写满5大页纸。但一些读完他所有现存剧本的学者们都不得不承认一个事实，即"维加牌"剧本充其量会有一些平庸之作，但绝没有劣等之作。是维加非凡的舞台感觉和天才的戏剧创作禀赋，使西班牙因他而增加了更辉煌的光彩。在此我们主要介绍维加的代表作《羊泉村》以及《傻姑娘》这两部作品。

《羊泉村》写作时间大约为 1612 年到 1614 年期间，也就是他经历了几位亲人离世后比较沉寂的那个时期。《羊泉村》讲述的是发生在 15 世纪西班牙一个叫做羊泉村的一桩政治事件。据参与此次事件的成员记载，当时国王费尔南多和王后伊莎贝尔还没有统一西班牙，境内处于无政府状态。卡特拉瓦骑士团有个叫费尔南·戈麦斯·古斯曼的队长，在所辖的羊泉村专横跋扈，鱼肉百姓，致使村民奋起反抗。1476 年 4 月的一天夜晚，愤怒的村民聚集起来，手持农具和刀剑长矛等，高呼"费尔南多国王和伊莎贝尔王后万岁"的口号，冲进队长的住宅，杀死了队长和一些士兵。事后村民统一口径，如果有人查处，就只回答是"羊泉村干的"。结果国王果然派人来查，全村人的一致态度感动了国王费尔南多，他原谅了村民，恢复了秩序，把原来队长的领地收归国王直辖。

《羊泉村》刊载于 1619 年出版的《喜剧的十二个部分》一书中。维加在这部戏剧中最突出的是其深刻的主题意义。15 世纪下半叶，羊泉村的造反行动正值西班牙经过了漫长的几个世纪，即将收复被摩尔人分裂的国家，在实现统一大业之际，羊泉村人民反抗骑士队长与葡萄牙国王勾结的破坏西班牙统一的行动，表现出全体西班牙人民反对分裂、维护统一的正义感和自觉性。

维加在这部戏中着重刻画的一场是：当国王派来的法官要找出杀死骑士团队长费尔南·戈麦斯的人时，所有羊泉村的人都表现出大义凛然的气概。门戈是一个憨厚有些愚笨的村民，被打得遍体鳞伤，但却一口咬定是"羊泉村干的"，法官还抓住了老人和孩子进行审问和拷打，但无论老小都不肯屈服。农家女劳伦霞和她的男友福隆多索在敌人面前也毫无惧色，他们宁肯自己受刑也激励乡亲们坚持到底，当大家异口同声回答说是"羊泉村"时，就连法官都泄气了，他向国王报告说：

> 我依照您的吩咐，
> 格外地小心勤奋，
> 去了趟那羊泉村。
> 对他们所犯罪行，

进行了一番审讯，
可审讯所得证词，
一张纸也没满盈。
问他们是谁干的，
他们却众口一词，
勇敢地挺起胸膛，
回答说是羊泉村。
我拷打300个人，
对他们声色俱厉，
陛下，我向您担保，
除了这啥也没答。
即便是10岁的孩子，
也拉上那拷问台，
不管是威逼利诱，
也无法问出结果。
这样问不是办法，
把他们或是原谅，
或是把全村杀光。
全村人现已来到，
来向您做出证明，
陛下请亲自裁定。①

　　全体羊泉村的民众都向国王控诉了骑士队长的种种罪恶，村长埃斯特
万代表全体村民向国王表示：

陛下，我们愿归属于您，
您是天赐予我们的国王，
我们以这样的名义，
已挂上了您的纹章，
我们期待您的仁慈，
希望对这件案子，

注释

① 维加：《羊泉村》，载胡真才译：《维加戏剧选》，昆仑出版社2001年版，第104—105页；
以下有关引文均见该书。

您判明我们无辜。

国王已经清楚了这一切情况，他毫不犹豫地说道：

　　既然从那字面上，

　　判不明此案这桩，

　　遂案情十分严重，

　　只好将你们原谅。

　　村子归我管也好，

　　直到有新的队长，

　　出面来将它承当。

当剧中双方激烈地矛盾冲突时，法官握着全村人的生死大权。而全体村民冒着生命危险，站在国王面前，阐明要求归顺国王的要求，而国王的确显示出睿智和宽容，寥寥几句话将矛盾全部化解，一个羊泉村保住了，忠实于国王的羊泉村村民的生命保住了。虽然《羊泉村》的剧情并不复杂，但它所歌颂的是西班牙的民族精神，因此在西班牙长演不衰，直到第二次世界大战期间，《羊泉村》的演出仍具有维护西班牙优秀传统的积极意义。

《羊泉村》还有一个为人称道的副线，就是劳伦霞和福隆多索之间的爱情。劳伦霞虽然年纪轻轻，却很有主见，听听她对于爱情独到的见解吧：当门戈问她什么是爱情时，她回答说"那是一种对美的追求"，而问到为什么爱情追求这一种美？劳伦霞说"是为了享受这一种美"。劳伦霞的观点正体现了作者的观点，也反映出文艺复兴时期人文主义美学的思想内涵。

面对着那个尊贵的骑士队长费尔南一连一个多月煞费苦心的追求，劳伦霞心里非常清楚自己想要的东西，她明确表示她的内心世界更珍视的是："每天早晨，把一块腌猪肉放在火上烤热，再加上一块自己亲手做的面包，还有偷偷倒上一杯母亲酿的醇酒。她更喜欢的是中午时分，牛肉炖在圆白菜中，和谐的窸窣声中泛起泡沫……晚上作为点缀，吃一串我果园中的葡萄……"在劳伦霞眼里，这些看似平常普通的生活，却是最值得珍视和重要的。因而，她与福隆多索虽然没有表现出过多的卿卿我我和缠绵悱恻，他们之间的语言直白坦诚，他们的行为更证明了相互信任和忠贞不渝。当劳伦霞被敌人抓住，她首先想到的是她的恋人别遭危险，而福隆多索则很有男子汉的气度，他为了爱情敢于将弩机对准那个非礼的费尔南队长，将生死置之度外，尽管最后他还是放下了弩机，没有亲手杀死费尔南，但他对劳伦霞的爱依旧是天地可鉴。《羊泉村》的剧情设计不复杂，主要人物有村长、劳伦霞、福隆多索以及国王和骑士队队长费尔南等若干人，作者是用最言简意赅的场面和普通但典型的人物，表现出了西班牙人民对祖国无比热爱和盼望统一的拳拳之心。

《傻姑娘》是一部喜剧，这是一部西班牙版的《姊妹易嫁》。它的宗旨是歌颂爱情的伟大力量，哪怕是愚笨的人也会被爱情激发出聪明与智慧。维加的这部戏剧吸取了西班牙黄金世纪的其他作品的精华，将人生的哲理融会在寓教于乐的形式中。该剧仍沿袭了维加的创作风格，人物不多，有名有姓的只有14个人，但场次较多，共有28场。作者着重塑造了一个原本愚笨但经过爱情洗礼变得聪明可爱的"傻姑娘"菲内娅的形象。她原本率直笨拙，常令人啼笑皆非，但是爱情的力量使菲内娅如同脱胎换骨，变成一个聪明智慧的姑娘，并且赢得了属于自己的甜蜜爱情。面对财富与爱情、嫁妆与智慧，作者别具匠心，巧妙地利用两个女儿和两个未婚夫以及仆人之间的复杂关系，将自己的意思明确地表达出来，而且层层递进、出人意料，最后以大团圆为美满的结局。

在马德里一个上流社会的家庭里，父亲有两个女儿，大女儿叫菲内娅，二女儿叫尼赛，姐妹俩都长相俊美，可论到其他方面则完全不同。姐姐菲内娅是个有名的"傻姑娘"，被认为是"没有灵魂，思维混乱"，"羞怯、愚笨"的人，她的愚钝和直率，令家庭教师都哭笑不得。而妹妹尼赛却是"机敏、聪明"，"体态俊秀、善解人意"，她通晓古典文化，对于维吉尔、彼得拉克的诗歌、西班牙塞万提斯的小说、贝莱斯的戏剧甚至流浪汉小说都极为钟爱，她自己也能写一手优雅的十四行诗。为了可怜的菲内娅能够嫁出去，她们的一位有钱的叔叔特意给她留下一笔丰厚的嫁妆，她们的父亲也精心物色了两个人的未婚夫。菲内娅的未婚夫利赛奥，尼赛的未婚夫劳伦西奥，他们俩的婚嫁观念截然不同，利赛奥把女子的才智看得很重要，而劳伦西奥却认为女子的学问没有用，只要有丰厚的嫁妆就行。他在第12场时这样说道：

思想啊，无疑你是美好的，

当然也是诚实的，

假如谋利是财富的本质，

那么在这三者之中你尚有欠缺。①

　　劳伦西奥虽然承认尼赛的才智超群，爱情会滋润他们，但他以为贫穷
不会使他们如愿以偿，因此，他对菲内娅还是抱有希望：

思想啊，让我们变换主体，

我若愚蠢地跟着你，准得厌倦，

而你跟着我，则会理智聪敏。

　　当菲内娅对劳伦西奥的爱情攻势惊讶和不解时，她只能茫然地向父亲
诉说。可是随着菲内娅的心扉被劳伦西奥层层打开，她的内心和行为发生
了巨变，妹妹尼赛发现了姐姐如此巨大的改变，她疑惑地问道：

你忽然变得那么自信多情，

简直叫我刮目相看了。

……

是谁将你如此改变？

是谁给你秘密上课？

你的记忆如此清晰，

大概是服用了健脑药剂？

而这时的菲内娅毫不犹豫地回答道："是爱情。"与其他教过她学习的教师
相比，她认为"丈夫是最好的老师"。劳伦西奥原本是自己未来的妹夫，但
菲内娅以绝情为代价，一定要得到这份爱情。是因为劳伦西奥的爱使她头
脑变得清醒和睿智，她感到"我一生中领会最深的/就是他对我说的话，对
此，我弄懂了，也学会了"。为此，两个亲密的姐妹因为劳伦西奥而双双被
愤怒和痛苦所煎熬。劳伦西奥对姐妹俩任何一点的行为都会引起一场纷争，
老爹更被劳伦西奥的行为所激怒，他不允许劳伦西奥再留在马德里。然而
爱情的力量使菲内娅心生一计，她把劳伦西奥主仆二人藏在了家中的阁楼

注
释
　　① 维加：《傻姑娘》，选自《维加戏剧选》，昆仑出版社2001年版，第533页。以下有关引文
均见该书。

里，而他的父亲为了使大女儿少抛头露面，竟也让菲内娅和女仆躲进阁楼。结果，两对主仆成了两对鸳鸯，当这一切真相大白时，一切都已经无法改变。而且更绝妙的是此时菲内娅有一套自圆其说的话，在最后第28场时，当父亲手持出鞘之剑，一心要将玷污他名声的劳伦西奥"碎尸万段"时，他的女儿菲内娅勇敢地站出来，大声宣布说：

> 父亲，如果那个阁楼名叫
> "托莱多"，我对你讲的就是真情。
> 阁楼很高，可这没关系，
> 城堡和塞戈维亚桥都很高，
> 但也有人并不借助绳索
> 便把水送了上去。
> 难道不是你吩咐我藏起来的？
> 所以过错全在你。
> 我一个人在阁楼上，倒了邪霉！
> 你知道我胆小怕事……

结果，一个聪明的父亲就这样承认了她这个"精明的傻子"的行为。劳伦西奥当着父亲的面握住心爱的菲内娅的手，当然他仍然没有忘记提醒她那四万金币的嫁妆。而尼赛也接受了早已崇拜她的利赛奥的求爱，其他仆人也终成眷属。

从一个傻姑娘的婚恋到以众人皆大欢喜的结局，作者的创作意图十分明显，他就是要用傻姑娘来诠释爱情的伟大力量。菲内娅是个非常可爱的人物形象，她的确不如妹妹尼赛聪明和有文才，甚至连异性的拥抱都找不到感觉。但她并非一味地愚钝，随着爱情的降临，她的心智得到开启，菲内娅成为一个自信聪明的姑娘。并且口才也越来越好，在关键时刻能够为自己的错误辩解出道理，并使父亲转怒为喜，欣然接受女儿的选择。傻姑娘的转变是按照剧情的不断发展而逐步发生的，尽管她爱上的劳伦西奥并不是十全十美的男人，但菲内娅从中获得了超越爱情以外的收获，就是她也成为才貌双全的女子，不再被称为"傻姑娘"。

此外，《傻姑娘》的真实性、戏剧性和思想性都达到相当高的水准。首先，劳伦西奥这个人物很真实，他要娶菲内娅并非是爱上她的人，而是菲内娅有笔不菲的嫁妆。他亲口说菲内娅是一所房子，一纸文书，一本户籍册，一个葡萄园，是他的"穿裙子的年金"。这一点在任何一个社会里都是常见的现象，和纯粹的爱情相比，人们更能够接受的是生活中真实的情景。

其次，在剧中出现了两个戏剧性结局，在一般人观念中，愚蠢的人没有好结果，但菲内娅却创造出奇迹，她从一个混沌的女子变成另外一个聪慧女子。虽然这种聪明是有限的，或者说她还是陷入到一种盲目的爱情里，没有认清劳伦西奥的真实面目，但毕竟菲内娅不傻了，能够掌握自己的命运是菲内娅最大的收获。另外一个戏剧性结果则相反，一般情况下聪明人会得到更多的常理也被作者打破，妹妹尼赛反胜为败令人惊讶。和姐姐相比，尼赛冰雪聪明，而且富有文才、能够吟诗赋词，父亲为她选择的劳伦西奥是非常适合她的未婚夫，而且尼赛也爱他，想尽一切办法得到他。但最后尼赛却失去了这一切，败在傻姐姐手下，最后不得不与另一个暗恋自己的利赛奥完婚。尼赛的失败从表面看是输在了嫁妆，但也失败于她的矜持与高傲，在爱情上没有像姐姐菲内娅那样执著和坦诚，也使劳伦西奥远离她。《傻姑娘》的思想性在于作者的创作用意，维加歌颂爱情的力量自不必说，他在剧中两对男女之间制造了智慧与财富、爱情与亲情、愚钝与聪明的矛盾冲突，通过这些相互交错的关系解答了爱情的玄机与奥妙。同时，剧中菲内娅与只看重金钱而仍视菲内娅为蠢物的劳伦西奥结合，这也许并非喜剧而应属于另类幽默，是社会上"金钱万能"观念的佐证。再有就是对于尼赛，作者虽然讥讽了明明喜欢却故作矜持的行为，却还是怀着极大的宽容给尼赛一个比较完美的结局。利赛奥是真正看中她的文才和聪明，并不看重金钱的君子。维加作为人文主义思想的戏剧家，他的创作思想体现出他追求完美爱情和爱情能使人改变的观点。维加对于女性人物的宽容与欣赏则是他一贯的创作思想，在其他戏剧中维加也采取同样的厚待和宽容，他不仅看中女性的容貌，还很注重女性的才智。在文艺复兴时期，在女性整体不被看好的大前提下，维加尽管在生活中给女性带来的烦恼痛苦多与幸福快乐，但他的心灵深处关爱女性，是把女性看做他生命中不可缺少的一部分，这应是"维加牌"戏剧历久弥新、备受欢迎的原因之一。

此外，洛佩·德·维加在1620—1623年间创作出《最好的法官是国王》，其主题思想与《羊泉村》类似，以一个化装成法官的国王如何正确处理一起强奸案，保护民女，制裁封建领主为题材，突出了国家应统一在国王领导下，消灭封建割据的思想，诗句非常优美流畅，具有独特的西班牙民族特色。

《塞维利亚之星》是维加另一部表现爱情与荣誉的作品。他在剧中创造了一位昏庸的国王形象，他好色，为了满足私欲为所欲为，采取金钱收买和给予自由权利、赠与城池等等诱饵，一旦阴谋没得逞，便随意杀人灭口，是个荒淫无耻的昏君。而他的臣民却宽厚高尚，真心拥戴自己的国王，为了国王可以赴汤蹈火、在所不辞，这种昏君与良民的状况形成鲜明对照。最后，当国王遇到一个无法解决的矛盾冲突时，突然发生彻底改变，他认错了，将矛盾解决，还成全了一对恋人的婚姻。这种题材极富戏剧性，体现出维加心中理想化的社会。

第五节　葡萄牙文艺复兴的文学成就

葡萄牙最早的文学创作可以追溯到12世纪末的民间抒情歌谣。葡萄牙保存最古老的诗歌集是13世纪末编的《阿儒达歌集》，14世纪又完成的《梵蒂冈歌集》和《科洛克西—布兰库歌集》。这些歌集是由民间歌手和宫廷诗人们用保加利亚语、葡萄牙语创作的爱情诗和讽刺诗。

一

以宫廷为中心的葡萄牙文学

14—15世纪初叶，葡萄牙文学中心是在宫廷。经过1383到1385年政治动乱之后，胡安一世（Juan I，1385—1433年）建立起阿维斯王朝，到16世纪时，葡萄牙已逐渐成为中央集权的统一国家。胡安一世和他的儿子"航海者亨利"在葡萄牙航海业的发展和新的向外扩张方面可谓是功勋卓著。特别是亨利王子（1394—1460年）在任总督期间，出于对航海业的热爱，他崇尚科学，注重教育，奖掖学术，广纳人才。他建立了航海学校、天文台和造船厂等。虽然葡萄牙的海上成就还远不及西班牙，但已经是迅速崛起为强盛繁荣的殖民国家。

经济上的富庶促使文化也获得了雨后春笋般的发展空间。这个时期葡萄牙文化的中心仍然在宫廷里面。可以说，葡萄牙王室对文学有种传统的偏爱，国王和亲王、王子们不仅自己亲自创作，而且还在宫廷专门成立书局，翻译、编辑各种宗教、伦理和教育方面的书籍。如胡安一世曾编写出《骑术》一书，还有国王爱德华写的《真诚的训诫者》和佩德罗亲王写的《真德善行》等。葡萄牙诗歌的风格也随着讲究形式的宫廷诗歌的出现，逐渐取代了口头相传、富有乡土气息的民间抒情诗歌。

此外，葡萄牙宫廷中还对撰写葡萄牙历史颇感兴趣，流传至今的有宫廷史官费尔南多·洛佩斯（Fernando López，1380？—1459？年）编写的自建国到胡安一世时期的《佩德罗国王纪事》、《斐迪南国王纪事》和《胡安国王纪事》等，这些作品用生动的语言描写了各个时期的重要人物。在诗歌领域中，最初影响较大、流传较广的是宫廷诗人加西亚·德·雷增德（生卒年不详）在1516年编的《诗歌总集》，他收集了当时宫廷和民间大量的抒情诗，其中宫廷诗歌充满了艳情和神秘的色彩。

与西班牙相同，16世纪也被称为葡萄牙文学的"黄金时代"，这是由于此时从意大利点燃的文艺复兴之火，已经燃遍了伊比利亚半岛。特别是意大利的诗歌深深地影响了西班牙和葡萄牙，不仅使原来传统的形式和风格发生改变，将原来的每行八个音节的传统模式改为意大利每行十一个音节的诗歌模式。在诗歌中体现出主张宗教改革、凸显个人情感世界的人文主义思想。葡萄牙文学从思想上和表现形式以及体裁上都跳出传统模式，呈现出新的思想意识和向意大利诗歌模式转变的新局面。

有"葡萄牙的维吉尔"之称的萨·德·米兰达（Francisco de Sa de Miranda，1481—1558年），是葡萄牙著名的诗人、戏剧家和学者，他出身于贵族，曾经旅居意大利多年，深受文艺复兴的熏染和陶冶。由于他精通意大利语和西班牙语，因此，他把意大利文艺复兴的精神与诗歌的新格律和风格传播到了葡萄牙，使葡萄牙文学迅速融进整个文艺复兴运动的洪波之中。米兰达革新了葡萄牙原有的诗歌格律，提倡用意大利十四行诗的格律创作诗歌，他本人用这种意大利诗歌的模式创作了大量的田园诗和十四行诗以及喜剧，成为这个时期诗坛的楷模。此间还涌现出如 Antonio Ferreira（1528—1569 年）、Bernardim Ribeiro（1482—1552 年）和迪奥戈·贝纳德斯（1530？—1595？年）等重要的抒情诗人。

在葡萄牙戏剧舞台上有一位被称为"葡萄牙的柏拉图"、"卢济塔尼亚的戏剧之父"的著名戏剧家吉尔·维森特（Gil Vicente，1465—1537 年）[①]。他一生中主要是为宫廷中婚丧嫁娶、迎来送往和节日的演出创作戏剧。在34 年里他一共创作了 44 部剧本，其中有喜剧、悲剧和一些讽刺剧。例如喜剧《鳏夫》、悲喜剧《阿马迪斯·德·高拉》、宗教瞻礼剧《巫婆卡桑德拉》和《圣母访问节》等。维森特的优雅语言和戏剧才华，使他不仅受到了宫廷王族的庇护，还很快流传到了民间，推动了整个葡萄牙戏剧的发展。由于维森特在宗教上有改革的思想，他的一些作品在其死后被宗教裁判所查禁。受到维森特的影响和启发，这一时期还出现一些具有民间性的优秀作家，例如贝纳尔丁·里贝罗（1482？—1552？年），他的田园小说《少女和闺秀》表现了追求自然淳朴的自然风格。随着新的地理发现和海外扩张，描写异国风光和习俗文化的文学作品也相继问世，1614 年，费尔南·门德斯·平托（1510—1538 年）发表了《异国漫游》，作者在 20 年间周游世界各地，其间历尽坎坷，艰苦备尝，《异国漫游》已经成为世界游记文学中的上乘佳作。

注释

[①] 费尔南多·佩索阿著，杨子译：《费尔南多·佩索阿诗选》，河北教育出版社 2004 年版，第 3 页。

二

葡萄牙文学丰碑之一——诗人卡蒙斯

葡萄牙文艺复兴时代最引为骄傲的当属诗人路易斯·德·卡蒙斯（Luis de Camoes，1524？—1580 年）。他被誉为葡萄牙两个丰碑式的文学人物之一，另一位是以真诚和孤独著称的现代诗人费尔南多·佩索阿（Fernando Pessoa，1888—1924 年）。

卡蒙斯出生于小贵族家庭，曾就读于葡萄牙最古老的科因布拉大学。这所大学始建于1290年，培养出很多优秀的人才，卡蒙斯便是其中的佼佼者之一。卡蒙斯在大学主修历史和文学，学业结束后在里斯本担任贵族的家教，因此有机会出入宫廷。在这之后的20年间，卡蒙斯可谓是命运多舛。他曾被迫入伍服兵役，在一次战斗中失去右眼。随后在一次决斗中因刺伤官员而被捕判刑，出狱后曾在印度生活，据说还在澳门生活过两年。也许葡萄牙是距离中国最远的国家，但卡蒙斯的诗歌却拉近了两国的距离。在澳门的生涯里，他曾留下了这样一句激动人心的话："你看那座难以置信的长城！"直到1570年时才回到里斯本，10年后，卡蒙斯在穷困潦倒中告别人世。

葡萄牙诗人卡蒙斯

卡蒙斯坎坷一生和漂流世界的经历，为他的文学创作提供了不可多得的阅历和素材。他一生创作了数量可观的诗歌、讽刺作品以及《菲洛德莫》等3个剧本。其中有对广泛题材的涉猎，有对坎坷生活的感伤，有对爱情幸福的渴望，有对不合理的现实社会的抨击，但最终为卡蒙斯带来荣誉的代表作，是1572年出版的史诗《卢济塔尼亚人之歌》。

　　《卢济塔尼亚人之歌》共分十章，近9000行，堪称皇皇巨著。作者描述了葡萄牙航海家瓦斯科·达·伽马远航印度的事迹，内容极其丰富，既有颂扬卢济塔尼亚人（即古代葡萄牙人的称谓）的英雄品质和英勇的精神，也有讴歌葡萄牙航海辉煌的历史和对外扩张的功绩。在该史诗的开篇中就这样写道：

> 威武的船队，强悍的勇士，
> 驶离卢济塔尼亚西部海岸，
> 越过自古茫无人迹的海洋，
> 甚至跨越普罗瓦那海角，
> 经历千难万险、无穷战争，
> 超出人力所能承受的极限，
> 在那荒僻遥远的异域之邦，
> 将灿烂辉煌的新帝国拓建。

　　卡蒙斯还在史诗中揭露了统治者残暴不仁的行为。在第4章第95节中写道：

> 光荣的权利，荒诞的贪欲啊，
> 我们误把这种狂妄当成了名气！
> 而蛊惑人心的追求激发起了
> 狂热的野心，就是所谓荣誉！
> 对那盲目崇拜你的空虚心灵，
> 要施于无情的报复与打击！
> 你还要导演什么残酷的悲剧？

　　同时，卡蒙斯将自己悲怆的命运也写进了《卢济塔尼亚人之歌》之中，在第10章第128节中这样写道：

> 这片静谧而安详的大地啊，
> 将把浸湿的诗篇拥入怀抱，
> 诗人遭受不幸的悲惨海难，
> 侥幸从浅滩的飓风中逃命，
> 忍饥挨饿度过巨大的危险，
> 发生这一切都是因为，
> 他被不公平的命运所注定，

荣获美好诗名，遭受一切不幸。

卡蒙斯在写作上将现实主义和浪漫主义完美结合，体现出独特的、充满神韵的风格，其语言丰富、文字优美，为葡萄牙语的规范化奠定了基础。这部史诗不仅成为葡萄牙人民的骄傲，还对塞万提斯和洛佩·德·维加的文学创作起到了积极的影响，

塞万提斯称卡蒙斯为"葡萄牙的珍宝"。《卢济塔尼亚人之歌》被列入文艺复兴时期人文主义精彩作品之列。

卡蒙斯的抒情诗也同样令人难以忘怀，直到今天，还有一些喜欢卡蒙斯的中国年轻人，将他的爱情诗在网上吟咏和传播。比如《我的心灵和我的一切》、《我的相思呀》、《爱情是不见火焰的烈火》等，现代人从他对爱情的描述中，找到了共鸣，找到了知音。例如在《我的心灵和我的一切》中有这样动人的诗句：

> 我的心灵和我的一切
> 我都愿意你拿去，
> 只求你给我留下一双眼睛，
> 让我能看到你。
> 在我身上
> 没有不曾被你征服的东西。
> 你夺去了它的生命，
> 也就将它的死亡携去，
> 但愿你将我带去，
> 只求你给我留下一双眼睛，
> 让我能看到你。

卡蒙斯在今天的葡萄牙依然享有殊荣，卡蒙斯和达·伽马等人今天就安葬在著名的热罗尼姆斯大教堂里，外国国家元首访葡大都要来此向卡蒙斯敬献花圈。另外，在里斯本附近的"欧洲之角"，在海天一色、令人神迷之处，一座天主教碑石上面就刻着卡蒙斯著名的诗句："陆止于此，海始于斯。"诗人的气魄尽显其中。

在曾经是葡萄牙殖民地的安哥拉的著名的军事博物馆里，陈列品除了枪械、炮舰，还有一些葡萄牙引以为豪的伟人的铜像，这些铜像多数是葡

萄牙的国王和总督，唯一一个诗人铜像就是卡蒙斯，足见他在葡萄牙人们心目中崇高的地位。

16世纪中叶以后，以反对宗教改革为宗旨的耶稣会势力强大，在宗教裁判所的严控和压制下，新思想被干涉，很多文学作品被查禁，加之1581年葡萄牙被西班牙占领后，葡萄牙的民族文学受到歧视，上述原因使葡萄牙文学的发展受到阻碍，急剧地衰落下来，取而代之的是冠以"贡戈拉主义"名称的枯燥、贫乏的宗教文学。

第七章
德国、俄罗斯和欧洲其他国家
文艺复兴文学

　　文字符号自创造之日始，就犹如一株小树，随着时光荏苒，随着风霜雨雪而生长起来，它庞大的根系深扎地下，枝叶留在空中，并孕育出繁茂的果实。而文学就是其中最漂亮、最丰硕的果实之一。文艺复兴时期的文学成就，如同繁茂大树结出的累累花果，装点着欧罗巴大地，此处绚烂多姿、彼处亦风光绮丽……

第一节　德国两次文学高潮的间隙
　　　　　　——文艺复兴时期文学

　　毋庸置疑，德国文学具有不同凡响的成就。12—13世纪，第一次文学高潮以史诗《尼卜龙根之歌》为代表，表现了德国封建社会上升阶段对骑士英雄的肯定和对于财富的贪婪实质。第二次文学高潮是18世纪开始的启蒙主义和古典主义阶段，德国诞生了影响世界的文学巨擘莱辛、歌德、席勒和海涅等，再一次印证了德国是世界水准的文学宝地。自然，文艺复兴阶段是介于两次文学高潮之间。

在文艺复兴时期，在文学这个激情与活力的舞台上，德国人似乎没有意大利、法国人和西班牙人那么挥洒自如和激情四射，处于宗教改革的中心地带，人文主义思想的传播难免出现时间上的延宕，文学作品也主要围绕着宗教改革的内容展开。

一

德国人文主义思想传播与市民文学

德国文学的发展，是以德国社会政治、经济和社会变化为前提。文艺复兴思潮于15世纪后半叶直接从意大利传入，首先是从大学开始。从14世纪中叶开始，德国各大城市陆续建起了大学。第一所大学是创办于1349年的布拉格大学，接下来是维也纳大学（1365年）、海德堡大学（1385年）、科隆大学（1388年）、爱尔福特大学（1392年）、莱比锡大学（1409年）、罗斯托克大学（1419年）。随着文艺复兴运动的兴起，从1456年到1506年，半个世纪内又有九所大学出现，到16世纪时德国已有42所大学，是当时欧洲大学数量最多、最密集的国家。

1456年，人文主义学者彼德·路德从意大利留学回国后，在海德堡和莱比锡等大学传授新学。1476年，尼德兰人文主义学者鲁道夫·阿格里科拉（其思想影响了伊拉斯谟）留学意大利后到海德堡大学任教，促进了人文思想的传播。德国第一位桂冠诗人的凯尔梯斯（Conrad Celtes，1459—1508年）曾在意大利留学，初任教于巴伐利亚大学，后任维也纳诗歌学院院长，他将该学院建成与文学院并列的大学第五学院。曾于1481—1482年任海德堡大学校长的人文主义者温斐林，极力反对经院主义教育，力主推进人文主义思想的传播和研究。1494年爱尔福特大学设置诗学和雄辩学讲座，不久，这里成为人文主义的中心之一。

德国人文主义思想的代表有约翰·勒克林（John Reuchlin，1455—1522年）和乌里希·封·胡登（Ulrich von Hutten，1488—1523年）。约翰·

勒克林出生于巴登，就学于海德堡、巴黎和巴塞尔等大学，还曾经留学意大利，也就是在意大利接受了人文主义思想。勒克林是欧洲第一位希伯来语的学者，他的重要著作包括 1506 年编著的第一部希伯来语文法著作，1516 年的《希伯来语提要》，1517 年完成的《卡巴拉哲学论》等。在与经院主义斗争中形成了勒克林学派。1515 年和 1517 年，他和其他人文主义学者共同发表了讽刺文集《蒙昧者书简》，这部两卷本的文集第一卷写给科伦大学的经院主义学术权威，第二卷揭露教皇和教会，为德国宗教改革做了思想准备。由于他在语言方面成就卓著，德国人文主义者将他和伊拉斯谟视为"德国的两只眼睛"。乌里希·封·胡登来自于法兰克骑士后裔家庭，他被称为"与死亡与魔鬼斗争的骑士"。胡登年轻时受过很多磨难，长期过着流浪生活，他曾经期盼依靠骑士制度实现德国统一集权。自从 1513 年造访过意大利以后，胡登思想上发生了转变，开始狂热地信奉人文主义思想，意识到罗马教皇是德国一切灾难的祸根。他很崇拜意大利人文主义史学家洛伦佐·瓦拉，敬佩他为追求真理不畏强权的精神，并且把他的《论君士坦丁大帝赠赐的伪书》带到德国出版，这在德国人民中进一步动摇了教皇的权威。胡登有鲜明的政治态度，但还是认为只有依靠骑士阶层才能实现革命的理想，1522 年，他参加了骑士弗朗茨·封·吉庆根在法兰克发动的骑士起义，遭到镇压后逃亡瑞士，受到瑞士宗教改革者茨温格里的保护，但不久，胡登死在苏黎世湖的一个岛上。

德国人文主义思想家
乌里希·封·胡登

胡登以文学为手段，用拉丁文写了很多充满战斗性的作品，他参加了《蒙昧者书简》的写作，还著有《命运》、《发烧》和《武装起来》等，1517年，德国皇帝授予他"桂冠诗人"称号。胡登人文主义思想的代表作是他在 1520 年写的《罗马的三位一体》，胡登在书中写道："……罗马靠三种东西使一切人都服从：强力、狡猾和伪善。……有三件事不能说出真相：关于教皇、古老的建筑和贪婪。有三种不同的东西供养着罗马富翁：穷人的血汗、暴力和对基督徒的掠夺。"①胡登深刻并富有激情的作品为德国文艺复兴增添一抹璀璨的光彩。他对伊拉斯谟崇拜得五体投地，伊拉斯谟也成为他的导师和保护人，但胡登的激进与伊拉斯谟的温和的观念相左，他不满意伊拉斯谟不敢公开自己宗教改革思想观点的怯懦，在临终之际还写了《规劝伊拉斯谟》，当反击他的《洗刷胡登的诽谤》文章面世时，他已经长眠于地下。

德国人文主义的特点是注重学术性，德国主要的人文主义者都是学者，他们视人文主义为一门科学。大学中的年轻知识分子，多数有过在意大利学习和访问的经历，通晓多国语言，他们翻译古代希腊罗马作家的著作，包括《圣经》和《教父》等，并以研究和注释而闻名。学者们用拉丁文写作，作为学术研究，更偏重于哲学、道德和宗教等理论上的探讨。由于人文主义集中在大学，从另一个角度说也限制了人文主义在广泛的文化领域传播。德国人文主义思想传播发展不均衡，南部受意大利影响较多，思想活跃，成果多；西部受天主教控制较强，比较保守；北部由于与尼德兰人文主义者联系较多，因此更关注的是宗教改革。

15世纪末，德国的市民文学逐渐取代了中世纪全盛时期的骑士文学。其作者大多就是市民出身，主要形式是戏剧和故事，作品反映的是市民的兴趣爱好。戏剧来自于宗教节日，在宗教仪式上演出的是世俗的内容，故事则短小精悍，有专门的"笑话集"，其目的是讽刺与教诲并重，有较强的娱乐性，到16世纪发展成民间故事书。这一时期在青年人中间还流行一种愚人剧，他们自称是愚人，以愚人的口吻针砭时世政治，既幽默又富于战斗性，代表作为《愚人船》。

《愚人船》是作家布兰特（Sebastian Brant，1458—1521年）在1494年完成的大型道德诗，这类道德诗在15世纪德国比较流行。布兰特出生于斯特拉斯堡，曾经就读于巴塞尔大学并做该校的教授，他的思想接近于人文主义者。《愚人船》共112章，描写了作者与111个愚人同乘一条船，前

注释　① 刘明翰主编：《世界通史》（中世纪卷），人民出版社1996年版，第454页。

往愚人镇。由于船由愚人掌舵，他听任船在海上漂泊，因此永远也无法到达目的地。在这艘漂泊的船上，作者对每个愚人进行讽刺和嘲笑，这111个愚人代表了当时各个社会阶层，如僧侣、假学者、放高利贷者等，还代表了人的"愚行"，即各种恶行、错误、缺点和罪恶，例如欺骗、狂妄、肉欲、嫉妒、吝啬、懒惰，以及青年人胡乱花钱、粗鲁、吵架、通奸和忘恩负义等等行为都被人格化为"愚人"，作者对这些逐一加以鞭挞和揭露。布兰特认为人的生活就如同这条愚人船，是一次毫无目的的航行。提出要医治"愚蠢"（缺点、错误、罪恶）的唯一方法是"认识自己"，作者强调要用《圣经》教义号召人们"忏悔"。①

《愚人船》这部书直接暴露出社会的弊端，并且文字生动，还有木刻插图，在当时受到好评，读者通过《愚人船》，可以形象、深刻地认识所处社会环境和时弊所在。在歌德《少年维特之烦恼》发表之前，《愚人船》是德国拥有最多读者的一本书，仅布兰特在世时就再版过六次，作者本人也被德国同时代人视

《愚人船》插图

为与荷马、但丁齐名的大作家。布兰特作为"愚人文学"的创始人，被后人不断仿效。

二

人文主义思想的杰出代表——伊拉斯谟

尼德兰人文主义学者伊拉斯谟（Desiderius Erasmus，1466—1536年）

注释

① 余匡复：《德国文学史》，上海外语教育出版社1991年版，第35页。

在世时就已享有显赫的声名和地位，死后
欧美各国对他美誉如潮，称他为"西方的
明灯"、"人文主义的泰斗"等。

1466年，伊拉斯谟出生于鹿特丹的一
个神甫之家，早年的经历没有记载。他原
名叫德西迪里厄斯（Desiderius），伊拉斯
谟是他自己习得拉丁文后起的化名。他的
一生还算顺利，阅历也相当丰富，少年时
在家乡开始学习，父母早逝，1488年进入
修道院做修士，但不久便开始四处游走，
从不居于固定的职业或国度。伊拉斯谟一

伊拉斯谟画像

生中没有安于在某个地方或机构任职，是在不停的游走中汲取知识和灵感，
生活上仅满足于一瓢一钵，没有婚姻，老年时只有一位工作女性在身边，
直到去世他还保留着神职身份。

1493年，伊拉斯谟完成第一部对话体作品《非蛮族论》，次年，在布
鲁塞尔宫任主教拉丁文秘书。1495年，在主教的资助下，伊拉斯谟进入巴
黎大学，主修古典文学和希腊语，获得神学学位。1499年第一次访问英国，
结识了托马斯、莫尔等著名人士，此后又两次再赴英伦岛国，与莫尔也成
为心心相印的挚友，并在1509年时完成《愚人颂》。在这期间伊拉斯谟在
剑桥大学任教，专门讲授希腊文和神学等课程，从1515年开始到1518年，
伊拉斯谟进入了创作的高峰，不断有新作问世。1515年，名著《新工具》
付梓，被誉为"一次哥白尼事件"。1516年他重新出版和校正修改希腊文
的新约，据此，伊拉斯谟成为圣经评注学的奠基人。同年还帮助莫尔出版
《乌托邦》，1518年另一名著《知己谈话录》面世。

伊拉斯谟一生著作颇丰，涉及面甚广，包括哲学、神学、语言、教育
等诸多领域，是文艺复兴时期典型的知识全面、修养深厚的学者。他在世
时所到的许多国家，上至国王下到学界对他都普遍赞誉。在亨利八世还没
有登基时就专门想会一会这个博学多才的神甫，并想要他定居英格兰；伊
拉斯谟将自己翻译的意大利语《圣经》献给当时的教皇利奥十世，也得到

了教皇的赞扬，他在一道谕令中对作者表示"甚感欣慰"，还赞扬了作者在这项工作中所倾注的热情。这也使得伊拉斯谟尽管深谙基督教会的种种陈陋，但无法坚定地站在路德改革派一边，也就惹得胡登颇有微词；最有吸引力的应当是来自尼德兰、布拉斑特、匈牙利、波兰和葡萄牙等有五所大学都邀请他去任教。虽然伊拉斯谟有相当大的魅力和社会影响力，但他依然恬淡面对，依然固守着自己古老的梦，那就是用人文主义理想和自己的良知编织出来的梦。

按照奥地利作家斯·茨威格的观点，伊拉斯谟有三部著作享誉世界：《愚人颂》、《基督教斗士手册》和他翻译的《新约》。《愚人颂》这部著作的创作出于偶然，1509 年，伊拉斯谟从意大利回来，越过阿尔卑斯山，他目睹从教皇到地方教会的全面衰败迹象，教皇尤里乌斯二世为了恢复自己的政治与世俗权力，亲自领兵作战，其架势丝毫不输于那些欧洲雇佣兵首领，而那些主教们过得也不再清贫，和地方豪绅一样的奢侈阔绰，并且一样相互残杀和鱼肉百姓。伊拉斯谟痛苦地面对这些，而他的心却渴望能找到一片令他不再痛苦的地方，结果他去找他的好友托马斯·莫尔，在朋友的寓所里安心写了这本妙趣横生的小册子。为了向莫尔致意，他为这部讽刺作品起了一个与莫尔名字一语双关的书名：Moriae encomium，拉丁语为 Laus stultitiae，翻成英语是 "In Praise of Folly"，即《愚人颂》。

《愚人颂》插图

与那些严肃、艰深、科学性极强的著作相比，《愚人颂》通篇气氛轻松，充满活力。在他众多的作品中，唯有这部轻松愉悦的精品给后人更深刻的启迪。在《愚人颂》中，作者用高超的艺术手法构筑了一个别具一格的形式，即让一切尖刻揭露的话都出自于一位愚人之口，即那位 "Stultitia"

夫人。这位"愚人"可以恣意妄为，口无遮拦地讲话，而且作者可以完全不承认这种话是出自他的本意，在一个文字审查与宗教裁判盛行的时代，用这种办法来传播真理可能是唯一的途径。这就是为什么法国拉伯雷的话要靠超越凡人的"巨人"之口，西班牙塞万提斯要依靠那个疯疯傻傻的"骑士"堂吉诃德来讲的原因。

《愚人颂》以小丑出场逗乐开始，愚夫人穿着学士服，登上讲台，为自己滔滔不绝地大唱赞歌。她说是她带领"拍马"和"自怜"才使地球转动起来，她说，没有我，任何团体、任何社会都无法永存。要不是我，平民百姓就不会再效忠君王；仆人就会反对主子；侍女就会反对小姐和夫人；学生就会反对师长；朋友就会抛弃朋友；妻子就会抛弃丈夫；同事欺骗同事；主人蒙骗客人，大家相互骗来骗去，彼此间就无法相互容忍。总之，若非有根深蒂固的愚蠢与之同行，那么人类将会感到难以容忍现实的生活。她举出诗人、商人、武士以及头脑清醒的人，都由于愚蠢的想法而做出愚蠢的行为，因而受到各种羁绊。愚夫人以"劝导女神"的身份向所有的人发出告诫：人生需要有些许愚昧，才有真实生活的风味。正直之人、睿智之人、无激情羁绊之人绝非正常的人，属于反常变态。"唯有在其人生中有过愚蠢经历者，才堪称为人。"因此，她以为只有她才是一切人类活动的推动力，那些思维清晰、见解正确，坦率诚实，均属天下赞誉之美德，实则其倡导的本意是加苦痛于人生。愚夫人引用的名言是："唯在无理性之时，人生始为一乐事。"

愚夫人发表了独有见地的学术观点，她还请来一些人为其论点做旁证，使之成为一次社会各阶层的盛大检阅。愚夫人依次让他们登场，其中有修辞学家、律师、哲学家、财迷、神学家、作家、赌棍，以及战争贩子、情人……他们将人类的种种愚蠢逐一罗列出来，十分齐全，在喜剧性、闹剧性的背后，掩藏着作者真实的意图。在这里伊拉斯谟使尽浑身解数，将他的文化、智能、学识、领悟力、幽默感统统显示出来，他的智慧如焰火在一片戏言中迸发，尽显其璀璨。尤其是他借愚夫人之口，将教皇以及下属的教会僧侣们的丑态恶行公之于众，她批评教皇是"用刀剑、毒药和一切其他方法来保住这个职位"，而僧侣们"不识字，因此他们把不读书本看做是最大的虔诚。当他们在教堂中像驴叫似地高声朗诵圣诗时，他们只记住它的词句，并不理解其意义"。而这时的愚夫人已经摘下小丑的面具，义正词严地抨击弊端，并提出及早改革的要求："基督教导以温顺、容忍、鄙视世俗为根基，其含义显而易见。基督的真正要求是代表应按基督意愿修身养性，不仅脱鞋履、舍钱袋，还应解除一切服饰，赤身裸体，以无牵无挂之躯行使徒之责；随身只可佩剑一支，并非杀人劫掠的邪恶之剑，乃是圣灵的护卫之剑，用以刺探灵魂深处，令七情六欲尽毁于一击之中，仅留虔诚永驻心灵"。[①] 加之伊拉斯谟其他的著作，以及对古典学术文献的翻译和考证，对基督徒应该过的生活做了正面的论述，这些成为一颗颗颇有威力的炸弹，它炸开了通往德国宗教改革的通道。

当然，伊拉斯谟有他的弱点，按照茨威格的话说，人文主义者虽然比专业的世界改造者更清楚地理解时代的反动，可悲的却是他不能用自己的全部的理智去阻止那种反动。其实，这也常常是人文主义者的通病，他们对社会怀有一种理想主义，但从理想到现实的距离往往是他们难以逾越的障碍，或者说是他们的视野超出了时代，但他们的脚还站在原地没有挪动。况且伊拉斯谟是一个悲剧性的理想主义者，他厌恶愚昧无知，相信凭借理性能够改变现实，而面对难以实现的理想之梦，他只能背负越来越沉重的精神负担。

伊拉斯谟不仅是人文主义文学家，还是杰出的教育家、语言学家和宗教改革的思想家活动家。伊拉斯谟一生足迹遍布尼德兰、德国、英国、意大利和瑞士等国家，没有定居在任何一个国家，他一生说拉丁语，写拉丁语。据说只是在他弥留之际，才第一次也是最后一次用日耳曼语说了句："亲爱的上帝。"无论他的国籍如何界定，伊拉斯谟在欧洲文艺复兴中的地位是不可动摇的。

16世纪德国文学家值得一提的还有汉斯·萨克斯（Hans Sachs，1494—1576年），其名气曾经誉满德国。萨克斯的作品数量颇丰，一生作品大

注释

[①] 斯·茨威格著，姜瑞璋、廖绦胜译：《一个古老的梦——伊拉斯谟传》，辽宁教育出版社1998年版，第49页。

小共有六千多个,其中大多数属于"工匠诗歌",还有一些是剧本和歌曲。萨克斯最成功的作品是宗教戏剧,尤其是戒斋节戏剧,在大众狂欢时演出,人物与场景都很简单,内容主要是批评当时的各界人士,例如贵族、商人、教士还有农民。他是站在小市民的角度来批评世态炎凉,情节简单但不失幽默风趣,也谈不到深刻的社会意义。两百年后,歌德著诗歌《汉斯·萨克斯的文学使命》,给予他高度评价,因此,萨克斯作为民间作家的文学地位得到了确定。与此同时,德国在民间文学方面取得了不小的成就,其中诗歌、故事流传很广,最有名气的当数《浮士德博士的故事》。英国戏剧家马洛在此基础上创作了同名故事书,浮士德日后成为西方文坛上一个极负盛名的形象。

第二节 俄罗斯文艺复兴时期文学一瞥

公元6世纪始,东斯拉夫人移居到第聂伯河中游,后逐渐扩展到奥卡河、顿河、伏尔加河上游一带。大约9世纪建立以基辅为中心的封建国家,史称"基辅罗斯"。俄罗斯文学之舟就从基辅罗斯开始起航……

一

俄罗斯中世纪文学

最初的俄罗斯民间文学《壮士歌》起始于10至11世纪的"基辅罗斯"阶段。它是一个关于壮士的系列民歌,分基辅和诺夫哥罗德两大系列,是由游吟艺人演唱的英雄传奇故事诗,极富民族特色,经过世代相传,流传下来共百篇,其中以基辅系列中关于伊里亚、多布雷宁和阿廖沙三勇士的壮士歌最为流行。诺夫哥罗德系列最著名的壮士歌是《萨德阔》,与基辅壮士歌浓郁的战争气氛相比,诺夫哥罗德系列则洋溢着抒情色彩,故事的主题是寻找幸福，主人公并非骁勇善战的壮士，而是一个会弹奏古斯里琴的艺人。《萨德阔》由于抒情优美，屡屡被搬上戏剧舞台和银幕。

在拜占廷史籍的影响下，基辅罗斯从 11 世纪开始撰写编年史，编年史虽然属于政治文件，但也有很强的文学色彩，因此成为俄罗斯相当长历史时期的重要文学组成。保存最早的编年史，是 1113 年由基辅洞窟修道院的修士涅斯托尔编辑的《往年记事》（又名《俄罗斯编年史》），他根据传说叙述世界的起源，俄罗斯民族的分布、迁移和生活习惯等，还记叙了基辅罗斯的形成、宗教、诸王公的功绩以及外来者入侵等等内容，其中贯穿着东正教的神学思想和俄罗斯民族文化的积淀。

《伊戈尔远征记》插图

中世纪俄罗斯最著名的文学作品是 12 世纪的《伊戈尔远征记》。故事是根据 12 世纪一个叫伊戈尔的王公为保卫基辅而英勇战斗的真实史实而创作，他作为民族的英雄为保卫俄罗斯和信仰英勇作战，视死如归，成为俄罗斯民族英雄和爱国主义典范。在《伊戈尔远征记》中，既有民间的口头文学精粹，又加入在此基础上的语言提炼，所使用的修辞语言、象征、比喻和类比等都十分精彩。马克思在 1856 年给恩格斯的一封信中，谈到了这部作品，他认为："这部史诗的要点是号召俄罗斯王公们在一大帮真正的蒙古军的进犯面前团结起来。诗中精彩的一段是：'瞧啊，哥特族美丽的少女在黑海岸边唱着自己的歌'。"[1]

此外，还值得一提的是两部史诗风格的叙事作品 13 世纪末、14 世纪初的《拔都梁赞的故事》和《顿河彼岸之战》。《拔都梁赞的故事》描写了鞑靼人攻占并毁灭了梁赞城的故事，其中梁赞大公和贵族叶甫巴吉等虽然顽强反抗，但终归为国捐躯，这部作品贯穿了东正教的一贯思想，即认为

注
释

[1] 马克思：《马克思恩格斯全集》第 29 卷，人民出版社 1995 年版，第 223 页。

所发生的一切都是"由于我们的罪孽,是上帝所安排的"。至于《顿河彼岸
之战》则歌颂了1380年莫斯科大公德米特利及兄弟联合诺夫哥罗德等地的
诸侯在顿河上游的原野上战胜拔都的金帐汗国军队的伟大胜利。作者梁赞
神甫索封尼,在作品里对胜利者大加称颂,并从《伊戈尔远征记》中借用
了很多手法,包括人物形象、修辞手法和表达方式,甚至引用整段的文字,
他的借用不是简单的模仿,他是出于对过去的历史事件和现实事件有意
识地进行对比,突出了为抗击敌人同仇敌忾才能得胜的思想。

　　1480年,俄罗斯从蒙古鞑靼统治下解放,建立了以莫斯科为首都的中
央集权的封建国家。在强大的王权下,俄罗斯更加注重编撰编年史和政治
性强的作品。在16世纪中期和后期先后有由主教马卡里主持编辑的《教堂
历书大集成》、有浓厚政治色彩的《弗拉基米尔诸大公的传说故事》、《普斯
科夫修道院长老菲洛费伊的书函》、《伊凡四世与库尔布斯基王公的往来书
信集》以及《家训集》等若干著作问世。这些都从不同角度论证俄罗斯东
正教的文化传统是承袭自东罗马帝国,并提出了"莫斯科是第三罗马"的
理论。根据这一理论的倡导者菲洛费伊的思想,他认为基督教的世界中心
逐渐由陈旧的罗马转向第二个罗马——君士坦丁堡,而拜占廷在1439年与
天主教的合并是背叛了基督教,而莫斯科仍然忠实于正教,不承认在佛罗
伦萨商定的教会合并,因此,莫斯科应是基督教的世界中心。"第三罗马"
的思想不仅是想要确认俄罗斯为罗马人后裔与罗马的直接关系,他的做法
使俄罗斯与已经进入文艺复兴拉丁化的西方世界对立起来,这种敌视外来
文化的态度影响了俄罗斯与国外先进文化的接触和融会,强化了本民族的
特殊性和自我孤立的情绪。虽然"第三罗马"并没有真正运用到俄罗斯政
治生活中,但毕竟是一种狭隘的宗教偏执和文化封闭。因此,俄罗斯只是
在局部出现一些人文主义思想萌芽的迹象,即便是这种萌芽也被视为异端
而遭到各种封杀。

　　"青山遮不住,毕竟东流去",随着蒙古鞑靼侵略北俄罗斯时,与德国、
瑞典有着贸易往来,莫斯科公国与拜占廷和南方斯拉夫诸国也有着比较密
切的交往,希腊的一些学术著作被介绍到俄罗斯的土地上来,这些点点滴
滴的先进文化汇成人文主义思想的涓涓细流,滋润着单一封闭的俄罗斯文

学土壤。从15世纪后期始，俄罗斯文学中也逐渐出现了带有人文主义色彩的作品。例如15世纪后中期的《三海游记》，就是特维尔城商人阿法纳金·尼基金在波斯和印度商旅之行的所见所闻，语言朴实无华，真实地记载印度等地的风土人情和国际贸易的盛况，为俄罗斯人开启了通向外面的精彩世界的大门。《彼得和费芙洛妮娅的故事》则来自于民间童话，一个蛇妖化成穆罗姆王公诱骗王妃，真正的王公之弟彼得寻得一把宝剑，将蛇妖斩杀，但蛇妖将毒血溅到他身上，使之浑身生满脓包，多方治疗无效，幸好一位村女费芙洛妮娅将他治愈。但村女留了一手，彼得再次发病，还需村女给他治疗，最终，二人结为夫妇。后来彼得继承王公之位，贵族大臣们鄙视费芙洛妮娅，想拆散他们，经过一番坎坷磨难，彼得与妻子坚贞的爱情战胜了所有障碍，他们终于白头偕老，死后合葬在一处。这部作品中，彼得忠实于爱情和费芙洛妮娅的聪慧机智，都具有人文主义的瑰丽色彩，虽然作者叶尔莫莱·叶拉季姆是当时著名的神职人员作家，但他对封建权贵不满，同情农民，他的作品中有鲜明的反对封建等级制的思想。

此外，随着俄罗斯沙皇势力的迅速攀升，围绕着确立沙皇权利的理论在16世纪的世俗政论中成为热门，出现一些以政论内容为主的著作和作家。例如费多尔·卡尔波夫，作为一名外交家，他熟谙古代哲学和思想，主张国家应建立在严格法律的基础上，与"自然"规律相吻合。另一位伊万·谢苗诺维奇·佩列斯韦托夫则提出建立一个贵族国家的理论，他考虑问题时只站在贵族的立场上，其他都没有考虑进去。当时出现了君主绝对权利和各个等级共同权利之争。在这个时期的历史著作和编年史中，更加体现出官方的思想倾向，撰写编年史成为国家的大事，包括以前的编年史也都出于政治目的而做出新的界定。在《伊凡·瓦西里耶维奇大公在位初期编年史》中，记叙了1534—1553年的情况，强调了专制强权的必要。在其后的《尼康编年史》中，涵盖了以往编年史的内容，尤其是伊凡四世在位的内容。同时也有所选择地记载了很多传说和民间故事等。

进入17世纪以后，俄罗斯国家连续出现了政局动荡、教会分裂、农民起义，史称为"乱世"。但毕竟文化发展的链条还在延续，而且按照俄罗斯学者C.利哈乔夫院士的看法是出现了"一场大规模的文学的社会拓展"。

这种拓展首先表现为文字开始服务于社会的各个层面,特别是社会下层的利益和情绪不仅有可能反映在民间创作中,也开始出现在书面文学中,这是俄罗斯文学的一大进步。以往,民间作品和文字没有关联,从17世纪开始,出现了第一批笔录下来的历史歌曲、壮士歌、谚语、咒文等,那些生动鲜活的俄罗斯口语进入到原本艰涩的古俄语中,无论从思想上还是艺术上都对俄罗斯书面文学产生了显著的影响。

其次,多元素的文化成分进入俄罗斯社会文化生活。1664年,基辅僧侣西梅翁·波洛茨基(1629—1680年)Simeon of polotsk 在莫斯科引进波兰的音乐诗体,写作俄罗斯音乐诗和剧本,在他的倡议下,1687年莫斯科成立了古希腊学院(18世纪改称为斯拉夫、希腊、拉丁语学院)。17世纪后半期建立俄国第一个宫廷剧院。在此期间,他还以波兰语为媒介翻译出版了一些西欧文学作品,如《伊索寓言》、法国小说《播华王子的故事》和意大利的《诙谐故事集》等。

第三,民间创作对文学的影响,还表现在文学语言与活的民间语言日益相接近,其文学的表现手法更加丰富,例如民间讽刺文学就是来自于民间的艺术体裁。在文学创作手法上,人文主义思想越来越渗透在其中,注重现实生活,憧憬理想和关注人物内心,原本历史文学中的主人公向假想的文学主人公过渡,向创作性的文学形象过渡。主人公不再是杰出的历史人物,而是来自于各个层面的代表人物,甚至是下层人和农民。例如《约尔什·叶尔绍维奇的故事》,就揭露了出卖灵魂的法官和不公正的裁决,还讽刺了封建法庭陈旧的程序和拖拉的作风。《为酒馆做礼拜》通过讽刺教会礼拜,抨击了是"沙皇的酒馆"灌醉了人民的国家制度。《对一个赤身裸体的穷人的粗浅认识》则叙述了城市贫民的艰难生活,《福马和叶列姆的故事》嘲讽了四体不勤、五谷不分的贵族子女。对于教会的讽刺也非常辛辣有力,《母鸡与狐狸的故事》和《萨瓦神甫及其崇高荣光的故事》揭露了教会的虚伪和贪婪,《卡利亚津禀帖》是一些习惯于放纵生活的修道士不满于大司祭要他们遵守修道院规矩而写给大司祭的一幅禀帖。更有讽刺力度的是《酒鬼的故事》,它巧妙地证明,酒鬼与圣徒一样拥有上"天国"的权利,而圣徒也和酒鬼一样是有罪的。

二

享誉俄罗斯的三部名著

17 世纪，俄罗斯文坛出现了三部文学著作：《大司祭阿瓦库姆行传》、《戈列·兹洛恰斯基的故事》和《谢米亚卡法庭的故事》，其文学成就享誉文坛，成为俄罗斯人民的骄傲。

从公元 6 世纪开始的俄罗斯时代，就出现了使徒行传体裁的作品。到 17世纪逐渐发展为带有家庭纪事和传记体向现代小说过渡的文学作品。大司祭阿瓦库姆（Awakum，1621—1682 年）在北极巴伦支海南岸的流放地记叙了自己生平的遭遇，即《行传》，由于它具有较广阔的描写社会生活的自传体小说性质，虽然他的基本思想是保守的，但其艺术形式却具有创新意义，其文学价值非常之高，受到了后世俄罗斯文学大师屠格涅夫和高尔基等的赞扬。

《大司祭阿瓦库姆行传》记叙了阿瓦库姆出生于一个贫寒的家庭，他从年轻时就成为一名虔诚的信徒。为了阻止地方长官强掠民女，惨遭长官的毒打，家也被毁。作品对官吏横行乡里，普通人民被侮辱和被伤害的苦难的深入描写都非常真实，是俄罗斯人文主义思潮萌芽的代表作。

1654 年，当阿瓦库姆担任喀山教堂的大司祭时，宗主教在沙皇的支持下开始宗教改革。由于阿瓦库姆坚持旧信仰和旧的体制仪式，全家被流放到西伯利亚整整 10 年。《大司祭阿瓦库姆行传》中详细描写了他在西伯利亚遭受毒打的情景，他百思不得其解，为什么基督让人毒打曾经保护过别人的人？他心中人文主义萌芽被自己摧毁，他认为自己是有罪的，要忍受更多的悲痛才能进入天国，因此，他在苦役中忍受很多苦难，吃草叶，吃野兽啃剩的骨头、尸体，他的两个幼子都因此夭折。1664 年，莫斯科曾经召他回去，但他始终不妥协。1667 年，阿瓦库姆再次被流放，最终死于火刑。

《大司祭阿瓦库姆行传》是俄罗斯文学杰出的丰碑，它不仅在思想上是一部交织着人文主义思想和神学思想的混合物，在文学意义上，作者打破了原有的传统体裁,表现出罕见的创新意识。他个性化的写作方式前无古人,对社会不公正之处、权力专断和教会激烈抨击,他将民间俗语和俚语引入书面语言中,使语言形象生动,刚劲有力。这部书长期以手抄本形式流传,直到1861年才在俄罗斯正式出版。

《戈列·兹洛恰斯基的故事》写于17世纪中叶,作者无名氏。在这部诗体故事中,戈列·兹洛恰斯基是一个专门教唆人的魔鬼,而主人公是一位富家子弟,他不愿意过循规蹈矩的生活,希望"按照自己的意愿生活",所以离家出走。此后,他有过受骗上当的经历,在善良人的帮助下,获得财富,并娶妻生子。这时,魔鬼戈列·兹洛恰斯基出现了,它说财富和娇妻只会给他带来祸害,年轻人听从了魔鬼的话,抛妻别家又出走他乡,路上饥寒交迫,无奈只好投河自尽,魔鬼再一次出现,引诱他干杀人越货之事,年轻人终于醒悟,他进入修道院,终于摆脱了魔鬼戈列·兹洛恰斯基的困扰。这部作品体现出作者希望改变生活现状,但最终只有皈依宗教才是唯一出路的思想,作者似乎要给"乱世"中的人寻找一条避难的途径,但这个途径是消极无奈的。

值得一提的是这部诗体故事的主人公没有名字,是第一个带有典型意义的虚幻的文学人物,这标志着俄罗斯文学从历史典籍中分离出来,具有重要的意义。

《谢米亚卡法庭的故事》也是无名氏的作品,它出现于17世纪下半叶。是一部具有讽刺幽默的民间笑文化作品,其内容是针对俄罗斯这一时代的审判制度和贪官污吏进行辛辣的讽刺。

故事讲的是兄弟两人一穷一富,穷弟弟因向哥哥借用马匹,使用不慎把马的尾巴扯断,哥哥将他告上城里的谢米亚卡的法庭,其间又有一个教士和一个老头也因被弟弟无意中伤害而被告上同一个法庭,弟弟知道自己罪孽深重,几次想自杀,后来由于他在法庭上举起一块头巾包的东西,法官在法庭上一见到这个包,以为是给他送的重礼,就没有判他死刑,结果这三个人的问题统统解决了,当法官向弟弟索要那个头巾包的礼物时,弟弟打开包,原来里面包的是一块石头,他原本是准备如果判决不利于他就用包里的石头砸死法官,此时,法官谢米亚卡庆幸自己没有判错,也拣回来一条命。这篇故事作为通俗读物在俄罗斯颇为流行，其中"谢米亚卡法庭"成为一个俄语成语，是贪婪愚蠢的官吏的代名词。作品中讽刺手法的运用也十分圆熟，主题思想鲜明，是俄罗斯这一时期以讽刺为主的民间文学中的精品。

此外，17 世纪时较为优秀的作品还有长篇小说《萨瓦·格鲁德芩的故事》，它的内容与《戈列·兹洛恰斯基的故事》相似，也是描写了一个叫萨瓦·格鲁德芩的年轻人，如何在离家在外的日子里，把灵魂出卖给了魔鬼，最后在显灵圣像的帮助下，进入修道院修成正果的故事。故事中反映了普通大众的生活场景，以及爱情体验等，背景是 1632—1634 年间的俄波战争，俄罗斯当代文学家将它作为俄罗斯最早的长篇小说来研究。另一个以故事形式出现的作品是《弗罗尔·斯科别耶夫的故事》，它的特点是没有了宗教说教，故事讲的是出身卑微的小贵族如何为达到个人目的不择手段。故事给人一个信号就是古老的道德越来越被抛在一边，一代思想新潮、充满智慧和以实用为目的的新人登上历史舞台。至于到 18 世纪以后，俄罗斯建立起强大的封建专制帝国，文学越来越与欧洲其他国家文学思潮接近，俄罗斯文学进入一个新的阶段。

第三节 捷克斯洛伐克的文学之旅

公元 863 年，捷克斯洛伐克最初国家雏形大摩拉维亚国成立。建国伊始，基督教迅速传入并占据了教育领地，基督教给捷克斯洛伐克本民族文化带来了深刻的影响。教会修建了教堂、修道院和学校，在教育领域广泛传授基督教文化，使拉丁语成为西部地区的通行和长期存在的语言，也就是说基督教文化从一开始就渗入到捷克斯洛伐克文化之中。这个时期古代斯拉夫文字被大摩拉维亚的大公从拜占廷请来的传教士康斯坦丁兄弟创造出来，命名为格拉果尔字母，意思为"语言"。①

10—11世纪时期，斯拉夫语在南部流行，捷克斯洛伐克境内出现拉丁语和斯拉夫语并存的现象。由于与罗马帝国发生经常性的战争，军事上的劣势使捷克处于藩属地位，拉丁语文化也一度在捷克成为主流文化。除了基督教内容以外，捷克还在11世纪时出现一些爱国主义的文学作品。在相当长时期内，捷克斯洛伐克文学以编年史而著称。

一

充满文学色彩的《编年史》

11世纪比较有名的编年史作家和散文家是科斯马斯（Kosmas，1045—1125年）。科斯马斯曾经在比利时学习语法和辩证法，回国后在布拉格圣维特教堂任传教士。他为捷克斯洛伐克编写出第一部编年史《捷克编年史》，开创了捷克的史学学科。

在这部编年史中，有"老辈们讲述的神话"、"见证人的可靠消息"等，科斯马斯叙述了自原始神话时代一直到作者所处时代的全部历史，包括古代氏族部落的迁移和"古代的黄金时代"、国家的分裂以及外族的入侵等历史事实，还有关于布拉格的创建、克罗克三个女儿的预言以及一些传说。这部编年史的写作模式是仿效古代希腊罗马作家的模式，对于捷克文学而言堪称佳作。尤其是作者怀着对自己祖国和民族的无比热爱，字里行间洋溢着一片爱国之情。编年史采取对话的形式，还穿插了许多幽默故事和笑话，情节生动、语言诙谐，虽然是用拉丁语写成，但与当时已有的说教性枯燥乏味的宗教文学相比，体现出捷克民族的鲜活个性和特点。

12世纪末到13世纪初，在普热米斯尔王朝统治末期，捷克地区的经济文化发展呈现出繁荣的景象，国王积极支持将西欧的骑士文化引进国内，由此，诗歌、音乐和时尚的宫廷生活在捷克也陆续出现，这个时期德国封

注
释　　① 巴拉伊卡·吉希·帕莱尼切克著，星灿译:《捷克斯洛伐克文学简史》，外国文学出版社1984年版，第3页。

建主大量地向捷克移民，他们与捷克的城市贵族形成一个特殊的团体，与捷克宫廷与上层贵族彼此勾结，使百姓受到更沉重的剥削和压迫，此间的文学反映了这个阶段社会的面貌。一部分下层贵族极力倡导用捷克文写作，讴歌骑士精神，以表达对德国封建主的憎恨和对自己民族的热爱，捷克文逐渐成为主要书面语言。这一时期的主要文学作品是骑士文学，有《亚历山大大帝》（约1300年）和《达利米尔编年史》等。《亚历山大大帝》描写了关于希腊国王亚历山大的英雄事迹，他被赋予了中世纪骑士的所有美德。它的作者已经无从考证，从诗中可以感受到的是对国家的挚爱和对日耳曼移民的反感。《达利米尔编年史》则同样是无名氏的作品，它沿袭了科斯马斯关于远古的部分记述，还参考了其他的编年史以及自己的观点而构成，《达利米尔编年史》从史料的真实性看不如科斯马斯编年史可靠，有些是真实时间与传说混为一谈，远古的历史更是虚幻成分多些。其实，作者写作编年史的初衷并非为了回忆过去，而是为了唤起捷克民众对自己民族的关注，热爱本民族的语言，光复自己民族光荣的美德，他在书中写道："让我们每个人的心都为自己的语言而沸腾吧！……捷克人啊，自己梳洗吧，哪怕是你头上的疮疤，也别留给外族人！"作者还运用非常接近生活的生动语言，使这部编年史通俗易懂，如"谁想家里留财产，莫让火星沾木炭。因为木炭常着火，富人的财物也会遭横祸"。①可以说，这部编年史不失为一部充满爱国激情又朴实无华的优秀著作。

14世纪，捷克斯洛伐克进入查理四世（Karl Ⅳ，1316—1378年）统治时期，是封建政治经济文化由盛转衰的转折时期，从西欧传来的哥特式艺术、雕塑和建筑等纷纷亮相于布拉格甚至偏僻乡村，而最值得一提的是布拉格大学于1348年成立，这是中欧第一所大学，它对于捷克本民族文化的深入发展具有重要的意义。查理四世对于文学是积极扶持的态度，这个时期的文学集中于历史题材和传奇作品，由于骑士文学异国情调和惊险故事情节适合贵族的情趣，因此它深受这个阶层的欢迎。这一时期幸存下来

注释　① 巴拉伊卡·吉希·帕莱尼切克著，星灿译：《捷克斯洛伐克文学简史》，外国文学出版社1984年版，第10页。

查理四世

的抒情诗歌来自于民间，如《宝贝啊，祝你好！》和《她曾来到你的小果园》等，这些诗歌风格朴素、情感真挚，被西方国家的很多流浪歌手钟爱。

虽然大学在捷克地区出现时间较晚，但来自于大学里的文学作品却成为这个时期的重要组成部分。大学生们用捷克语创作了一些短小精悍的诗歌和讽刺作品，体现了捷克民族与生俱来的幽默和率直。其中代表性作品有《马夫与学生》，内容是一位马夫和一位大学生之间的争论，这种争辩没有什么结果，只是采取了中世纪文学比较喜欢的争辩形式。这个时期市民文化崭露头角，在《赫拉德茨手稿》中，保存了一些反映市民生活的作品，其中以日常生活为例，指出某人因亵渎戒律而犯罪，指出贵族和宗教人士如何压榨穷人获得不义之财。在市民诗歌中，还反映出一些手工业行业的情况，如铁匠、酿酒师、理发师、屠夫、烤面包师和皮鞋匠等，这也从一个侧面反映了捷克地区经济发展的程度。

二

民族英雄杨·胡斯的著作和后继者

捷克日益深化的社会矛盾，激起了人们对社会弊端的针砭，而批评的主要对象是教会，因为教会无论在经济上还是政治上都是封建制度的最大支柱。这种社会改革的思想最早是从大学的教师中提出，后来一些民间的传教士和贫穷的牧师也加入这一群体，他们形成了人们思想愿望的代言人。

捷克在14世纪时已经出现一位倡导改革的先驱者，他就是托马斯·什季特尼（šjitný，1335—1409年），他生于贫苦的小贵族家庭，代表作是1376年发表的《基督教日常问题六篇》。什季特尼最大功绩是第一次以非大学教师的身份，用捷克语来探讨宗教问题，这在当时是违背常理的，他在前言中为自己辩护，他的做法冲破了只有大学教师和拉丁语垄断文学领域的屏障，开始向普通民众靠近。什季特尼在文章中注重道德，体现现实生活原貌，在语言上也极具表现力，他善于运用比喻，将那些复杂的概念加以巧妙的解释。

正是从10到14世纪的发展历程，使捷克斯洛伐克在发展本民族文化上有了长足的进步和成就，因此，当社会矛盾进一步加剧和教会日益腐败堕落时，时势造英雄，杨·胡斯（Jan Huss，约1369—1415年）作为民族的英雄登上了捷克的政治舞台。

杨·胡斯出生于捷克南部普拉哈季采附近的胡辛采一个贫苦家庭。在艰苦的生活环境下，胡斯仍克服种种困难，得到进入布拉格大学学习的机会，并获得了哲学学士学位，后留校任教。1400年，受到英国宗教改革家威克里夫的思想影响，胡斯提出教会大量占有土地是一切罪恶的根源，主张没收教会财产。他的这些观点主要通过他用拉丁语写成的著作反映出来，目的是使知识分子阶层能够被说服和接受。

1402年，胡斯任布拉格伯利恒教堂传教士，宣传宗教改革，他这些举动受到捷克广大人民和中产阶级的拥护和支持，但也引起布拉格大主教的恐惧和憎恨。他们禁止胡斯继续传教，用很多手段威胁他，迫使胡斯不得不离开布拉格，在农村继续宣传宗教改革。1414年，在教皇约翰23世（John ⅩⅩⅢ，1410—1415年）主持的康斯坦茨宗教会议上，胡斯被指控传播异端邪说，并传旨让胡斯参加会议来为自己申辩。胡斯明知这是一次危险之行，但仍不顾安危毅然抵达康斯坦茨参加会议。这次会议虽然允许胡斯三次听证，但并没有给他申辩的机会，只是一味要求胡斯放弃自己的主张，服从于宗教会议的权威。不久，胡斯便被捕入狱。长期以来，胡斯始终在肉体上和精神上遭受迫害，他顽强不屈地斗争，坚信自己的观点的正确性。由于宗教会议将胡斯列为异端邪说，他的所有著作都被查禁。1415年7月6日，在康斯坦茨广场上，杨·胡斯被火刑烧死。临刑时，他拒绝向神甫忏悔，他说："我没有必要忏悔，我没有犯致死的罪"。[1]

注释

[1] 张绥：《中世纪教会史》，台湾淑馨出版社1996年版，第191页。

胡斯的著作既是政治论著，也是生动的文学作品。其中最具战斗性的是1413年完成的《论教会》，该书是胡斯用拉丁文写成，书中对中世纪教会的控诉与批判体现出胡斯的主要思想。在这部书中，胡斯提出教会的首领不应该是教皇而应是基督，这种否定教皇的观点自然是对现有教皇权威的有力挑战，该书在国内外都引起巨大的震动。

杨·胡斯画像

胡斯用捷克语写作的作品有《信仰、十诫和主祷文的释义》（1412年），该书收集了胡斯三篇教义论文，系统地阐述了宗教生活中的道德原则，同时指出教会的罪恶行为，字里行间洋溢着对捷克民族的无比热爱之情。1413年完成的《论神职的买卖》和《布道录》，继续深刻揭露教会买卖职务的罪恶、对财富的贪婪和道德的败坏，其中使用很多的民间谚语、警句和方言，使更多的捷克民众能够容易接受理解，因而备受欢迎。

《论神职的买卖》是针对当时普遍存在的买卖神职现象所做的批判。当时捷克地区所有教会都要向教皇交纳黄金，谁交得多，谁就能得到圣职，教会中在捷克出售赎罪券这种舞弊行为从上至下无一例外。将神职演变为贪欲的满足，最终受害的是普通的百姓，胡斯对这种整体性的舞弊行为深恶痛绝。其实，买卖神职的行为不仅在捷克出现，德国宗教改革的起因同样是贪婪的教皇出售赎罪券而引发，马丁·路德为了反抗教皇这种聚敛金钱的卑劣手段高扬起反抗的大旗，这场声势浩大的宗教改革成为与文艺复兴同等重要的革命性运动。

《布道录》由胡斯传教的布道词收集而成，它几乎完整地保存下来。虽然大部分讲稿是拉丁语，但在讲述时通常使用的是捷克语。由于胡斯被教会迫害不得不将布道地点转移到农村去，因此，他的布道对象主要是面对没有受到更多教育的农民，他在农村传教的时候更加注重运用他们能够听懂和熟悉的语言，并紧密联系现实社会，因此，胡斯的思想观念标志着捷克社会意识形态的最前端。

胡斯对于捷克文学的贡献还不仅如此，他专门写的《论捷克语正字法》，对当时捷克语中人们使用不方便和不适用之处加以说明和修改，通过慎重的正字法，用更合乎实际和简单的字母笔画来简化复杂而又不易准确的连字法。这样，便于缮写人员减轻工作负担，同时也减轻了阅读的困难。

另外，胡斯通过在自己的著作中大量使用接近民间的口头语言的捷克书面语言，极大地推进了捷克书面语言的发展进程。胡斯为一些新的概念创造新的词汇，他努力革旧布新，在语法上也做了大胆的革新，如摈弃一些过时的形式，尽量采用鲜活的布拉格当地的通俗口语来代替。对于外来语言，胡斯的态度也很鲜明，他竭力维护捷克民族语言的纯洁性，对于一些从德国引入的外来语持否定的态度，也不希望捷克人民随意接受外来语。鉴于胡斯在捷克文学中的地位和威望，胡斯的作品成为捷克作家的规范用语，胡斯为捷克民族语言，尤其是在书面用语方面为捷克文学打下了坚实的基础。

胡斯对歌曲音乐的语言功能十分重视，他亲自在伯利恒教堂组织教唱赞美歌，其中不仅有原有的赞美歌，胡斯还自己整理或创作新歌，例如《光荣的国王啊！》、《善良的基督！》等，这些歌曲在赞美歌中独树一帜。

胡斯的思想和他的命运激发起捷克人民反对教会的革命热情，虽然胡斯被迫害致死，但胡斯的拥护者大多是农民、手工业者和市民，他们在胡斯思想的感召下，形成一个胡斯派运动，反对教会的腐败，发展为持续多年的农民战争。其中激进派塔波尔派甚至提出要建立一个没有特权等级的自由教会公社，建立一个没有国王的国家。由于各种客观因素和局限性，终归于失败。

虽然胡斯运动归于失败，但他所唤起的人民群众的民族意识和文化意识，却成为捷克文学发展的不竭之源。在捷克形成以革命性诗歌为标志的独有文学，其中《伊斯特普尼采圣歌集》中包括了胡斯时代的革命性诗歌，最具代表性的是一首胡斯军的战歌，叫《我们是上帝的战士》，诗中这样写道：

　　上帝的战士们，
　　为保卫教义而出征。
　　上帝与我们同在，

　　信赖他

　　无往而不胜！

　　心中有主在，

　　敌众势强何所谓，

　　为上帝而战，

　　跟随他

　　永不后退！①

　　胡斯在1420年创作的诗集《布丁辛纳手稿》，是这一时期艺术上最为成熟的作品。其中《捷克王冠的控诉》和《捷克王冠在匈牙利国王加冕问题上对捷克贵族的控诉》两篇影响最大。诗中控诉了国王齐格蒙德和追随者对胡斯的迫害，同时指出捷克人民与德国下层人民是友好的。诗中将天主教会比喻成库特纳山，把革命人民比喻为布拉格，布拉格在耶稣面前为胡斯的革命运动而大声呼吁。经过一段沉寂后，15世纪中叶人文主义思想开始传入捷克，其接受者由胡斯运动时的农民转为市民阶层，他们虽然没有完全接续胡斯的革命主张，但人文主义反对限制思想自由和阻碍科学发展的教会，与胡斯的思想是大同小异，尤其人文主义主张人生应当丰富多彩，给捷克社会带来更加广泛和更深刻意义上的变革。

　　15世纪后半叶，捷克人文主义思想呈现两种趋势，一种是仿效古代作者的作品，以拉丁语为文学语言；另一种则是以本民族语言和题材为准，形成有自己特色的文学作品，只是在风格上向拉丁语文学靠拢。后者的领军人物为维克托林·科内尔（Körnervladimír Cornell，1460—1520年）和杨·布拉霍斯拉夫（Jan Blahoslav，1523—1571年）。维克托林·科内尔以法学著作著称于世。他出生于赫鲁吉姆富裕的商人家庭，大学结业后在学校任教，后成为高级官员。科内尔受到意大利但丁的影响，坚信不疑地信奉人文主义思想，从最初用拉丁语写作改为用捷克语。在科内尔翻译的《论挽救堕落者》一书的前言中认为，语言并不像有些人所认为的"那样单调贫乏，那样不圆润流畅。凡是希腊语、拉丁语所能表达的，捷克语

注释　① 中国社会科学院外国文学所：《东欧文学史》，重庆出版社1990年版，第65页。

也能胜任。由此可见捷克语的丰富多彩"。他形象地把用拉丁语写作比喻成往大海里添水，是多此一举。他本人"则将古代真正善良的人们的书籍和著作译成捷克文，"宁可雪中送炭，让穷者变富，"而不愿锦上添花，给富人送礼，向他们献媚，以至于使自己成为一个受鄙视、蒙羞辱的人"①。《九论捷克的权利、法庭与法律》是科内尔1500年的重要著作，在这部书中，作者尽自己最大的努力用自己所掌握的文化知识来满足捷克文学和民族的需要，他极为赞赏罗马法的完美无缺，但依然将捷克法律置于罗马法之上，而坚决反对贵族手中握有绝对的权力。他的论点遭到贵族的强烈反对，迫于这种压力，科内尔只好另外出版一种版本，将一些激烈的言辞删掉，而没有经过删改的版本依然在民间流传，远比修改本更为广泛。

杨·布拉霍斯拉夫是以人文主义思想来向人民进行宣传的神甫。他出生于摩拉维亚的市民家庭，在德国接受了大学教育，因此深谙人文主义思想内涵。回国后，他在兄弟会学校任教，兄弟会是15世纪中叶在捷克日阿贝克附近的孔瓦德村出现的一个宗教团体，其宗旨是以《圣经》为唯一生活准则，强调有道德的生活和体力劳动，举行简朴的仪式，采集民歌，拒绝在国家任职、服兵役和发财致富，取此会名是由于参加该会的成员相互间以兄弟姐妹相称。后来受人文主义思想影响，兄弟会成员开始关注自身的文化修养和提高，布拉霍斯拉夫在兄弟会学校任教期间，针对其成员对高等教育不大信任的状况，积极帮助他们克服对文化教育的抵制情绪，为此，他专门撰写了《驳兄弟会中的缪斯反对派》，用令人信服的证据说明文化教育能帮助人们生活，而无知是人类进步的敌人。

布拉霍斯拉夫从事捷克语的研究工作历时20年之久，写出了《捷克语法》一书，对捷克书面语言的特点、语言的形象性、外来语的使用和方言等，都阐述得十分详尽，他还将搜集到的一些捷克民间成语写入自己的著作里。他还成功地将《新约》从希腊文翻译成捷克文，使《新约》更加适应人民大众的普及化。

注释　　① 中国社会科学院外国文学所：《东欧文学史》，重庆出版社1990年版，第39页。

布拉霍斯拉夫作为一位捷克优秀的文学家、语言学家，受到了捷克人民的衷心拥护。他去世不久，兄弟会的学者就将《圣经》翻译出来，1579到1593年期间，由布拉霍斯拉夫家乡的兄弟会秘密印刷出版了六卷本的《克拉利采圣经》。《克拉利采圣经》的语言精练优美，成为书面借用口语的典范，它的出版也使捷克民族的书面语言进一步规范化，它的意义非同一般，因为这是捷克人民大众普及文化教育的结果，更是捷克人民聪明智慧的硕果。

第四节　中小贵族统领下的波兰文艺复兴革命

不可否认，和西欧文明发展进程相比，东欧诸国进入文明社会较晚，当罗马帝国已经由盛转衰时期，居住在东欧、包括北欧的人们还处在原始氏族社会的晚期，被罗马人看成是未开化的"蛮族"。直到罗马帝国一分为二，在民族大迁徙中，属于"蛮族"的日耳曼人入侵西罗马，建立起自己的王国，同属于"蛮族"的斯拉夫人在西欧建立的封建制度和奴隶制度交替过程中，开始登上了欧洲社会的舞台。

斯拉夫人在这个阶段相继建立自己的国家。波兰属于西斯拉夫人，于公元9世纪中叶出现两个大的部落联盟，10世纪时波兰公国的国王密什科一世（Mieszko I，约960? —992年在位）统一了这两个部落联盟，成为统一的国家。伴随而来的是966年基督教的传入，基督教对于波兰的思想意识形态迅速转变起到了一定的作用，基督教的传入使波兰在政治意识、思想文化方面与西欧社会更加趋同化，因而限制和破坏了波兰本民族文化的发展脉络，这是不容置疑的事实。1025年，波列斯拉夫被加冕为波兰国王。他们和其他东欧北欧国家一样，都绕过了奴隶制度直接进入封建社会。

一

11 — 16 世纪的波兰文学

11 至 16 世纪期间，基督教传到了波兰。本民族原有的文学没有文字，只有口头文学，被基督教会视为异端，只有部分得以保存下来。在书面文学中，最早出现的是用拉丁语记载的编年史作品，主要记载的是基督教的活动和帝王的功绩，在这一基础上形成"历史记事"的文体。从 12 世纪开始出现的《历史记事》，对于波兰古代历史有着比较重要的作用，而且采用夹叙夹议的方式，诗文并茂、用词讲究。到 15 世纪时，这种记事文学更加盛行起来。其代表作家是杨·德·乌果什（Jan Dlugosz，约 1415 — 1480 年）。作为历史学家和文学家，他的《波兰历史》成为当时着重记载波兰政治、军事和外交方面的权威作品，尽管他是站在基督教的立场上，表示出对波兰王权的不满，但他对以后波兰的政论作品影响颇深。他在作品中还生动地记载了当时的世情民风、历史事件和人物性格，表现出他所特有的深厚文学底蕴。

1396 年，波兰与立陶宛联合打败了条顿骑士团后，波兰政治经济呈现出迅速发展的态势，波兰国内的骑士逐渐向中小贵族转化，而中小贵族在波兰国内的地位迅速攀升，他们最终成为主宰波兰社会文明进程的决定性力量。

16 世纪的波兰，用马克思的话说是"它的光辉时期"。自 1569 年与立陶宛正式合并为统一的国家后，波兰就成为一个幅员辽阔的大国。波兰联结了西欧和黑海的陆上通衢，格但斯克海峡的收回，使波兰的粮食能够源源不断地向西欧输出，对外贸易、城市的兴盛、国力的增强，但这不仅仅就是马克思所说的"光辉"，它的光辉还有涓涓流淌在维斯瓦和奥德河的新文化之澜。

以民族和爱国为特点的文艺复兴文学

　　西欧文艺复兴运动同样像磁石般吸引着波兰各个阶层的先行者，最先行动的是中小贵族，他们纷纷将子女送到法国、意大利等国家去接受新型的教育，他们学成回国最大的贡献就是将人文主义思想在波兰广为传播。波兰本土的文化教育也有令人骄傲的成就，波兰著名的人文主义思想家莫热夫斯基，华沙的克拉科夫大学汇集了波兰的诸多人才，成为欧洲著名的大学之一，在科学领域里最令波兰人自豪的是诞生了著名的天文学巨人尼古拉·哥白尼（Nicolaus Copernicus，1473—1543 年）。诚然，由于波兰社会的工商业不甚发达，它的资产阶级没有形成强大的势力，中小贵族成为社会的中坚，这就决定了文艺复兴在波兰具有不完全性和软弱性。中小贵族所代表的只是封建社会中的中下阶层，他们从根本上说是封建制度的既得利益者，他们的立场是摇摆不定的，当他们力量薄弱、受到豪强压制时，他们反对封建豪强；当他们参与国家政治并取得相应的地位时，他们就会自然和教会、豪强站在同一立场。

　　尽管如此，这个时期文学已经被人文主义所主导。波兰人文主义思想表现在文学作品中突出的是民族特点和爱国的情感，使用波兰民族语言就是这个时期文学家的首选，波兰诗人雷伊的一句话："波兰人不是笨鹅，他有自己的语言"，[①]这句直白浅显的话成为激励波兰人使用自己本民族语言的名言，推动了波兰文学的发展。此时的波兰文学形式主要是诗歌。虽然波兰承袭了西欧文艺复兴所青睐的拉丁语，但用拉丁语创作的杰出诗人并不多见，其中较有名气的当属克莱门斯·雅尼茨基（Klemens Janicki，1516—1543 年），他出身农民，后来得到了贵族的庇护资助，专门到意大利学习，获得了桂冠诗人的称号。他的诗歌主要以基督教颂歌为主，但毕竟受到人

注
释

① 中国社会科学院外国文学所编：《东欧文学史》（上），重庆出版社 1990 年版，第 31 页。

文主义思想熏陶，他的一些诗歌带有鲜明的人文主义的色彩，比如在《共和国的控诉》诗歌中，他揭露了封建地主的自私与专横，表达了对贵族之间争斗的气愤。在另一首《波兰国王们的生平》中，讲述了波兰国王的平民出身，他的诗句倾注了对祖国的热爱和对农民的同情。在这个阶段更令人欣喜的是波兰语诗人如雨后春笋般涌现，赢得波兰人民的欢迎。

诗人别尔纳特（Biernat of Lublin，约 1465 — 1529 年），他是波兰人文主义先驱者之一，也是第一位用波兰语写作的诗人。他的激进的思想内容被教会所不容，受到了长期的查禁，因此即便在波兰本国也长期默默无闻，直到 19 世纪才被重新发现。

纳特用波兰语翻译了很多作品，第一部波兰语的翻译祈祷书《灵魂的天堂》就出自于他的手笔，根据意大利诗人拉努乔·达雷佐的《伊索的一生》改写的同名诗歌也是他的代表作。别尔纳特为这首诗歌赋予了新的思想内涵，他站在下层民众的角度，赞美他们具有同样的智慧，指出衡量人的标准不是他的"等级和财富"，还揭露教会的教士虚伪本质，说他们是一群"披着羊皮的狼"。

诗人米科瓦伊·雷伊（Mikolaj Rey，1505 — 1569 年）。作为波兰中小贵族诗人的代表，他参加了中小贵族的争取政治权利的斗争，他的《地主、神甫和村长三人之间的小争论》就是他早期进步思想的写照，诗中揭露了封建地主和教会的贪婪、阴险和自私，对农民表示了同情之心。随着中小贵族斗争取得了一些胜利，夺取了部分政权，他的思想也随着由激进转为保守，他的另一些诗作《约瑟的一生》、《商人》和《正直人一生的写照》，直到后期的《镜子》，明显表露出他的思想变化，此时的诗人已经不再为政治斗争而呐喊，所追寻的是与世无争、世外桃源的精神世界。雷伊是多产的诗人，他在诗歌创作上格律严谨、语言朴实，用词准确，对于发展波兰诗歌语言方面做出了较大的贡献。

作家乌卡什·庇尔尼茨基（Wu Kashi Ucar Shi Bier Niczky，1525 — 1603 年）。他也是一位贵族出身的作家，《波兰的宫廷侍卫》是根据意大利作家卡斯第朗的《宫廷侍卫》改写的，在这部以对话形式为主的散文作品中，古尔尼茨基将所表现的内容都搬到了波兰境内，描述了波兰的民俗风俗，塑造出一个理想的宫廷侍卫，当然他仍然是为封建贵族效劳的侍从，无法摆脱这个阶层的束缚。

西蒙诺维奇（Szymonowicz，1558—1629年）。他出生于市民阶层，有在大学任教的经历，还曾行医。1614年，他出版了波兰语的《田园诗集》，在20首诗歌中，有一部分是根据古希腊和罗马的牧歌而改写，其余为自己创作，其中以《割麦人》为代表作，这首诗通过两个割麦的女奴的对话和对唱，控诉了封建地主的剥削压迫，表达了作者同情农民的情感。《田园诗集》使西莫诺维奇成为波兰这一时期的著名诗人。

塞巴斯蒂安·法比安·克诺维奇（Sebastian Fabian Kenuoweiqi，1545—1602年）。他是一个普通磨房主的儿子，曾经在政府部门任职，他的诗作有《弗利斯》和《犹大的口袋》。《弗利斯》是一首歌颂波兰自然风光的长诗，主要描写了维斯瓦河两岸的秀美壮观和波兰民族的风土人情，表现出诗人对自己祖国的无比热爱。另一首诗则是他在法院任职期间的所感所想，诗中讽刺了社会上层为了谋取钱财不择手段的各种丑行，但没有敢将矛头直指权贵和豪强。克罗诺维奇还因为一首《神的胜利》而触怒了教会，在这首诗中，克罗诺维奇对教会和登记制度进行了大胆的披露，因而被教会查禁，本人也长期遭到教会的迫害。

16世纪波兰文艺复兴在文学领域最杰出和最具代表性的是杨·科哈诺夫斯基（Yang ke Hanuo Ostrowski，1530—1584年）。他出生于拉多姆省的一个贵族家庭，毕业于克拉科夫大学，后来又到意大利求学，接受了人文主义思想的影响，甚至与法国七星诗社也有过交往。回到国内，他参与了国内的改革运动，曾经担任过国王的秘书。1570年，科哈诺夫斯基为了能够自由地写作，放弃了官职，他的观点是：要自由地创作，就必须放弃仕途生活和对财富的追求。他离开首都，回到了自己的家乡查尔诺列斯村，专门写作，直到逝世。

科哈诺夫斯基创作之始是用拉丁语，回国后转为用波兰语创作。他早期的作品以情书和颂歌为主，后来他的诗歌内容逐渐与现实社会相连，《团结一致》、《沙梯尔》（又名野蛮人），两首诗鼓舞波兰人民团结一致，揭露贵族的贪婪、冷酷、怯懦和奢侈，当然诗中也有明显的缺陷，《团结一致》

中带有宗教色彩,《沙梯尔》则对政治斗争采取了折中态度。

1564年的长诗《普鲁士的进贡》是比较优秀的诗歌之一,它歌颂了波兰与立陶宛合并后的强盛,爱国主义激情倾注其中。在乐观情绪的影响下,科哈诺夫还写了一些诙谐幽默的诗歌,成为他一生中数量最多的文体。这类诗歌短小精练,因事而发,语言生动,内容广泛,形式多样,科哈诺夫斯基的诙谐诗歌开波兰此类诗歌之先河。诗人在家乡得到了无穷的创作灵感,进入到诗歌创作的盛期,他的主要作品在这个时期完成,显示出他灿烂绚丽的诗才。

《圣约翰节前夕之歌》是一首民歌体长诗。按照波兰民间习俗,在圣约翰节前夕,农村的姑娘们要在篝火边载歌载舞,举行盛大的篝火晚会。诗人根据这个民俗写成了12首歌,由12位姑娘演唱。这些歌有一些是歌颂波兰乡村的优美景色,歌颂爱情的纯洁,抨击不忠的行为。还有的讲述了农民生活的艰难困苦。这组诗情趣盎然,勾勒出波兰乡村人民生活的真实画面。

《挽歌》是诗人为自己早逝的女儿写的组诗,共由19首组成。诗中深情地回顾了可爱的女儿生前给家里带来的欢乐和逝世后给父母带来的悲痛。整个组诗生动感人,是没有宗教束缚,真情实感的佳作,受到波兰文学界的一致好评和仿效。

《拒绝希腊使者》取材于古代希腊的一部诗剧,它的故事情节比较简单:特洛伊王子帕利斯在希腊国王外出做客时抢走了绝世美女海伦,希腊使者要求特洛伊交回海伦,否则就要用战争手段来解决。帕利斯采取了一些收买拉拢手段,使枢密院决定不接受希腊使者的要求,诗歌在战争即将来临和特洛伊即将灭亡的预言中结束,诗中有这样的诗句:啊,不法的王国正临近灭亡,法律被轻视,正义不存在,一切都受着金钱的支配。这首诗不仅具有积极的思想意义,在艺术上也是别有新意,这是诗人对于波兰形势的一种警示和提醒。科哈诺夫斯基的戏剧在波兰属于最早的一部。

科哈诺夫斯基在波兰文学史上占有重要的地位。他的作品从语言上吸取了很多波兰民间的俗语、谚语等,加上本人的语言才华,诗歌诗韵和谐、格律严整、情景交融,从总体上丰富了波兰的文学宝库,也使波兰的诗歌水平达到了空前的高度。当然，他的诗歌在思想上有较大缺陷，没有深刻反映波兰社会尖锐的社会矛盾和激烈的社会变革，距离现实生活较远，更多地局限于个人的精神世界。尽管如此，科哈诺夫斯基对于波兰文学仍然起到了深刻的影响，很多后世诗人受到了他的影响。

17世纪到18世纪波兰社会又进入到更加复杂多变的历史阶段，与西欧文化更加接近，受到西欧影响，也很快进入到了古典主义文学阶段。

第五节　北欧文艺复兴文学

北欧国家包括今天的冰岛、瑞典、丹麦、芬兰和挪威。芬兰在1150年归属瑞典，使用瑞典语，19世纪芬兰语独立于世。就文化而言，常常将"古代北欧"的文化作为整个北欧的共同文化，但事实上，除了冰岛，其他国家的古代作品已经所剩无几，因此，北欧文化是以冰岛的古代文化为主。虽然在文艺复兴运动中北欧国家略显黯淡，但仍以独特的文化传统和成就而占有一席之地。

公元9世纪下半叶，挪威人来到了冰岛，在这块水草丰美的海岛上定居下来，各个部落首领带领着农民修建起寺院和聚众议事厅，各个部落的逐渐联盟，从930年开始出现了具有司法意义的国家权力机构的雏形。11世纪以后，随着基督教的传入，冰岛国家也相继走进封建社会，因此冰岛国家从原始部落起步，没有经过奴隶社会而一跃进入到封建社会，具有其历史特殊性。北欧中世纪与西欧在时间上延宕许多，北欧虽然没有严格意义上的文艺复兴，但也不可避免地受到西欧国家文艺复兴的影响，出现人文主义思想的文学作品和戏剧等，在这冰雪晶莹的世界里，同样折射出时代之光。

一

民间文学《埃达》与《萨迦》

北欧文学的发端可追溯到公元 9 世纪，古代冰岛文学已经很繁荣，主要形式有诗歌和散文两种，诗歌又分为《埃达》（Ada）和北欧吟唱两种。

《埃达》通常被称为冰岛《埃达》。埃达一词在古代斯堪的纳维亚语中为"神的启示"或"运用智慧"，后来被引申为"诗作"或"写作"。《埃达》在北欧被认为是堪与希腊神话、罗马史诗相媲美的文学奇葩。它由从挪威迁徙到冰岛的移民，将北欧地区流传已久的日耳曼人的口头文学，带到这里并形成独特的文学形式。

《埃达》分为《旧埃达》和《新埃达》两种。《旧埃达》收录的是公元 8、9 世纪到 12 世纪期间的民间诗歌，这些诗歌已经在民间流传了数百年之久，《旧埃达》中共有 38 首诗篇，不过后三首是原来的手抄本没有的，带有明显的说教味道。《旧埃达》运用了大量比喻、类比、暗示和寓意等修辞手法，语言风格活泼、生动。代表诗为《女占卜者的预言》，主要叙述了自混沌初开，神造世界，又开始部落战争的神的故事。《新埃达》的作者是冰岛人斯诺里·斯图鲁松（Snorri Sturluson，1179—1215 年）。他是中世纪冰岛乃至北欧最杰出的历史学家和诗人。他在《旧埃达》的基础上，创作了无韵体散文神话故事和英雄传奇——《新埃达》。《新埃达》在表达故事情节和传说记载上比前者更加完整丰满，运用语言的能力更加成熟和富于韵味。[1]与此同时的北欧神话主要由无名诗人所创作，内容多是诸神和英雄史诗。神话是讲述开天辟地、神氏诞生、神族谱系和诸神之间发生的故事等内容，所描述的情景基本反映了北欧在氏族社会阶段的结构、观念以及日常生活。英雄史诗《佛尔松诗集》取材于日耳曼人传到北欧的故事和传说。北欧吟唱则是一些通过诗歌在宫廷中获得报酬的诗人的所作所为，

注释

① 石琴娥：《北欧文学史》，译林出版社 2005 年版，第 11 页。

其中著名的有公元9世纪一位挪威人创作的《英陵嘉太尔》。[1]这些挪威祖先的故事在相当长时间里是被代代口头流传下来，直到13世纪才被记录下来。

13世纪还出现一种文学形式——《萨迦》(Sakya)，萨迦的原意是"说"和"讲"。这个时期前后，挪威和冰岛人用散文体把过去的口头文学记载下来，加工整理成为《萨迦》。

《萨迦》流传至今的约有150多种，内容很繁杂，包括了北欧氏族社会的英雄人物的功绩和传记家谱，反映了当时人们日常生活的方方面面，体现出北欧人民的情感、坚强和机智，对待爱情的浪漫和执著，以及女性的坚强与机智等等。"萨迦"的风格一目了然、明晰简练，没有华丽的辞藻，用行动和表情来刻画人物的心理和形象，同时也没有作者的观点立场，基本是忠实于客观表述的，经过一两百年的口头流传，到13世纪时被文字记录下来。"萨迦"代表了北欧古代文学的最优秀的部分。《萨迦》共分为三大类："王室萨迦"、"家族萨迦"和"虚构萨迦"。"王室萨迦"的作者来自于挪威和冰岛，代表作品是斯诺里·斯图鲁松的《挪威列王传》，取材比较真实，是纪传体史书和文学作品。"家族萨迦"一般以历史上确有其人的人物为主人公，在30多篇长短不一的家族萨迦中，作者记叙他们迁徙到冰岛之后的遭遇祸福，被冠以《冰岛人萨迦》的共同名称。至于"虚构萨迦"则是神话和一些并非真实的浪漫神奇故事，代表作有《伏尔松萨迦》和《奇数箭萨迦》等。《萨迦》形成了独特的文学风格，对整个北欧文学产生了重要的影响。近现代很多北欧作家都从中汲取营养，将这一古老的传统文化传承下来。

13世纪前后，基督教传入北欧，这种宗教文化很快浸入到各个领域，因此在第二阶段产生了宗教色彩浓厚的基督教文学。由于各种教会学校开始出现，北欧国家的教育开始呈现出宗教性质。其实，早在这之前一个多世纪时，北欧各国的人就开始出国去留学，他们去的国家主要是法国巴黎

注
释

[1] 雅·阿尔文、古·哈塞尔贝里著，李之义译：《瑞典文学史》，外国文学出版社1985年版，第4页。

的著名大学，学习拉丁语和哲学、神学等课程，但是令他们印象最深刻的还是造型艺术，因为很快在瑞典的一些地方就出现了罗马风格的修道院建筑。13世纪后半叶，在法国的引领下，哥特式风格的建筑出现在教堂建筑中，雕塑和绘画也以法国为楷模。直到今天，瑞典还完好地保留着这些建筑，在格姆拉斯丹老街区，精美的教堂和修道院构成古老的建筑群，那里的一砖一瓦都在诉说遥远时代的文化渊源。

瑞典女作家比尔吉塔

经过留学法国的潮流和出于基督教传播的需要，北欧人创作出一些基督教诗歌和类似小说的文学作品，其中最负盛名的是瑞典女作家比尔吉塔（Saint Birgitta，1303—1373年）。她是瑞典第一位在文学上享有盛誉和影响的人。她是一个虔诚的基督教教徒和诗人，比尔吉塔一生致力于基督教的传播与建立新的教派，为此，她来到意大利，度过了40岁以后的余生。这个时候的意大利，正处于文艺复兴的前夜。但丁在她来到之前30年去世，彼得拉克和薄迦丘等人的活动也没有直接影响到比尔吉塔，但她的文学天赋与意大利的文化氛围相得益彰，她极富于想象力，她的虚构型思维类似于"预言家"，她的语言也丰富多彩，她诗中描写的内容主要来自于她生活和熟悉的环境，包括自然界和日常琐事，但这些都被她赋予象征的意义。由于她的声誉，在15世纪时，北欧各国很多修道院以比尔吉塔而命名。人们给予了她最美好的赞誉，在《比尔吉塔歌》中写道：

> 玫瑰上撒满天空的露水，
> 星星闪光发亮，
> 万岁，比尔吉塔，你慈悲无比！
> 把恩泽送到废墟，

用圣洁的天光

照亮灾难深重的人间大地。①

中世纪阶段的文学成就还包括了翻译的世俗文学，主要是从法国的普罗旺斯翻译过来的骑士诗歌。虽然即便在瑞典等国最强大的王朝，也没能出现骑士文学的形成条件，但从在14世纪起有很多骑士文学被陆续翻译流传到北欧诸国，其中在瑞典翻译并改写成的《埃乌费米娅之歌》最有名气，可见骑士精神受到欢迎，骑士的爱情观念得到肯定。而且在翻译过程中，北欧国家各自的语言也臻至成熟和完美。

除此之外，中世纪时期北欧国家文学还包括基督教文学、韵文编年史和芬兰神话等。基督教文学包括《圣经》翻译、圣徒传和赞美诗歌等，在翻译的过程中，催生了基督教文化的语言本地化。北欧地区中瑞典和丹麦文学相对发达，但是由于战乱和疾病等因素，语言使用混乱成为一大痼疾。翻译《圣经》逐渐改变了这种局面，由不同的语言统一到使用民族文字语言，同时，也有利于世俗文学作品的发展。

二

瑞典古斯塔夫一世时的文学盛况

北欧进入通常意义上的文艺复兴时代，时间为16世纪至17世纪左右。瑞典、丹麦等国文艺复兴的特点是受意大利法国的影响，这些国家的人文主义者不是单纯的模仿和照搬古代思想家的思想观点，而是按照自己的思想意志行事。换句话说，他们受德国影响较深，以宗教改革为中心，没有出现通常意义上的新型文化形式，具有北欧国家自己的特点。

瑞典在国王古斯塔夫一世执政期间，他和他的国家成为北欧文艺复兴的焦点。关于古斯塔夫·瓦萨本人，我们在第一章介绍过，古斯塔夫一世是瑞典文艺复兴时期积极推动文学艺术发展的开明君主。他在位期间仿效

注
释

① 雅·阿尔文、古·哈塞尔贝里著，李之义译：《瑞典文学史》，外国文学出版社1985年版，第22页。

德国路德进行了宗教改革，出版了用瑞典语翻译的《圣经》。除此以外，瑞典在编年史、整理民间谣曲和民歌等方面也取得不凡的成就，出现了奥劳斯·马格努斯、约翰尼斯·麦塞尼乌斯、大主教佩德·斯瓦特以及诗人拉斯·维瓦里乌斯等人。

　　17世纪中叶是瑞典所谓的强国时期，瑞典的文化发展在欧洲其他先进国家科学、文学和艺术成果推动下加快步伐。在克里斯蒂娜女王时期，多而帕特、奥博和隆德等都建立了新的大学，众多外国学者被吸引到瑞典大学任教，其中乌普萨拉大学无论从图书馆的存书量还是神学、人文学和自然科学等方面都在瑞典占有绝对的优势。在克里斯蒂娜执政期间，学校教育中充满着人文主义的内容，学员们除了学习拉丁语、希腊语和希伯来语，还要学习自然科学、社会学和法律。但是瑞典的贵族子弟并不去这种学校，他们学习知识和修行的渠道是在家庭中个别学习和到国外留学，这些特殊身份的人群通过直接接受国外教育，构成了一个有别于国内学校教育，有较高文化层次的群体。他们思想意识明显带有国外的色彩而非瑞典本土的。他们学会了各国的语言，包括法语、荷兰语和意大利语，受到这些语言的影响，瑞典的文学领域出现按照古典诗人和文艺复兴风格创作的作品。

　　同样在这个时期，处在上升阶段的资产阶级经济政治实力快速增长，短短几十年，斯德哥尔摩就建成了王宫、议会和各种机构，人口也达到4万左右，这样一个环境促成了瑞典文学新的亮点的产生——诗歌与戏剧。

　　瑞典诗歌带有明显的古韵风格，最负盛名的诗人当属耶奥尔格·希恩海尔姆（Georg Stiernhielm, 1598—1672年）。作为宫廷诗人，他最初的创作是献给克

瑞典宫廷诗人耶奥尔格·希恩海尔姆

里斯蒂娜女王，这部名为《被俘虏的爱神丘比特》的诗歌，神奇地运用了边跳边吟唱诗歌的形式，舞蹈是希恩海尔姆自己独创的"芭蕾舞"，载歌载舞的形式的确适合于宫廷的演出，没有人能够证明他的"芭蕾舞"出自何方。法国的芭蕾舞是路易16世所创，是否传播到瑞典已不得而知。1658年，他的《赫拉克勒斯》成为瑞典文学史上第一部六音步诗，作品取材于古希腊神化，运用了古诗韵，将完美的韵律和铿锵深刻的内容完美地结合在一起。作者还借鉴了荷马史诗复合式形容词和一连串的形容语言，在华丽的辞藻下，我们被带入到诗歌的核心，即对于美德、生命、享乐的意义的思考，这与文艺复兴精神完全符合，没有禁欲主义的桎梏。在《留在记忆中的烦琐婚礼》、《女诗神现在才教我们用瑞典语写诗和吟唱》等诗作中，体现出诗人现实主义的最初尝试，以及诗歌的意义。从希恩海尔姆之后，瑞典文学正式起用古典韵律，弥补了瑞典语的不足，因此，瑞典人授予他"瑞典诗歌之父"的美誉。

希恩海尔姆之后，他的学生和后继者继承了他的诗歌风格和语言，其中佼佼者是拉斯·卢西多尔（Lars Johansson，1638—1674年，注：Lucidor是诗人笔名）。他的杰出之处在于他对瑞典民歌的贡献。卢西多尔通晓6种以上的语言，他在祝酒歌和忏悔歌等表达了自己真诚的情感、粗犷的风格和浪漫的意境，使自己在瑞典文学史占有一席之地，他死后其诗作出版，名为《赫利孔山之花》。赫利孔山位于希腊东部，被认为是神山，可见吕西多尔精神世界的根源仍在于古典文化。

16世纪20年代以后，瑞典产生了取材于《圣经》的"学校戏剧"。一些学生在英国留学时接触到英国鼎盛时期的戏剧，他们对戏剧产生极大的兴趣，在学校里也开始尝试这种来自莎士比亚家乡的"舶来品"。在学校戏剧中喜剧居多，内容是以世俗的爱情为主，这种在学校上演的戏剧的目的，并非是要教育人，而仅仅是为了娱乐和健身，当然由其内容也具有现实主义意味。17世纪后期，此时的戏剧已经摆脱了华丽的"芭蕾舞"特征，它有固定的情节，而且力求表达出人物的心理发展，带有古典悲剧的性质。其代表作是《露西蒙达》，当时乌普萨拉大学的学生来出演，以后大学的剧团解散后，乌尔班·赫尔纳又专门组织起新的剧团来到斯德哥尔摩，获得更显著的成功。

1649年，瑞典女王克里斯蒂娜（Christina，1626—1689年）在斯德哥尔摩皇宫内修建了第一座舞台。1667年在斯德哥尔摩狮子山修建了第一座剧院。虽然后来该剧院因一场大火被烧毁，但它的建筑遗骸还依然保存下来。直到1700年前后，一个法国剧团来到这里演出拉辛和莫里哀的剧目，从此，法国戏剧对于瑞典戏剧的发展起到了决定性的作用。推而广之，从18世纪开始，瑞典文学进入到法国古典主义和启蒙运动之中，其文学的发展进程已经与欧洲基本同步。

三

丹麦著名的圣歌诗人——金果

丹麦自1397年卡尔玛联盟组成后，一直是雄踞北欧的强国，瑞典和挪威都曾隶属于它。到16世纪以后，瑞典独立并迅速强大，与丹麦之间的战争不断，丹麦屡屡失败，到17世纪时国势已由盛转衰。与此同时，丹麦的宗教改革却是异常顺利，几乎没有流血就推翻了神权至上的旧教统治，世俗王权成为国家的最高权威和财富的拥有者。只是由于连年战争的失败，使原本紧随英国的海上商业贸易的发展凋敝停滞，经济陷入困境，加上黑死病的重创，尽管中央集权还比较稳固，但依然无力扭转国家的衰落趋势。

"失之东隅，收之桑榆"，宗教改革和人文主义等没有真正促进丹麦社会的发展，但却推动了丹麦文化领域的快速进步。在自然科学方面，丹麦出现了著名的天文学家蒂科·布拉赫（Tycho Brahe，1546—1601年），他为丹麦和欧洲建造了第一座现代意义上的天文观测台，使宇宙星象图得以改观。同时，文艺复兴时期西欧盛行的奢华宫廷文化，也渐入到丹麦宫廷中，巴洛克风格的建筑大行其道，国王婚礼的奢侈程度令整个欧洲咋舌，与之相应的是文学领域盛行艳丽奢靡的文章和诗歌。尽管绝大多数作品都是为上流社会服务的应景之作，但它逐渐改变了丹麦以往呆板陈旧的诗歌格律，将意大利和荷兰诗歌中韵律多变、格调丰富的特点吸收进来，与本地诗歌加以融会贯通，形成以亚历山大式格式为主要形式的丹麦诗歌。而

丹麦诗人金果画像

其中佼佼者就是圣歌作者托马斯·金果（Thomas Kingo，1634—1703年）。

托马斯·金果是17世纪丹麦乃至北欧著名的圣歌作者，也是杰出的诗人。其祖上来自于苏格兰，金果本人一直从事神职工作。1671年丹麦王储克里斯蒂安五世加冕为王，金果为此奉献了长诗《霍西安娜》以致贺。这首诗对这位新国王极尽赞美夸张之能事，深得国王赏识，金果从此名声大振，这首诗也成为能够将"阿谀奉承变为艺术"的夸张诗体。

金果是一位卓有成就的诗人，他的诗作不仅有为王室歌功颂德的赞歌，还包括很多恬淡的田园诗和优雅的抒情诗。最负盛名的是赞美诗和圣歌。其代表作有三部：《精神的合唱》两卷本、《在冬季里》和《规范圣歌》，统称为金果圣歌。金果的赞美诗与圣歌与众不同，极少刻板地说教，常常是字里行间充满着真情与哲理。与其说是对上帝的赞美，不如说是情感的流露。例如在《别了，世界，再见》一首中有这样的诗句：

> 别了，世界，再见！
> 奴隶的生活我早已厌倦。
> 我逃避长期压在肩头的重担。
> 我要摆脱它们，
> 走上自由之路。
> 我深感厌倦，我蔑视以对
> 那空虚的一切！
> 那空虚的一切！①

金果的诗歌有强烈的感染力，或如同与挚友的亲切攀谈，或如同深夜里独自抒发衷肠，或如同恋人之间的缠绵情话……这里既有诗人对上帝的

注释

① 石琴娥：《北欧文学史》，译林出版社2005年版，第38页。

虔诚之心，也有个人情感生活的体会。例如这样一首诗：

> 最可爱的玫瑰刺儿最尖，
> 最美丽的花朵最容易凋谢。
> 红润的脸颊下心儿在憔悴，
> 全都是命运女神心血来潮。
> 我们国家在惊涛中疾驶，
> 只仰仗着上帝国祚天赐！①

虽然金果是神职之身，但他的感情世界如此丰富，仿佛是初坠爱河的少年。事实上，金果能写出如此优美感人的诗篇，他个人的情感命运也是重要的因素。由于神职身份的限制和社会舆论的掌控，金果与他心爱的人始终无法公开成婚，相爱数十年，刻骨铭心的爱难以尽抒，只能用诗歌来宣泄传达。

直到他恋人去世的前一年，金果才与之结为连理。这段忍受煎熬的爱情长跑，令无数人掬泪欷歔，也成为丹麦历史上的一段爱情美谈。

注释

① 石琴娥：《北欧文学史》，译林出版社 2005 年版，第 39 页。

第八章
文艺复兴时期的女性作家

　　近年来学界发出这样的问诘："妇女有一个文艺复兴吗？"的确，在以男性为主的文艺复兴时期，很难确定妇女整体进步的程度。美国学者玛格丽特·金（Magret L.King 1947 —）认为，文艺复兴时期绝大多数女性都是作为家庭成员，无论属于哪个阶级，其权利只有订立遗嘱和处置嫁妆；还有一部分女性进入修道院，在获得教育和一个神圣的身份同时，也被限制了活力和个性；只有少数女性才成为拥有力量、影响力和权力的人。[①]事实上，女性自身却没有从这场思想解放和社会进步中得到多少改变和认可，但在文艺复兴时期，女性自身的意识的确发生了某种变化，由于各种因素，这种变化在文艺复兴的盛况中显得很微弱，如同珍贵的珠玑被蒙上时间的尘埃，被遗忘在角落里，要想在几百年后寻找和发现她们并非易事。

　　然而，在文学领域，我们终于寻找到了一批与男性同样优秀的女文学家，她们知识渊博、才华横溢，勇敢面对各种重压，在社会夹缝中，展露那湮没许久的文思与诗兴。

注释

　　① 玛格丽特·金著，刘耀春、杨美艳译：《文艺复兴时期的妇女》，东方出版社2008年版，第3页。

第一节　认知初醒的女性大众

一

女性形象的提升

美丽的女性形象是文艺复兴时期的进步之一。文艺复兴时期思想上的一大突破就是再次肯定了人体美。最初的变化是在教堂里，那些刻板呆滞的圣经画像和雕塑，逐渐呈现出人性的味道：怀抱婴儿的圣母脸上，洋溢着发自内心的微笑，臂腕上的婴儿更是充满着生气和纯真。人们从中受到情绪的感染，迸发出对人生的热爱。文艺复兴时期建构的平民文化使人们的目光从天上转移到地上，人不再是超凡脱俗的灵魂的工具，而是尘世生活的主体，更是尘世间快乐的主体。

随着文艺复兴时期的大趋势形成的美的倾向，最突出地表现在女性形象的建树上。在人文主义思想影响下，从艺术和美学角度对女性形象有比较深入的研究和重视。以绘画为例，15世纪之前，绘画的主题是宗教，几乎没有记录个人容貌和社会地位的肖像画。文艺复兴以后，从意大利佛罗伦萨兴起的富人肖像画开始，特别是女性的肖像画盛行，众多美丽的女性形象从此走进人们的视野，成为一种时尚，也成为艺术的经典。这一时期女性肖像是融合了写实与理想外貌，其共同特点是，人物容貌高贵，眼神庄重，服饰华美，肤色白皙，头发柔软，脖子修长，显示出整洁而优雅的气质。同时，女性肖像中佩戴的珠宝首饰和昂贵面料的衣裙，以及怀抱的狗儿等，代表了文艺复兴时期贵妇人的标准形象。文艺复兴时期极力推崇年轻女性而排斥年老色衰，这种带有这个时代特有激情和欲望的特征，完全符合这个时期人们求新创新的意识倾向。被赞美和描绘的优雅形象，至少使女性从默默无闻的背后走上众人瞩目的前台，这是文艺复兴给女性带来的变化之一，为文艺复兴带来人性化的清新气息，给文艺复兴的文学艺术带来了创作的源泉和灵感。文艺复兴最辉煌的艺术成果至今令人赞叹不已，《蒙娜丽莎》、《维纳斯的诞生》、《西斯廷的圣母》……可以开出一串长长的目录。

　　当然，对女性而言，这种以被动规范化的物化为代价，女性仅作为无言的沉默的对象，只能激发他人的主观意识，而自身却没有产生意义。从女性肖像中我们可以感受到社会赋予的女性框架，即"女性优雅的仪容，象征了内在崇高的美德"。这种流行观念，对女性无疑是一种社会规范性质的暗示。

二

认知初醒的女性大众

达·芬奇的女性肖像画《抱银鼠的女子》

　　女性接受教育程度的提高促进了女作家出现的几率。无疑，文艺复兴时期男性受教育的机会通常比女性要更多，下层女性仍然极少有受正规教育的机会。中产阶级和上层女性能够接受的是一种特殊的女性文化，即学习承担家庭职能的一些手艺和规范。目的不是一种培养其心智的教育，而是一种鼓励她服从熟悉的职责与美德的教育。[1]

　　女性教育成效显著的应属意大利。佛罗伦萨历史学家乔瓦尼·维兰尼（Giovanni Villani，1276/1280—1348年）记载：1338年，在佛罗伦萨，大约有8000到10000个孩子在初级学校里学习识字，其中有1/10

注释　① 玛格丽特·金著，刘耀春、杨美艳译：《文艺复兴时期的妇女》，东方出版社2008年版，第214页。

是女孩子。以后男孩子继续学习算术、逻辑学和拉丁语。尽管这个数字有些夸大,但毕竟在这个城市的公立学校有了女孩子读书的身影。从14到17世纪,意大利的发达城镇里都有10%的女教师在从事教育工作,其中大部分女教师的工作是教授女孩子阅读、烹饪等课程。威尼斯在1409年有专门的女子学校。法国和英国伦敦一些城市也相继出现了女子学校,学习纺织、裁缝、识字和宗教等。法国在1490年到1570年之间,女教师和男教师的比例为5∶87。在一些贵族学校中,女孩子还接受了中等教育,学习拉丁文、意大利文、地理、作文,当然还包括宗教理论。上流社会的女性的父母专门为她们聘请家庭教师,学习语言、艺术等在学校学不到的知识,使她们更加出类拔萃。修道院也为一些上层女性提供教育,以便使她们可以用拉丁文阅读圣经等著作,个别还包括了算术、地理等基础课程。

据不完全统计,到文艺复兴末期,女性的基础识字率有了大大的提高。德国18世纪男子识字率在欧洲达到95%的最高比例,女性的比例也相差无几。英国17世纪,识字男性和识字女性的比例迅速提高,到世纪末,识字男女比例达到4∶1,而伦敦高达7∶5。[①]在文艺复兴倡导新文明的大气候下,得到受教育的机会是女性得以崭露头角的重要因素。

文艺复兴时期,人文主义者对女性接受教育大多持积极态度。从14世纪起,意大利等国家就陆续出版了一些书籍,如《良好风尚之书》,16世纪时出版一本《论基督教的妇女教育》,被翻译成西班牙、英语、法语、德语等40多种文字,一时间风靡欧洲。这本书的作者承认妇女可以受到教育,但受教育的目的是为了更好地保持自身的纯洁与忠诚。人文主义者反对教育的性别歧视,积极提倡对女性的教育。如意大利的维多利诺·达·弗尔特(Vittorin de Feltre,1378—1446年)、荷兰的伊拉斯谟、法国的拉伯雷、英国的托马斯·莫尔以及捷克的夸美纽斯(Comenius,1592—1670年),在他们的著作中,都不同程度地提倡女性应当接受教育,女性也应该学习人文著作。

注释 ① 玛格丽特·金著,刘耀春、杨美艳译:《文艺复兴时期的妇女》,东方出版社2008年版,第223页。

女性自身的呼声也开始出现。第一位法国女作家克里斯蒂娜·德·皮桑（Christine de Pizan，约1365—1431年）指出："如果妇女接受男人的教育，她们也能做男人所做的一切事情。如果人们一直以来都把女儿像儿子一样送去上学，教她们自然知识，她们会和儿子学得一样透彻，一样出色地理解所有技艺和知识的奥秘。事实上，她们或许会比他们理解得更好……因为……正如女人的身体比男人的精致……因此她们的头脑也更自由和敏锐。"[①]围绕女性究竟应有什么权利和地位，在文艺复兴后期竟引发了一场论战，并且蔚为壮观。16世纪，一些博学多才的知识女性，纷纷参与现实社会的一些问题讨论，并出版了一批充满独立个性的著作，如1592年莫德拉塔·丰特出版了《女性的功绩》，颂扬了女性的独立性。1600年，威尼斯的女作家克雷齐亚·玛丽内拉出版《女人的优越和崇高》，她认为女性应该有比男性更崇高的地位。事实上，在文艺复兴后期，由于女性要求自由独立的声音越来越响亮，她们得到少数人的赞扬，但仍然受到多数人的攻击。一些男性人文主义学者也站在女性角度发出呼吁，表明支持女性的态度，比如伊拉斯谟和德国、英国的一些学者都给女性相当高的评价，认为女性与男性所具有的精神、理智和语言的天赋都是同等的，并支持女性的受教育权利。这场争论一直持续着并愈演愈烈，仅从1595年到1655年，法国国内至少出版了21部指责女性和女性自卫的著作。在英国，从1541年开始，有一系列著作都是参与对"女性问题"的论战之作，直到1639年才结束，论战结束但所蕴涵的意义超越了那个时代。

从14、15世纪的意大利和法国等地方，出现了文艺复兴真正的奇迹：少数具有一定知识储备的女性在复兴古典文化潮流中，终于打破诸多禁锢，被悠久的文明所吸引，从学习拉丁语和希腊语到开始涉足文坛，她们执笔写作，创作出各具特色的诗歌散文等文学作品。她们中有宫廷女性、贵族女性和修女，甚至还有一些高级妓女。尽管女性作家数量很少，不足以影响全局，但女性在文学领域终于开始体现出自身的价值。经过了漫长曲折

注释 ① 玛格丽特·金著，刘耀春、杨美艳译《文艺复兴时期的妇女》，东方出版社2008年版，第229页。

过程，女性文学终于成为文学的一个重要组成部分。

在整个中世纪时期，女性地位并没有实质性的提升，总体上依然是被排斥在以男性为主流的社会以外，在话语权上是处在一种缺失的状态。但是，文艺复兴的思想解放，同样激发出女性的自我意识的萌苏，一批知识女性勇敢地用文学形式来表现自我和为女性伸张权利，尽管她们的思想和才华常常被湮灭在以男性为主的光环之下。女性作家保留下来的作品数量虽不多，但成就斐然，它体现出女性从弱小、平和、被动和依赖等集体无意识中逐渐转变为一个独立的个体走上社会的舞台。独立的个体女性，具有张扬自我的欲望，有实现自我价值的目标。加之文学这个适合的载体，在相当程度上启迪了作为整体的女性自我意识的觉醒。文艺复兴时期的社会经济发展程度距离女性真正解放还有较长一段时间，直到18世纪资本主义社会条件下，才出现马克思所说的女性解放的两大条件。文艺复兴时期充其量是前奏曲和萌芽阶段，从文学意义上看，这个时期女性作家的作品，主观意识强烈，具有独特的观点和视角，体现出女性特有的细腻情感与感染力。唯其如此，文艺复兴时期的女性文学才具有价值和意义。

虽说女性作品在整个文艺复兴时期文学的大交响乐中只能占很小的比例，但毕竟是女性自身的呼喊，是时代进步的标志。

第二节　星光闪耀的文坛女杰

一

知识女性的第一声呐喊

当彼得拉克在威尼斯徜徉在诗歌创作的海洋时，法国女孩克里斯蒂娜·德·皮桑出生在他的国家里。她与彼得拉克虽时空交错，但却似乎灵感相通。以诗才横溢和独到的女性观念傲然于世，皮桑被誉为法国第一位

法国女作家克里斯蒂娜·皮桑

名副其实的女作家，她的《妇女城》是知识女性在文艺复兴时期的第一声呐喊。

皮桑的父亲曾在意大利大学城波隆那当过数年星象学教授，还做过威尼斯共和国的市政顾问。在开明父亲的引导下，皮桑从小就通过学习掌握了拉丁语、法语或者还有希腊语，因此她熟悉维吉尔等的古典作品，读过薄伽丘等当代作家的作品。皮桑回到法国后，又享受到文艺复兴带给法国的宽松文化环境。她15岁结婚，仅仅过了10年的幸福婚姻后，丈夫便撒手人寰，给年仅25岁的皮桑留下的是三个幼小的孩子和一大堆债务，生活的艰辛使她痛苦迷茫，而唯一能化解心中苦闷的方式就是写作。她依靠自己的文笔走上了以文为生的道路。皮桑与巴黎大学的许多文人学者交流，并把自己的作品献给包括法国国王查理六世在内的王公贵族，以得到赏赐与报酬。她优美流畅的文笔得到了众人的首肯，名气大增，被邀请到英国、意大利等国，成为座上宾。皮桑流传至今的有30多篇诗歌散文，其中有关心法国重大事件的，如《内战疾苦叹》，而《圣女辞》则是对法国女英雄贞德衷心的赞美。

由于坎坷的经历和细腻的情感，皮桑以回旋曲等形式写下了很多表达内心痛苦的诗篇。其中《我孤苦伶仃》是最令人感动的诗篇之一，孤苦伶仃的悲情力透纸背：

我孤独，我愿意一人孤独，
我孤独，郎君留下我寡妻，
我孤独，没有知己和丈夫，
我孤独，我不幸，悲悲戚戚，
我孤独，我难受，奄奄一息，
我孤独，心头是一片空虚，
我孤独，我朝夕没有伴侣。
我孤独，站立门前倚窗户，
我孤独，缩在角落里抽泣，
我孤独，不论平静或痛苦，

我孤独，整日以泪水充饥；

我孤独，事事都不如人意；

我孤独，锁在深闺里幽居，

我孤独，我朝夕没有伴侣。

我孤独，不论坐下或迈步；

我孤独，不论何时与何地；

我孤独，人世间仅有绝无，

我孤独，我已被人人遗弃，

我孤独，真无奈，垂头丧气，

我孤独，泪长流，短叹长吁，

我孤独，我朝夕没有伴侣。

（尾声）

君王，我的痛苦遥遥无期：

我孤独，处处有悲愁相欺，

我孤独，说不尽离情愁绪；

我孤独，我朝夕没有伴侣。①

诗中的"我孤独"贯穿全诗，假如没有切肤之痛怎能会有这等悲呼？假如没有坚韧的心，怎能够孤独而继续前行？没有伴侣的孤独使女诗人倍觉伤感，她的诗是与泪水相伴，更是与坚强为伍。

1405年左右完成的代表作《妇女城》，用法语写成，作者希望这本书能够成为不朽之作。而这座城可以说是皮桑用文字为自己和女性同胞建立起一座"乌托邦"："妇女城"完全属于女性，城中的居民来自于不同的国家和时代，她们不再有家庭、丈夫和孩子，不再为衣食担忧，更不用惧怕男性的权威。妇女城居民的一言一行都体现出女性的理想美德：勇敢、智慧、审慎、孝顺、执著、慷慨、真诚、贞洁、爱和信仰等等。皮桑的妇女城不同于其他乌托邦理想国，她以古罗马时代的杰出女性和意大利作家薄迦丘笔下的女性为原型，妇女城的一切都是由这些鲜活的女性来构建，一共有100多位贤德的淑女成为城里的居民，由于她们是具体的、个性的，因

---

① 程曾厚译：《法国诗选》，复旦大学出版社2004年版，第36页。

注释

《妇女城》插图

此每个女性都有可爱可敬之处，共同组成一幅充满魅力的女儿国全景画。

《妇女城》共分三部分。第一部分讲述妇女城的来源和建筑这座城池的"基石"。她以第一人称的形式首先为自己身为女人所受到的种种非议而痛苦，在各种关于道德的书中几乎找不到不攻击女人的章节或片断，她用悲愤的语气质问上帝："您亲自以一种特殊的方式创造了女人，并且自那时起，赐予了她各种令您感到愉悦的品性，难道不是这样吗？"[1]然后，出现了三位代表者正义和理性的女神，她们吩咐克里斯蒂娜做一件事情，那就是建立一个"从现在起，面对各种各样的攻击者，淑女们和所有勇敢的女子都能有一个避难所，得到保护"。它"将是一座独特的大厦"，而且"像墙一样坚实"，"地基也非常牢固"。这座城市将会"美丽绝伦，永远屹立在尘世中"。随后，理性女神开始为妇女城挖地基，一边挖一边和作者讨论如何在那些攻击中正确认识自己，并以段落的形式分五个问题提出：（1）女人是一种极高贵的生灵；（2）女人温柔仁慈，很有节制；（3）女人的身体与美德；（4）女人为什么没有成为法官；（5）伟大的女性统治者。三位女神以事实阐明这些观点，以证明女性不仅有如此多的美德，还有治理国家

注释

[1] 克里斯蒂娜·德·皮桑著，李霞译：《妇女城》，学林出版社2002年版，第3页。

的能力。

皮桑借女神之口提出了一个很重要的问题，即女性的话语权问题，她认为：上帝赐予了女人说话的能力——是希望他因此受到称赞——因为倘若他没有这样做，她们就不会讲话。但是，……如果女人的语言是那么值得指责，那么缺少权威，正如一些男人所认为的，那么，我们的主耶稣基督，就不会屈尊，希望这个如此有价值的秘密，即他最仁慈的复活，首先由一个女子来宣布：复活节时，他首先显现在有福的抹大拉的玛利亚面前，命令她向使徒彼得报告并宣布这个消息。话语权在文艺复兴时期成为人文主义者极力争取的一种权利，女性的话语权就更难以争取，皮桑敢于向这个社会索要话语权，是在女性解放的道路上勇敢迈出的第一步，尽管她还没能看见前方的光明，哪怕是熹微的曙色。

妇女城的地基是城池的决定因素，因此皮桑采用了以下的"材质"：首先是女性的勇敢，这里有女王、女战士、王后和贞女等，她们在战场上的勇气和胆识丝毫不输男性，甚至更富于牺牲精神，为了能够更顺利地披挂盔甲，那些亚马孙的女战士不惜除去女性的重要标志——乳房。其次是女性的智慧。皮桑坚定地认为女性具有足够的心智担负与男性同样的重任，这个前提是女性也要受到同样的教育，她说："如果人们像对待儿子一样，习惯于把女儿送进学校读书，而且如果那时她们也学习了自然科学知识，她们就会表现得像儿子一样好，透彻地学习并理解多种艺术和科学的微言大义。"她列举了亚洲、欧洲各国的女诗人、女哲学家等等来证明她们为人类文明进步所做的奉献。第三类基石则是女性的审慎，皮桑认为这是女性优于男性的特点之一。女性具有天生的审慎，这种审慎不仅对家庭管理非常有益，还能帮助丈夫管理更大的范围，或者干脆自己管理一个国家。有勇敢、智慧和审慎作为"材质"，妇女城的地基无疑是坚固和永久的。

第二部分是建造妇女城的"城墙与房屋"，同时确定迁入该城的居民。城墙与房屋自然也是妇女城的重要构成，皮桑形象地将以下的工程交付给理性女神负责，由"女性的预言能力"和"女儿的孝顺"作为壁垒砖瓦，共同来建造"宏伟、高贵的皇宫和大厦"。女性具有预言能力是"上帝赐予女性一件无与伦比的特殊礼物"，这是一种"伟大的美德"。而女性绝不像人们指责的那样——结婚后变得那么邪恶，与儿子结婚后贪婪地榨取父母相比，女儿的孝顺是纯真和充满爱心的，无数事例都证明了这一点。

街道很宽阔，塔楼和防御角楼建得高耸入云，皇宫也竣工……妇女城建好了，迁入这座城的无疑都是杰出优秀的居民。作为高贵的淑女，她们的真诚、美丽和良好的品行是这座城市最恰当的装饰，她们永远不用担心被驱逐，不需要担心财产和安全，更不需要因为生育子女而离开这里。迁入城中的女性可以分为以下几类：首先是爱丈夫的妻子。尽管皮桑个人的婚姻很美满，但她对于婚姻的评介却比较模糊，她承认爱情对于女性的重要，有个值得爱的丈夫很幸福，但婚姻的个中滋味是天差地别。遇到好丈夫是幸运，还有很多妻子，当你最痛苦和最需要帮助的时候，丈夫可能根本不理睬你，或者他就是你痛苦的根源。在没有更好的解决办法时，皮桑只能告诫女性，婚姻并非是幸福的代名词。此外，还有"使尘世得利的女子"；"贞洁的女子"；"忠贞的女子"；"忠于爱情的女子"；"美丽的女子"和"慷慨的女子"等等。其实，作者是想通过妇女城的居民阐述自己的妇女观，女性的美德和美丽一直被男性误解和诋毁，当然她们也存在着弱点和缺陷，如嫉妒、不团结和愚蠢的爱情观念，特别是没能入住城里的女性，应尽快完善自身，改正一些缺点。对于男性，作者没有一概否定，她承认男女之间有极大的差异，但男女的分工还依然不变，社会职责不变。

第三部分是介绍城中最高地位的王后居住的塔楼和顶层，妇女城的塔楼和顶层建成了，这里居住的自然是最高贵和最优秀的女性，由她来统领这个王国，当王后由正义女神带领着登上王位的时候，全体居民向她欢呼，王后为三位女神以及所有的居民们祝福。此时，她们共同追忆那些为了上帝、为了信仰而奉献一切的贞女们：有的以身殉教，有的让自己的孩子殉教，有皈依基督教却不被接纳而因此自焚的妓女等等，这样做的目的是以她们为美德的化身和行为的楷模。最后，是皮桑对全体淑女的讲话，她说这座城是由每一位值得尊敬的淑女建成，而它不仅是贤德女子的避难所，也是保护和守卫所有的女性免遭攻击。作为女人，应该守本分、纯洁、谦恭和审慎，继续美德的修炼，摆脱罪恶，扩大我们这座城市的面积，增加居民的人数，愉快地做着得体的事情。……话毕，全书戛然而止。

《妇女城》是一部杰出的思想力作。作者目的是反抗社会对女性的攻击和压制，用"搅拌了墨水瓶的灰泥"和"温和的笔"建成了一个保护女性的围城，让所有贤德女性在这里得到幸福和自信。尽管文艺复兴时期的思想开始解放，但女性的解放步伐还远远滞后，皮桑所处的时代距离女性真正觉醒还为时尚早，而她敢于为女性地位一争高下的精神，以及她对理想社会的憧憬都令人敬佩。皮桑是欧洲第一个完全独立的职业女作家，她处理那些涉及女性权利的问题，并以男女平等为基调吸引着现代读者的注意力。当对女性应有的尊重在社会上普遍消失时，她曾一度坚持这一点。她让我们了解了她所处时代的法兰西的社会状况。[1]

诚然，皮桑的理想国毕竟是存在于她的精神世界中，而理想与现实的差距是她无法逾越的，而在现实生活中的女性如何提高自身地位、抵御各种攻击才是思考的关键。基于她对传统女性角色的认同态度，当然也不可能从根本上找到女性社会问题的症结所在。但《妇女城》是意大利文艺复兴时期颇有思想价值的力作，尤其是在女性作家凤毛麟角的时代，我们更应该给予足够的重视。如今，西方人对这部《妇女城》非常熟悉，甚至被列入大学的必读书，可见《妇女城》对于今天的社会依然有积极的意义。而在我国却一直鲜为人知，直到近年来才有所了解。

二

坚强而孤独的意大利女学者

法国第一位女作家皮桑的作品影响了以后一个世纪的女性作家，成为相继效仿的典范。更重要的是这种影响传到了意大利。意大利自彼得拉克以后，曾经有过一段低潮，这期间是一个充分准备和酝酿的阶段，直到15世纪中叶，意大利文学又呈现出新的繁荣。而这其中就包括一批女性人文主义学者和文学家，她们是因才华出众和活跃在文化领域里而备受人文主

注
释　　① Paul F.Grender, *Encyclopedia of the Renaissance*, vol.5,Charles scribner's sons,1999, p.45.

义学者赞扬的知识女性，我们可以数出一串名字：马达莱娜·斯克罗维涅（Maddalena Scrovegni）、巴蒂斯塔·达蒙泰费尔特罗（Battista de Montefeltro）、卡桑德拉·费德莱（Cassandra Fedele）、亚历山德拉·斯卡拉（Alessandra Scala）和奥林匹亚·莫拉塔等，她们的书信、诗歌、演讲稿和论文至今还保存完好，这些作品表明，就知识和文学水平而言，她们丝毫不比同时代男性学者们逊色，而且有着明确的研究目的。其中不乏忍受种种非议但却坚忍不拔的女性，她们付出了更艰难的努力，伊索塔·诺加罗拉（Isotta Nogarola，1418—1466年）就是其中之一。

意大利女学者伊索塔

伊索塔出生于维罗那市一个贵族家庭，维罗那是一座罗马时代的历史名城，也是莎士比亚笔下罗密欧与朱丽叶的故乡。伊索塔的父母思想开明，酷爱读书，伊索塔和妹妹吉尼弗拉很小就接受了家庭教师的教育，而这个家庭教师是意大利著名人文主义者瓜里诺·达·维罗那的学生。父母为孩子，尤其是为女孩子在家中聘请专门的家教，这在当时是十分罕见的现象。伊索塔父亲去世后，是母亲坚持继续姐妹俩的学业。她们学习的课程包括人文主义教育的主要科目，阅读拉丁文的古典著作和诗文，以及历史和哲学著作。年仅19岁的伊索塔以她气势非凡的散文在本地和周边地区的文人墨客中广为流传，甚至她在威尼斯和费拉拉都享有美誉，人们公认伊索塔的才华。伊索塔的思想比较超前，她认为人类的始祖夏娃没有过错，但上帝对女人的惩罚远远大于对男人的惩罚。女人要承受生育的痛苦。因为当时女性最重要的职业和身份就是做母亲，而频繁的生育和抚养工作给女性带来的是几乎终其一生的劳累与负担。而欧洲当时20%—50%的婴儿死亡率造成女性处于不停地再生育循环之中。文艺复兴时期,人们从圣母与婴孩的生动画像中,看到的是对生机勃勃的生命的期盼,而伊索塔却从女性的性别角度,提出生育给女性带来的沉重负担与痛苦。

伊索塔当时最大的希望是能够被人文主义学者接纳,也就是进入男性学者们的学术圈子,但这谈何容易,她数次给那些人文主义学者写信,但没有得到回应,特别是上流社会的女性,更是对她冷嘲热讽,伊索塔忍不住强烈地愤怒,再次提笔给她家庭教师的老师、著名学者瓜里诺写信,她写道:"世上既然有那么多的女人,为何偏偏让我蒙受男人们的言行轻蔑。我常在独处的时候扪心自问,我不敢冒昧地质问你,虽然你对我的轻蔑已使我成为别人的笑柄。你对我的不理不睬使我蒙受了极大的痛苦,没有别的什么痛苦能让我如此难以承受。"回信终于来了,瓜里诺虽然承认她充满智慧,性格勇敢果断,但他仍然以女性的弱点来否定伊索塔,在她本来流血的伤口上再次撒上了盐。后来,那些人甚至在人格上诽谤和侮辱伊索塔,她只好离开家乡,来到威尼斯躲避。

直到1441年,伊索塔回到了维罗那。以后的25年里,她像一个修女一样潜心研究宗教,因为所有男性人文主义者可以从事的工作和职业,例如教师、秘书、策划等等,都对伊索塔大门紧闭,伊索塔没有结婚成家,因为社会上的观念是,不结婚的女性可以进修道院,并被允许进行学术研究,虽然这种隐居生活给伊索塔带来了宁静和通信自由,但却阻碍了她对于爱情的追求,人们希望伊索塔永远保持这种贞洁高尚的方式,而不要走上结婚的红地毯,伊索塔曾收到这样的信件:请相信,玛利亚的贞节是你圣洁的楷模,千万不要忽视她那谦卑、博爱和朴素的品质。

这种对个人情感需求不允的无理要求,迫使伊索塔受到情感的禁锢,为了能保持自己以学者的身份研究学问和与外界交流,她无奈地拒绝了向她求婚的人,彻底放弃了对爱情的渴望,1466年,伊索塔在孤独寂寞中结束了48年的短暂一生。

伊索塔是以意大利文艺复兴时期傲然独立的知识女性载入史册的。她一方面在学术研究和知识掌握上不让须眉,敢于与男性并驾齐驱、比肩论道；另一方面，她进入男性学术圈子的目的却在于能够被他们接纳和承认，把自己命运的决定权放在男性手中。这种矛盾的女性思维定势在封建社会里是难以逾越的，当男尊女卑依然作为整个社会的基本模式时，即便是杰出的个体也无法挣脱出已有的意识层面。伊索塔前半生饱读诗书、恃才傲物，其行为当属超前，不为社会所容；后半生放弃自我追求，孤独隐居，却赢得了社会的认可。这才是真正的悲剧结局。如同明明有一扇窗子可以出去，但却偏要撞开一扇封死的门。她当然要为此付出沉重的代价。

伊索塔的命运折射了文艺复兴时期女性学者的普遍境遇，作为知识女性，她们无法真正找到自我，因为长久以来，女性自身的定位是以男性标准为准绳，同样学富五车、才高八斗，男性纵可驰骋江山或沽名钓誉，而女性无非是为婚后管理家庭和相夫教子而增加资本，在社会职业方面断无用武之地。即便出身贵族，衣食无忧的伊索塔尚且如此，更何况普通民女。

三

法国天才女诗人——路易斯·拉贝

路易斯·拉贝与七星诗社属于一个时代，虽然路易斯、拉贝（Louise Labe，1524—1566年）在里昂当地家喻户晓，但仍然难以与七星诗社的男性诗人齐名。直到20世纪初叶，曾经多年担任罗丹秘书的德国诗人保罗·德·曼·里尔克在漫游巴黎时发现拉贝的诗歌，他将拉贝的作品翻译并逐渐流传开来。

路易斯·拉贝出生于法国的里昂，是与巴黎齐名的文艺复兴的文化中心，她家境富裕，从小受到的是意大利人文主义的教育。拉贝不仅美丽出众，还才华横溢，爱好广泛，会弹奏古琵琶等乐器，歌声动听，还非常勇敢，能和男孩子们一样骑马和做各种军事游戏。但她最杰出的才华是优美的诗歌和散文。拉贝和文艺复兴时期的绝大多数女子不同的是，她没有拘泥于道德伦理的约束，结婚之后依然进入社交圈，自由自在，广结朋友，并在中年时与一位诗人产生恋情。拉贝于1555年开始出版自己的诗集，在诗中她直言不讳，淋漓尽致地抒发对爱情的渴望和追求，以至于引起舆论哗

然，教会斥之为"娼妇"，而人文主
义者和更多的读者尊崇她并称之为
"萨福"（古希腊女诗人）。其实，在
文艺复兴时期，男性的爱情诗歌写
得一样淋漓尽致，一样直言不讳，
受到广泛的溢美之词，而拉贝以女
性的角度就难以被社会所接受，拉
贝对爱情的追求已经超越了对某个
人的爱情，是女性争取爱情自由的
心声，是女性争取爱情平等的呼
吁。

天才女诗人路易斯·拉贝

拉贝的作品有《作品集》、《诗
歌集》、散文《疯狂与爱情之争》等。
其中十四行诗爱情诗尤其优美感
人，最初的爱情来自于拉贝16岁时爱上的一位士兵，拉贝为此而写了24
首十四行诗，因此而声名流传。她在诗集的献辞中这样写道："过去，给了
我们乐趣，而且比现在对我们更有用；但是我们所曾感受到的愉悦暗暗地
流失，永无挽回的可能，而记忆带来的苦恼，程度就如同时间本身当时的
快乐一般强烈。其他肉体的感觉是如此刻骨铭心，不论什么样的记忆回返
而至，都无法使先前的心情恢复，无论印象如何深刻，我们仍然知道那只
是过去的阴影，折磨我们也欺骗我们。但如果碰巧将想法写成文字，之后，
我们的心灵很容易就飞奔过串串栩栩如生的时间，永远无歇止，甚至在很
久以后，当我们把那些写下来的东西拿出来看时，就可以回到曾经驻足的
同一地点，曾经拥有的那种心情。"[1]我们可以从中感受到的是，拉贝用她
一颗袒露和真诚的心在与这个世界交流，也从咀嚼感情的经历中得到心灵
的慰藉。在《十四行诗》第二首"啊，秀目明眸，啊，那顾盼的眼神……"

注
释

① 程曾厚译：《法国诗选》，复旦大学出版社2001年版，第99页。

中她这样写道：

> 啊，秀目明眸，啊，那顾盼的眼神，
>
> 啊，长吁短叹，啊，那涔涔的泪水，
>
> 啊，长空漆黑，徒然地独守空闺，
>
> 啊，永昼明亮，徒然有日月昏晨；
>
> 啊，满腹牢骚，啊，难消此念此恨，
>
> 啊，时光空去，啊，痛苦却有安慰，
>
> 啊，千种机关免不了千种憔悴，
>
> 啊，等待我的苦难会更久更深。
>
> 啊，笑语，额头，美发，臂膀和双手，
>
> 啊，诗琴诉怨，古琴、琴弓和歌喉：
>
> 几多火炬在焚烧柔弱的女性。
>
> 我真可怜你，一堆堆火已燃起，
>
> 一处处火焰已把我的心触及，
>
> 只为从你处偷来了一点火星。①

　　路易斯·拉贝的作品包括24首十四行诗，一部剧本和三首挽歌，以及一些文人赞颂她的诗作。据说拉贝的藏书很多，除了法文书籍外，还有西班牙文、意大利文和拉丁文的书籍。可见拉贝的创作源泉，应包括那些人文主义所倡导的古典著作，和七星诗社的诗人们相比，路易斯·拉贝的思想和文学价值丝毫不逊色。

注释

① 程曾厚译:《法国诗选》，复旦大学出版社 2004 年版，第 83 页。

第三节　宫廷女杰

一

费拉拉城的姊妹花——伊莎贝拉和贝娅特丽斯

在文艺复兴时期，那些受到相当程度的教育，对古典文化有兴趣和接受人文主义思想的贵族女性，特别是宫廷里的女主人，在这个较为宽松和自由的宫廷环境里，历练出身兼数职的女杰。她们气质高雅、能赋诗作文，又权力在握，有能力做自己喜爱的事情。[1]从文艺复兴时期那些柔弱美艳的女性画像中看，似乎那些贵族女性天生就是"花瓶"，但事实上，从中上层女性起，作为妻子，协助丈夫承担家庭乃至国家的管理是很平常的事情，而且这些脆弱的女性十分能干。[2]作为那些上流社会的女性，需要具备聪慧的大脑，过人的管理才能，如此高雅美丽的女主人相继成为各个宫廷中的聚焦点和吸引力，她们从经济上赞助众多的学者、诗人和艺术家，那些人文主义学者纷纷被吸引，除了能够提供物质支持外，精神上的鼓励和认同更是学者、诗人们聚集在她们身边的重要原因。文艺复兴时期有一批庇护和赞助人文主义学者的杰出女性，他们在赞助、庇护学者诗人们的同时，自己也是毫不逊色的学者与诗人。

伊莎贝拉·德·埃斯特（Isabella d'Este，1474—1539 年）与贝娅特丽斯·德·埃斯特（Beatrice d'Este，1475—1497 年）姐妹出生在意大利另一个文化中心城市——费拉拉。在 16 世纪之前的 25 年间，也就是她们姐妹出生前后，费拉拉是意大利文艺复兴的重镇之一。费拉拉城的文化具有明显的贵族化风格，它的王宫当时是欧洲最华丽的城堡，费拉拉也是著

注
释

[1] *An Essay to Revive the Antient Education of Glentlewomen* (1673) by Bathsus Makin and *Women and the Alphabet* (1859) by Thomas Wentworth Higginson.
[2] M.A.Mary Coate,*Social Life in Stuart England*,P.24.

意大利姊妹花之伊莎贝拉

名的诗篇《奥兰多》的作者阿廖斯托的故乡。作为意大利文艺复兴的重镇之一，它在1474年就拥有了意大利少有的大学，仅酬金很高的教授就有45位，其各种教学设备也堪称一流。费拉拉上流社会受过教育的女性优雅而美丽，其中不乏优秀的女诗人，只是难以留名。嫁给一位诗人的巴巴拉，是因为她的丈夫而被人记住，当她丈夫被人杀害后，巴巴拉写了一阕哀婉的诗"为什么我不能随你而去？"诗中写道：

> 假如我的热情能够温暖你冰冷的躯体，
> 假如我的眼泪能够使死灰复燃，
> 重新给予你生命的愉悦。
> 那么我必勇敢而激奋地对
> 那拆散我们的人呼道：
> 残酷的魔鬼啊！看爱的力量多么伟大！①

　　诗歌中妻子对丈夫真挚的爱溢于言表，这在当时并不被看重的夫妻之情中是罕见的一例。从妻子角度来表达对丈夫的爱，今天看似平常的表达，在男尊女卑为定势的社会里，性别歧视加上教育程度低下，女性无论是悲哀还是喜悦都很难表述出来，一首小诗虽不足证明费拉拉城女性拥有多少话语权，但毕竟给女性留有一席之地，也正是在这种较为宽松的社会氛围中，伊莎贝拉和贝娅特丽斯这一对姐妹才如鲜花般芬芳吐艳、闻名于世。这对姐妹出身埃斯特家族，在费拉拉属于豪门贵族，这个家族出现过若干公爵、红衣主教甚至女公爵，其母亲又是那不勒斯国王费兰特一世之女，所以这一对姐妹花从小就受到了良好的教育。贝娅特丽斯被送到那不勒斯外祖父的宫廷里，姐姐在费拉拉宫廷里，感受那些在意大利享有盛名的学者、诗人、字句家、音乐家以及美术家们的熏陶。伊莎贝拉6岁时就成为

---

① 程曾厚译：《法国诗选》，复旦大学出版社2001年版，第33页。

注释

天才儿童，同年她与一个14岁男孩订婚，但她仍然在费拉拉居住了10年，这期间她继续学习她喜爱的知识，如写意大利诗歌和拉丁语散文和缝纫、唱歌、跳舞等，这使她成为那个时代不可多得的知识女性之一。

婚后伊莎贝拉来到了米兰的曼图亚，米兰除了在建筑、绘画等方面与佛罗伦萨、威尼斯和罗马并驾齐驱外，它还有一个特点，就是米兰女性的自由程度和地位都比其他地方要高，伊莎贝拉在曼图亚充分体现出她的聪明才智就是具体的印证。伊莎贝拉在很长时间里是曼图亚真正的决策者，负责处理大量繁杂的管理事务，尤其在她的丈夫重病期间，她成为这个城市的绝对核心人物。

伊莎贝拉继承了费拉拉文化风格——贵族化。伊莎贝拉在曼图亚大施手笔，依照自己对文学艺术的爱好，将曼图亚的宫廷浓彩重抹，使之成为充满人文主义色彩的殿堂。伊莎贝拉的生活中，文学和艺术是她精神生活的重要组成部分，她对于古典书籍艺术有极大的兴趣，不遗余力地收集很多古典书籍的手抄本、珍贵的人文主义雕像，如米开朗基罗的《爱神丘比特》，以及画作、大理石古董和乐器等，都被搜集到了曼图亚的宫廷里。伊莎贝拉还与很多学者、诗人和画家保持着联系，他们也非常乐于来拜访切磋，如本博、阿廖斯托、伯纳多等人为她吟诗作颂。她对达·芬奇等著名画家非常欣赏，希望能够得到他们的作品或者干脆请到他们来曼图亚。1524年，伊莎贝拉终于邀请到著名画家拉斐尔的学生罗马洛到曼图亚定居，他用自己的风格为宫廷装饰一新，用罗马时代标志性建筑装饰风格，来体现文艺复兴时期多情而奔放的文化特征，令整个宫廷都震惊不已。

伊莎贝拉在语言上很有天赋，她的拉丁语水平在她周围无其他女性能匹敌，这使她对情有独钟的古典作品能够认真研读和深刻地领会。为了更真实地了解古代作品的原意，伊莎贝拉请专家翻译一些著作和希伯来诗文，尤其尊崇柏拉图等，这一点与伊索塔很相似。伊莎贝拉自己的文笔也不差，但留存下来的作品只有数言片语。在曼图亚的宫廷里，她协助丈夫处理曼图亚许多复杂的内外矛盾，同时还要忍受着丈夫的移情别恋，1506年伊莎贝拉给丈夫写了寥寥数语的信，她写道："不必等别人告诉我，我晓得过去阁下爱我是多么少，然而这是一件令人多不快的事。我……不愿意再去提它了。"

直到晚年，伊莎贝拉依然帮助患病的丈夫治理曼图亚，在政坛上游刃有余，成功地进行多次外交斡旋，挽救了曼图亚的主权不被划入教皇的管辖区。1529年，画家提善来到曼图亚为她画了著名的肖像画，本博也再次拜访了这位"最聪慧且最幸运的女子"，对她愉快和富于变化的心灵以及依然广泛的兴趣感到惊讶。1539年，伊莎贝拉与世长辞，享年65岁。

伊莎贝拉获得了极高的美誉，她被西方学者誉为"文艺复兴第一女性"，被诗人尼科洛誉为"世界第一夫人"，被小说家班戴洛誉为"女中豪杰"。据说伊莎贝拉并非国色天香，她是以知识女性和倾向古典文化，本人又才华过人而成为文艺复兴时期杰出女性之一。伊莎贝拉所具有的优雅气质、艺术鉴赏力和扶持文学艺术家的举措使之青史留名。

伊莎贝拉的妹妹贝娅特丽斯也是一位女性中的佼佼者。她虽不是政坛女杰，但她在世时，始终充当着意大利一流文学家、诗人和艺术家包括达·芬奇在内的保护者和赞助人。

1491年，年方14的贝娅特丽斯嫁给米兰繁盛时期的摄政国王洛多维科·斯福尔扎。这个家族是文艺复兴时期著名的领军之一，米兰也是一个拥有12.8万人口的繁荣富庶之国。洛多维科本人是一个崇尚古典文化和艺术的君主，在他的宫廷里，有一个专供诗人、学者、政治家和哲学家集会的大场所，而这种18世纪盛行于法国的形式，在文艺复兴时期的米兰宫廷里早就大行其道。

贝娅特丽斯自幼生长在意大利，深受文艺复兴时期那种以追求快乐为目的的人生信条熏陶，她成为一个崇尚自由、快乐的"欢乐天使"。贝娅特丽斯将这种近乎于天真无邪的

意大利姊妹花之贝娅特丽斯

欢乐带进了米兰，使原本就宽松自由的米兰宫廷更增添了活力，经过他们

夫妇的携手打造，米兰宫廷成为欧洲当时最富丽堂皇和歌舞升平的圣殿。在舒弗兹科的城堡里，拥有庄严宏大的中央高塔，无数豪华的房间，彩色的玻璃窗，到处是达·芬奇雕刻的天花板和希腊罗马或者意大利的艺术品，还有米兰著名雕塑家的作品，各种乐器组成的乐队到处演奏，日日歌舞，夜夜箫声。洛多维科和贝娅特丽斯结合后，不惜重金从欧洲各地聘请有学问和有艺术天才的人来到米兰，在他们的宫廷里，学者和诗人，艺术家与哲学家们成为座上宾。贝娅特丽斯非常欣赏西拉菲诺的抒情诗和琵琶的配唱，以至于当贝娅特丽斯死后，他难以忍受突然的清冷寂寞而离开。当时在宫廷中非常盛行十四行诗，几乎来往之宾客人人都参与写诗，曾经有一位诗人为贝娅特丽斯写了143首十四行诗来赞美她。军人也不例外，跟随贝娅特丽斯的一个叫柯勒乔的朝臣，由于深得洛多维科和贝娅特丽斯喜爱，专门负责替他们做诗和外交事物。可谓是往来皆鸿儒，出入无白丁。

贝娅特丽斯虽然仅仅入主米兰宫廷八年就香消玉殒，但她仍然给人们留下美好深刻的记忆。在米兰，她学习拉丁语演说和处理各种政务，她对丈夫的爱感染了风流的洛多维科，他甚至认为权力和智慧都不能与贝娅特丽斯的爱相比。她对于生活的感受是如此的自然清新，人们形容她给姐姐的信是"文艺复兴时代马基雅维里式丛林中的芳香鲜花"。她在这封写于1491年3月18日的信中写道：

> ……我在维兰诺瓦过得愉快极了。这里有美好的田园生活，有只有在5月才能呼吸到的新鲜空气。天气是那么可爱而温和，我每天都骑着马，擘苍牵黄，和爵爷一起围猎鹿群和水鸟，我们没有一天是毫无收获就遗憾地回家去的。为简明起见，我不能向您讲得更多了。处处都有蹦蹦跳跳的野兔，简直是太多了，有时候都不知道往哪里看是好了，因为人类的眼睛是无法看尽所有中意的东西和乡间的小动物所带给我们的一切的。还有，我可不能忘记告诉您，每天晚饭后我都和著名的迈瑟尔·加勒亚佐，还有其他几位大臣饶有兴趣地玩儿槌球；我们总希望能邀请夫人您也来这里，我跟您说了这么多可不想降低了您如果在这儿便能体会到的快乐，如果夫人已事先被告知了这么多，您就会有所期待，但是因为夫人知道我在这里很好并得到了我在前面提到的那位爵爷即我的丈夫的宠爱，他也知道如果我不把

这些告诉夫人，那么什么消遣也不会让我感到快乐……①

这些极具感染力的文字，既体现了贝娅特丽斯的聪慧和她对于生活的感受，也体现出贝娅特丽斯生动、流畅的文笔。贝娅特丽斯虽然聪明过人，但她生活所处的毕竟是不平等的时代，她的快乐是短暂的，因为也和姐姐同样是弃妇的遭遇，悲伤和绝望，加上产后的病痛，终于夺走了贝娅特丽斯年仅 22 岁的生命。

二

法国宫廷才女——玛格丽特·德·纳瓦尔

意大利早期文艺复兴的代表之一薄伽丘写了一部《十日谈》，轰动了整个欧洲文坛，直到今天人们仍津津乐道。但在此之后，还有一部女作家写的《七日谈》，就鲜为人知。这位作者就是法国宫廷女杰玛格丽特·德·纳瓦尔（Marguerite De Navarre，1492—1556年），也被称为"纳瓦尔的玛格丽特"。她是法国人文主义的支持和庇护者佛朗索瓦一世的姐姐。

后人对玛格丽特褒贬不一，有人说她名声不太好，也有人认为她在生活上严肃。可以肯定的是，玛格丽特支持宗教改革和接受人文主义思想。在玛格丽特的周围，由于她的魅力吸引和聚集着一批批作家和学者，在宫廷中讨论诗歌和哲学，玛格丽特给予物质上的赞助和精神上的支持。拉伯雷

宫廷女杰——玛格丽特·德·纳瓦尔

注释

① 李瑜译：《文艺复兴书信集》，学林出版社 2002 年版，第 258 页。

就曾经在他的《巨人传》第三部出版之际，为了得到一些庇护，在扉页上
给玛格丽特写了一首献词，他这样写道：

> 深奥、崇高、入迷的心灵，
> 只知望着你的来处、天庭，
> 撇开尘世的身躯，
> 你那和谐的外形，
> 生活神秘，一切无动于衷，
> 难道你就不愿意走出
> 你那神圣的、永远不离开的城堡，
> 下来看一看善良的庞大固埃
> 有趣的言行录的第三部？

虽然拉伯雷并没有因此而得到教会允许，其著作仍然被列为禁书，但
仍可见玛格丽特在当时人文主义作家心目中有着多么重要的地位。玛格丽
特本人也写过很多诗，记叙了她虽贵为王后和贵胄，但依然有很多时候是
孤独和苦闷的心境。尤其是她受到《十日谈》的影响，将她自身的感受和
宫廷内外的爱情故事写成了《七日谈》。

《七日谈》分七天共讲述了 72 个故事，其写作手法与薄伽丘相似。起
因是一群被洪水阻隔的贵族男女，用轮流讲故事的方法来消磨时日，故事
内容大都与爱情有关，有历经千辛万苦终成眷属的纯洁爱情，还有修士和
修女不甘寂寞追求情爱，甚至还有玛格丽特本人的情感经历，这些爱情故
事或美满结局，或哀婉悲伤，体现出女性作品特有的细腻与真挚，对男女
追求纯洁的爱情予以了热烈的肯定。如第一天第九个故事讲述了一个凄美
的爱情悲剧：一个"其财富见之于美德、门第和高尚心胸，而非见之于金
银财宝或田产"的绅士，倾心爱慕着一位高贵小姐，可是由于双方的门第
悬殊，他们只能偷偷品尝爱情的滋味，当听说小姐家人为她找了一门地位
相当的婚姻，绅士绝望万分，寝食不安，病入膏肓，临死前他请小姐与之
相见，并提出要与小姐拥抱接吻，当小姐抱住已经形销骨立的绅士时，爱
情的力量使他们无法分开，绅士说道："我对你所怀有的爱一直是那么纯洁
真诚，除了我现在已获得的之外我再别无奢望，现在我可以安然凭借它的
力量把我的灵魂交托给上帝，他代表着完美的爱，并知道我的灵魂无比高

洁，我的爱洁白无瑕。现在既然我之所欲在我的怀抱里，我请求上帝快来拥抱我的灵魂。"说罢死在小姐怀里，巨大的悲痛使这位小姐追悔莫及，从此，无论如何她再也没有感受到生活乐趣。讲罢作者如此评价："命运之神总偏向有胆量的人的。任何一个被女人所喜爱的男人，只要他明智、执著地追求，最终都能如愿以偿；……"①

《七日谈》还针对教会的虚伪和丑陋给予充分的揭露，有相当的篇幅指出那些道貌岸然的僧侣是如何做出邪恶卑鄙的事情。第一天第五个故事，就描写了两个修士对一个贫穷的撑船女打起了坏主意，结果却被这位妇女巧施妙计揭露，故事借众人之口严厉地斥责修士的卑鄙："这些高尚的神父们口口声声讲贞节，却公然打我们妻子的主意"。"他们都是外表清白的坟墓，满肚子是腐败和死亡"。第22个故事刻画了一个僧侣伪君子的可憎面目；第23个故事讲述一个修道士的淫欲竟然使一位绅士和他的妻子惨死的悲剧；第31个故事讲修道院的修士为了自己的欲望酿成谋杀，最终使他所在的修道院和僧侣们统统毁于火灾；第33个故事更是令人作呕，一个牧师竟然使自己的亲妹妹怀孕，凡此种种不一而足。作者的结论是天主教的修道院和修女院就是"诱发邪恶的环境"，在这样的环境中"以证明自己毫无邪恶之举的想法真是太荒唐了"。

《七日谈》在思想上难免有庸俗之嫌，在反封建方面不及薄伽丘《十日谈》深刻，还有一些附和传统道德规范和维护教会权威的意图。但作者从女性的角度看待爱情、看待男性，却有其独到之处。加之文字流畅、笔法熟练，不少故事娓娓道来，引人入胜。

玛格丽特还写了《坠落灵魂的宝鉴》的宗教书籍，其风格接近伊拉斯谟，出版两年后因非正统信仰而遭到谴责。关于女性问题玛格丽特也出版过一本书信集，竭力为女性的地位和品德而正名。她以其鲜明的思想观念和激情的文笔，在当时就对法国宫廷尤其是宫廷女性产生了不小的影响。

注释　① 玛格丽特·德·纳瓦尔著，黄宜思、卜健传译：《七日谈》，大众文艺出版社2000年版，第35页。

三

英国女王——伊丽莎白一世

英国伊丽莎白女王

毫无疑问，在文艺复兴时期，权力的走向扮演了重要的角色，当权力与女性有较大的结合时，社会给予了女性较多的快乐和自由。伊丽莎白一世（Elizabeth I，1533—1603年）是女中豪杰，她在位时间长达45年，其文治武功，造就英国最辉煌的巅峰时代，本人也是文艺复兴时期的女才子。

伊丽莎白一世自幼年时受到一系列严格的教育，对语言、历史和哲学都有相当的训练，除了英语外，通晓希腊、拉丁、法、西、意等6国语言，她可以持纯熟的意大利语同意大利政敌进行辩论。伊丽莎白一世在位期间对文学艺术抱有积极态度，斯宾塞、莎士比亚、马洛和培根等成为伊丽莎白一世时期文学的标志性人物。伊丽莎白一世的宫廷就是一个巨大的文化中心，学者、音乐家和艺术家可以在这里找到知音和恩主。伊丽莎白一世在处理政务军务时是不可一世的威严君主，但很多时间又为才华毕露、熠熠生辉的贵妇人。伊丽莎白一世睿智过人、多才多艺，是优秀的书法家，深谙绘画诗歌的欣赏之道，对古代文化情有独钟。她曾经几个小时安静地翻译亚里士多德的《诗学》，能够随口引用古罗马诗人贺拉斯的名言。她还是杰出的音乐家，能够按照佛罗伦萨的方式跳舞，舞姿优雅，技压群芳。甚至亲自参加莎士比亚的戏剧演出。

伊丽莎白一世在执政期间，与群臣们之间有大量的书信往来，这些书信既有君王的威严莫测，更有女性的机智和柔情。作为一个女人，伊丽莎白一世爱情的得与失，在信件中更是表达得淋漓尽致。她的数次爱情终究无果，当她遇见法国安茹公爵弗朗索斯·阿朗松时，不顾年龄的差距相爱，1579年他们似乎就要结婚了，可是一个个或信仰或猜疑的障碍，使她最终只能放弃。1583年9月10日她给安茹公爵的绝情信中，表达了她放弃这段爱情的无奈。她写道：

> 先生：
>
> 在对您的消息的漫长企盼后，瑞乌先生终于从您那儿来拜访我，仅带来了几封充满感情和保证永远保持它的信。……我的上帝，先生，我听到了什么？您不是疯了吧，竟认为保持我们的支持者的方法就是削弱他们？无论是谁给您提出这个建议都是蓄谋要损毁、破坏我们的友谊，用同样的方法，他们是为了达到他们的目的，把您诱导入他们的计划中。……至于您，先生，我认为您已经被相反的意见包围了，即使您有足够好的理由，也不知道向哪一方才是正确的，以至于如我所愿意的那样，我能够理解您，但愿我有足够的智慧能给您以忠告——最好的、最确实的忠告。……我不能再说那些一直由国王推波助澜的事情了，除了请求您公正地待我，还我以清白，就连您的一些大臣都知道我是无辜的。我不能容忍这样的过错，它们刺伤了我对您的感情。如果我像经常挨打的狗反咬主人那样，不再爱您，不再尊敬您，上帝都不会允许。上帝不让您听从那些粉饰过的建议，而让您听那些尊敬您胜过尊敬自己的人的建议。①

从这字里行间可以看出，伊丽莎白已然不是那位威严冷酷的女王，而是极力想澄清误解而得到关爱，违心地放弃这段感情又不免伤痛的小女人。可以说在文艺复兴时期的欧洲各国，聚集着有文化、懂艺术的女性们，她们和男性们一起讨论哲学，吟诗作文，翻译古典著作，在狭小的空间中施展着才华，并将此风气传播到各国的贵族阶层。正如拉伯雷在《巨人传》里所说的："所有的贵妇名媛都渴望得到这种天赐的精神食粮，渴望因为自己的学识得到赞美。"可以说，17世纪法国开始流行的沙龙文化是这种宫廷文化的外延，女性绝对是各种沙龙的主角，这种贵族文化的遗风一直影响

注释

① 李瑜译：《文艺复兴书信集》，学林出版社2002年版，第253页。

到现代。

四
瑞典传奇女王——克里斯蒂娜

克里斯蒂娜（Chris tina of sweden，1626—1689年)有着传奇般的一生。她的父亲是古斯塔夫二世，她年仅6岁就登上王位。15岁时就能够通晓5国语言，熟读罗马史，并写得一手好书信。18岁时开始亲政，成为瑞典历史乃至欧洲最富有个性魅力的国王之一。作为才智超群，又富于创新的年轻女王，克里斯蒂娜从亲政开始，就致力于对瑞典进行文明改革。当时的瑞典，一方面拥有强悍的军队，但另一方面社会文明程度和法

瑞典女王克里斯蒂娜

国相比还比较落后和愚昧。贵族们普遍比较迷信，甚至很不喜欢洗澡。克里斯蒂娜决定提高瑞典社会文明。1645年，她创办了瑞典第一份报纸《国内邮报》，并通过法律规定《国内邮报》作为瑞典政府新闻"喉舌"的职责。在十七世纪末期和整个十八世纪，《国内邮报》一直是瑞典读者获取新闻信息的主要途径。

克里斯蒂娜对人文领域情有独钟。在她的宫廷里，有从意大利购买的六百件艺术品装潢宫廷的艺术氛围，更有来自欧洲大陆的许多知识分子，包括著名的哲学家、科学家、音乐家、作家和艺术家，在这里或高谈阔论，或优雅弹唱，逐渐在女王周围形成了一个人文荟萃的知识圈子。这个圈子中最有影响的是被誉为"瑞典诗歌之父"的耶奥尔格·希恩海尔姆。1644年，在大学任教的希恩海尔姆为女王呈献了一首长诗《被俘虏的爱神丘比特》，在诗中，作者将年轻的女王比喻为瑞典文坛的保护神，掌管文艺和音

乐的缪斯女神被战神所禁锢，如今却在女王的眷顾下重返宫廷。①这首载歌载舞的诗歌在女王的加冕典礼上演唱，希恩海尔姆因此得到了女王的宠幸，成为宫廷诗人。在女王身边最著名的知识分子，当属法国的哲学家笛卡儿。克里斯蒂娜很早就被笛卡儿的《哲学原理》所吸引，因此通过法国大使，得以认识了这位哲学大师，并且长期和笛卡儿通信，探讨哲学问题。几年以后，这位瑞典女王成功地说服了笛卡儿，前来瑞典宫廷，参加她的人文圈子。

1650 年，笛卡儿到达瑞典以后，克里斯蒂娜女王果然对他非常器重。最突出的是要笛卡儿每天给克里斯蒂娜女王上课，并且讨论哲学问题。

从小开始就每天早上四点钟起床学习的克里斯蒂娜女王，亲政以后并没有改变这个习惯。她坚持要笛卡儿每天早上五点钟到她的宫中来上课和讨论哲学。可怜的大哲学家每天早上必须冒着刺骨的寒风，在冰天雪地里走到克里斯蒂娜的寝宫，然后在冻得半死的情况下，和精力旺盛的女王陛下大谈哲学，经常要长达数小时之久。仅仅几个月以后，笛卡儿就得了严重的肺炎，死在了瑞典。

1654 年 6 月 6 日，瑞典女王克里斯蒂娜宣布退位，她面带微笑把皇冠亲手戴到表哥的头上，他就是日后的古斯塔夫十世。退位后的女王，生活几经变异，爱情更是充满波折。她来到法国，主持一个沙龙，专门讨论爱的真谛。以后，克里斯蒂娜与一位红衣主教进行了长达三十多年的恋情，这期间他们的通信无以计数，每封都表达他们之间缠绵的爱恋。然而女王却终生未能穿上嫁衣。

克里斯蒂娜退位后仍然尽其所能，成为公认的17世纪最重要的艺术和文化赞助人。1671 年，她在罗马建立了一个剧院，支持艺术家的演出。克里斯蒂娜还创建了一个学术图书馆，收集了从公元4世纪到14世纪的大量书籍和手稿，这些图书，至今仍是梵蒂冈图书馆的一个重要馆藏部分。除此之外，她还曾经对考古学发生了浓厚的兴趣，出资赞助过几次重要的考

① 石琴娥：《北欧文学史》，译林出版社 2005 年版，第 42 页。

古发掘。她自己也是一个创造者，写过数卷的格言录和一本没有完成的自传。

1689年，克里斯蒂娜去世后，作为唯一的一位外国君主，她被安葬在梵蒂冈圣彼得教堂后的墓地上，与历任教皇毗邻而居，足见克里斯蒂娜的威望和魅力所在。

第四节　特殊知识女性——修女作家

修道院聚集了无数献身上帝的女性。出于传播宗教的需求，修女的生活有极其严格的限制，但是她们也受到了较高的教育，在整个受教育的女性中，修女占了很大的一部分。修女们识字率非常高，她们可以利用闲暇时间学习和写作，欧洲各国的修道院都曾经出现出自于她们的作品。她们用俗语编著宗教著作，甚至还创作宗教戏剧，被称为古代以后欧洲第一位剧作家的就是甘德谢姆女修道院院长赫罗斯威塔（He Luosi Weta，约930—970年），她擅长写宗教题材的拉丁诗歌，还写过关于奥托一世的史诗和一系列剧本。[1]

作为一个特殊的女性群体，修女们常用文章和书信来表达自己的观点和情感。16世纪中期，佛罗伦萨的一个修女贝娅特丽斯·德尔塞拉（Te Lisi Beiya Deersela，1515—1586年）写的《道德的爱》，就反对和抗议把妇女关进修道院。在这部剧中，岩石和高墙是限制修女的壁垒，女性在修道院里不是获得了幸福，而是被监禁，受奴役和被统治。在这个作品中，女英雄被解放出来，她期待着得到永恒报偿。

注
释

[1] P. Dronke, *Women Writers of the Middle Ages: A Critical Study of Texts from Perpetual*(d.203)*to Marguerite Parete(d,1310)*,Cambridge 1984.1。

一

不屈不挠的安杰拉·塔拉伯蒂

意大利威尼斯的修女安杰拉·塔拉伯蒂（Angela Tarabotti，1604—1662年），用自己的切身体验反抗修女的幽禁制度。塔拉博蒂在孩提时就被送进修道院，在修道院度过了32年漫长的幽禁生活。她用一系列文章和书信讲述自己对于修女的思考和抗议。

1644年，她撰写了文集《被欺骗的天真》，抗议政府鼓励那些没有嫁妆的女孩子去当修女，痛斥父亲为了聚敛财富而将女儿关进修道院。她在文集里为那些穷苦的女孩子而申辩，她指出只有自愿选择做修女的才能真正达到完美，而被强迫进入这里的是父亲贪婪和自私的牺牲品。"众所周知，大多数修女都无法达到完美，因为她们是被父亲和亲属强迫选择宗教生活的……她们大多数都没有受到……福音的感召……，毫无疑问，上帝业已表明他憎恨任何强迫行为……只有心甘情愿的修女，即便违背亲人的意愿，比如阿西西的克莱尔和锡耶那的凯瑟琳，她们绝弃尘世，即便必须被埋在神圣的高墙内也在所不惜，其他人却是被男人囚禁在此，这样他们就不会为她们花钱，就能用各种奢华、精致以及数之不尽的虚荣包围自己，他们甚至是为了有更多钱用臃肿的妓女们来满足他们的各种下流的欲望。"①作者的笔力如此犀利，她深知这样的书出版甚难，所以生前一直在反复修改，直到她去世两年以后的1654年才得以问世。塔拉伯蒂用不屈不挠的精神，揭露出修道院幽禁制度的弊端，以及被强迫进入修道院里的修女们精神和肉体所遭受的痛苦与折磨。

---

① 玛格丽特·金著，刘耀春、杨美艳译：《文艺复兴时期的妇女》，东方出版社2008年版，第112页。

二

虔诚忠贞的特雷萨·德·赫苏斯

西班牙修女特雷萨·德·赫苏斯（Theresa de Jesus，1515—1582年）则是虔诚修女中的代表,她以优秀的文笔和智慧以及虔诚的宗教情感而留名。特雷萨出生于西班牙阿拉维的一个高贵但不富裕的家庭，仅靠土地上的微薄收入为生。她的母亲尽管要操持一个有12个孩子家庭的繁重家务，但却常常躲进深闺中痴迷于骑士小说。

特雷萨·德·赫苏斯

特雷萨也深受母亲影响，对骑士小说有着浓厚的兴趣。自从1534年进入卡门教派成为修女后，她的思想逐渐发生了深刻地变化，并将自己的一生都献给了宗教改革事业。在她的不屈不挠的努力下，新建了数十个修道院，这期间特雷萨经历了身体和精神上的病痛，直到她去世后还被人误解和污蔑，甚至将她视为精神病患者。

特雷萨还是神秘主义诗人的杰出代表。神秘主义从中世纪中期开始就作为一种"异端"思想存在，其宗旨是通过内在的神秘启示来直接认识上帝，以反对现存的教会制度。16世纪时，西班牙独创了神秘主义诗歌流派，特雷萨是西班牙神秘主义诗派的代表人物之一。她的诗作大多以宗教为题材，受到神秘主义思想影响，她在诗中主张今生为来世铺路，形式上追求深沉凝重，没有华丽的辞藻。特雷萨的诗作数量不多，但影响颇大。其中有一首《我生因为我不生》，成为感动西班牙的经典之作。

我生因为我不生，
但愿如是还我死；

> 我死因为我不死。
> ……
> 我生因为我会死，
> 倘非如此我怎生？
> 但愿希望早成真，
> 换我一颗圣洁心。
> 死神切莫再等待，
> 给我生命终极令。
> 我死因为我不死。①

特雷萨一生中写下了许多著作，代表作有《生平》、《寓所》、《完美之路》、《宗教活动》等。特雷萨用普通的语言表达出深奥的思想，这是她的过人之处。这位来自于修道院的女作家的诗歌至今仍为西班牙人所喜爱。

1562年，特雷萨应方济各会的要求写了《生平》，这是一部作者精神修养自传。特雷萨对自己进行了深入的剖析，给读者以心灵的震撼。她为修女们写的《完美之路》、《宗教活动书》和《寓所》等，让人们看到了特雷萨如何用自己的心血建造成一个个新的修道院并进行改革。尤其是《寓所》，既是特雷萨的顶峰之作，也是世界宗教文学中的佳作之一。《寓所》讲述作者本人的体会，并引导人们如何走向天国的至高境界，特雷萨用自己的精神之旅阐述她的宗教观念，她走过了炼狱之途、光明之路和交感阶段这三个特殊的完全透明的房间，逐步将自己的罪恶洗涤干净，培养美德、修炼自我，最后达到与上帝感通。这是当时盛行的宗教神秘主义的基本逻辑。特雷萨这个"不安于现状和飘忽不定"的修女，为了自己的信仰不惜奉献出所有的一切，包括生命。当她最后完成《创建修会》一书后数日，她轻轻说道："是我们见着我最热爱的主的时候了"，遂溘然长逝。

马克思曾经说过：社会的进步可以用女性的社会地位来精确地衡量。中外历史上的女性所经历的命运大同小异，都存在一个从"人"到"女人"的自我认识过程，这个过程迄今尚未完成，文艺复兴时期还不能说是已经

① 陈众议、王留栓著：《西班牙文学简史》，上海外语教育出版社2006年版，第69页。

形成了女性学者群体，她们的作品在整个文艺复兴时期是吉光片羽，而作为女性文学更是距离遥远，只能算是附加在男性为主的文学领域的边缘化产物，女性文学真正成为独立于世的文本文学，也是在19世纪以后才出现，文艺复兴时期充其量只能算作萌芽阶段。

第九章
欧洲文艺复兴文学的风格、
美学意义及其他

　　每个历史时期的精神风貌，都会以不同的方式洇渗到文学中去，文学往往成为最能够体现时代风起云涌的载体。思潮的迭新变革往往蕴涵着一定历史时期人类自身发展的最高旨意，社会思潮的嬗变与文学创作的精神或是强力或是潜在地合拍。文艺复兴时期众多的文学作品如同一片绚烂的光之海，或五彩夺目，或闪烁若现，或如炬、或如豆……这些蕴涵着不同思想与创作风格的作品，这些独具魅力的美学思想与语言特色的诗篇，映射着文艺复兴时代文人的心灵，更照亮了无数后来人笔耕之途……

第一节　文艺复兴文学创作的风格

　　文艺复兴文学的风格是最值得珍视和探讨的。

　　"风格"一词在中国古代本指人的风度品格，常以人的骨、气、血、肉和精神的风采来品评作品。这一说法跟法国18世纪启蒙主义思想家文学家德·布封给我们留下的"风格即人"的名言暗合。按照布封的理论,一个作品如仅仅是包含知识之多、事实之奇或发现之新,不能成为不朽的作品,只能湮灭在芸芸之中,之所以成为好的作品,是能够写得有"风致"和"高雅",知识、事实和发现都可以是共性的,风格却是本人的、属我的和无法取代的。

就文学基本原理而言,文学风格、流派和民族特点是在文学发展过程中自然形成的现象。这里除了作家"本人"进行文学创作的独特个性,还有在创作中受各种因素而形成的文学风格。中国文人所说的"文如其人",是从文学作品来观人,它的归宿是方法论。文学作品本身所具有的特点构成了文学风格,它与"风格即人"是相辅相成的,否则就会陷入把文学风格简单解释成作者的人格的误区。也就是我们后来所说的,风格一致性与个体复杂性之间选择的艰难——"你愿意遵循你的痛苦之路,换言之,你在走向自己的路吗?"①

风格是具有时代性的。所谓时代,简单说是时间和空间的组合,任何文学家都无法游离出所处的时代,不会因为个性使作品风格仅仅是飘忽不定的心造幻影。因此,在文学作品中,作品的独特性和时代性应是统一的。优秀作家的创作,无疑要具有鲜明独特的风格,而在一定的历史阶段,思想、艺术倾向和创作风格相近的,又会形成一定的文学流派。文艺复兴时期,虽然欧洲各国并不处于同一经济文化发展阶段,但文学的繁荣却在各个国家先后出现。人文主义的思想大行其道,文学巨擘们在文学创作的思想性和艺术性上各形成了相近或不同的风格,在文艺复兴大约四百年的时期,根据社会和不同作者主观因素,其风格又有所变化。

从意大利早期文艺复兴文学作品透视其复古、模仿之风。无疑,最初的文艺复兴是从重燃对古典文化的热情开始,第一批学者开始从颓败废弃的教堂和遗址里发现尚存的古希腊罗马时代的手稿、典籍和艺术品,君士坦丁堡的陷落使西方人惊讶地发现东方文化的遗存,弗朗索瓦一世屡次对

注
释

① 尼采著,尹溟译:《查拉斯图拉如是说》,文化艺术出版社1987年版,第71页。

意大利征伐,也将意大利对古代文化的热情传递到了法国……发现这种原生态的古代文化令人惊叹不已。在唯神学为上,唯经院哲学为高,割裂中断古代文化甚久的中世纪,古典文化的重新再现,古希腊罗马时代崇尚自由的思想意识、自然淳朴的文学艺术,其震惊程度正如英国诗人济慈在描述他初次读《荷马史诗》时的感觉,犹如科尔特斯发现了太平洋(遗憾的是发现太平洋的人是巴尔沃亚)。古典文化的再现激发了诗人和学者们的创作欲望,文艺复兴时期文学重拾模仿现实生活的传统,形成了文艺复兴文学的最初风格。

<h2 style="text-align:center">一</h2>

<h2 style="text-align:center">困顿在尚古与神学之间的但丁</h2>

作为中世纪文学与文艺复兴时期文学桥梁的但丁,在13世纪已然密不透风的基督教雾霭中,终于发现了古罗马诗人维吉尔这位精神之父。在维吉尔的启迪和鼓励下,认识到人是上帝以外唯一具有理性(心智)的动物,但又不能确定人的理性程度,他只能说:"神力造成我们这样的外貌,并感觉到热和冷的苦恼,但其中秘密是识不破的。希望用我们微弱的理性,识破无穷的玄妙,真是非愚即狂。人类啊!在'为什么'三字前驻脚罢!"①

《神曲》的创作充分体现了作者在神学框架基础上加进了古代文化的思想内核,建构的神与人,地狱、尘世与天国之间的文化之宫。维吉尔作为一名引导人寓意深刻,罗马时代的维吉尔作品,具有鲜明的国家利益至上的崇高理念,维吉尔笔下的"神界"是理想和生活的象征。但丁接受了维吉尔强烈的国家主义精神,对现实社会具有强烈的责任感和使命感,凭着对古典文化和基督教精神深刻的领悟能力,使构成《神曲》的"三界",具有强烈的社会政治意义。但丁最先从古代文化中汲取了一种自然的、个性的、社会使命感的源泉,这是一种力量与但丁自身原有的政治热情相融合,

① 但丁著,王维克译:《神曲》,人民文学出版社1982年版,第181页

产生一种更加深邃的思想动力，他的《神曲》特别是《地狱篇》是作者刺向现实社会一把最锋利的利刃，使得他比同时代人向前走得更远些。

同时，但丁作为一位中世纪百科全书式的人物，他有着那个时代非常完整的知识体系和价值观念。在《神曲》等作品中显露出来在认知和情感上处于极大困惑，他崇尚古典，尤其对维吉尔崇拜有加，但又不能推翻基督教所确认的异端定论，他只能将那些被冠以异端的古代学者们安置于地狱中；他对于意大利诗歌怀有深切的情感，极力为之辩护，但所用的辩词和观点，仍跳不出中世纪神学的狭小架构；他热切地为树立意大利民族语言的地位而努力，但又依然将拉丁语视为正规语言……中世纪理性和古典文化的感性思维在但丁头脑中不断重叠组合、矛盾冲突，背负着十分沉重的包袱进行文学创作，一只脚跨进新的历史时代，另一只脚仍然留在原地——但丁作品中框架、形式和表述语言属于过去，而崇尚古人以此为荣的情结、深刻、冷静的批判和一篇篇轻快愉悦的语言，则显露出新时代的朝气和生命力。

很多事物都是呈对称性和矛盾性存在，但丁对爱情的理解恰好表露他的时代特征与局限。他对贝娅特丽斯的爱是世俗之爱，而非柏拉图之爱，或是骑士之爱。但他似乎无法分开世俗的爱与宗教的爱，这种爱似乎被蒙上一层厚重的帷幕，明明对爱情有深切的渴望，但真实情感却止于那些虚幻的语言，在《神曲》中干脆转化为超脱世俗的神圣情感，在昔日女友面前诗人木讷卑微，被女友身上神的光环所压倒，那位梦中情人的职责只是在天堂为但丁指点迷津。晚年的但丁在情感方面更有超乎常人的克制与理性。

《神曲》的情感表现手法被以后的文学作品仿效，成为一种忍隐和宗教式的情爱标本。后人从但丁那里得到了启迪，世俗的人间之爱成为人们精神生活中越来越重要的需求，随着时代的发展，其思想观念上远远超越了但丁那种压抑与矛盾的阶段，"男女在爱情上的自由，就是各人按照心灵的命令、理智和本能、直觉和个人评价自己挑选爱情对象的可能性和权利"[1]。

① 瓦西列夫著，赵永德等译：《情爱论》，生活·读书·新知三联书店1997年版，第459页。

二

柔美与真情是彼得拉克真正的"桂冠"

　　在文艺复兴浩如烟海的诗歌中,以其风格和诗体对当时和后世产生不可估量影响的非彼得拉克莫属。无疑,彼得拉克抓住了古典文化的精髓,从柏拉图身上找到了活力和创造的源泉。彼得拉克独树一帜的诗歌,归结为强烈自我的人文主义内核与柔美、清丽的独特风格。

　　彼得拉克成功运用了当时流行的十四行诗的诗体。他的十四行诗不仅形式整齐、音韵优美,尤以歌颂爱情,表现真实的内心感情见长。他打破了中世纪诗歌的神秘象征与人物形象的固定化模式。形式是显示思维的符号,但不仅仅是一种文体的运筹,更是审美意识形态的表露。任何形式都是主体对客体的参与界定,都有它的文化基础。任何情感或人物被"书写"出来后,就已经被归纳为某种带有抽象性、超验性的"感性体验",独特的形式体现出诗人独有的审美意识,也给人以韵律优美、轻松活泼的愉悦感,自然超出了中世纪抒情诗的境界和质量。贴近生活真实,彼得拉克被布克哈特称之为古代文化的活代表。他不仅虔诚地信奉古典文化并孜孜以求,从中获得创作灵感,例如从奥古斯丁的《忏悔录》获得启发;他敢于第一次在自己的作品中将自己心灵深处的爱情痛苦与秘密公布于众,如果说但丁在爱情上还有一层面纱,那彼得拉克将它掀开,回归真实。彼得拉克在《歌集》的"祝福这一日"中,描绘了第一次见到劳拉时,被初恋激动不已的感觉:

> 祝福这第一次最值得珍视的甜蜜的痛苦,
> 当爱似客人般降临它便于我心中燃烧,
> 祝福这打击,
> 这穿透我胸膛的箭矢,
> 哪怕是爱所带来的伤口⋯⋯

　　有人说诗不能翻译,因为难以完全表现,其结果或忠实而丑,或不忠实而美。即或如此,我们也能感受到诗人为初恋激动不已的心态,随着彼得拉克对劳拉的情感逐步加深，也感受到与但丁相同的困惑与矛盾。彼得拉克对于恋人劳拉的爱情是平凡而真实的，但对宗教禁欲主义的精神难以违背，这两者之间的矛盾如何疏解？成为诗人难以逾越的障碍，这也是无数文人与凡人都感同身受的问题，彼得拉克用诗的语言表达出来，这是文艺复兴的文学作品中第一次向这个世界敞开心扉，将内心的隐秘公布于众。

随着文艺复兴的足迹踏遍欧洲各个国家，文学作品中以世俗的眼光和民间的角度描绘吟颂生活与爱情，讽刺抨击封建神权，逐渐成为文学的流行风格。

三

拉伯雷与塞万提斯作品中的世俗化风格

拉伯雷和塞万提斯都被誉为是欧洲文学三大"母体文化"的创建者之一，其精髓是他们的世俗化风格。世俗主义（secularism）最初是主张伦理与教育不应该以宗教为基础的，这一口号在西方带着极强的反宗教色彩，用陶东风在《超越历史主义与道德主义的二元对立》文章中的观点便是"从社会的道德生活中排除宗教信仰、礼仪和共同感的过程"。拉伯雷在《巨人传》的创作风格应以"世俗化的狂放"冠之。在《巨人传》中没有文艺复兴时期典型的贵族化文学倾向，大量运用了所谓民间"广场狂欢式"的语言和场景来表现作品主题，在宗教精神禁锢和诗文贵族化的主流文化中，拉伯雷的作品尤为另类。实际上，从文学发展史的角度看，俗文学是一切雅文学的源头。元末陶宗仪《南村辍耕录》云："禅官废而传奇作，传奇作而戏曲继"，从中透露出平民阶层文学需求的延续性。

拉伯雷将两个巨人的言行举止描述得直率、粗俗和感官化，以至于被后人一再误解，这和拉伯雷本人的特性反差极大。拉伯雷虽然没有经过严格的正规化教育，但他通晓哲学、文学、医学、天文学和多种语言，作为那个时代极少数的权威学者，却通过另类的形式将这个时代的知识、事实和发生的一切表达出来，这也反证了法国布封"风格即人"的不完整性。拉伯雷故意掩饰自己的学者思维和语言，将人们只有在狂欢节时才表现出的粗俗放肆、无所顾忌的场面通过他的笔搬到他的作品中。在《巨人传》里两个巨人国王的言行举止与民间百姓别无二致，甚至有过之而无不及。例如为了证明儿童时本能的天真无邪，故意夸大渲染某种生理的行为，看似粗鄙有违常理，这种感官上的宣泄是要表达精神上的松弛，在基督教严格思想制约的背景下，拉伯雷的《巨人传》是针对中世纪基督教对人精神上的束缚和教会本身的虚伪做作，进行无情的讽刺和对抗，表面上为博人一笑，却暗含锋芒，用文学手段将新思想与旧观念冲撞。虽然这并非完全是作者的主观愿望，但事实上，观念的冲撞正是文艺复兴时代赋予具有先进理念的作家的一个历史使命。

与拉伯雷的戏谑性讽刺性相似的塞万提斯，他们在创作思想和演绎手法上相近。十六世纪中叶，骑士文学在西班牙已经日薄西山，《堂吉诃德》对骑士文学的摧毁力量自不待言，但塞万提斯被奉为文艺复兴的巨人，绝非仅仅由于这部骑士文学的绝唱版，他的思想理念有一种超越时空的精神力量。当骑士随着时光而远去，但骑士所体现出来人性的美丑、真假和善恶绝不仅仅是骑士才有，塞万提斯对这种扭曲人性的鞭挞和对真实人性的呼唤400年来依然久久回响在人们心中。

《堂吉诃德》在真实与幻觉中刺痛着十七世纪每个西班牙人。此时的西班牙，正处在社会矛盾激化、国力由盛转衰的阶段，辉煌不再，风光黯淡，是沉浸在过去的荣耀中，还是正视现实，塞万提斯给国人一服清醒剂。当一些宫廷诗人还沉浸在诗歌中或甜或痛的爱情、或新或旧的诗体之时，塞万提斯却难以与有闲情逸致的文人为伍，他深深地被社会矛盾和陈旧的思想观念所刺痛，不能用刀枪消除骑士制度，就反其道而行之，用骑士文学来讽刺击垮骑士文学。《堂吉诃德》的问世如同一把解剖刀，无情地将"骑士"这个封建社会的畸形儿抛出来，将这个社会的疮痍剖开，把其中的陈腐昭示于世，这是何等的胆量与气魄！塞万提斯通过充分地描述堂吉诃德一系列离奇古怪的举止，以及他头脑中迂腐可笑的骑士观念，使人们恍然大悟。正如那位美国学者房龙说的，在人们的笑声中，彻底地结束了骑士文学。

塞万提斯在《堂吉诃德》中首创了"写实性"的创作手法。这种以真实性现实性为特点的小说创作理念被称为是西方现实主义小说理论之滥觞，它也构成塞万提斯的独特风格。在《堂吉诃德》的序言、第47和第48章中,塞万提斯认为,小说家以模仿自然为任务,因为自然是唯一的范本,模仿越像,作品就越加完美。他认为为了达到这个目的,无须遵从于哲学、宗教和辩士等的权威,只要用"简明、朴素、雅训、恰当"的字眼,用"悦耳、和谐"、"明白易晓"的文章,就可以使读者"破闷为笑,提高兴味","蠢笨的东西也不至生厌"、"严肃的人不敢蔑视"、"聪明人更不禁击节了"。塞万提斯借用他人的口认为小说越是"像真"越好,对于世俗题材的戏剧创作,他同样认为不能毫无理由地放进一些奇迹,宗教题材也不能违反"真实",对于细节必须忠实。

从另一个方面,他以为"才情"在创作中非常重要,没有才情的描写,"武艺则不可信,爱情是造作的,文雅则一片虚假",只有小说家有了才情,他笔下的作品才会有才情,这样的小说才会被人接受和喜爱。所谓"才情"实质是他从古代希腊学者亚里士多德等那里继承的"想象"的理念,塞万提斯的结论和他们也异曲同工,他总结小说创作时说:"模仿(描写)必须体现才情(想象)和历史真实的统一。"

他的才情与真实的幻想共同筑就了他的诙谐与讽刺。据说,西班牙菲利普三世在皇宫阳台上看到一个学生边看书边狂笑,就断定他要么在看《堂吉诃德》,要么就一定是个疯子。差人去问,果然那学生在读《堂吉诃德》。塞万提斯为世界贡献了欢乐与笑声,而他自己却常与穷困忧愁为伍。

四

文学巨匠的襟抱——莎士比亚风格

文艺复兴时期文人众多,能够担当起引领时代的巨擘的寥寥无几。中国古时所谓"人高诗亦高",只有具备崇高人格的作家能用他们的声音敲击沉睡的大地,呼唤新的精神,这种敲击的力量来自于高贵的心灵。襟抱是指作家主体有一种大的关爱与怜悯,因此具备包举力度和自觉担当的精神修炼。莎士比亚以文艺复兴最具时代精神的作品独领风骚,是他的伟大襟抱所决定。莎士比亚的襟抱演绎出他伟大而独特的风格,这种精神力量是一般人所难以具备的。正如黑格尔所说的，莎士比亚在无限广阔的世界舞台中对丑恶和荒谬接触得愈深远，也就愈能使这种丑恶和荒谬的人物显得并不缺乏诗的修养。他赋予这些人物以智力和想象力，通过形象，使他们把自己当做一种艺术品，对自己进行客观的认识性的观照，也就是使他们自己成了自由的艺术家。莎士比亚在人物内心情绪的刻画和崇高风格方面体现出他的最高水平的创作风格。

莎士比亚作品的突出特点是放大的人生，是凸显的个人，在这个放大的人身上，莎士比亚发掘出美好与丑陋，呼唤美而摈弃丑。在莎士比亚笔下，人性的美包括理想的美、爱情的美、悲情的美、现实的美、梦幻的美、智慧的美和丑陋中的美等等，这是他无论是在激情洋溢的青年时代，还是思想艺术的成熟阶段以及光华渐消的晚年，都竭尽全力要展示给世人的唯一的东西。莎士比亚站在那个时代的高处，以睿智的眼光去寻找、挖掘和透视人间的美，也正是这些美的思想、行为和形象等等会聚成一股巨大的洪流，构成了文艺复兴时代以人为本的核心精神，推动了社会文明的脚步。

莎士比亚的戏剧创作虽然类别各异，但始终贯穿着发掘美的创作思想，他精心刻画一个个艺术形象，从不同侧面讴歌了他们身上尤其是心灵深处的美的品格。如《哈姆雷特》中的哈姆雷特，在他身上集中体现了人文主义理想的美。在《罗密欧与朱丽叶》中，讲述了世间最凄美的爱情。在《皆大欢喜》、《奥赛罗》、《李尔王》和《暴风雨》等剧中赞颂了美丽善良的女性——罗瑟琳、苔斯狄梦娜、科狄利娅和精灵爱弥尔等。在若干部剧中，描绘出幽默乐观睿智的福斯塔夫。当然，莎士比亚最杰出的地方是他描绘的美是真实、现实的和有瑕疵的，如《一报还一报》中的公爵虽然是个好人却治理不好国家；《终成眷属》中的海丽娜善良快乐，却为了自己的利益采取了欺骗手段。

揭示人性的丑陋更体现出作者的不同凡响，正如黑格尔所说，莎士比亚反面人物的塑造最能体现出他不凡的眼光。如历史剧《查理三世》中的查理，他冷酷的理智发展到了极端，在害死一个丈夫后，就立即向这个寡妇求婚，虽败德恶行，却有着非凡的勇气和洞察力，为了夺取权力显示出足够的计谋与智慧。而《约翰王》中的约翰，则是个文雅天真，孱弱如幼童般的君王，尽管也不是个好国王，但却赢得了国民的同情和拥护。《亨利四世》中的叛军首领诺森伯兰，则是意志薄弱还口出狂言，儿子已经阵亡还在奢谈什么荣誉。即便是最阴暗的《麦克白》，麦克白夫妇的内心是极其无情阴险的，但莎士比亚仍然展现出麦克白在没有实施刺杀国王之前，从没有过罪恶的行为的他内心的犹豫和徘徊。正是这些性格各异、内心复杂的形象描写，使观众看到人性中的不同层面，看到善中的恶与恶中的善。

风格这境界得之于作家，则有个人风格；得之于作品，有作品风格。推而论之，得之于流派、时代、阶级、国度，则有流派的风格、时代的风格、阶级的风格和民族的风格。不是文学艺术的局部美而是整体美，不是具体美而是抽象美，风格成熟的作品享有崇高的审美价值和不朽的艺术魅力。从事文艺创作的人可以获得作家、诗人、艺术家的美名，却并非能得到某种"风格"的桂冠。有的人终身勤奋，创作颇丰，也有一定特色，甚至可能暂时博得某些人的掌声和喝彩，惜未形成一定风格，他的作品便如闪光的泡沫，转瞬之间湮没无闻。只有风格成熟的作品才会传诸后世，历久弥新。

风格成熟的首要标志是它的独特性。每一种文学风格都有它与众不同的特殊矛盾和特殊本质，这就是它的独特性。作家艺术家由于各自的气质、才能、教养、阅历、思想、情感等"精神个体性"的差异，形成不同的创作个性，即使是在社会条件、生活环境、创作对象相同的情况下，也会获得不同的反映，生产出不同色泽、不同情调、不同旋律的精神产品。一切成熟的作品和风格都有独创性，没有独创就没有风格。文艺复兴时期文学作品的风格同样各有特色，各擅胜场。德国剧作家和文艺理论家莱辛在谈到莎翁的独特风格时说：他的任何一点极小的美都像是这样一个标志，它仿佛向全世界宣称：我属于莎士比亚！

在一个疾风骤雨的时代里，往往一切都变得简单和偏激，容易给人认识上的错觉。只有怀有伟大襟抱的人才能高屋建瓴、洞察人间百态，"随风潜入夜，润物细无声"。由表及里，从最深层的精神世界中寻找人性的光辉，缔造笔下的神话。①

第二节　文艺复兴时期的文艺思想、
　　　 美学贡献和民族语言

浪漫主义和现实主义文艺思想的雏形

　　文艺复兴，"这是一次人类从来没有经历过的最伟大的、进步的变革，是一个需要巨人而且产生了巨人——在思维能力、热情和性格方面，在多才多艺和学识渊博方面的巨人的时代"。②文艺复兴的政治意义远远超过本身的文艺意义，但它首先应包含这个意义，即作为文艺理念的文艺复兴。它缔造和开启了近代文学艺术领域两大主要的文学流派，即浪漫主义和现实主义，而且在文艺复兴时期已经达到相当高的水准。这两大流派从文艺复兴之后逐渐传入欧洲和其他地区，19世纪传入中国。

　　据波兰现代美学家符·塔达基维奇考证："现实主义"概念最先出现在1821年一篇题为《19世纪的墨丘利》的佚名文章中，文章称"忠实地模仿显示提供的原型"的原则"可以称作是现实主义"，③这里的"现实主义"的概念内涵基本上保留在古典"模仿说"范畴。"模仿说"源远流长，柏拉图、亚里士多德都曾做过论述，文艺复兴时代的达·芬奇、莎士比亚还提出了文艺是一面"镜子"的命题。浪漫主义(Romanticism)一词首先出现于法语，最初是形容词，意思为"罗马语系的"（法语属于罗马语系），据说原意是指不再以拉丁文写作，而用本地语言写作的生动活泼的一种"传奇"

注释

　　① 伍蠡甫：《欧洲文论简史》，人民文学出版社1985年版，第83页。
　　②《马克思恩格斯选集》第三卷，人民出版社1995年版，第445页。
　　③ 符·塔达基维奇著，褚朔维译：《西方美学概念史》，学苑出版社1990年版，第385页。

（Roman）民间文学。而现实主义，按照恩格斯的观念，从古代希腊的悲剧、喜剧和史诗中就已经具有现实主义精神。到文艺复兴时期，作为新兴阶级代表的文学艺术，浪漫主义和现实主义作为更能体现理想和热情的创作方法，更多地运用到文学艺术作品中，使之更加完善和成熟。文艺复兴时期的文学艺术更呈现出其灿烂辉煌。每一位文学巨匠以及那些皇皇巨著，都在某一层面或某一时段做出重要而独特的贡献。

透过《神曲》阴森的地狱和艰险的炼狱，我们已然窥见14世纪意大利社会光明与黑暗交替的过程，众多冤魂死鬼的后面真实的人间百态，但丁给我们留下的这部"人曲"，不仅为意大利文艺复兴敲响了晨钟，也为架构现实主义文学的大厦填埋下第一层坚实的地基。

《十日谈》当称为最早杰出的现实主义小说，且不说小说对意大利市民中的各色人群世俗生活的生动展示，他对掀开教会至高的神权外衣，揭露当时以罗马教廷为代表的教会的腐败堕落，他们因无法抑制的物质需求而采取卑鄙的敛财之道，那些表面虔诚、实际贪婪的教士、不甘寂寞的修女的众生相，可谓淋漓尽致。当时教会自己记载的史册中的描述，与薄伽丘笔下的描述应当是有过之而无不及。因此，这部小说才荣膺文艺复兴的文学桂冠，同时也屡次遭禁。

法国的七星诗社，以团体的形式为文艺复兴文学盛筵呈献出一份唯美抒情的诗歌大餐。谁也不否认法国人骨子里的浪漫情怀，而能够以优雅和谐的形式诠释出来，当从杜贝莱、龙萨这些风度翩翩、风流倜傥的诗人起始……

骑士文学虽具有浪漫色彩，但宗旨是维护封建骑士制度，塞万提斯一部《堂吉诃德》，就将业已日衰的骑士文学彻底送进坟墓。事实上，一种文学形态的存在有其相对的独立性，骑士文学在封建制度下是骑士制度的附属品，随着封建制度的逐渐衰落，骑士制度和骑士文学也必然随之没落消亡，塞万提斯只是出一记重拳，将维护骑士制度的"装饰"——骑士文学彻底地撕碎。

曾经盛行西方的骑士形象，某些影子似乎至今还徘徊周游，那是骑士制度或者干脆说骑士文学中勾勒出来的一种独特的男性品格：潇洒浪漫、忠诚勇敢、尊重女性且彬彬有礼，绅士风度作为一种代表性的西方文化，早已超越了那个时代，在现实中依然有着继续存在的价值……

莎士比亚更是现实主义与浪漫主义结合的大师，他的悲剧及历史剧作品，既深刻反映出17世纪英国社会矛盾的现状，抨击了社会的黑暗和丑陋，又通过矛盾的冲突与跌宕的剧情，塑造出经典的人物形象。而他的喜剧则着力表现出资产阶级在上升时期的生气勃勃，对生活的乐观与睿智，在金钱、爱情和亲情面前，人与人之间复杂而真实的面目。

随着文艺复兴运动的消退，古典主义一度盛行，但很快就被取而代之，到18世纪末和19世纪初，浪漫主义和现实主义先后形成整个欧洲文学运动的主流思潮，成为资产阶级反对封建主义的解放思想运动在文学上的直接手段。这一阶段英国的拜伦、雪莱、德国的歌德、席勒和法国的雨果等等，为这两种文学创作手段提供了更加完美的证明。就连文艺复兴时期的作品也重新得到肯定，这就可以解释为什么七星诗社的诗人和作品直到19世纪时才被如此的关注和评价。从19世纪中叶开始的批判现实主义运动，则是在资本主义已经出现社会矛盾的激化，需要有更犀利的武器来加以揭露和批判的背景下，依然以现实主义文学手法为原则，以反对美化和粉饰现实的浪漫主义，将宗旨定位为对现实社会的批判。相形之下，现实主义文学更具有进步意义和认识深度，如巴尔扎克、狄更斯、列夫·托尔斯泰等作家，更为这个世界贡献出更加璀璨的旷世之作。正如恩格斯在谈到巴尔扎克小说时，曾说："他在《人间喜剧》里给我们提供了一部法国'社会'，特别是巴黎'上流社会'的卓越的现实主义历史，……我从这里，甚至在经济细节方面……所学到的东西，也要比从当时所有职业的历史学家、经济学家和统计学家那里学到的全部东西还要多。"[1]

注释

[1] 恩格斯：《恩格斯致玛·哈克奈斯》（1888年4月初），《马克思恩格斯选集》第四卷，人民出版社1995年版，第684页。

二

文艺复兴时期文学的美学贡献

按照西方美学史的分期,中世纪和文艺复兴时期的美学其时间跨度最长,是成果最璀璨丰富的历史阶段。仅佛罗伦萨这一个城市就有43个博物馆、65座宫殿以及不胜枚举的精美建筑。本文主要从文学角度探讨文艺复兴时期美学的一些概况,而非对西方美学理论发展史做全面阐述。

第一,文艺复兴之前的古希腊罗马时代和中世纪美学理论是整个西方美学的重要源头,其美学理论和实践方面都业已成熟。到文艺复兴时期,以神学为主的中世纪阶段主要美学体系和代表人物的权威性在神权方面被大大削弱,古希腊罗马时代的美学经过"复兴"与"再生"的过程,直接影响到14世纪文学领域人文主义美学思想理论的出现。

意大利产生了最早一批美学家,从洛伦佐·瓦拉(Lorenzo Valla, 1415—1457年)、库萨的尼古拉(Nicolaus Cusanus, 1401—1464年)、马西里奥·费奇诺(Marsilio Ficino, 1433—1499年)、乔万尼·皮科·米朗多拉(Giovanni Pico della Mirandola, 1463—1494年)、里昂·巴蒂斯塔·阿尔伯蒂(Leon Bapttista Alberti, 1404—1472年)到达·芬奇(Leonardo da Vinci, 1452—1519年)等等,他们逐渐从古希腊伊壁鸠鲁派的理念中走出来,恢复感性美和肉体美,形成文艺复兴新柏拉图主义美学。文艺复兴美学肯定现实世界的美,强调美是现实世界最重要的属性之一。中世纪美学也承认自然美,因为这种自然美是神创造出来的,自然是物质的,不是精神的,因此不具有审美价值。而文艺复兴美学理论则确定物质世界具有审美价值。文艺复兴美学不仅存在于思想理论范畴,而且成为一种生活方式。15世纪中叶,人文主义中心长达半个世纪的佛罗伦萨柏拉图学院,那里充满着美丽与芬芳:假山、喷泉、绿树和青春的身影……本身就是一个美的大本营,人们徜徉其间,尽享美的一切。文艺复兴美学提出来的现实美以及"人是伟大的奇迹"、和谐美等理论,终于摆脱了神学,建立了世俗的学科,与17、18世纪近代美学理论的崛起不无关联。

　　第二，文艺复兴时期的艺术美学极为发达，使艺术脱离了哲学的母体，形成专门的理论。艺术与其他文学领域，在美、艺术、美感经验三种研究对象方面都有极其丰富的实践和理性的探索。由于肯定自然美，而在"艺术是模仿自然"的信条下，模仿自然的表现美成为人们追求的宗旨。而达·芬奇等在此基础上进一步提出源于自然，高于自然的艺术创作法则，正是由于自然美与创造美的结合，使文艺复兴时期巨人频出、艺术佳作频现，无数美不胜收的绘画、雕塑、建筑和装饰等成为文艺复兴时期名垂青史和令人赞叹的硕果。

　　第三，文艺复兴时期的美学贡献最大的表现为个体性，这种个体性不在超世界的存在中、而在纯人的现实中是绝对的。因此，文艺复兴美学不是宇宙的，也不是神学的，而是人文主义的。[①]即按照个体的生活方式、体验、感悟、直觉和理想等等而形成的追求理想境界。不仅个体之间有较大的差异，而且不同职业、信仰和阶层更是莫衷一是。以下从几个典型事例对人文主义美学的个体的话语形式进行探索。人文主义思潮首先产生于文学领域，在14世纪最先传播人文主义的但丁、彼得拉克、薄伽丘和乔叟，他们不约而同的都是文学家。审视这一时期的美学倾向可以有两大趋势，一是从早期人文主义者对于古代文化的探究，从亚里士多德、柏拉图、西塞罗和李维等思想观点中读出新的热情和感悟，人文主义者的这种热情逐步从诗歌、绘画等方面扩散，引导着世俗文化的意识与需求。二是经院哲学的美学观念正随着经院哲学本身而逐渐瓦解，如美的超验性、神秘性以及美与善同为一物等等，逐渐被美的自然性、人的创造性所取代，尤其是艺术一语涵盖了普遍意义上的制作，从而区分开艺术和技艺的关系。

　　最先体现人文主义美学感悟的应当是彼得拉克。他的美学思想是将维吉尔和中世纪的美学观念脱胎而出的新思想，彼得拉克赞同美是由本质决定，诗歌的美在于它传达的思想，而非外在的表达形式。在谈到用拉丁语进行写作和对但丁的理解上，他在《书信集》的第15封信里说道：所以那

① 凌继尧：《西方美学史》，北京大学出版社2004年版，第180页。

些攻击我对他的声名吹毛求疵的人是在说谎。比较大多数他那些愚蠢的、过度夸张的赞美者们，也许我更能欣赏什么是美，那是他们的理解无法达到的，因为他们有限的智力。美光是悦耳，却不洞识他们的精神。他们是属于那样一种人，就像西塞罗《论修辞》所说的，当他们读到好辞好诗，他们称赞演说家和诗人，却不懂他们为何被感动而来称赞，因为他们不明白他们的快感是从何而来，或者是什么东西，或者如何构成。彼得拉克用西塞罗的话来证明诗的美感在于它所传达的思想，而不简单是悦耳的音律和节奏，这是人文主义美学思想的一个标志。诚然，彼得拉克的观点明显带有中世纪奥古斯丁的痕迹，事实上，文艺复兴时代人文主义作家都愿意从柏拉图和奥古斯丁这两位富有艺术精神的思想中汲取灵感。

彼得拉克在晚年写的《论好运厄运补救术》一书中，在第二章"快乐与理性"中就人生问题再次生动地阐述其观点，在一个围绕着如何为物理的美和精神的美定位的对话中，当"快乐"提出物理的美最为优雅、伟大和完善，漂亮的容颜是灵魂的装饰，以及想把灵魂的美德与身体的美结合起来的看法后。彼得拉克代表"理性"认为，灵魂的美比起身体的美更加悦人、实在和令人向往，这种美无论时间、疾病甚至死亡都不能消抹掉。他继续说道：你只有做成这件事，在我眼里才真正算得上一个人物。这样美将更见光彩，德也更有魅力。他还列举了维吉尔的话，证明物理的美既不长久，又不可欲，但如果同德结合起来，如果我们对它们的估值没有偏祖，那么我会同意称美为德的装饰，它实实在在取悦双目，然而是易逝脆弱的。

如果说上述思想在古代时就已有之，那么人文主义美学的进步在于，将美的对象日益从自然中分离，而专注于人，包括人的行为、服饰、风度乃至精神。在彼得拉克的爱情诗里，他对恋人劳拉的爱恋包括她的行为、服饰和身体加以描述和赞美，他将劳拉视为美的化身，劳拉的形象以至以后文学作品中的美的形象，都是人文主义作家优雅的语言和愉悦的心情的杰作。而但丁倾情赞颂贝娅特丽斯的心灵美，而极少用笔描述其外在美。

乔叟在美学上最大的贡献，是他首开英国现实主义的创作方法。这里与《神曲》做一比较，《神曲》和《坎特伯雷故事集》都属于叙事模式，但《神曲》有个导向性的外在权威，作者带着鲜明的观点，按照自己的思维取舍叙述人和事。而《坎特伯雷故事集》里面，权威消失，取而代之的是单纯得近乎天真的叙事人，即乔叟这个香客。乔叟不做评判的"纪实报道"，是引导着读者参与进来，但又把握住虚实人和作者乔叟之间的距离，让读者自己做出判断，这种隐蔽式的叙事模式正是现实主义理论中愈隐蔽愈好的美学特征。

必须提及莎士比亚对美学的贡献。他没有专门的美学理论专著，他的美学思想体现在各个剧本的情节、人物和场景的精心独特的设计，体现在他无与伦比的语言张力，以及极为丰富的内容之中。

与同时代文学家艺术家观点一样，莎士比亚也认为自然与艺术的关系是自然高于艺术，而不是中世纪神学的神高于一切，也高于艺术的观点。这就是所谓：悬明镜照自然的"镜子"之说。须知镜子的出现在文艺复兴时代产生了巨大的革命性的影响，从意大利行会开始，原本神秘的玻璃镜子有了迅速的发展，镜子的作用不仅服务于每个人，它促使文学艺术的创作变得更加真实，与现实生活的距离更近。莎士比亚运用了这种当时最先进的镜子作为阐述创作理念喻示，可谓是一大创新。诚然，他认为忠实于自然还必须创造出高于现实的艺术真实，即真与美的统一，这样才能赋予诗歌或艺术永恒的生命。在他的诗中写道：

> 哦，"美"看起来要更"美"得多少倍，
> 若再有"真"加给它温馨的装潢！
> 真的固定色彩不必用色彩绘；
> 美也不用翰墨把美的真容画；
> 用不着掺杂，完美永远是完美。①

莎士比亚还将美指向于人，美在自然界是短暂的，不能永世长存，而人的美也同自然界一样是短暂的，在他的第18首十四行诗中，描述女性美用的词是"fair"（芳），而不是更多的"beauty"（美）。这两个词都有切实可感和诉诸视觉的形体美的意思。研究者认为这表达了莎士比亚"自然美是

① 莎士比亚著，梁宗岱译：《莎士比亚全集》第11卷，陕西师大出版社2001年版，第212、259页。

短暂的,而艺术美才永恒"的现代美学意识。莎士比亚一个突出的思想,即真善美同为一体。在他的第105首诗中说:"美、善和真,就是我全部的题材",还有"过去,美、善和真常常分道扬镳/到今天才在一个人身上协调"等。莎士比亚的十四行诗表现出来的是一种华丽的风格,而他用这种风格表现的是质朴求真的精神,这种华丽与质朴共存和谐的美学思想,又为以后现实主义与浪漫主义美学提供了源源不断的灵感。浪漫主义美学是莎士比亚诗歌与戏剧的核心思想,而浪漫主义美学的中枢是想象。莎士比亚在想象的美学作用方面有一段尽人皆知的名言,在《仲夏夜之梦》中忒修斯曾这样说道:

> 疯子、情人和诗人,都是幻想的产儿:疯子眼中所见的鬼,多过于广大的地狱所能容纳;情人,同样是那么疯狂,能从埃及人的黑脸上看见海伦的美貌;诗人的眼睛在神奇的狂放的一转中,便能从天上看到地下,从地下看到天上。想象会把不知名的事物用一种形式呈现出来,诗人的笔再使它们具有如实的形象,空虚的无物也会有了居处和名字。①

想象的作用被描述得极为生动,他甚至还说夜里如果恐惧,能把灌木丛想象为一头凶狠的熊。莎士比亚在《亨利五世》中也有"发挥你们的想象力来弥补我的贫乏吧——一个人,把他分身为一千个人,组成了一支幻想的大军,我们提到马儿,眼前就仿佛真有万马奔腾,卷起了半天尘土,把我们的帝王装扮得像个样儿,这也全靠你们的想象帮忙了,凭着那想象力,把他们搬东移西,在时间里飞跃,叫多少年代的事全都挤塞在一个时辰里"。浪漫主义美学除了想象还包括迷狂,情人是"frantic",诗人是另一种"frenzy",在创作中狂放而痴迷的心态往往是冷静与理智所难以理解的。在此,我们并非全面阐述莎士比亚的美学观点,但有一点可以肯定,莎士比亚美学思想中现实主义与浪漫主义共存共容的特征,是人文主义美学中绝无仅有的。

文艺复兴文学美学还有一部分存在于神学美学之中。神学与美学的结

注释

① 莎士比亚:《仲夏夜之梦》,载《莎士比亚全集》第三卷,陕西师范大学出版社2001年版,第208页。

缘相当之早，当古希腊罗马的客观美学到了苏格拉底的时候开始悄悄出现微妙的变化，他将美从事物属性变成人与事物的关系，美的目光已经从物转向了人。客观美学到了亚里士多德时逐渐走向了神学的目的，简言概之，因为神学是亚里士多德整个宇宙论的归宿，也是他的美学体系的关键，由于神是世间万物的创造者，换言之世间万物都是神的艺术品，美是神的目的，正因为艺术品或者人实现了神的目的，所以才成为美。

到了中世纪，有学者认为呈现出三种神学美学，第一种是以奥古斯丁为代表的忏悔美学。事实上，奥古斯丁的权威已经凌驾于古代哲人之上，它一方面影响了认识论的一些观点，另外还更改了古希腊罗马的美学理论，神学美学在文艺复兴时期，进一步在文学艺术与宗教之间达成了一种同构关系，即都在寻求精神对于肉体的超越、有限向无限的延伸、必然向自由的趋近。关于神学美学，同人文美学一样，都是实践早于概念的出现，美最初就是作为上帝的一个属性而存在，进而成为神学本体论中一个不可或缺的组成部分。神学美学是以颠覆古典美学的三大原则为目的：道德原则、形而上学原则和审美原则。这方面的情形更加复杂，涉及宗教和美学更加广泛的层面，况且它与人文主义美学也并非两条并行的铁轨，有很多内核或形式是相通的。

美的思想在早期基督教那里就已经有明确的概念，在《新约》里就有这样的表示：永恒的价值胜于短暂的价值，精神的世界胜于物质的世界，道德的美胜于一切类别的美。

在基督教教义里，最核心的莫过于上帝是至善至美的。在《圣经》中关于美的一词有较高的出现频率，多是作为形容词描述人的身体美，尤其是女性美。在圣经中美的观念呈现出二元论的走向，一方面美是浮华虚荣，是过眼烟云，凶吉莫测；另一方面，美又是最高价值即神性的显现，是上帝完美外在的表现形式。

中世纪的神学美学理论，是通过"象征"的桥梁在文学艺术与宗教之间达成一种同构关系，即二者的根本价值都在于寻求精神对肉身的超越、有限向无限的延伸、必然向自由的趋进。神学美学的目的是人类通过"美"而观照"绝对"的期待，"美"成为"绝对"的唯一可见的形式。托马斯·

阿奎那承袭了亚里士多德的思想，建立起中世纪最完整最权威的基督教神学体系,也构成了第二种神学美学，即感性美学。在他的《神学大全》中，阿奎那接续了亚里士多德关于美的完整、比例和鲜明的三要素说，这是美学史上少数几种美的界说之一。当然，和亚里士多德比较，阿奎那的三要素有更多的形而上学的色彩，而且三要素的语境是在论证基督的美。因此，阿奎那的美学最终将美解释为一种超验的而不是实证的存在。阿奎那作为中世纪美学的集大成者，其理论在中世纪引起众多的研究和关注，它具有浓厚的超验性和神秘性色彩，由于阿奎那是要用美的形式来证明基督的神圣，也就是说具有客观性的美的三要素最终放到了形式上，他的思想为后世的康德和黑格尔等接受。

但是值得注意的是阿奎那对于人的美的阐述，他反复论证的美的三要素，均是以人体作譬的。在《神学大全》第一编第91题中，阿奎那认同希腊美学传统的观点，认为人为一切生物中最完美的存在，这不仅见于他的精神，也同样见于他的形体。人因而成为宏观宇宙的一个缩影。人的形体美来源于它内在的形式即灵魂的光辉，而人体的美也就是人性的美。人不仅是为神所造，而且本身也具有神性。事实上，接下来出现的文艺复兴时代以人和人文行为美的世俗美学理论，与阿奎那的思想是一脉相承的。想想哈姆雷特关于人的那段经典独白，如果按照原文译，他是将人划在神与动物之间，甚至还没有达到阿奎那对人的认识程度高。所谓对人和人性的认识并非从文艺复兴肇始，早在中世纪文化的鼎盛阶段学界已经在建树自身了。

文艺复兴时期关于神学美学重新接续了古代罗马的传统，从人文主义的思想出发，加上神学的关注，形成新的神学美学，第三种就是但丁的行动美学。虽然但丁不是纯粹的哲学家和美学家，但他的意义在于他将中世纪的神学美学变成自己的艺术实践，从文学阐释角度，他继承了前人讽喻性释经理论，将《圣经》的释义过渡到中世纪神学与文艺实践的唯一联系——象征。但丁从人文主义角度上认识，通过隐喻、象征、类比等神学本身的理论来解释诗学所涉及的问题，他在《神曲》中的主题是人而不是神，从而使美学从神的那里又重新回归到人。

但丁在作品中竭力表现出精神对于肉体的超越，无论是作者本人、贝雅特丽斯，还是那些在地狱、炼狱中的鬼魂们，有相当数量是因这个问题被置于死地，而通过肉体的苦行和惩罚，逐渐实现精神对肉体的超越，而能够上升到天堂则是最高的精神境界。

直到20世纪，上帝作为一切传统价值的终极象征已经很难在具体上为现代人所接受，尼采一句"上帝死了"标志着这种信仰体系的终结。尽管人们还不能完全摆脱上帝神学，但在西方社会，它已经演化为一种文化模式、价值观念和伦理原则，作为一种生活方式而存在。也可以说是从中世纪时代单纯的信仰转向一种心灵领悟而引导人们关注生命的本体，既有神性的终极关怀也有世俗现实中的社会关怀。这个时期的神学美学思想是与现实社会的美学、哲学和政治思想密切相关，在文学作品中将圣经作为创作素材和原型加以改写、续写和移植等，以继续体现基督教教义的基本精神，例如感谢上帝之恩、承受犯罪的惩罚和宣传博爱的精神等。

另外，随着时代的发展，西方文学对神学观念的深层体现，更表现为对于基督教精神的重新契合，如艾略特、戈尔·伯吉斯和莫里亚克等，他们通过自己的作品表达出对原罪与救赎、创世、耶稣被钉十字架以及宽恕博爱等的新解读。第二次世界大战后，西方文学中更明显地流露出对神的迷惘和对自身的困惑，在形形色色的失落中，其核心是上帝的失落，上帝不仅失去了神圣的光泽，甚至遭到嘲讽。考琳·麦卡洛的《荆棘鸟》中说道："我从来没有怀疑过她（梅吉），而你（上帝）呢？不过是一个骗局，一个幽灵，一个小丑，我怎能爱上一个小丑呢？然而我却爱了。""我是一堆陈腐的东西。梵蒂冈的世界是一个古老、酸腐、僵化的世界。"①当上帝失去他的光环时，人们最真切地感觉是在现实中，是真实的现实世界，而虚幻的精神世界和神祉在哪里？人们在不断地重新思考和衡量。

注释

① 考琳·麦卡洛著，曾胡译：《荆棘鸟》，文化艺术出版社1991年版，第377—493页。

三

各国民族语言体系的构建

毫无疑问，文艺复兴运动期间，各国的本土语言可谓是一个疾进成熟和发展的阶段。这其中包含两大潮流，一方面，古典文化中的媒介——古代语言备受重视。以发掘古代文化为契机的文艺复兴运动，打破中世纪时期拉丁语的绝对权威。在中世纪，随着基督教的广泛传播宣传和教会势力的扩展，基督教宣传到哪里，哪里就开始学习拉丁语，在经院哲学的影响下，拉丁语的语法更加注重其思辨性，在思辨性语法下形成比较成熟的句法分析的语言理论。

在文艺复兴时期，新兴的资产阶级反对封建神权，提倡研究古典希腊和罗马文化。由于人们对于古典文化的热忱和随着宗教改革引起的研究基督教教义的本土化过程，在教育和哲学、诗歌、散文等领域学习和研究古代文化成为热潮。人们通过古典文献了解和掌握了古代希腊语、拉丁语和希伯来语等，通过这些语言的媒介，为人们展示出一幅从未见过的古典文化的美妙画卷，为无数学者、诗人和作家的文学之旅点亮了一盏又一盏明灯，为这个新的社会开启了一扇又一扇被禁锢的大门。文艺复兴时期兴起对《圣经》的原文研究的热情，而《圣经》中《旧约全书》是由希伯来语写成，学者们开始对希伯来语的研究。15世纪初年，由于人们对古典文献的兴趣不断增加，有许多希腊人从东方来到意大利，他们能用现代语教授古语。1453年，土耳其人占领君士坦丁堡后，加速了这个过程，于是许多教师带着手稿，来到他们新建的家园。手稿的搜求成了时髦的风尚；意大利和北欧的礼拜堂与修道院的图书馆都被搜掠一空，豪商贵族则命令他们在东方的代理人，不惜重资来收买东方或君士坦丁堡陷落时散失了的希腊书籍。如此这般，古代哲学和科学的语言，经过八九百年之后，就重新为西方所熟悉。

自由探讨的精神以及"古典学问"在几百年的中古精神以后给欧洲重新带来了从事各科学门类的研究的动力。虽然由于当时的思想方式习惯于宗教的权威，人们在世俗文献方面也容易接受权威，而且过度看重希腊哲学家的学说也是有危险的，但人文主义者毕竟为科学的未来的振兴铺平了道路，并且在开阔人们的心胸方面起了主要作用。心胸开阔了，才有可能建立科学。假使没有他们，具有科学头脑的人就很难摆脱神学成见的学术束缚；没有他们，外界的阻碍也许无法克服。

另一方面，文艺复兴运动中两大重要文艺理论基本问题，一个是确立了民族语言的文学地位，二是肯定了世俗文学的价值。这两者相互促进，推动了各国本民族语言的完善和普及。14世纪初，在文艺复兴发源地意大利，但丁为意大利民族语言的建构发挥了奠基的作用，在《神曲》、《新生》和《乡宴》等作品中，他第一个使用意大利俗语写作，大力赞扬各民族语言的优点，提倡发展口头意大利语。但丁所谓俗语"就是小孩在刚一开始分辨语词时从他们周围的人学到的习用语言，或者更简短地说，就是我们模仿自己的保姆不用什么规则就学习到的那种语言"。和罗马人所谓的文学语言相比较，"这两种语言之中俗语是较高贵的，因为它是人类最初使用的，……也因为它对我们是自然的，而另一种是人为的"。而这种俗语，"对一切人都是极为重要的：不只是男人，就是女人和小孩，也需尽力就其所能来掌握它"。①

在但丁的积极倡导和带动下，意大利俗语很快就成为意大利的文学语言和官方语言。从那时起，欧洲各个国家相继出现了一批批以弘扬自己民族语言为己任的开拓者，如法国七星诗社就高举法兰西民族语言的大旗，他们通过优美的诗歌来使法国人热爱自己的语言。德国的路德以基督教改革来推进德国民族语言的运用，虽属趁势之举，但目的是一致的。而现代使用最广的英语，追溯其源，1100年时，英语只是英格兰农民使用的四种方言之一，14世纪伦敦英语得到了蓬勃发展，乔叟在1387年决定用英语创作《坎特伯雷故事集》，才确立了英语的绝对地位。从莎士比亚直到今天的

注释

① 但丁著，缪灵珠译：《论俗语》，摘自《缪灵珠美学译文集》第一卷，中国人民大学出版社1985年版，第267页。

英语语言学家们，为英语的臻至完善可以说是不遗余力、薪火相传。[①]

文艺复兴时期，欧洲各国本民族的语言著作和文学著作如雨后春笋般涌现，如法语、英语、德语、西班牙语、葡萄牙语都出现了流传至今、脍炙人口的作品。在东欧和北欧也出现了日渐成熟的波兰语、捷克语和瑞典语的上乘文学作品。这些极大地推进了欧洲各国文化知识的传播，科学技术的进步。最为突出的是表现在文学创作上，用本民族语言创作的作品得到了越来越多的承认，也使各国重视自己的语言和提高，由于使用语言而出现了新的语言学理论。

第三节　美玉微瑕——文艺复兴时期文学的缺憾

文艺复兴时期从但丁、彼得拉克开始人文主义文学，代表着反对封建意识和宗教神学，站在了时代的潮头。但人文主义并非文学专有，它所体现的是正在形成期的资产阶级思想体系，必然受到社会政治经济的种种局限，其思维方式、创作理念和文学群体势必带有一定的局限性。人文主义者所想到的、所推崇的"人"，实质上是指资产阶级自身和本阶级的人。他们把资产阶级和个人的要求合理化，个人主义被视为天经地义的准则。在承担对封建制度的斗争任务和发挥个人才智的同时，他们本身的弱点和褊狭也表露无遗。其中文学作品更具有代表性。

注
释
① 2001 年，经过 125 名专家耗时 71 年，《中古英语辞典》编撰完成，它收录了包括上自威廉一世下到印刷术出现，包括乔叟、《圣经》等中古时期的词汇 5.5 万个，引文 90 万条，页码为 1.5 万页的一部皇皇巨著，也是目前为止研究英语演化过程中最丰富和完美的成果。

一

基本立场和服务对象的褊狭

文艺复兴时期的文学家属于当时少数知识分子精英，作为一个阶层的知识分子在经济状况上开始有较大的改观，大学教师的工资增加，不仅出身高贵的文人能够自由出入宫廷，就是一些出身寒微的学者文人在人文主义思想盛行期间，在一些开明君主和贵族王公的庇护与赞助下，也成为他们的座上宾。有的文人甚至担任各种重要职务，部分人已经拥有很可观的财产，获得了一些高贵的头衔，一些大学成员为自己建立起贵族体系，出现了向世袭贵族化发展的倾向。可以说，这是他们努力适应转型时期政治模式的结果。[①]

文艺复兴时期著名的文学家一般都具有一定经济基础，或者由平转贵，如莎士比亚；或者他们本来就出生于官宦家庭和豪门贵族，但丁出身没落贵族，彼得拉克也是贵族门第，法国七星诗社的成员更是官宦，无须为稻粱谋。他们的所作所为必然要以维护自身阶层的利益为基本立场和出发点。

服务对象的局限性也决定其作品包含贵族化的倾向。文学家、诗人还有艺术家们，他们在进行创作时，有个不成文的但须遵循的原则，即尽其所能为主子歌功颂德，或者说在人屋檐下得到"嗟来之食"，向主子表示忠诚和崇拜，歌颂主人或者赞美女主人，应成为必要的功课。因为此类诗文，包括绘画或者雕塑流传下来，双方都彼此受益，不仅它们身价倍增，稳座上宾之位，他们的主人更是青史留美名。比如意大利佛罗伦萨的美第奇家族、法国弗朗索瓦一世、英国伊丽莎白一世等一批君主贵族们，不管他们的文韬武略如何，至少都有足以耀人的文化资本，也或多或少遮掩了这些称王称霸的君主一些本性，例如残忍的国内政治手腕与疯狂的海外征战的不良形象。因此，国王贵族们也自然乐于收拢一批文人，在宫廷内吟诗弄

注释

① 雅克·勒戈夫著：《中世纪的知识分子》，商务印书馆1999年版，第114页。

画，装点门面，这在文艺复兴时期也成为一种流行于宫廷和上流社会中的时尚。宫廷文人或受到庇护之人的作品，自觉不自觉地带有粉饰太平、附上媚俗的味道。

由此可见，作为一个既得利益群体，决定了他们政治上支持王权，经济上依赖王权，用文笔来维护现行政权。而不为君王唱赞歌，只为苍生说真话的作家也并非没有，比如西班牙的塞万提斯和浪游小说，法国的拉伯雷以及大量民间传说和歌谣等。只是这些作者的命运无不艰难坎坷，作品能够得以出版和流传下来，已经实属不易，其数量和地位与前者不可同日而语。

德国作家茨威格在谈到伊拉斯谟时说过，人文主义的理想是建立在眼光广阔、头脑清晰的基础上的理想。它注定永远是一种理智的和贵族的梦。这样的梦普通人做不出来，只能由少数人把它作为神圣的遗产继承下来，留给后来人，再代代传下去。具体说到人性和人权，人文主义仅从理念上认识，而非具体的指向。

人文主义的贵族气息主要表现为居高临下的创作感觉、远离社会实际、以吟风弄月为时尚高雅的创作风格和个人情感高于一切的特点。人文主义者无疑是文艺复兴时代的佼佼者，他们在看待这个社会时，常常以俯视的角度，既认识到封建制度的弊端和思想观念的陈旧，也以轻蔑的眼光看待社会大众。法国七星诗社就是典型的贵族化诗歌的代表，正如他们在宣言中所说："我只想告诫渴望不平凡的光荣的人，远离这些无能的欣赏者，躲开无知的民众——他们是一切非凡的古代知识的敌人，而满足于很少的读者……"①

文艺复兴文学的对象除了口头文学、诗歌、散文和小说的读者以外从来都不是民众，它的读者对象是宫廷、贵族和少数富裕悠闲者，即便是后来戏剧的发展使观众增加，但主要还是迎合宫廷的口味，精彩的演出是在宫廷里，最重要的观众是那些追逐新潮的王公贵族们。这种属于贵族高雅

注
释
① 七星诗社：《捍卫和弘扬法兰西语言》，法国巴黎莱翁·塞舍出版社1905年出版，第156页。

趣味的惯例，一直延续到 17 世纪以后的另一个学派古典主义，虽然它对于七星诗社持反对态度，但实际上还是继承了贵族倾向，是将文学限定在为王权服务的范畴内，即便是最杰出的文学家也不例外。

文艺复兴群英图

　　从另一个角度说，文艺复兴时期对"人"的研究是抽象的，没有具体社会内容，因此也是虚幻的。如莎士比亚笔下的哈姆雷特，他口口声声说"人，是天地间最伟大的"，然而他对误杀大臣却丝毫不吝惜，对溺水而亡的奥菲利娅也轻描淡写，只有他父亲的被杀才是促使哈姆莱特深刻思考的唯一因素。在当时，相对于中世纪神学而言，这个"人"意义不大，他的代表性很鲜明，因为一旦涉及人民群众，他们是不屑一顾的。同样也是那个茨威格认为，人文主义者根本性的错误，在于他们想站在理想主义高度去教训人民，而不是深入群众，千方百计去理解他们、向他们学习。面对人民大众，他们和封建势力一起持反对和敌视态度，直到 18 世纪资产阶级取代封建阶级夺取政权，他们的资产阶级"人"的理论才露出本来面目。所谓的"天赋人权"、"主权在民"、"自由、平等、人权"的貌似公允的口号，其实都是对他们自己而言。

二

固守古典终成桎梏

　　回望意大利文艺复兴运动的脉络，呈现出一条优美的弧线，在点燃新思想文化的圣火之后，但丁等三杰去世，文坛上虽还有塔索等人穿行，但意大利的学者们逐渐将主要注意力都集中在那些传统的古典文化中，痴迷到就连对刚刚过去的文化思潮和文化现象都持否定态度。如此热衷研究古代希腊罗马的故纸将他们对于现实社会的热情和理智掩埋了去，致使意大利这条璀璨的弧线在文艺复兴的高潮中慢慢滑落下去。

从认识论角度讲，任何一个新思想观念的确立，如果不与实际相结合而固守不变，都可能引发深层认识的偏差。当意大利学者从古典文化中感受到新的思想启迪时欣喜若狂，他们很快地将此演化为全新的人文主义思想理念，这种人文主义的思想成为整个文艺复兴的理论基础和支撑。西欧各国的学者作家和艺术家们，都按照自己本国的实际状况，将这种最能体现自身意识的人文主义演绎到各种文化领域中去，在思想意识形态里为新兴的资产阶级张扬的个性呼吁和呐喊。法国以七星诗社和拉伯雷为代表的人文主义者，他们在诗歌和小说领域创立了能够体现这个阶层意识的新作品，他们或者为了崇高的爱情而大书特书，或者为了反对天主教而极尽讽刺挖苦之能事，古典的语言和文字在他们看来，已经不再需要借用了，他们对自己民族的语言倒是更加感兴趣。西班牙的文学界更是仅仅将古典文化作为一个阶梯，他们要为自己所生活的伊比利亚半岛的独特民族文化而努力。英国迅速崛起的军事强势和以伊丽莎白一世为标志的专制政权，将英国推向乐观向上的情绪之中，与此相适应的是英国文艺复兴以较大的声势被推进到各个文化领域，人文主义理想与现实社会相联系，出现繁荣的文学创作潮流。无论是诗歌、小说、戏剧都呈现出一派朝气蓬勃的景象。而唯独意大利的文学思想家们，一头扎进古典文化的圈子里，难以自拔。其实，但丁已经明确表示要建立以意大利托斯卡那方言为主的最好的意大利语，他的《神曲》就已大胆使用了意大利的方言。而彼得拉克在但丁之后，仍不自觉地回到拉丁语的老路上，在自己民族语言和那妙不可言的拉丁语中，彼得拉克还是钟情于后者，他在思想理念中似乎在努力证明的，是对于古典的文化不可动摇的坚持到底的决心。结果是意大利自三杰之后，再也没有更加震动世界的人物出现在这块充满魅力的热土上，但丁、彼得拉克和薄伽丘等旗手们，在点燃人文主义火种后，在意大利没有燃起足以烧毁旧时代的烈火。转向周边国度却呈燎原之势，法国、英国、德国和西班牙等国形成了文艺复兴运动的宏大舞台和浩荡声势，一部部文学巨著陆续诞生，使世界文坛星光熠熠。而此时的意大利的文学之旅，在十五世纪之后悄然走入了一个死胡同。

对封建神权批判的局限性

文艺复兴时期文学作品一个鲜明的特点是对于封建神权的批判。以《神曲》肇始，有相当数量的作品把教会作为锋芒所指，以揭露其弊端为己任。

在文艺复兴时期，众多人文主义艺术家、文人学者都在作品中大胆揭露出基督教教会的精神霸权、腐败堕落和种种有悖基督教宗旨的恶行。但由于他们处于新旧社会转型时期，一方面，封建教会的势力还相当强大，许多学者文人还在教皇及教会的庇护下生存，还有的在教会任职。即便是激进的人文主义者也只是痛恨其丑陋与弊端，而避开问题实质，对于基督教神权本身并无动摇之举；另一方面，虽然大多数人文主义思想家提到了民主政治的思想，要求民主自由，但他们无论在思想解放程度、革命斗争精神和政治要求方面，都具有早期的、不成熟的特点。其民主政治的理论都带有早期的不成熟和狭隘性的特点。

人文主义者无法彻底地抛弃宗教，这是时代的局限性所致。但文艺复兴时期的宗教徒，与中世纪那些墨守教规、慑服于教皇权威、不敢与世俗斗争的宗教徒已然大不相同，他们不再因宗教而束缚其自由思想。如薄伽丘着意攻击教会的丑行，瓦拉无情地揭露教会的谎言。文艺复兴总的说来并没有否定宗教，资产阶级并不是宗教的天敌。任何一种社会形态或者个人都必须有信仰，或宗教或其他。启蒙思想家伏尔泰就认为"如果没有神应该臆造出一个神来"。卢梭也认为，宗教表现了真正的人民需要，是文明社会的必然结果。在资产阶级进行革命时期和确立统治之后，宗教也从未被抛弃过。所以问题的关键不在于有无抛弃宗教本身，而在于宗教是否还是束缚思想、言论、行动的枷锁。文艺复兴首先打烂了教会的枷锁，因此说它是一次思想的大解放。

四

自然主义描写

当古代希腊人快乐地享受生活时,从德谟克利特、苏格拉底、柏拉图到亚里士多德等哲学家,就从考量社会的标准出发,提出高贵的男性应控制欲望,追求美德,排除一切感性的物质欲望和肉体欲望。奥古斯丁在罗马帝国行将灭亡时期,从宗教角度发展了初始基督教禁欲主义理论。虽然禁欲主义在古希腊时代并没有真正实行和流传,但随着罗马帝国的毁灭,人们发现导致它灭亡的主要原因之一竟然是纵欲,因此当基督教在西欧日益发展并一统天下后,纵欲和禁欲这两个事物的极端就从理论到实践同时在欧洲并存。

文艺复兴时期人性的解放成为一股不可阻挡的潮流,摆脱宗教禁忌争取自己想要得到的东西,情欲方面也概莫如此。不可否认,从世俗社会到教会都弥漫着一股追求奢华和泛滥情欲之风气。从神权解放出来的人性,伴随它的进步意义同时也展示出其消极性的一面,在文学作品中也必然有所反映。事实上,有相当数量的作品带有自然主义情欲描写,成为瑕不掩瑜的缺憾之一。

第一个敢于嘲笑讽刺虚伪人性,为市民情爱唱赞歌的是薄伽丘。在《十日谈》中,在反对贞节观的同时,也有一些诲淫色情的故事。他忠实地刻画了那个时代的特征,但也遭到后来无数次查禁和删减,抛开特定的历史时代,《十日谈》作者还是有欣赏和赞扬这种赤裸的情欲的倾向。《十日谈》对文艺复兴时期以至后来的作品起到了深刻的影响,在薄伽丘后,很快就在西欧其他国家出现类似的作品,如英国的《坎特伯雷故事集》、法国的《七日谈》等。这类内容在相当多的作品中都或多或少地有所表现,对于文艺复兴时期这种纵情于情欲描写的文学作品,相对于封建禁欲主义而言其正面的积极意义占主流,这是确定无疑的,但这不等于我们也赞同纯粹自然主义的情欲描写,它毕竟只是文艺复兴时代的产物,并不能适用其他时代或者其他国家民族的文化传统。

从"人"到人，文艺复兴的文学家们给这个世界增添了新绿。走进这文明狂飙疾进的时代，在诸多的成就中，文学给人的启迪犹如美酒，只有浅斟慢酌方能体会个中滋味。正如古希腊名言："认识你自己"。文艺复兴时期丰富的精神财富中，一篇篇美诗檄文，一场场充满着浪漫激情和刀光剑影的戏剧，是文学家们为认识自己打开的一扇窗子。然而，人类真正认识自己、改变世界的征程还远未穷尽，还需要自身的不断追求，思想的薪火相传，从这个意义上说，文学的历史责任还任重道远。今天的中国尤其需要来自文艺复兴的思想之炬，需要这种弥漫着生气和自由的空气充盈在我们的生活中，照亮和引领我们的心灵前行。

文艺复兴运动在欧洲社会发展的进程，为解放思想带来了一次大变革，在意识形态领域和科技发展方面与中世纪社会进行了一场大决裂。资产阶级在思想上趋向于直接现实，趋向于尘世享乐和尘世利益的倾向，与资本主义生产方式相适应，个性自由成为资产阶级冲破羁绊的制胜法宝，政治平等和政治自由是针对封建贵族和专制统治的，对现实人和世界的探索和科学研究，是进入资本主义社会和发展所必需的。因此恩格斯指出，文艺复兴时期的哲学是和"中小市民阶级发展为大资产阶级的过程相适应的思想的哲学表现"。①

文艺复兴运动是欧洲社会转型时期的一次成功的革命，是资产阶级上升阶段的一个精彩亮相，文艺复兴时期辉煌的文学成就，为资产阶级走上历史舞台奏响了一曲铿锵有力的乐章。从思想方式上说，文艺复兴的意义更为巨大。它打破了中世纪神学和其他外界权威对思想的牢牢束缚，抛弃了神的眼光而改用人的眼光，用人类自己的眼光来观察人自身、自然社会和国家。运用自己的理智，运用自己的头脑，运用自己的判断力，而不是人云亦云，不加思考，把所谓神定论视为超越一切的绝对权威，这就是文艺复兴树立的思想原则。

注释

① 《马克思恩格斯选集》第四卷，人民出版社 1995 年版，第 254 页。

如此，文艺复兴运动成为解放思想的契机，宗教改革摧毁了中世纪宗教神权的精神独裁，资本主义的生产方式以及地理大发现，更是为新的社会制度建立，打开了通往世界、通往财富的大门。从此，自然科学大踏步地前进，从哥白尼到牛顿，自然科学的发展使上帝的立足之地日益缩小。"礼拜堂日趋没落，实验室欣欣向荣。"[①]人类开始自觉地向自然挑战，向神学挑战，向人类本身挑战。

注释　① 费尔南·布罗代尔著，顾良、张慧君译:《资本主义论丛》，中央编译出版社1997年版，第32页。

主要参考文献

1.[美]罗德·W·霍尔顿、文森特·F·霍普尔著，王光林译：《欧洲文学背景》，重庆出版社1991年版。

2.李赋宁总主编：《欧洲文学史》第一卷，商务印书馆1999年版。

3.郑振铎编：《文学大纲》（上），广西师范大学出版社2003年版。

4.[美]威尔.杜兰，台湾幼狮文化公司译：《文艺复兴》，东方出版社2003年版。

5.张世华：《意大利文学史》（修订本），上海外语教育出版社2003年版。

6.朱孝远：《欧洲涅槃》（欧洲文化系列丛书），学林出版社2002年版。

7.李瑜译：《文艺复兴书信集》（欧洲文化系列丛书），学林出版社2002年版。

8.[法]克里斯蒂娜·德·皮桑著，李霞译：《妇女城》（欧洲文化系列丛书），学林出版社2002年版。

9.乔万尼·薄伽丘，苏隆编译：《西方名女》，华文出版社2004年版。

10.江伙生：《法语诗歌论》，四川人民出版社2000年版。

11.程曾厚译：《法国诗选》，复旦大学出版社2004年版。

12.王佐良、何其莘：《英国文艺复兴时期文学史》，外语教学与研究出版社2006年版。

13.[英]弗朗西斯·培根，曹明伦译：《培根随笔集》，人民文学出版社2006年版。

14.[英]里顿·斯特拉奇著，郑海娟译：《伊丽莎白一世》，国际文化出版社2005年版。

15.萧四新：《西方文学的精神突围》，中央编译出版社2003年版。

16. 王军、徐秀云编著：《意大利文学史——中世纪和文艺复兴时期》，外语教学与研究出版社1997年版。

17. 杨慧林：《基督教的底色与文化延伸》，黑龙江人民出版社2002年版。

18. 杨慧林、黄晋凯：《欧洲中世纪文学史》，译林出版社2001年版。

19. 刘明翰主编：《世界通史——中世纪卷》，人民出版社1996年版。

20. 梁工主编：《基督教文学》，宗教文化出版社2001年版。

21. 蒋孔阳、朱立元主编，陆扬著：《西方美学通史》第二卷（中世纪文艺复兴美学），上海文艺出版社1999年版。

22. 缪朗山：《西方文艺理论史纲》，中国人民大学出版社1985年版。

23. [美]古斯塔夫·缪勒著，孙宜学、郭洪涛译：《文学的哲学》，广西师范大学出版社2001年版。

24. 伍蠡甫：《欧洲文论简史——古希腊罗马至19世纪末》，人民文学出版社1985年版。

25. 梁工编译：《圣经诗歌》（增订版），百花文艺出版社1998年版。

26. 朱龙华：《意大利文艺复兴的起源与模式》，人民出版社2004年版。

27. [英]凯·贝尔塞等著，黄伟等译：《重解伟大的传统》，社会科学文献出版社1999年版。

28. [俄]A.右列维奇著，庞玉洁、李学智译，庞卓恒校：《中世纪文化范畴》，台湾淑馨出版社1994年版。

29. [意]欧金尼奥·加林主编，李玉成译：《文艺复兴时期的人》，生活·读书·新知三联书店2003年版。

30. [加拿大]阿尔维托·曼古埃尔著，吴昌杰译：《阅读史》，商务印书馆2002年版。

31. 王忠琪等译《法国作家论文学》，生活·读书·新知三联书店1984年版。

32. 陆扬：《欧洲中世纪诗学》，上海社会科学院出版社2000年版。

33. 余匡复：《德国文学史》，上海外语教育出版社1991年版。

34. 徐稚芳：《俄罗斯诗歌史》，北京大学出版社1989年版。

35. [捷]巴拉伊卡、吉希、帕莱尼切克著，星灿译：《捷克斯洛伐克文学简史》，外国文学出版社1984年版。

36. 中国社科院外国文学所：《东欧文学史》（上），重庆出版社1990年版。

37. [瑞典]雅·阿尔文、古·哈塞尔贝里著，李之义译：《瑞典文学史》，外国文学出版社1985年版。

38. [法]让·德科拉著，管震湖译：《西班牙史》，商务印书馆2003年版。

39. [苏]阿尼克斯特著，安国梁译：《莎士比亚传》，中国戏剧出版社1984年版。

40. [苏]阿尼克斯特著，徐克勤译：《莎士比亚的创作》，山东教育出版社1985年版。

41. [英]休·亨特、肯·理查兹、约·泰勒著，李醒译：《近代英国戏剧》，中国戏剧出版社1987年版。

42. 颜元叔：《英国文学中古时期》，台湾书林出版有限公司2002年版。

43. [英]安东尼·伯吉斯著，王嘉龄、王占梅译：《莎士比亚传》，天津人民出版社1985年版

44. 肖明翰：《英语文学之父——杰弗里·乔叟》，社会科学文献出版社2005年版。

45. 石琴娥：《北欧文学史》，译林出版社，2005年版。

46. 陈众议、王留栓：《西班牙文学简史》，上海外语教育出版社2006年版。

47. [意]薄伽丘著，肖津译：《薄伽丘作品二种爱情十三问爱的摧残》，中国社会科学出版社，2003年版。

48. [意]萨凯蒂等著，吕同六等译：《意大利文艺复兴时期短篇小说》，花城出版社2005年版。

49. [美]查尔斯·霍默·哈斯金斯著，夏继果译：《12世纪文艺复兴》，上海人民出版社2005年版。

50. [英]彼得·伯克著，杨豫、王海良等译：《欧洲近代早期的大众文

化》，上海人民出版社 2005 年版。

51. [美]玛格丽特·金著，刘耀春、杨美艳译:《文艺复兴时期的妇女》，东方出版社 2006 年版。

外文书目

Atilya, Aziz.S., *History of Eastern* Christianity. London 1968.

Berman, Ronald, *A Reader's Guide to Shakespeare's Plays: A Discursive Bibliography,* 1965,rev.ed.1973.

Boyce, Allen Judson, *The Friaras critic: Literary Attitudes in the Later Middle Ages,*1971.

Brewer, D.S., *Chaucer and His World,*1978.

Brucker, Gene A., *Renaissance Florence*, John Wiley & Sons, Inc 1969.

Cavendish, Richard & Leahy, Pip, *Kings & Queens*, David & Charles Book 2006.

Cawley, A.C., *Chaucer's Mind and Art,*1969.

Chambers, E.K., *William Shakespeare, A Study of Facts and Problems,* 1930.

Dickens, A.G., *Reformation and Society in 16th Century Europe*, 1966, London.

Drabble, Margaret, *The Oxford Companion to English Literature.* 5th ed. 1985.

Grendler, Paul F., *Encyclopedia of The Renaissance*, 1995.

Hall, Basil, *The Colloquies beteen Catholics and Protestants,1539-41*, Cambridge 1971.

Halliday, F.E., *Shakespeare* Thames and Hudson 1998.

Harris, Michael H., *History of Libraries in the Western World*, New Jersey, 1984.

Hay, Denys, *The Italian Renaissance in Its Historical Background,*

Cambridge University Press 1976.

Joel, Hursfied, *The Elizabethan Nation*,1964.

Johnson, Paul, *History of Christianity*. New york 1980.

Jones, Emma and Gug, Rhiannon, *The Shakespeare Companion* Robson Books, London, 2005.

More, Thomas, *Utopia*. Translated by Robinson.1551.(various modern editions);in modern translation by Robert M. Adams. Norton,1975.

Morey, Charles Rufus, *Medieval Art*, New York 1970.

Nicholas, David, *The Evolution of the Medieval World; Society, Government and Thought in Europe*,312-1500,London 1992.

Ricks, Christopher, *Sphere History of Literature ,Vol.2: English Poetry and Prose 1540 — 1674*.London;Sphere Reference, 1986.

Robertson, D.W., *A Preface to Chaucer: Studies in Medieval Perspectives*, 1962.

Southern, R.W., *Western Society and the Church in the Middle Ages*, Penguin Books,1986.

Thorndike, L., The History of Medieval Europe, 1928, Boston.

Ward, A.W. and Waller, A.R., *The Cambridge History of English Literature*. Vols. IV-VII.1934.

Wilson, Bryan.R., *Religious Sects*. London 1970.

后 记

寒来暑往，笔耕不辍，从接受任务到最后交稿，不经意间已经数年有余，蓦然回首，深感成书不易，个中滋味难以忘却……

自1978年毕业留校在世界史教研室工作，迄今三十年过去了。我的第一位导师就是徐德源教授，我的教师生涯甫从为徐老师助课始，虽然我后来离开历史系世界中世纪史教研室，但徐教授始终在业务上关心帮助我，此次《欧洲文艺复兴史·文学卷》的撰写，更是起到了耳提面命、亲力亲为的指导作用。

在历经七年多的写作过程中，笔者始终在关注和追寻着文艺复兴时期文学的研究新说和史家新论，将其吸收融入自己的文学卷中。庆幸的是，这些年来文艺复兴研究的成果不断出现，使我有幸从中受益。比如西班牙文学一直缺乏资料，但2000年昆仑出版社陆续出版了《西班牙黄金世纪诗选》、《西班牙流浪汉小说选》和《维加戏剧选》等西班牙文学作品，对于充实文学卷西班牙部分帮助极大。还有朱孝远主编的系列丛书，李瑜译《文艺复兴书信集》、李霞译《妇女城》，还有程曾厚译《法国诗选》、王佐良的《英国文艺复兴时期文学史》、《意大利文艺复兴时期短篇小说选》等等，就像一场场春雨甘露，浇灌着笔者的文学史田园，从而可以跟随着学者脚步，更近距离地走进文艺复兴文学作品之中。

同时，由于工作关系，笔者多次到过欧洲，先后去过意大利、法国、俄罗斯、德国、英国、比利时、丹麦、瑞典、挪威和芬兰等国。工作之余寻访文艺复兴时代的文化遗存，近距离感受几百年前的建筑、街巷和无数绘画雕塑等艺术作品，感觉与文艺复兴时期那些文学大师的距离似乎一点点在拉近……佛罗伦萨的老城街巷依然能感受到文艺复兴时期的盛世辉煌；意大利古城帕多瓦大学斑驳的墙角，有世界上第一位女博士的雕像；

比利时根特大学图书馆里，笔者与古代在草纸和羊皮纸上的《圣经》零距离接触；巴黎塞纳河边浪漫依旧；伦敦西敏寺大教堂里乔叟的墓碑字迹模糊；莎士比亚家乡斯特拉福特小镇依旧宁静；德国境内林立的教堂印证着昔日的威严；丹麦科隆堡里哈姆莱特的故事似乎重现；独具特色的俄罗斯风情，站在瑞典斯德哥尔摩市政厅里，我感受着诺贝尔文学奖颁奖的隆重场面……虽行程匆匆，但亲临其境的感受是如此深刻。对于完成这部文学卷，介绍他们的人生、感悟他们的作品，自然多了三分灵感、七分神助。

几年来，徐老师就文学卷的撰写多次向我讲述他的基本观点和思路，帮我设计章节结构。东北的寒冬里，徐老师冒着凛冽的寒风和难行的冰雪道路，数次给我送资料和参考书籍；还不顾八旬高龄，亲自为我的书稿排版校对、自己花钱买纸打印装订成书稿……徐教授几十年来为我所做的一切，那长者的嘱托和坦荡的胸怀，绝非几句感激的语言能够表达出来的。

1979年我来到山东大学，成为刘明翰老师的开门弟子之一。我在山东大学的学习时间不算长，但受益却一直延续到今日。后来，我从教学岗位逐渐转向行政岗位，业务有所荒疏，我的两位导师对我始终关注和提醒，并积极给我创造各种锻炼提高的机会。近些年来，我能够在繁忙的行政工作同时，还有十几万字的科研成果问世，其动力和机遇来源于我的导师。这次撰写文学卷的机会也是如此。几年来，刘先生对文学卷，可以说是花费了大量心血，包括师母陈月清教授，她不顾身体欠佳，一次次电话和见面都围绕着如何完成书稿而展开，其殷殷期望溢于言表。如果说文学卷值得肯定，那是导师与我多年来共同努力的结晶。

在文学卷的撰写过程中，我还得到很多业内专家的鼎力帮助，使文学卷得以顺利完成。本系列丛书的责任编辑杨美艳老师，给予我热情细致的支持和帮助，多次对稿件提出详尽中肯的修改意见。天津师大的庞卓恒教授，不辞辛苦审阅文学卷，撰写评语。参与本卷写作的还有中国政法大学教师刘丹忱博士，第三章和第七章出自他的手笔。

为了完成文学卷，我还得到了家人和朋友们的大力相助。家人自不必说，同事和朋友的帮助令我感动，如辽宁大学出版社窦重山副编审，文学院刘巍博士、远在西班牙的外语学院的李延龄老师、辽宁大学汉语国际教育学院的穆莹老师、马连胜老师和高亮，辽宁大学摄影社的刘晓平和刘珍珍，以及我的学生岳琳琳等，他们都以不同的形式帮助校对、查资料、翻译、照片和打印文稿等事宜。各位同人的情谊已浸透在书中，更深深存留在我的心里。

尽管如此，本人虽举全力，但才疏学浅，终难达到理想目标。希望通过此书得到各位专家学者的指教，笔者将穷余生在文艺复兴文学史方面继续笃学前行。

崔莉

2009 年 4 月 28 日